Der Gesundheitsfonds

Holger Pressel

Der Gesundheitsfonds

Entstehung – Einführung –
Weiterentwicklung – Folgen

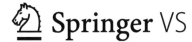

Holger Pressel
Ludwigsburg, Deutschland

ISBN 978-3-531-19350-2 ISBN 978-3-531-19351-9 (eBook)
DOI 10.1007/978-3-531-19351-9

Die Deutsche Nationalbibliothek verzeichnet diese Publikation in der Deutschen Nationalbibliografie; detaillierte bibliografische Daten sind im Internet über http://dnb.d-nb.de abrufbar.

Springer VS
© VS Verlag für Sozialwissenschaften | Springer Fachmedien Wiesbaden 2012
Das Werk einschließlich aller seiner Teile ist urheberrechtlich geschützt. Jede Verwertung, die nicht ausdrücklich vom Urheberrechtsgesetz zugelassen ist, bedarf der vorherigen Zustimmung des Verlags. Das gilt insbesondere für Vervielfältigungen, Bearbeitungen, Übersetzungen, Mikroverfilmungen und die Einspeicherung und Verarbeitung in elektronischen Systemen.

Die Wiedergabe von Gebrauchsnamen, Handelsnamen, Warenbezeichnungen usw. in diesem Werk berechtigt auch ohne besondere Kennzeichnung nicht zu der Annahme, dass solche Namen im Sinne der Warenzeichen- und Markenschutz-Gesetzgebung als frei zu betrachten wären und daher von jedermann benutzt werden dürften.

Einbandentwurf: KünkelLopka GmbH, Heidelberg

Gedruckt auf säurefreiem und chlorfrei gebleichtem Papier

Springer VS ist eine Marke von Springer DE. Springer DE ist Teil der Fachverlagsgruppe Springer Science+Business Media
www.springer-vs.de

Vorwort

Bei der vorliegenden Publikation handelt es sich um eine überarbeitete, das heißt einerseits gekürzte und andererseits aktualisierte, Version meiner Dissertation, die im Jahr 2011 vom Fachbereich Politik- und Verwaltungswissenschaft der Universität Konstanz angenommen wurde.

Natürlich ist das Erstellen einer Dissertation sowie eines darauf basierenden Buches ein sehr zeitintensives Unterfangen, bei dem man auch trotz bestehender hoher intrinsischer Motivation auf die Unterstützung anderer Menschen angewiesen ist. Glücklicherweise habe ich diese Unterstützung in vielfältiger Weise von mehreren Personen erfahren. Zunächst danke ich meinen beiden Gutachtern, Prof. Dr. Volker Schneider und Prof. Dr. Philip Manow, für ihre Bereitschaft, mich während meines Promotionsstudiums zu betreuen und letztlich auch die Begutachtung der Dissertation zu übernehmen. Ebenfalls danke ich Herrn Prof. Dr. Marius Busemeyer dafür, dass er bei der Disputation den Prüfungsvorsitz übernahm. Neben den genannten Herren danke ich insbesondere den Herren Prof. Dr. Klaus Jacobs (WIdO), Dr. Achim Lang (Uni Konstanz), Prof. Dr. Wolfram Richter (Uni Dortmund) und meiner Kollegin Corinna Schaich für ihre Unterstützung.

Sowohl die Dissertation als auch dieses darauf basierende Buch „lebt" in hohem Maße von den Experteninterviews, die ich mit fast 50 Entscheidungsträgern und weiteren Kennern des deutschen Gesundheitswesens führen konnte. Ohne diese Gespräche, die von enormer Offenheit geprägt waren, wäre das Ergebnis nicht einmal halb so gut. Ganz unabhängig von ihren Antworten rund um das Thema „Gesundheitsfonds" waren die Gespräche auch deshalb so interessant, weil ich in vielen Interviews erfahren konnte, wie Politik tatsächlich funktioniert. All meinen Interviewpartnerinnen und -partnern danke ich sehr herzlich für ihre Unterstützung bei meiner Arbeit.

Besonders bedanke ich mich bei meiner Frau Birgit für ihr Verständnis und ihre Empathie. Sie verstand und akzeptierte, dass meine Prioritäten für einen Zeitraum von rund drei Jahren nicht immer dort waren, wo sie diese manchmal gerne gehabt hätte. Ihr und unserem Sohn Peer widme ich dieses Buch.

Holger Pressel, März 2012

Inhaltsverzeichnis

Verzeichnis der Abkürzungen 11
1.   Einleitung 13
    1.1   Die Relevanz des Themas und Problemaufriss 13
    1.2   Die Untersuchungsfrage und Zielsetzung 15
    1.3   Das Forschungsdesign und die Forschungslogik der Arbeit 16
    1.4   Der Aufbau der Untersuchung 18
2.   Der theoretische Bezugsrahmen 19
    2.1   Akteurzentrierter Institutionalismus als theoretischer Rahmen . 19
    2.2   Die Theorien der vergleichenden Staatstätigkeitsforschung 21
    2.3   Theorie des institutionellen Wandels 24
    2.4   Punctuated-Equilibrium-Theory 25
    2.5   Akteurzentrierte Theorien der Meso- und Mikroperspektive ... 26
    2.6   Das „Multiple-Streams-Konzept" 28
    2.7   Lesson Drawing 29
3.   Die Untersuchungsmethode 31
    3.1   Durchführungsmethoden: Prozessanalyse und Kongruenzmethode 32
    3.2   Datenerhebung mit Experteninterviews und Dokumentenanalyse 34

4. **Die Finanzierung der GKV vor Einführung des Gesundheitsfonds..39**
 4.1 Basisdaten der Finanzierung des deutschen Gesundheitswesens und Ursachen für Beitragssatzsteigerungen 40
 4.2 Das deutsche Gesundheitswesen im internationalen Vergleich. 42
 4.3 Etappen der Finanzierung der GKV bis zur Bildung der Großen Koalition 2005 46
  4.3.1 Von der Gründung der GKV bis zum Ende des Nationalsozialismus 46
  4.3.2 Vom Nachkriegskompromiss bis zum Beginn der Kostendämpfung 48
  4.3.3 Das Gesundheitsstrukturgesetz (GSG) von 1992: Die Einführung des Risikostrukturausgleichs 52
  4.3.4 Die Debatte um den „Standort Deutschland" und deren Auswirkung auf die Gesundheitspolitik seit den 90er Jahren 57
  4.3.5 Die rot-grüne Gesundheitspolitik von 1998 bis 2002 59
  4.3.6 Von der Bundestagswahl 2002 bis zum vorzeitigen Ende der zweiten Amtszeit der rot-grünen Bundesregierung 63
  4.3.7 Zwischenfazit: Hohe Kontinuität in der Finanzierung der GKV bei Zunahme staatlicher Eingriffe seit den 90er Jahren 75

5. **Die Entstehung des Gesundheitsfonds 77**
 5.1 Die Ausgangslage 77
 5.2 Die Phase der Politikformulierung 83
  5.2.1 Vom Koalitionsvertrag bis zu den „Eckpunkten einer Gesundheitsreform" 83
  5.2.2 Von dem Eckpunktepapier zum Referentenentwurf 102
  5.2.3 Zwischenfazit: Vergleich Eckpunkte und Referentenentwurf 122
  5.2.4 Vom Referentenentwurf zur Veröffentlichung im Bundesgesetzblatt 125
 5. 3 Zusammenfassung 147

6.	Die Implementation des Gesundheitsfonds	149
	6.1 Die Regelung der Zuweisungen aus dem Gesundheitsfonds	149
	6.1.1 Der morbiditätsorientierte Risikostrukturausgleich	150
	6.1.2 Zuweisungen für sonstige Ausgaben	166
	6.2 Die Änderung der Übergangsregelung zur Einführung des Gesundheitsfonds (sog. „Konvergenzregelung")	169
	6.3 Das Nähere zur Insolvenzfähigkeit aller Krankenkassen	171
	6.4 Die erstmalige Festsetzung des einheitlichen Beitragssatzes	178
	6.5 Die letzen Wochen vor Start des Gesundheitsfonds	184
7.	Der Gesundheitsfonds in der Praxis: Das erste Jahr	187
	7.1 Senkung des Beitragssatzes im Rahmen des „Konjunkturpaket II"	187
	7.2 Der Gesundheitsfonds als „Schutzschirm" bei einer sich weiter eintrübenden Wirtschaftslage	190
	7.3 Diskussion um „Upcoding" und weitere Stärkung der Rolle des Bundesversicherungsamtes (BVA)	193
	7.4 Finanzergebnisse 2009	195
8.	Die Weiterentwicklung des Gesundheitsfonds ab 2011	197
9.	Der Beitrag des theoretischen Bezugrahmens zur Erklärung der Entstehung, Einführung und Weiterentwicklung des Gesundheitsfonds	211
10.	Auswirkungen des Gesundheitsfonds: Eine Zwischenbilanz	221
11.	Konklusion	231
Literaturverzeichnis		233
Übersicht Experteninterviews		249
Pressemitteilungen, Gesundheitspolitische Informationsdienste, Zeitungsartikel und sonstige Quellen		251
Amtliche Dokumente, Drucksachen und Protokolle		267

Verzeichnis der Abkürzungen

AEV:	Arbeiter Ersatzkassen Verband
AG	Arbeitsgemeinschaft
ÄZ:	Ärzte Zeitung
AOK:	Allgemeine Ortskrankenkasse
BDA:	Bundesvereinigung Deutscher Arbeitgeberverbände
BKK:	Betriebskrankenkasse
BMAS:	Bundesministerium für Arbeit und Soziales
BMF:	Bundesministerium für Finanzen
BMG:	Bundesministerium für Gesundheit
BMGS:	Bundesministerium für Gesundheit und Soziale Sicherung
BMWT:	Bundesministerium für Wirtschaft und Technologie
BV:	Bundesverband
BVA:	Bundesversicherungsamt
DGB:	Deutscher Gewerkschaftsbund
DfG:	Dienst für Gesellschaftspolitik
DKG:	Deutsche Krankenhaus Gesellschaft
DMP:	Disease Management Programme
DRV:	Deutsche Rentenversicherung
FAZ:	Frankfurter Allgemeine Zeitung
FR:	Frankfurter Rundschau
FTD:	Financial Times Deutschland
GKV:	Gesetzliche Krankenversicherung
GKV-OrgWG:	Gesetz zur Weiterentwicklung der Organisationsstrukturen in der gesetzlichen Krankenversicherung
GKV-SV:	GKV-Spitzenverband (Spitzenverband Bund der Krankenkassen)
GKV-WSG:	Gesetz zur Stärkung des Wettbewerbs in der gesetzlichen Krankenversicherung
GMG:	Gesetz zur Modernisierung der gesetzlichen Krankenversicherung (GKV-Modernisierungsgesetz)

GSG:	Gesetz zur Sicherung und Strukturverbesserung der gesetzlichen Krankenversicherung
HGB:	Handelsgesetzbuch
Jg:	Jahrgang
KBV:	Kassenärztliche Bundesvereinigung
KV:	Kassenärztliche Vereinigung
LV:	Landesverband
MdB:	Mitglied des Bundestages
MD	Ministerialdirektor
Morbi-RSA:	Morbiditätsorientierter Risikostrukturausgleich
PM:	Pressemitteilung
PKV:	Private Krankenversicherung
RSA:	Risikostrukturausgleich
RSAV:	Risikostruktur-Ausgleichsverordnung
Ref.leiter	Referatsleiter
SGB:	Sozialgesetzbuch
SM:	Sozialministerium
SVR:	Sachverständigenrat
SZ:	Süddeutsche Zeitung
TK:	Techniker Krankenkasse
VdAK:	Verband der Angestellten Ersatzkassen
VoVo.	Vorsitzender des Vorstandes
WIdO:	Wissenschaftliches Institut der AOK

1. Einleitung

1.1 Die Relevanz des Themas und Problemaufriss

Die Relevanz eines Themas kann sich sowohl aus einer *gesellschaftlichen* Perspektive als auch aus einer *wissenschaftlichen* Perspektive ergeben. Am größten ist die Relevanz eines Themas dann, wenn die Problemstellung aus gesellschaftlicher *und* wissenschaftlicher Hinsicht von Bedeutung ist. Das Thema ist aus *gesellschaftlicher* Perspektive insofern von hoher Relevanz, als sich mit Einführung des Gesundheitsfonds zum 1. Januar 2009 die Art der Finanzierung der gesetzlichen Krankenversicherung (GKV) grundlegend geändert hat: Zum ersten Mal in der rund 125-jährigen Geschichte der gesetzlichen Krankenversicherung übernahm die Bundesregierung durch die staatliche, für alle gesetzlichen Krankenkassen identische Beitragssatzfestsetzung die Verantwortung für die Einnahmen der gesetzlichen GKV. Durch die staatliche Beitragssatzfestsetzung besteht somit die Gefahr, dass die Höhe des Beitragssatzes künftig nicht mehr nur aus Gründen des zur Sicherstellung der medizinischen Versorgung notwendigen Umfanges, sondern auch aus politischen Gründen festgelegt wird. Hinzu kommt eine zweite fundamental neue Entwicklung: Mit Einführung eines einkommensunabhängigen pauschalen Zusatzbeitrages wurde ein neues Finanzierungsinstrument in die GKV eingebracht. Diese Einführung eines einkommensunabhängigen Finanzierungsanteils stellt einen zweiten Paradigmenwechsel in der Geschichte der GKV dar: Zum ersten Mal richten sich die Beitragszahlungen nicht mehr nur nach dem „Leistungsfähigkeitsprinzip", wonach sich der von einem Mitglied zu entrichtende Beitrag als prozentualer Anteil seiner beitragspflichtigen Einnahmen bemisst. Während die Große Koalition es einer Krankenkasse überließ, ob sie im Bedarfsfall einkommensabhängige oder - unabhängige Zusatzbeitrag erhob, besteht diese Wahloption seit 2011 nicht mehr: die christlich-liberale Bundesregierung setzt ausschließlich auf einkommensunabhängige Zusatzbeiträge. Da die christlich-liberale Bundesregierung außerdem den Beitragssatz mit Wirkung ab 1. Januar 2011 dauerhaft eingefroren hat, werden künftige Ausgabensteigerungen in der gesetzlichen Krankenversicherung ausschließlich von den GKV-Mitgliedern in Form einkommensunabhängiger Zusatzbeiträge finanziert.

Die Dimension der Veränderung durch die Einführung des Gesundheitsfonds wird in der Wortwahl des gesundheits- und wirtschaftspolitischen Korrespondenten der "Frankfurter Allgemeine Zeitung (FAZ)", Andreas Mihm, deutlich: Dieser bezeichnete in einem am 11. August 2008 in der FAZ erschienenen Kommentar die Einführung des Gesundheitsfonds als das "wohl größte sozialpolitische Experiment der jüngeren bundesdeutschen Geschichte" (Mihm 2008).

Eine wissenschaftliche Untersuchung ist dann relevant, wenn sie den Dialog zwischen Theorie und Daten über den bisher bekannten Forschungsstand hinaus weiterentwickelt (Gschwend/Schimmelfennig 2007:15). Insofern ist die vorliegende Arbeit aus *wissenschaftlicher* Perspektive aus folgenden zwei Gründen relevant: Erstens, weil sie eine auf das deutsche Gesundheitswesen bezogene politikwissenschaftliche „Binsenweisheit" kritisch hinterfragen will: Im deutschen Gesundheitswesen sei aus institutionellen Gründen, insbesondere der Vielzahl der Vetospieler, bestenfalls ein inkrementeller Policy-Wandel möglich.[1] Zwar gab es im deutschen Gesundheitswesen Anfang der 90er Jahre, mit der Verabschiedung der allgemeinen Kassenwahlfreiheit und der damit zusammenhängenden Einführung des bundesweiten kassenartenübergreifenden Risikostrukturausgleichs, schon einmal einen Pfadwechsel; solch weitreichende Veränderungen blieben aber in Bezug auf die institutionelle Ausgestaltung der GKV eine Seltenheit. Diese Feststellung trifft insbesondere mit Blick auf die Einnahmeseite der GKV zu: An dem Grundmechanismus der Finanzierung der GKV mittels einkommensabhängigen, von der Selbstverwaltung der einzelnen Krankenkasse festgelegten Beitragssätzen änderte sich über 100 Jahre faktisch nichts. Ein Interviewpartner aus dem Bereich der Ministerialbürokratie führte daher auch mit Blick auf die Zielsetzung dieser Untersuchung Folgendes aus: „Wenn man einen Paradigmenwechsel in einem Feld, von dem man sagt, dass Paradigmenwechsel eigentlich kaum möglich sind, studieren will, dann eignet sich die Entstehung des Gesundheitsfonds in vorzüglicher Weise." (Interview 27). Aus wissenschaftlicher Perspektive ist es daher relevant zu klären, warum dieses Mal ein relativ radikaler Wandel möglich war. Darüber hinaus ist diese Untersuchung auch noch aus einem zweiten Grund relevant: sie leistet einen Beitrag zum besseren Verständnis von institutionellem Wandel.

---

[1] Diese Ansicht war zumindest Ende der 80er und Anfang der 90er Jahre des vergangenen Jahrhunderts die herrschende Meinung (vgl. Webber 1988a, b, Rosewitz/Webber 1990). Auch in aktuelleren Arbeiten wird die strukturelle Kontinuität der GKV betont (Bandelow 2006). Robert Paquet und Wolfgang Schroeder betonen ebenfalls, dass Veränderungen im Bereich der Gesundheitspolitik in der Vergangenheit „eher schleichend" (Paquet/Schroeder 2009:11) verliefen und die Gesundheitsreform 2007 sich gravierend von dieser graduellen Veränderungslogik unterscheidet.

Im Vorfeld der Einführung des Gesundheitsfonds kam es zu heftigen Protesten von nahezu *jedem* gesundheitspolitisch relevanten Akteur (ausführlich und mit Quellenangaben in Kapitel 5). Der Gesundheitsfonds wurde als "Weg in die Staatsmedizin" oder in die „Einheitsversicherung" führend bezeichnet (zitiert jeweils nach Knieps 2007). Festzuhalten ist allerdings, dass der Gesundheitsfonds auch nach Bildung der christlich-liberalen Bundesregierung im Oktober 2009 noch immer besteht.

1.2 Die Untersuchungsfrage und Zielsetzung

In der sozialwissenschaftlichen Forschung kann zwischen zwei grundlegenden Typen von Fragestellungen unterschieden werden (Scharpf 2000, Gerring 2001, Ganghof 2005): Der eine Fragetyp geht von einem bestimmten beobachtbaren Phänomen, der abhängigen Variablen, aus und fragt nach dessen *Ursachen*. Der andere Typ einer Frage geht von den unabhängigen Variablen aus und fragt nach deren *Wirkungen*. Rückwärts gerichtete Fragestellungen, die versuchen, ein bestimmtes Ereignis möglichst vollständig zu erklären, können sich in aller Regel nicht auf eine monokausale Rekonstruktion beschränken. Um der Komplexität kausaler Beziehungen gerecht zu werden, muss das Zusammenspiel vieler Mechanismen untersucht werden (Scharpf 2000:56f). Philip Manow und Steffen Ganghof weisen ergänzend darauf hin, dass der Ansatz des "rückwärtsgerichteten Fragetyps" auch Konsequenzen hinsichtlich der Rationalitätsannahmen in dem Sinne hat, dass sich die Erklärungen nicht ausschließlich auf rationale Aspekte konzentrieren können (Manow/Ganghof 2005:15).

Die zentrale Zielsetzung dieser Publikation besteht darin, rückblickend zu beschreiben und kausal zu erklären, wie die Beschlüsse hinsichtlich der Einführung, Einführung und Weiterentwicklung des Gesundheitsfonds zustande kamen. Die Arbeit berücksichtigt insofern neben dem *Policy*-Aspekt auch stark die *Politics*-Dimension des deutschen Begriffs „Politik".[2] Ziel der Arbeit ist es also, zu beschreiben und zu erklären, wie der Gesundheitsfonds entstanden ist und wie die Prozesse seiner Einführung und Weiterentwicklung abgelaufen sind. In diesem Zusammenhang gilt es auch zu klären, warum die breite Front der Gegner des Gesundheitsfonds dessen Einführung nicht verhindern konnte. Neben dieser Zielsetzung soll auch ein Beitrag zum besseren Verständnis von institutionellen Veränderungen geleistet werden.

---

[2] Die Differenzierung des deutschen Begriffs „Politik" im Englischen in die drei Begriffe „policy", „politics" und „polity" wird beispielsweise bei Schneider/Janning (2006:15) erläutert. Zusammenfassend meint „Policy" die Inhalte und Maßnahmen von Politik (z. B. Gesetze), „Politics" die politischen Prozesse (z. B. Verhandlungen) und „Polity" den institutionellen Rahmen von Politik.

Zur Entstehung, Einführung und Weiterentwicklung des Gesundheitsfonds gibt es bisher vergleichsweise wenig wissenschaftliche Arbeiten. Von Wolfgang Schroeder und Robert Paquet liegt ein Band „Gesundheitsreform 2007" (Schroeder/Paquet 2009) vor, der sich zwar auch mit der Entstehung des Gesundheitsfonds befasst, dies aber überwiegend auf einem deskriptiv-populärwissenschaftlichen Niveau, ohne explizit gemachte theoretische Fundierung. Auch Nils Bandelow und Mathieu Schade haben einen Aufsatz über die Gesundheitsreform 2007 geschrieben (Bandelow/Schade 2008), allerdings ohne den Schwerpunkt explizit auf die Einführung des Gesundheitsfonds zu legen. Weitere Arbeiten zum Gesundheitsfonds liegen von u. a. von Gerlinger (2009)), Grimmeisen/Wendt (2010), Hartmann (2010) und Leiber/Greß/Manouguinan (2010) vor. Die bisher vorliegenden Arbeiten zum Gesundheitsfonds sind allerdings vergleichsweise wenig detailliert sind umfassen nicht den Aspekt von dessen Weiterentwicklung durch die christlich-liberale Bundesregierung. Diese Lücke soll mit dieser Untersuchung geschlossen werden.

Als Zeitraum für die Fallstudie wird die Zeitspanne beginnend mit dem Bundestagswahlkampf 2005 bis Ende 2011 festgelegt. Dieser Festlegung liegt folgende Begründung zugrunde: Für die Berücksichtigung der Zeit vor Bildung der Großen Koalition spricht zum Einen die Tatsache, dass die Entstehung des Gesundheitsfonds nicht ohne Kenntnis und Beschreibung der Ausgangslage erklärt werden kann und zum Zweiten die Bedeutung der Historizität, das heißt das Wissen um die Bedeutung der Vergangenheit. Für Ende 2011 als Endpunkt des Untersuchungszeitraumes sprechen folgende beiden Überlegungen: Erstens liegt die Einführung des Gesundheitsfonds zu diesem Zeitpunkt drei Jahre zurück, also ausreichend lange, um den Prozess der Implementation des Fonds beschreiben und erklären zu können. Zweitens kann gezeigt werden, wie sich der Wechsel der Bundesregierung Ende des Jahres 2009 auf die Ausgestaltung des Gesundheitsfonds ausgewirkt hat.

1.3   Das Forschungsdesign und die Forschungslogik der Arbeit

Das Forschungsdesign basiert auf dem Ansatz einer Einzelfallstudie. Kritiker von Einzelfallstudien weisen auf das Problem der Generalisierungsfähigkeit der ermittelten Forschungsresultate hin (Schnell/Esser/Hill 1999:237).[3] Diesem

---

[3] Ob und gegebenenfalls inwiefern Generalisierungen in der Politik- und Sozialwissenschaft generell überhaupt möglich sind, ist eine wissenschaftstheoretisch höchst umstrittene Frage; viele Sozialwissenschaftler verweisen auf die Kontextabhängigkeit sozialer bzw. politischer Prozesse (Mayntz, 2002, Scharpf 2002; Hall 2003, Thelen 2002, Schneider 2003, Tilly/Goodin 2006).

nicht unberechtigtem Einwand steht jedoch der große Vorteil der Möglichkeit der vertiefenden Betrachtung von politischen Prozessen entgegen; insofern besteht ein gewisser „trade off" zwischen Breite und Tiefe. Aufgrund der Zielsetzung der Arbeit ist eine äußerst detaillierte Schilderung und Rekonstruktion des Veränderungsprozesses notwendig. Dies kann am besten in Form einer Einzelfallstudie geschehen.[4] Um die Vorteile von Einzelfallstudien nutzen zu können und gleichzeitig die spezifischen Nachteile dieser Methode zu minimieren, ist eine Theorieanbindung von Fallstudien unerlässlich (stellvertretend für viele: Hall 2007:6 -12, Yin 2003:28 - 33 und Muno 2009:128). Mehrere methodologisch orientierte Publikationen (z. B. Hall 2003, Mayntz 2002 und Schneider 2003) empfehlen, bei der Theorieanbindung mehrere rivalisierende, möglicherweise auch komplementär einzusetzende Theorien bzw. Theoriemodelle zu verwenden. Warum die theoretische Triangulation bei Fallstudien wichtig ist, erläutert Peter A. Hall:

> „Because observations are never fully independent of the theories they are being used to test (…) the adequacy of the observations (…) must be weighed against the attractiveness and plausibility of the theory. (…) Progress in social science is ultimately a matter of drawing fine judgments based on a three-cornered comparision among a theory, its principal rivals, and sets of oberservations." (Hall 2003:392)

Die Nutzung mehrerer Theorien ist also aus mehreren Gründen notwendig: Erstens, um Verzerrungen als Folge selektiver Wahrnehmung, die eine Folge des Gebrauchs von lediglich einer Theorie sein könnte, zu vermeiden und zweitens, um wissenschaftlichen Fortschritt zu generieren. Ein dritter Grund ist die begründete Annahme, dass nur mehrere Theorien bzw. Theoriemodelle bzw. Erklärungsskizzen der Kontingenz und Komplexität realer politischer Geschehnisse Rechnung tragen (Mayntz 2002:38 - 40, Scharpf 2000:63 - 69, Schneider 2003:309 - 312). Besonders deutlich wird dies von Renate Mayntz hervorgehoben: Im Rahmen ihres Aufsatzes „Zur Theoriefähigkeit makro-sozialer Analysen (Mayntz 2002) formuliert die frühere Direktorin des Kölner Max-Planck-Instituts für Gesellschaftsforschung hierzu Folgendes:

> „Theoretischer Eklektizismus im Sinne des Nebeneinanders verschiedener bereichsbezogener Theorien scheint unausweichlich, ja für eine Sozialwissenschaft, die nicht über Grundprinzipien diskutieren, sondern Wirklichkeit erklären will, sogar der einzig erfolgreiche Weg bei der Analyse sozialer Makrophänomene zu sein." (Mayntz 2002:40)

---

[4] Man könnte auch argumentieren, dass es sich um drei ineinander verschachtelte Fallstudien: eine Fallstudie über die Entstehung des Gesundheitsfonds, eine über dessen Implementation und eine über dessen Weiterentwicklung durch die christlich-liberale Bundesregierung.

1.4 Der Aufbau der Untersuchung

Nach diesem Einleitungskapitel erfolgt in Kapitel 2 die Darstellung des theoretischen Bezugsrahmens der Arbeit. Kapitel 3 widmet sich einer Schilderung der Untersuchungsmethoden. In diesem dritten Kapitel wird auch das Verfahren der Datenerhebung ausführlich beschrieben und begründet. In Kapitel 4 wird die Finanzierung des deutschen Gesundheitswesens *vor* Einführung des Gesundheitsfonds beschrieben. Dieses Kapitel ist primär deskriptiver Natur. Neben einer Benennung von Basisdaten des deutschen Gesundheitswesens und dessen Verortung in einem internationalen Kontext werden „Meilensteine" in der Historie der Finanzierung der gesetzlichen Krankenversicherung (GKV) seit deren Gründung Ende des 19. Jahrhunderts beschrieben. Während die Schilderung der ersten Jahrzehnte vergleichsweise kursorisch erfolgt, nimmt die Tiefenschärfe mit zunehmender Nähe zur Bundestagswahl 2005, dem Beginn der eigentlichen Fallstudie, immer mehr zu. Nach diesem vierten Kapitel beginnt die eigentliche Fallstudie: In Kapitel 5 erfolgt eine kausale Rekonstruktion sowohl der Genese als auch der Politikformulierung des Gesundheitsfonds. Im anschließenden Kapitel 6 wird der Prozess von dessen Implementation kausal rekonstruiert. In Kapitel 7 wird das erste Jahr des Echteinsatzes des Gesundheitsfonds beschrieben und analysiert. Anschließenden wird in Kapitel 8 die Weiterentwicklung des Gesundheitsfonds durch die seit Herbst 2009 regierende christlich-liberale Bundesregierung kausal rekonstruiert. In Kapitel 9 wird der Beitrag des theoretischen Bezugrahmens zur Erklärung der Entstehung, Einführung und Weiterentwicklung des Gesundheitsfonds diskutiert. Gegenstand von Kapitel 10 ist eine Analyse der bisherigen Auswirkungen des neuen Finanzierungssystems.

2. Der theoretische Bezugsrahmen

Die Darstellung des verwendeten theoretischen Analyserahmens ist in einer wissenschaftlichen Arbeit unverzichtbar, da wissenschaftliche Untersuchungen theoriegeleitet sein sollten. Der Fallstudienexperte Robert Yin begründet die Notwendigkeit der Nutzung von Theorien bei Fallstudien mit zwei Argumenten: Theorien würden als Hilfestellung bei der Definition des Forschungsdesigns und der Datenerhebung dienen und sie würden einen wesentlichen Beitrag zur Generalisierung von Fallstudienergebnissen leisten (Yin 2003:33).

2.1 Akteurzentrierter Institutionalismus als theoretischer Rahmen

Der theoretische Rahmen dieser Publikation ist der „Akteurzentrierte Institutionalismus".[5] Dieser wurde am Kölner Max-Planck-Institut für Gesellschaftsforschung (MPIfG) von den beiden damaligen Direktoren Prof. Dr. Renate Mayntz und Prof. Dr. Fritz W. Scharpf entwickelt und im Jahr 1995 im Rahmen einer Publikation vorgestellt (Mayntz/Scharpf 1995).[6] Renate Mayntz und Fritz W. Scharpf selbst verstehen den Akteurzentrierten Institutionalismus nicht als "inhaltliche Theorie (...), sondern bestenfalls als eine Forschungsheuristik" (Mayntz/Scharpf 1995:39). Die Grundannahme des Akteurzentrierten Institutionalismus lautet, dass soziale Phänomene das Ergebnis der Interaktionen zwischen intentional handelnden Akteuren sind (Scharpf 2000:17). Diese Interaktionen werden durch den institutionellen Rahmen, in dem sie stattfinden, in mehrfacher Hinsicht strukturiert: Dieser Rahmen definiert die Regeln, konstitu-

---

[5] Ein theoretischer Rahmen beinhaltet lediglich eine Angabe der zu beachtenden Variablen sowie Hinweise auf deren Beziehungen (Schneider/Janning 2006:76; sinngemäß Schubert/Bandelow 2009:8). Theorien hingegen sind konkreter und spezifischer.

[6] Aufbauend auf dieser gemeinsamen Arbeit publizierte Fritz W. Scharpf zunächst in englischer Sprache unter dem Titel „Games Real Actors Play. Actor-Centered Institutionalism in Policy Research" (Scharpf 1997), später dann auch in deutscher Sprache (Scharpf 2000) seine eigene Variante des Akteurzentrierten Institutionalismus. Der wesentliche Unterschied zu dem gemeinsam entwickelten Ansatz besteht darin, dass in dem Ansatz von Scharpf mehr Gewicht auf die Anwendbarkeit von spieltheoretischen Werkzeugen gelegt wird (Scharpf 2000:18). Die spieltheoretische Variante wird bei dieser Arbeit allerdings nicht berücksichtigt, da deren Anwendung aufgrund der Vielzahl der bei der Einführung des Gesundheitsfonds beteiligten Akteure viel zu komplex wäre.

iert Akteure und Akteurkonstellationen, strukturiert deren Verfügung über Handlungsressourcen, beeinflusst deren Handlungsorientierungen und prägt wichtige Aspekte der jeweiligen Handlungssituation (Mayntz/Scharpf 1995: 49). Der institutionelle Rahmen ist deshalb ein Sammelbegriff, der im Forschungsprozess anhand des Untersuchungsgegenstandes und der Forschungsfrage jeweils konkret operationalisiert und gefüllt werden muss (Scharpf 2000:77). Obwohl der institutionelle Rahmen einen erheblichen Einfluss auf die Handlungsoptionen der Akteure besitzt, determiniert er nicht vollständig das Handeln der Akteure. Es bleibt stets ein Handlungsspielraum für die Akteure bestehen, den diese unterschiedlich nutzen können (Mayntz/Scharpf 1995:50). Das Handeln der Akteure wird nicht allein durch ihre institutionelle Umwelt, ihre Präferenzen und Wahrnehmungen sowie ihre Handlungsressourcen ermöglicht und begrenzt, sondern vor allem durch das Handeln anderer Akteure. Das Ergebnis einer sozialen Interaktion wird deshalb wesentlich von der Konstellation der beteiligten Akteure mitbestimmt. Die Dimension „Akteurkonstellation" beschreibt die Situation, in der die Akteure interagieren und wie diese von ihnen wahrgenommen wird. Die Akteurkonstellation kann nur empirisch erhoben und nicht theoretisch rekonstruiert werden. Im Zuge der Beschreibung der Akteurkonstellation sollte auch die Interaktionsorientierung der Akteure berücksichtigt werden, da diese den Charakter einer Akteurkonstellation ganz wesentlich prägen; Fritz W. Scharpf unterscheidet diesbezüglich die Ausprägungen „Individualismus", „Solidarität", „Wettbewerb", „Altruismus" und „Feindschaft" (Scharpf 2000:148ff). Zur Beschreibung der Interaktionen dient die Dimension „Interaktionsform". Als grundlegende Interaktionsformen unterscheiden Renate Mayntz und Fritz W. Scharpf „Einseitige oder wechselseitige Anpassung", „Verhandlung", „Abstimmung" und „Hierarchische Steuerung" (Mayntz/Scharpf 1995).

Nach der Benennung des theoretischen Rahmens der Arbeit wird es nun etwas konkreter; die Spezifizität der theoretischen Ansätze nimmt zu. Es werden einige politikwissenschaftliche Theorien vorgestellt, die das Potenzial besitzen, einen Beitrag zur angestrebten theorieorientierten kausalen Rekonstruktion der Entstehung, Einführung und Weiterentwicklung des Gesundheitsfonds leisten zu können. Die Begrenzung auf eine oder wenige Theorie(n) bei dem Versuch einer kausalen Rekonstruktion eines "policy changes" im Bereich der Gesundheitspolitik erscheint wenig zielführend. Deutlich näher an der Realität ist daher eine Kombination unterschiedlicher Theoriemodule bzw. ein „Nebeneinander verschiedener (…) Theorien" (Mayntz 2002:40). Zu der Erkenntnis, dass nur die Berücksichtigung mehrerer Theorien ein adäquates Verständnis von Veränderungen im Bereich des Gesundheitswesen liefert, kamen auch Adam Oliver und Elias Mossiales nach ihrer Durchsicht von Arbeiten über Veränderungen innerhalb des Gesundheitswesens in einer größeren Anzahl europäischer Staaten über einen Zeitraum von mehr als 20 Jahre hinweg:

„Our main conclusion is that it is unlikely that a single explanatory theory will ever be able to account for all of the health care sector developments in any one country (...). Consequently, a real understanding of health sector change will require a recognition that different theoretical approaches will be more appropriate." (Oliver/Mossialos 2005:7).

Nachfolgend erfolgt kursorisch eine Systematisierung möglicher theoretischer Konzepte zur Erklärung von politischem Wandel im Allgemeinen und von institutionellen Veränderungen im Speziellen.[7] Grundsätzlich kann man die Theorien unterscheiden in solche, die eher auf der Makroebene ansetzen und solchen, die ihren Ansatzpunkt eher auf der Meso- und Mikroebene haben (Schneider/Janning 2006:79). Zu der erstgenannten Gruppe gehören die Theorien, die unter der Bezeichnung „Vergleichende Staatstätigkeitsforschung" firmieren.

2.2 Die Theorien der vergleichenden Staatstätigkeitsforschung

Die „Vergleichende Staatstätigkeitsforschung" fokussiert auf sechs zentralen Theorien - bzw. in den Worten von Manfred G. Schmidt „Theoriefamilien" (Schmidt 2001:12) - mit denen (auch) Veränderungen der Sozial- bzw. Gesundheitspolitik erklärt werden können.[8] Wichtig sowohl für den Umgang mit diesen Theoriefamilien ist das explizite Plädoyer von Manfred G. Schmidt, diese Theorien nicht als in Konkurrenz zueinander stehend zu betrachten, sondern diese sinnvoll zu kombinieren: „Dabei soll durch *intelligente Kombination (und gegebenenfalls Weiterentwicklung) verschiedener Theorien* - anstelle eines fruchtlosen Gegeneinanders - eine möglichst dichte Beschreibung und reichhaltige Erklärung erreicht werden." (Schmidt 2001:12).

Die *„Theorie der sozioökonomischen Determination"* begreift Veränderungen in der Sozialpolitik eines Landes als Reaktion auf veränderte gesellschaftliche und wirtschaftliche Entwicklungen. Die Stärke dieses Ansatzes besteht in der Identifikation von sozioökonomischen Zwängen, auf die der Staat reagieren muss. Diese Veränderungen können sich beispielsweise aus der Globalisierung sowie aus Veränderungen in der Arbeitswelt, z. B. Erosion der Normalarbeits-

---

[7] Dieser Abschnitt basiert in Teilen auf dem Lehrbuch "Politikfeldanalyse" von Volker Schneider und Frank Janning (Schneider/Janning 2006).

[8] Diese Theorien der Staatstätigkeitsforschung werden in der Regel für international vergleichende Arbeiten eingesetzt; man kann sie aber auch für längsschnittartig angelegte Analysen verwenden.

verhältnisse, und der demographischen Struktur eines Landes ergeben. Schwächen dieser Theorie bestehen in der fehlenden Mikrofundierung sowie in der Annahme eines Determinismus, der den Regierungen nur wenig Spielraum bei dem Umgang mit den aus den sozioökonomischen Veränderungen resultierenden Herausforderungen gibt.

Die *„Lehre von den Machtressourcen organisierter Gruppen (Machtressourcentheorie)"*, die eng mit der Person Walter Korpi verbunden ist, betont im Gegensatz zu der Theorie der sozioökonomischen Determination weniger die sozioökonomischen Rahmenbedingungen und die damit erwähnten Determinierung, sondern explizit politische Variablen, konkret die Machtressourcen einzelner Gruppen bzw. Klassen (Korpi 1983). Veränderungen in der Sozial- bzw. Gesundheitspolitik eines Landes werden bei dieser Theorie mit einer geänderten Machtverteilung zwischen gesellschaftlichen Klassen oder Interessenverbänden erklärt. In der Variante der „klassischen Machtressourcentheorie" von Walter Korpi (Korpi 1983, vgl. auch Esping- Anderson 1990) werden beispielsweise der Organisationsgrad der Gewerkschaften sowie der Stimmenanteil der Sozialdemokratie als zentralen unabhängige Variablen genommen, um Veränderungen in der Sozialpolitik eines Landes zu erklären.

Die auf Douglas Hibbs, Richard Rose und Manfred G. Schmidt zurückgehende *„Parteiendifferenztheorie"* besagt, dass Unterschiede in der parteipolitischen Zusammensetzung von Regierungen zu feststellbaren Unterschieden in der Staatstätigkeit führen. Nach dieser Theorie berücksichtigen Parteien bei ihrer Regierungstätigkeit die unterschiedlichen Präferenzen ihrer Anhängerschaft bzw. Wähler. Eine an die Macht gekommene Partei wird deswegen eine Politik im Sinne der Interessen ihrer Wählerschaft betreiben und sich damit von den Konkurrenzparteien unterscheiden. Somit entsteht durch den Parteienwettbewerb Parteiendifferenz. Institutionelle Veränderungen ergeben sich dieser Theorie zu Folge somit aus Regierungswechseln.[9]

Die von Schmidt et al. *„Politisch-institutionalistische Theorie"* genannte Erklärung führt die Kontinuität oder die Veränderungen von Politikinhalten auf „die Existenz bzw. das Fehlen machtvoller institutioneller Schranken" (Schmidt/Ostheim 2007:24) zurück. Zu dieser „Theoriefamilie" (Schmidt 2001:12) zählt auch die *„Vetospieler-Theorie"* von George Tsebelis (Tsebelis

---

[9] Eine der Grundannahmen dieser Theorie besteht in der Erwartung, sozialdemokratisch geführte Regierungen würden eher zu einem Ausbau des Sozialstaates neigen als konservativ geführte. Allerdings konnte der empirische Befund erbracht werden, dass auch christdemokratische Parteien im Sinne eines Ausbaus des Sozialstaates gehandelt haben (van Kersbergen 1995). Des Weiteren verweisen aktuelle Längsschnittanalysen über den Wohlfahrtsstaat, die einen sehr langen Zeitraum betrachten, auf eine erstaunlich hohe Kontiniuität hinsichtlich der Höhe der Sozialausgaben (Pierson 2011). Insofern lassen sich empirisch die Grundannahmen der Parteiendifferenztheorie nicht immer bestätigen.

1995, 2002). Tsebelis versteht unter „Vetospieler" all die individuellen und kollektiven Akteure, die angestrebten Veränderungen eines Status-quo zustimmen müssen. Hierzu gehören parlamentarische Kammern (z. B. Bundesrat), Verfassungsgerichte, Parteien etc. Eine wesentliche Grundannahme der Vetospieler-Theorie besteht darin, dass die Vetospieler einer Veränderung des Status-quo nur dann zustimmen, wenn sie durch diese Veränderung zumindest nicht schlechter gestellt werden. Das Konzept geht davon aus, dass mit der Zunahme der Anzahl der beteiligten Vetospieler die Möglichkeit, zu Veränderungen zu kommen, abnimmt. Nach Tsebelis ist die Wahrscheinlichkeit für Veränderungen dann höher, wenn vergleichsweise wenig Vetospieler anzutreffen sind und wenn deren politischen Positionen vergleichsweise dicht beieinander liegen. Auch kann das Fehlen von typischen institutionellen Blockadefaktoren bzw. Vetospielern eine Ursache dafür sein, dass es (doch) zu einer Veränderung kommt bzw. kam. Die politisch-institutionalistische Theorie wird in der Regel eher zur Erklärung von Reformblockaden als zur Erklärung von Wandel verwendet. Dessen ungeachtet kann sie auch einen wertvollen Beitrag zur Erklärung von Veränderungen leisten; so beschreibt das von George Tsebelis „Winset" genannte Feld die Schnittmenge an möglichen Veränderungen, auf die sich die beteiligten Akteure verständigen können.

Eine weitere Theoriefamilie, von Schmidt „*Internationale Hypothese*" genannt (Schmidt 2001:15), hebt auf den Einfluss des Auslandes bzw. der inter- und transnationalen Verflechtung auf die Staatstätigkeit einschließlich deren Veränderungen ab. Ebenfalls unter „Internationale Hypothese" kann man die zahlreichen Arbeiten zum Thema „*Politikkonvergenz, Transfer und Diffusion*" (Überblick bei Holzinger/Jörges/Knill 2007) subsumieren.

Die sechste Theoriefamilie nennt Schmidt „*Politik-Erbe*"; zu ihr gehört auch die Lehre vom Inkrementalismus bzw. Gradualismus, also der Veränderungen in kleinen Schritten, und die These der „Pfadabhängigkeit", das heißt der großen Bedeutung einmal getroffener Entscheidungen für die Zukunft (Schmidt 2001:15).[10] „Pfadabhängigkeit" ist allerdings nicht gleich „Pfadabhängigkeit"[11];

---

[10] Ein Pfad beginnt mit einer „criticial juncture", einem Zeitpunkt, zu dem mindestens zwei alternative Wege offen stehen, wonach allerdings nur einer beschritten wird. Der gewählte Schritt wird durch sich selbstverstärkende Mechanismen und positive Rückkopplungen („increasing returns") verstärkt. Ein pfadabhängiger Prozess ist charakterisiert durch eine sich selbst verstärkende Sequenz aus Ereignissen (Pierson 2000a, 2004 sowie Mahoney 2000). Ein Pfad beginnt mit einer „criticial juncture", einem Zeitpunkt, zu dem mindestens zwei alternative Wege offen stehen, wonach allerdings nur einer beschritten wird. Der gewählte Schritt wird durch sich selbstverstärkende Mechanismen und positive Rückkopplungen („increasing returns") verstärkt. Von einigen Autoren wird behauptet, dass Pfadabhängigkeiten zu einem Verriegelungseffekt („Lock-In") führen würden und Veränderungen somit faktisch ausgeschlossen sind (z. B. Arthur 1989).
[11] So auch der Titel eines Aufsatzes von Jürgen Beyer (2005).

es gibt eine radikalere und eine weniger radikale Variante. In der ersten Variante ist ein Policy change - wenn überhaupt - insbesondere durch exogene Ereignisse bzw. Schocks möglich (Pierson 2000a). Die zweite Variante, die explizit auf die Möglichkeit erheblicher institutioneller Veränderungen auch und gerade durch graduelle Entwicklungsschritte verweist, wird vor allem in den neueren Arbeiten von Kathleen Thelen und in deren gemeinsamen Publikationen mit Wolfgang Streeck bzw. James Mahoney vertreten (Thelen 2004, 2006, 2009, Thelen Streeck/Thelen 2005, Mahoney/Thelen 2010). Angesichts der Bedeutung der Arbeiten insbesondere von Kathleen Thelen werden deren Erklärungsansätze unter dem Label „Theorie des institutionellen Wandels" in einem separaten Abschnitt vorgestellt

2.3 Theorie des institutionellen Wandels

Die "Theorie des institutionellen Wandels" betont insbesondere die Bedeutung pfadabhängiger Entwicklungen, in denen institutionelle Weichenstellungen über einen längeren Zeitraum Wirkung entfalten und behalten sowie die Notwendigkeit der Betrachtung des jeweiligen Kontextes, in dem eine Entscheidung zu Stande gekommen ist. Wolfgang Streeck, Kathleen Thelen und James Mahoney zeigen, dass auch ein inkrementeller Wandel *langfristig* zu einer Diskontinuität im Sinne einer substantiellen Transformation einer Institution führen kann (Streeck/Thelen 2005, Thelen 2009 und Mahoney/Thelen 2010).

In diesen Arbeiten werden vier Varianten institutionellen Wandels unterscheiden: *„Displacement"* meint die Auflösung bestehender Institutionen; diese werden entweder durch andere Institutionen ersetzt oder entfallen ersatzlos. *„Layering"* bezeichnet die Art von institutioneller Veränderung, wenn eine bereits bestehende Institution zwar grundsätzlich beibehalten, aber durch eine modulare Ergänzung modifiziert wird.[12] Als *„Drift"* wird die Form einer institutionellen Veränderung bezeichnet, die Folge einer Abweichung in der gelebten Praxis von „auf dem Papier stehenden Regelungen" ist. Mit *„Conversion"* ist die grundsätzliche Beibehaltung von Institutionen gemeint, wobei diese jedoch ihre inhaltliche Ausrichtung und Zielsetzung verändern.

Wovon hängt es nun ab, welche dieser Varianten sich durchsetzt? Ausschlaggebend hierfür sind nach Thelen insbesondere zwei Aspekte: Zum Einen die Charakteristika des politischen Kontextes insbesondere die Stärke bzw. Schwäche von Vetomöglichkeiten, und zum Anderen die Charakteristika der ins

---

[12] In den Arbeiten von Kathleen Thelen findet man sowohl den Begriff „Layering" als auch „Institutional Layering"; diese beiden Termini meinen das Selbe und werden daher auch in dieser Arbeit synonym verwendet.

Visier genommenen Institution (Thelen 2009:488ff; vgl. auch Mahoney/Thelen 2010). Ob es beispielsweise eher zu „Displacement" oder „Layering" einer Insitutution kommt, hängt also stark von dem Ausmaß der Vetomöglichkeiten ab. Sofern die Gegner einer angestrebten Veränderung ausreichend stark sind, können sie das „Displacement" verhindern, mit der Folge einer Veränderung in der Ausprägung von „Layering".

2.4   Punctuated-Equilibrium-Theory

Während der historische Institutionalismus mit seiner Betonung von Pfadabhängigkeiten für inkrementellen bzw. graduellen Wandel steht, der allerdings langfristig durchaus zu erheblichen Veränderungen führen kann, basiert die „*Punctuated-Equilibrium Theory*" (True/James/Baumgartner 2007) auf einer völlig anderen Grundannahme: Nach dieser ursprünglich aus der Evolutionsbiologie stammenden Theorie[13] werden lange Phasen des Stillstandes bzw. der Stasis abrupt und diskontinuierlich unterbrochen; eine Veränderung erfolgt also nach dieser Theorie nicht schleichend, sondern schlagartig. Die Theorie erhebt den Anspruch, sowohl Zustände der Stabilität als auch des radikalen Wandels erklären zu können (True/Jones/Baumgartner 2007:155).

Die von James L. True, Byran D. Jones und Frank R. Baumgartner entwickelte Theorie basiert zum Einen auf den Arbeiten von Herbert Simon zum begrenzt rational handelnden Menschen („bounded rationality") und seiner Unterscheidung in serielles und paralleles Berarbeiten („serial and parallel processing, vgl. Simon 1957, 1983) sowie zum Anderen auf der von Emmette S. Redford vorgenommenen Unterscheidung in „subsystem politics" und „macropolitics" (Redford 1969). Nach Herbert Simon ermöglichen Organisationen durch ihre Form der Arbeitsorganisation das parallele Bearbeiten von mehreren Aufgaben. Diesen Gedanken übertragen True/Jones/Baumgartner auf Regierungen. Die Arbeitsteilung innerhalb der Regierung, sowohl zwischen den Ministerien als auch innerhalb dieser, ermöglicht durch die Bildung von „policy subsystems" (Baumgartner/Jones 1991) ein paralleles Bearbeiten von mehreren politischen Aufgabenstellungen. Diese Arbeitsteilung in Subsystemen reduziert

---

[13] True/Bamgartner/Jones (2007) verweisen in einer Fußnote explizit auf die Arbeiten der Evolutionsforscher und Paläontologen Niles Eldrege und Stephen J. Gould (Eldrege/Gould 1972, Gould 1989, Gould/Eldrege 1993). Nach dieser Theorie wird die Evolution der Lebewesen als diskontinuierlicher, stufenförmiger Prozess des Findens, Zusammenbruchs und erneuten Findens eines Gleichgewichts verstanden; Evolution findet nach Überzeugung der Anhänger der „Punctuated-Equilibrium-Theory" („Theorie des durchbrochenen Gleichgewichts") also nicht in langsamen und graduellen Schritten statt, sondern in abrupten Sprüngen.

nach Einschätzung von True/Jones/Baumgartner die Aussicht auf eine größere politische Veränderung, da die Arbeit in Subsystemen weitgehend unter Ausschluss des Interesses der Öffentlichkeit abläuft (True/Jones/Baumgartner 2007:158). Gelegentlich gibt es aber die Situation, dass ein Problem die Ebene der parallelen Bearbeitung verlässt und auf die nächst höhere, die makropolitische Ebene wandert und dort nicht mehr parallel, sondern seriell bearbeitet wird. Dies ist insbesondere dann der Fall, wenn neue Personen von außerhalb des Subsystems, insbesondere Spitzenpolitiker, beginnen, sich für ein auf der Ebene eines Subsystems diskutierten Themas zu interessieren.[14] Dieser Prozess wird nach Jones in der Regel von größerer öffentlicher Aufmerksamkeit begleitet (Jones 1994:185). In diesem Fall, so die zentrale Aussage der "Punctuated-Equilibrium-Theory", nimmt die Wahrscheinlichkeit eines diskontinuierlichen und abrupten Wandels zu, weil angesichts der gestiegenen öffentlichen Aufmerksamkeit der Druck, einen neuen Weg zu finden, gestiegen ist: „It is then that major changes tend to occur." (True/Jones/Baumgartner 2007:159). Ob es bei Stillstand bzw. „Stasis" bleibt oder zu einem Policy Change kommt, hängt also nach Auffassung des Autorenteams ganz wesentlich davon ab, ob ein Problem auf der Ebene des „Subsystems" bleibt oder ob es auf die Ebene der „Macropolitics" „wandert". Sofern die erstgenannte Konstellation eintritt, bleibt es bei Stillstand/Stasis, im anderen Fall, wenn neue Personen von außerhalb des Subsystems hinzukommen und das Problem den Kreis der eigentlich fachlich zuständigen Experten verlässt, nimmt die Wahrscheinlichkeit für einen policy change deutlich zu.

2.5 Akteurzentrierte Theorien der Meso- und Mikroperspektive

In Ergänzung und teilweise auch Abgrenzung zu den überwiegend aus einer Makroperspektive argumentierenden Theoriefamilien der vergleichenden Staatstätigkeitsforschung sind in den letzten Jahren zunehmend meso- und mikroanalytische Perspektiven in den Vordergrund gerückt (Schneider 2009:12). Diese Theorien werden hier - in Anlehnung an Schneider/Janning (2006:84) - summarisch als „akteurzentrierte Theorien" bezeichnet. Im deutschsprachigen politikwissenschaftlichen Raum wirbt neben Fritz W. Scharpf und Volker Schneider u. a. auch Frank Nullmeier explizit für eine Mikrofundierung der Analyse; Nullmeier verwendet hierfür die Begriffe „Mikro-Policy-Analyse" und „Mikropoli-

---

[14] Entsprechend bezieht sich die „Punctuated-Equilibrium-Theory" in der Version von True/Jones/Baumgartner insbesondere auf die beiden Phasen „issue definition" und „agenda setting" also den Beginn eines politischen Prozesses.

tologie" (Nullmeier et al. 2003).[15] „Mikrofundierung" bei der kausalen Rekonstruktion von politischen Ereignissen eine entsprechend hohe Bedeutung zukommen zu lassen, heißt freilich nicht, diese *nur* auf mikrofundierter Basis zu erklären. Bei aller Bedeutung der Berücksichtigung mikrofundierter Erklärungen gilt es also, diese mit strukturellen bzw. institutionellen Faktoren zu kombinieren.

Die zahlreichen Varianten der akteurzentrierten Ansätze unterscheiden sich hinsichtlich einiger ihrer Grundannahmen erheblich. Aus einer von Schneider/Janning (2006:86) „beziehungsstrukturell" genannten Perspektive bietet die *Tauschtheorie* von Coleman (1991) wertvolle Anhaltspunkte für die Durchführung von Studien. Nach Auffassung der Tauschtheorie sind Akteure dann an Entscheidungen beteiligt, wenn sie über Ressourcen verfügen, die zur Entwicklung und/oder Umsetzung von politischen Vorhaben erforderlich sind. Andere akteurzentrierte Ansätze rekurrieren mehr auf den Aspekt des Zustandekommens von Entscheidungen. Neben dem bereits erwähnten Ansatz des „Akteurzentrierten Institutionalimus" sind an dieser Stelle insbesondere die diversen Ausprägungen des Rational-Choice-Ansatzes zu nennen. An der Grundannahme der von den diversen „Rational-Choice"-Ansätzen bzw. Theorien behaupteten vollständigen Rationalität des Zustandekommens von politischen Entscheidungen gibt es allerdings auch Zweifel. Beginnend Mitte des letzten Jahrhunderts mit den Erkenntnissen der Forschergruppe um Herbert Simon, die überzeugend für das Menschenbild des begrenzt rational handelnden Menschen („bounded rationality") warben (Simon 1957), bis hin in die Gegenwart wurden und werden zahlreiche Alternativmodelle entwickelt. Zu den bekanntesten Arbeiten gehört das von John W. Kingdon (1984, 1994) und Nachfolgern (Zahariadies 1999) entwickelte Konzept der „Multiple Streams".[16] Dieses wird nachfolgend vorgestellt.

---

[15] Mit diesen Begriffen ist die „Ebene des Kleinteiligen, des Inneren der Politik" (Nullmeier et al 2003:9) gemeint; Mikropolitik soll also die Frage beantworten, „wie Politik funktioniert" (Nullmeier et al. 2003.9).

[16] Um die Distanz des Multiple-Streams-Konzeptes zum bekannten und verbreiteten Verständnis von Rationalität deutlich zum Ausdruck zu bringen, ist das Konzept in dem von Paul A. Sabatier herausgegebenen Bandes „Theories of the Policy Process" (Sabatier 1999) explizit unter der Überschrift „Alternative Views of the Role of Rationality in the Policy Process" aufgeführt.

2.6 Das „Multiple-Streams-Konzept"

Das „Multiple-Streams-Konzept" von John W. Kingdon (Kingdon 1984, 1995) basiert auf dem aus der Organisationssoziologie stammenden „garbage-can-Model" (Cohen/March/Olsen (1972).[17] In seiner ersten Version bezog es sich ausschließlich auf die Phase des Agenda-Settings. Nikolaos Zahariadis hat diese Überlegungen Ende der 90er Jahre ergänzt und für den gesamten politischen Entscheidungsprozess weiterentwickelt (Zahariadis 1999). Das Konzept geht von einem an organisationssoziologischen Überlegungen orientierten Ansatz aus und begreift politische Entscheidungen als das Ergebnis organisationaler Prozesse. Der Regierungsapparat wird dabei als organisierte Anarchie betrachtet. Diese Anarchie ist eine Folge der dem Konzept zu Grunde liegenden Prämisse der Ambiguität[18], die sich in drei zentralen Sachverhalten äußert: Erstens in uneindeutigen Präferenzen der Akteure, da sich diese während der politischen Entscheidungsprozessen mehrfach ändern können. Zweitens in unklaren Technologien, das heißt in weitgehend unkoordinierten und ungesteuerten politischen Prozessen und drittens in wechselnden Teilnehmern. Das Multiple-Streams-Konzept geht davon aus, dass durch die Regierungsadministration drei relativ unabhängige „Ströme" fließen:[19] Der erste „Strom", der „stream of problemrecognition", enthält all die Probleme, die parallel vorhanden sind. Der zweite „Strom", der stream of policy-proposals, setzt sich aus einer Vielzahl unterschiedlicher Konzepte, Ideen etc. zusammen, die von Policy-Netzwerken, aber auch von einzelnen Personen (z. B. von Wissenschaftlern), produziert werden (ausführlich bei Kingdon 2003:121 - 130). Dieser „Strom" ist der Ausdruck potentiell vorhandener Policy-Optionen. Der dritte „Strom", der „stream of politics", beschreibt die Entscheidungsregeln und -prozesse; in ihn fließen auch Aspekte wie die Stimmung im Land, die Positionierung außerparlamentarischer Kräfte wie Verbände, intra- und interfraktionelle Prozesse etc. ein. Dieser dritte „Strom" wird auch durch Veränderungen innerhalb der Zusammensetzung einer Regierung beeinflusst und entsprechend verändert.

Wie und durch wen werden nun die drei relativ unabhängigen Ströme verkoppelt, damit eine politische Entscheidung zu Stande kommt? Der entscheidende Akteur bei diesem Ansatz ist der sog. „Policy Entrepreneur"; es ist die Aufgabe und Chance eines „Policy Entrepreneurs" (Kingdon 1984:188, 2003:179ff), eines politischen Unternehmers, diese drei Ströme miteinander zu

---

[17] Eine ausführliche Beschreibung und Diskussion des „Multiple-Streams-Konzeptes" liefert Rüb (2009).
[18] Vgl. zum Begriff „Ambiguität" auch Zahariadies (1999:74f) sowie Rüb (2006).
[19] Die Metapher der „streams" bzw. der „Ströme" soll den dynamischen Charakter, das Prozesshafte, von Politik illustrieren.

verkoppeln. Ein „Policy Entrepreneur" hat - aus welchen Gründen auch immer - ein Interesse an der Behandlung und Lösung eines bestimmten Problems und will dieses daher auf die politische Agenda setzen. Ein „Politikunternehmer" kann eine Regierungschefin sein, die etwas zur Chefsache macht und eine Entscheidung durchsetzen will; es kann aber auch eine Ministerin sein, die versucht ein programmatisches Ziel ihrer Partei umzusetzen oder ein Fraktionsvorsitzender. Denkbar ist auch, dass es sich bei einem politischen Unternehmer um einen einflussreichen Regierungsberater handelt. Ein „policy entrepreneur" kann allerdings nur dann erfolgreich sein, wenn sich ein „policy window" öffnet. Dieses „Gelegenheitsfenster" kann sich beispielsweise als Folge von Problemdruck, Krisen, Neuwahlen oder von einem Ministerwechsel öffnen.

Relevant für die Arbeit ist insbesondere die mit dem Konzept untrennbar verbundene Botschaft, dass bei weitem nicht alle politischen Entscheidungen nach ausschließlich rationalen Aspekten auf die Agenda kommen und entschieden werden. Eine Stärke des Ansatzes besteht darin, dass man ihn gut mit anderen Theorien der Policy-Analyse kombinieren kann (so auch Rüb 2009).

2.7 Lesson Drawing

Ein weiterer Ansatz zur Erklärung von politischen Veränderungen stellt das Konzept des Lernens in seinen diversen Ausprägungen dar.[20] Eine Gemeinsamkeit der zahlreichen lerntheoretischen Ansätze besteht in der Ablehnung der Annahme des Rational-Choice-Ansatzes, der in der Regel von weitestgehend stabilen und ökonomisch bedingten Präferenzen der Akteure ausgeht. Lerntheoretische Ansätze hingegen betonen sowohl die Veränderbarkeit der Präferenzen als auch die Bedeutung von Argumenten, Ideen und Überzeugungen (Bandelow 2003:290, sinngemäß auch Blum/Schubert 2009:152).

Ein bedeutsamer und mittlerweile in vielen Studien bewährter Ansatz (Bandelow 2003:309) ist das von Richard Rose (1993) entwickelte Konzept des "Lesson-Drawing". Als elementare Bedingung für politisches Lernen erachtet Rose, dass politische Entscheidungsträger mit dem Status quo unzufrieden sind. Besteht eine Unzufriedenheit, beginnt die Suche nach Alternativen. Diese kann nach Rose entlang von Zeit und/oder Raum erfolgen. Politische Entscheidungsträger können also entweder von politischen Programmen lernen, die in der Vergangenheit schon einmal im Einsatz waren und/oder können Alternativen bei anderen Räumen, z. B. im Ausland, suchen. Rose beschreibt den Ablauf von

---

[20] Eine systematische Einordnung der verschiedenen lerntheoretischen Zugänge der Politikfeldanalyse findet sich bei Bandelow (2003 und 2009).

politischen Lernprozessen als vierstufigen Prozess: In einem ersten Schritt suchen politische Entscheidungsträger nach möglichen Policy-Alternativen. Diese können entweder in der Vergangenheit oder in anderen Regionen liegen. Aus diesen Erkenntnissen bilden Politiker dann in einem zweiten Schritt ein eigenes Modell, das die Auswirkungen auf das eigene Gebiet simulieren soll. Ist der Abgleich des Ausmaßes einer möglichen Übernahme erfolgt, so wird in einem dritten Schritt das Gelernte angewendet.[21]. Als vierten und letzen Schritt des Lernprozesses erachtet Rose eine vorausschauende Bewertung des gewählten Programms. Hierbei können wissenschaftliche Studien einen wesentlichen Beitrag leisten.

Die Genese und Umsetzung eines politischen Programms ausschließlich auf Basis lerntheoretischer Ansätze rekonstruieren zu wollen, dürfte in den meisten Fällen nicht überzeugen. Hinzu kommt, dass Lerntheorien nicht unumstritten sind, da sie „klassische" Dimensionen der Politikwissenschaft, wie Macht, Interessen und Strukturen, ausblenden (ausführlich bei Bandelow 2003:323) Die Stärke lerntheoretischer Ansätze liegt daher in der Ergänzung von bestehenden "klassischen" politikwissenschaftlichen Erklärungen.

---

[21] In der Regel ist es auf Grund politischer, rechtlicher, historischer und kultureller Unterschiede nicht möglich, die politischen Instrumente anderer Länder vollständig "eins zu eins" zu übernehmen. Rose unterscheidet daher fünf verschiedene Formen der Übernahme: 1.) *Kopie*, d. h. eine vollständige Komplettübernahme eines an anderer Stelle gefundenen Programms, (2.) *Adaption*, d. h. weitgehende, aber nicht vollständige Übereinstimmung mit dem "Original", (3.) *Hybrid-Bildung*, also eine Kombination der Ausgangsversion mit eigenen Vorstellungen, (4.) *Synthese*, d. h. Kombination einzelner Elemente aus verschiedenen „Originalen" unterschiedlicher Räume und/oder Zeiten, sowie (5.) *Inspiration*, also die Annahme, dass an anderen Orten oder zu anderen Zeiten existierende Programme als Inspiration für die Entwicklung eigener Maßnahmen dienen

3. Die Untersuchungsmethode

Das Ziel dieses Kapitels besteht in einer Beschreibung und Begründung der Strategie, wie die Fragestellung der vorliegenden Arbeit beantwortet werden soll. Es geht also um die Benennung und Spezifikation der Methoden der Datenerhebung und des Ziehens von Schlussfolgerungen. Mehrere Politik- und Sozialwissenschaftler (z. B. Brady/Collier 2004, George/Bennett 2005, Gerring 2004, 2007; Hall 2003; Schneider 2003, Yin 2003) betonen, dass es nicht *die eine* beste Methode zur Beantwortung von Fragestellungen gibt, sondern dass die Auswahl der Methode und damit die Erklärungsstrategie immer in Abhängigkeit von der Fragestellung und somit letztlich von der Zielsetzung einer Arbeit erfolgen sollte. Diese Untersuchung basiert auf einer prozesshaft durchgeführten Fallstudie.

Warum sich prozesshaft durchgeführte Fallstudien besonders gut für die Rekonstruktion politischer Phänomene eignen, erläutert Peter Hall in einem breiten wissenschaftsphilosophischen Kontext. In einem im Jahr 2003 publizierten Aufsatz unter dem Titel „Aligning Ontology and Methodology in Comparative Politics" plädiert Peter Hall überzeugend für einen Einklang von Ontologie und Methodologie (Hall 2003).[22] Mit dieser Forderung steht Peter Hall keineswegs alleine da: Auch andere, gerade im Bereich der Forschung über „case studies" ausgewiesene Methodologen (z. B. Gerring 2004, George/Bennett 2005 sowie Yin 2003), aber auch zahlreiche Arbeiten über ontologische Aspekte in der Politikwissenschaft (z. B. Hay 2006) verweisen auf die Bedeutung der Beachtung ontologischer und epistemologischer Aspekte bei der Konzipierung von Forschungsdesigns im Bereich der Politikwissenschaften: Die Art und Weise, wie ein Forscher eine Fragestellung zu beantworten gedenkt, ist schließlich untrennbar mit Aspekten der Perzeption eines Forschers von der Beschaffenheit der realen Welt und vom Zustandekommen politischer Prozesse verbunden. Glaubt ein Forscher beispielsweise an Gesetzmäßigkeiten, so wird er eher ein deduktiv-nomologisches Forschungsdesign wählen, glaubt er hingegen eher an

---

[22] Peter A. Hall versteht unter Ontologie („ontology") „the fundamental assumptions scholars make about the nature of the social and political world and especially about the nature of causal relationships within that world." (Hall 2003:374).

die Singularität und Kontextabhängigkeit von (politischen) Ergebnissen, wird er tendenziell eher induktiv vorgehen oder einen Mittelweg beschreiten.
Die Vorzüge einer Prozessanalyse, die detailliert eine Kausalkette rekonstruieren kann, beschreibt Peter A. Hall folgendermaßen:

> „By using process analysis, researchers take full advantage of the wealth of detail that investigation of a small number of cases offers (…). This type of method and research design corresponded nicely to the recent emphasis in the philosophy of science on critical realism, and they are especially well-suited to assessing the complex causal chains that many theoretical perspectives in social science, including historical institutionalism and rational choice analysis, have begun to posit." (Hall 2007:12)

Eine in Form einer Prozessanalyse („process tracing") durchgeführte Fallstudie eignet sich deshalb besonders gut für die angestrebte kausale Rekonstruktion der Entstehung, Einführung und Weiterentwicklung des Gesundheitsfonds, weil man mit ihr sowohl die Dynamik des Geschehens gut nachverfolgen als auch das (Zusammen-)Wirken bestimmter kausaler Mechanismen gut aufspüren kann (George/Bennett 2005; Yin 2003).[23]

3.1 Durchführungsmethoden: Prozessanalyse und Kongruenzmethode

Die Arbeit basiert hinsichtlich der Art ihrer Durchführung auf einer Kombination aus einer Prozessanalyse und der Anwendung der Kongruenzmethode. Mit „Prozessanalyse" ist das systematische, dynamische Nachverfolgen bzw. Aufspüren von Hinweisen, die Schlussfolgerungen auf die Ursachen des Zustandekommens der abhängigen Variablen zulassen, gemeint (Checkel 2008, George/Bennett 2005, Hall 2006, 2007, Reilly 2010 und Schimmelfennig 2006). Alexander L. George und Andrew Bennett, mit deren Namen man „process tracing" gemeinhin verbindet, beschreiben das Ziel und die Vorzüge von „process tracing" wie folgt:

> „The process-tracing-method attempts to identify the intervening causal processes - the causal chain and causal mechanism - between an independent variable (or variables) and the outcome of the dependent variable." (George/Bennett 2005:206). (…) Process-tracing is the only observational means of moving beyond covariation alone as a source of causal inference." (George/Bennett 2005:224)

---

[23] Dieser Sachverhalt kommt gut in dem englischen bzw. amerikanischen Begriff „process tracing" (George/Bennett 2005) zum Ausdruck; „process tracing" meint das Aufspüren, das Nachverfolgen von Prozessen.

Eine Prozessanalyse ist immer dann sinnvoll, wenn in konkreten historischen Situationen Evidenz für das (Zusammen-)Wirken von bestimmten kausalen Mechanismen gesucht wird (George/Bennett 2005, sinngemäß auch Blatter/Janning/Wagemann 2007:162 sowie Muno 2009:125). Eine spezifische Varinate einer Prozessanalyse, welche die Basis dieser Arbeit ist, wurde von Peter A. Hall (2003, 2006, 2007) unter dem Namen „systematic process analysis" in die Methodendiskussion eingebracht. Das Besondere an dieser Ausprägung einer Prozessanalyse ist, dass sie eine Kombination von „process tracing" und der Kongruenzmethode bzw. des „pattern matching" - diese beiden Begriffe sind faktisch deckungsgleich - darstellt. Das wesentliche Charakteristikum der Kongruenzmethode besteht darin, dass der Forscher seine Untersuchung mit einem theoretischen Bezugsrahmen beginnt und dann bei seinen Beobachtungen nach Übereinstimmungen von Theorie und den in der Realität tatsächlich vorzufindenden Daten schaut.[24] Alexander L. George und Andrew Bennett betonen in ihrer Monographie „Case Studies and Theory Development in the Social Science" (George/Bennett 2005) mehrfach die Möglichkeit, die „congruence method" mit „process tracing" zu verbinden. Genau dies tut Peter A. Hall mit seinem Untersuchungsansatz. Die Methode „systematic process analysis, an der sich diese Untersuchung explizit anlehnt, besteht aus folgenden Phasen (Hall 2003:391 - 394 sowie 2007:6 - 8): Zunächst wird der theoretische Bezugsrahmen der Arbeit vorgestellt („theory formation"). Dieser Bezugsrahmen sollte nach Hall unbedingt aus mehreren Theorien bestehen. Dann erfolgt die eigentliche Fallstudie, das heißt die möglichst detaillierte Beschreibung des Falls inklusive der Durchführung der Beobachtungen („making observations"). In dieser Phase findet das eigentliche Process-Tracing statt. In einem dritten Schritt erfolgt ein Vergleich von Beobachtung mit Vorhersagen (comparison of observations and predictions), das eigentliche „pattern matching". Am Ende einer „systematic process analysis" steht das Ziehen von Schlussfolgerungen („drawing conclusions"). In dieser letzten Phase muss der Forscher das relative Gewicht der einzelnen Theorien bzw. Theoriemodule in Bezug auf ihren Beitrag

---

[24] Bei der Kongruenzmethode handelt es sich um eine ähnliche Untersuchungsmethode, wie sie bereits Mitte der 60er Jahre des vergangenen Jahrhunderts von Donald T. Campbell unter der Bezeichnung „pattern matching" in die sozialwissenschaftliche Methodendiskussion eingebracht wurde. „Pattern matching" im Sinne von Campbell meint den Abgleich von zwei Mustern, dem theoretischen und dem in der Empirie anzutreffenden (Campbell 1966:97). Obwohl diese Untersuchungsform nun schon rund ein halbes Jahrhundert alt ist, wird sie noch immer von Sozialwissenschaftlern im Allgemeinen (z. B. Schneider 2003:311) und von Fallstudienexperten im Speziellen (z. B. Yin 2003:26 sowie Hak/Dul 2010) zur Anwendung empfohlen.

zur Erklärung des Zustandekommens des zu erklärenden Phänomens, der abhängigen Variablen, jeweils abwägen.

Nach der Erläuterung der Art der Durchführung der Fallstudie, werden im nachfolgenden Abschnitt die Methoden der Datenerhebung transparent gemacht. Die Erhebung geeigneter, das heißt umfassender, aussagekräftiger und möglichst unverzerrter Daten, ist ein ganz wichtiger Schritt in einem Forschungsvorhaben, denn in der Phase der Datenerhebung wird die Basis für die spätere Schlussfolgerung gelegt. Kausale Schlussfolgerungen über das Zustandekommen eines politischen Makrophänomens sind nur dann valide, wenn die Datenerhebung umfassend und ohne Verzerrungen durchgeführt und hinreichend transparent gemacht wird (Yin 2003, George/Bennett 2005).

3.2 Datenerhebung mit Experteninterviews und Dokumentenanalyse

Eine spezifische Stärke von Fallstudien besteht in der Möglichkeit, auf Grund der kleinen Fallzahl für die Datenerhebung mehrere Quellen nutzen zu können (Yin 2003:97). Um diese spezifischen Möglichkeiten einer Fallstudie tatsächlich zu nutzen, werden bei dieser Untersuchung für die Erhebung der Daten insbesondere folgende zwei Arten von Quellen genutzt: Experteninterviews und Dokumentenanalyse. Unter „Experten" werden hier Menschen verstanden, die über vertiefende Kenntnisse über die Entstehung und/oder Einführung des Gesundheitsfonds verfügen. Für die Auswahl dieser beiden Erhebungsmethoden sprechen folgende Gründe: Experteninterviews können in Untersuchungen eingesetzt werden, "in denen soziale Situationen oder Prozesse rekonstruiert werden sollen, um eine sozialwissenschaftliche Erklärung zu finden" (Gläser/Laudel 2004:11). Für die Verwendung des Erhebungsinstrumentes „Experteninterview" spricht auch die Überzeugung des Verfassers, dass es sinnvoll ist, nicht nur *über* die - vermutete und unterstellte - Motivlage der Akteure zu schreiben, um nicht zu sagen zu *spekulieren*, sondern *mit* diesen zu reden, damit diese ihre Sicht der Dinge schildern können. Zwar besteht bei Interviews die Gefahr von Antwortverzerrungen („response errors")[25] und man kann als Interviewer auch nicht unbedingt davon ausgehen, dass einem immer die „reine Wahrheit" berichtet wird, aber es gibt Möglichkeiten, damit umzugehen.[26] Im Wesentlichen sind es folgende Strategien, deren Berücksichtigung zielführend ist und die deshalb bei

---

[25] Schnell/Hill/Esser (1999:330ff) führen zahlreiche Ausprägungen von „Response-Errors" bzw. „Antwortverzerrungen an; die beiden wichtigsten Formen der Antwortverzerrung sind „Zustimmungstendenz" und die „Abgabe sozial erwünschter Antworten" (Schnell/Hill/Esser 1999:331).
[26] Bereits vor mehreren Jahrzehnten erschien zu dieser Frage „"How Do You Know If The Informant Is Telling the Truth"? ein noch immer sehr lesenswerter Aufsatz (Dean/Whyte 1970/1958).

dieser Arbeit Anwendung finden. Zum Einen kann man einen Teil der Reaktivitätseffekte durch „technische Tricks", wie besondere Frageformulierungen" (Schnell/Hill/Esser 1999:334) ausschalten und zum Anderen kann man ergänzend zu den Interviews auch sogenannte „nicht-reaktive Messverfahren" (Schnell/Hill/Esser 1999:380) verwenden.[27] Die wohl wichtigste Strategie des Umgangs mit den Gefahren von Antwortverzerrungen besteht in der Anwendung der methodischen Triangulation. Bei dieser Untersuchung wird Triangulation in zweifacher Hinsicht eingesetzt: Erstens innerhalb einer Methode, indem im Rahmen der Expertengespräche auch die jeweilige „Gegenseite" - also beispielsweise nicht nur Vertreter der SPD, sondern auch der CDU/CSU - befragt wird[28], und zweitens, indem nicht einseitig und ausschließlich auf das „gesprochene Wort" vertraut wird, sondern dieses auch mit vorliegenden Dokumenten abgeglichen wird (Methodenmix). Ein weiterer Grund für die komplementäre Verwendung der Untersuchungsmethode „Dokumentenanalyse" besteht darin, dass Dokumente einen guten Eindruck von dem *Kontext* einer in einer bestimmten Situation getroffenen Entscheidung geben.

Für diese Untersuchung wurden 45 Experteninterviews mit insgesamt 48 Expertinnen und Experten geführt.[29] Die eher narrativ als in standardisierter Form geführten Interviews dauerten in der Mehrzahl rund 60 Minuten, einige auch länger. Die meisten Interviews wurden „face-to-face" geführt, die restlichen telefonisch. In allen Fällen wurden die Aussagen der Experten protokolliert. Die Protokolle wurden den Experten anschließend jeweils zur Verfügung gestellt, von diesen durchgesehen und anschließend - teilweise nach Änderungen - freigegeben. Aus Gründen des Datenschutzes und auch aus forschungsethischen Gründen konkret damit den Experten auf Grund ihrer Offenheit kein Schaden entsteht, erfolgt die Wiedergabe der Expertenaussagen in anonymisierter Form. Die Zusammensetzung und die der Auswahl zugrunde liegenden Überlegungen und Kriterien werden nachstehend erläutert. Sämtliche Interviewpartner sind Experten im Bereich der Gesundheitspolitik; sie lassen sich folgenden drei Gruppen bzw. „Cluster" zuordnen:

---

[27] Als Beispiel für eine Datenquelle im Rahmen nicht-reaktiver Messungen gelten öffentlich zugängliche Berichte und andere Dokumente (Schnell/Hill/Esser 1999:382). Daher basiert diese Untersuchung auch nicht ausschließlich auf Experteninterviews, sondern zusätzlich auf einer Dokumentenanalyse.
[28] John P. Dean und William Foote Whyte nennen dieses Vorgehen cross-checking" (Dean/Whyte 1970:128). Die beiden Autoren vergleichen diese "cross-checking-Verfahren" mit einer Befragung von mehreren Zeugen im Gerichtssaal (Dean/Whyte 1970:127).
[29] Die rechnerische Differenz ergibt sich daraus, dass bei drei Interviews jeweils zwei Experten als Gesprächspartner zur Verfügung standen. Die Namen der Experten, deren Funktion sowie die Zeitpunkte der Gespräche können dem Anhang entnommen werden.

- Politik/Entscheidungssystem
- Krankenkassen und deren Verbände/Sozialpartner
- Wissenschaft/Fachjournalisten

Die Auswahl der angefragten Experten basiert auf folgenden Überlegungen: Zunächst ist es sehr naheliegend, die Akteure, die unmittelbar am Entstehungsprozess des Gesundheitsfonds beteiligt waren, anzufragen, ob sie bereit sind, für Experteninterviews zur Verfügung zu stehen. Hinweise, um welche Personen von welchen Institutionen (Parteien, Fraktionen, Bundes- und Länderministerien etc.) es sich hierbei handelt, ergaben sich aus zu Beginn dieser Arbeit bereits vorliegenden Publikationen, insbesondere aus der Monographie „Gesundheitsreform 2007" (Schroeder/Paquet 2009), aus Printmedien (Tages- und Wochenzeitungen sowie gesundheits- und sozialpolitische Branchendienste und Periodika)[30] und aus Gesprächen. Diese erste Gruppe von angefragten Interviewpartnern wird unter der Bezeichnung „Politik/Entscheidungssystem" zusammengefasst.[31] Neben Akteuren aus dem Bereich des Entscheidungssystems erschien es dem Verfasser sinnvoll, auch mit Betroffenen der Neuregelung der Finanzierung der gesetzlichen Krankenversicherung, also mit Vertretern der gesetzlichen Krankenkassen und deren Verbänden, zu sprechen. Darüber hinaus wurde auch ein Interview mit einem Experten von Seiten des PKV-Verbandes der privaten Krankenversicherung (PKV) für zielführend erachtet. Zwar ist die PKV nicht unmittelbar von der Einführung des Gesundheitsfonds tangiert, aber genau aus diesem Grund erschien bzw. erscheint ein Interview nutzbringend, nämlich um zu eruieren, wie es der PKV - nach eigener Einschätzung - gelang, die drohende Gefahr der Einbeziehung in den Gesundheitsfonds abzuwenden. Diese zweite Gruppe wird unter Bezeichnung „Krankenkassen, deren Verbände und Sozialpartner" zusammengefasst. Schließlich wurden Interviews mit Wissenschaftlern und gesundheitspolitischen Fachjournalisten geführt. Bei dieser Gruppe von Expertengesprächen gilt es, zwei Konstellationen zu unterscheiden: Einmal Experteninterviews mit Wissenschaftlern, die als Ideenlieferant oder Regierungsberater mittelbar oder unmittelbar an der Entstehung und/oder Einführung des Gesundheitsfonds beteiligt waren, und einer zweiten Gruppe von Wissenschaftlern, die zwar weder mittelbar noch unmittelbar an der Neuordnung der Finanzierung der GKV beteiligt waren, die aber aufgrund ihres profunden Wissens über die GKV dennoch interessante und wertvolle Gesprächspartner im Rahmen von Experteninterviews sind. Diese Interviews hatten eher den Charak-

---

[30] Der Verfasser konnte die Bibliothek der Hauptverwaltung der AOK Baden-Württemberg nutzen.

[31] Die Unterscheidung in „Entscheidungssystem", damit ist im Kern die Exekutive und die Legislative gemeint, sowie „Interessenakteure", das heißt primär Lobbyisten, geht auf Marian Döhler und Philip Manow (1997) zurück.

ter von ergänzenden Hintergrundgesprächen. Zu diesem Zweck wurde auch ein Interview mit zwei gesundheitspolitischen Fachjournalisten geführt, die seit vielen Jahren über gesundheitspolitische Themen berichten. Die Interviews wurden mit Experten verschiedener Hierarchiestufen geführt. Überwiegend sind die Experten dem Top-Management der jeweiligen Institutionen zuzurechnen Ergänzend wurden auch Interviews mit Experten der mittleren Ebene (Referatsleiter und Referenten) geführt, da diese Personen oftmals offener und weniger „politisch" reden als Experten in unmittelbarer Führungsverantwortung. Im Einzelnen wurden folgende Interviews geführt: [32]

Cluster „Politik/Entscheidungssystem"

Ausgehend von der Überlegung, dass primär Repräsentanten des Entscheidungssystems interviewt werden sollten, wurden mit Experten und Expertinnen aus diesem Bereich besonders viele Interviews geführt; auf dieses Cluster entfällt daher etwas über die Hälfte aller Experteninterviews. Die dem Cluster „Entscheidungssystem" zugeordneten 24 Experteninterviews verteilen sich auf Interviews mit Experten von folgenden Institutionen: Bundeskanzleramt (ein Interview), Bundesministerium für Gesundheit (fünf Interviews). Bundesministerium für Arbeit und Soziales (ein Interview), [33] Bundestagsfraktionen der SPD und der CDU/CSU (sechs Interviews), Gesundheits- bzw. Sozialministerien der Länder (sieben Interviews) und Bundesversicherungsamt (zwei Interviews). Darüber hinaus wurden Interviews mit dem früheren langjährigen Vorsitzenden des Gesundheitsausschusses des Deutschen Bundestages, Herrn Klaus Kirschner, sowie dem früheren SPD-Sozialexperten Rudolf Dreßler geführt.[34]

Cluster „Krankenkassen und deren Verbände/Sozialpartner"

Im Rahmen dieses Clusters" wurden insgesamt 12 Interviews geführt. Diese 12 Experteninterviews setzen sich zusammen aus Interviews mit Vorständen bzw. Führungskräften der zum Start des Gesundheitsfonds fünf größten Krankenkas-

---

[32] Die Namen und Funktionen der Interviewpartner können dem Anhang entnommen werden.
[33] Das BMAS ist insofern relevant, als dort die Verantwortung für Fragen des Einzugs des Gesamtsozialversicherungsbeitrages angesiedelt ist.
[34] Diese beiden Interviews dienten insbesondere dazu, um eine Einschätzung hinsichtlich der historischen Bedeutung der Einführung des Gesundheitsfonds zu bekommen und zu erfahren, was aus deren Sicht bei dem GKV-Wettbewerbsstärkungsgesetz im Vergleich zu früheren Reformen anders war. Diese beiden Aspekte wurden auch in Interviews mit weiteren Experten, sofern diese über einen entsprechenden Erfahrungshintergrund verfügen, thematisiert.

sen[35], leitenden Vertretern von Verbänden der gesetzlichen Krankenkassen auf Landes- und Bundesebene (GKV-Spitzenverband, AOK-Bundesverband und BKK Landesverband Baden-Württemberg), dem Leiter des Berliner Büros des PKV-Verbandes sowie Repräsentanten aus dem Bereich der Sozialpartner.

Cluster „Wissenschaft/Fachjournalisten"

Mit Experten aus dem Bereich „Wissenschaft/Fachjournalisten" wurden insgesamt acht Experteninterviews geführt. Aus analytischen Gründen sollte man dabei zwischen folgenden zwei Gruppen von Interviewpartnern unterscheiden: Zum Einen Wissenschaftler, die als Regierungsberater zumindest mittelbar an der Entstehung bzw. Einführung des Gesundheitsfonds beteiligt waren.[36] Zum Anderen eine zweite Gruppe von Interviewpartnern, die zwar auch Experten für den Bereich der Gesundheitspolitik sind, die aber die Einführung des Gesundheitsfonds aus einer beobachtenden Rolle begleitet haben. Diese zweite Gruppe besteht aus drei weiteren Professoren sowie zwei gesundheitspolitischen Fachjournalisten.[37]

Die zweite Quelle der Datenhebung ist eine breit angelegte Dokumentenanalyse. Neben offiziellen Drucksachen des Deutschen Bundestages und des Bundesrates wurden auch Print- und Onlinemedien berücksichtigt. Außer den relevanten großen Tages- und Wochenzeitungen wurden auch diverse gesundheits- und sozialpoltischen Fachzeitschriften und Onlineangebote berücksichtigt.[38]

---

[35] Konkret handelt es sich dabei um die (damalige) Barmer Ersatzkasse (heute BARMER/GEK), die DAK, die Techniker Krankenkasse, die AOK Bayern und die AOK Baden-Württemberg. Da die fünf größten Krankenkassen unterschiedlichen Kassenarten angehören und auch auf Grund ihrer unterschiedlichen Versichertenstrukturen unterschiedlich politische Ziele verfolgen, ist durch die Einbeziehung aller fünf Kassen die erforderliche Ausgewogenheit gewährleistet.

[36] Konkret handelt es sich dabei um folgende Personen: Prof. Dr. Eckart Fiedler (Universität Köln), Prof. Dr. Gerd Glaeske (Universität Bremen), Prof. Dr. Wolfram Richter (Technische Universität Dortmund) und Prof. Dr. Jürgen Wasem (Universität Duisburg-Essen).

[37] Bei den drei Professoren handelt es sich um die Herren Nils Bandelow und Thomas Gerlinger - beide Herren befassen sich bereits seit über zehn Jahren wissenschaftlich mit dem deutschen Gesundheitswesen - sowie Wolfgang Schroeder; Wolfgang Schroeder ist einer der beiden Herausgeber des Bandes „Gesundheitsreform 2007". Die beiden gesundheitspolitischen Fachjournalisten sind Dr. Andreas Lehr und Dr. Jutta Visarius (beide von der Agentur Lehr).

[38] Der Verfasser konnte hierbei auf die Presseschau der AOK Baden-Württemberg zurückgreifen.

4. Die Finanzierung der GKV vor Einführung des Gesundheitsfonds

Dieses Kapitel besteht aus drei Abschnitten: Zunächst werden einige Basisdaten der Finanzierung des deutschen Gesundheitswesens präsentiert, um dem Leser durch einige Kennzahlen eine gewisse Orientierung hinsichtlich bestimmter Relationen zu geben (Kap. 4.1). Neben einer Benennung relevanter Kennzahlen werden in diesem Abschnitt auch die Ursachen für den Anstieg der Beitragssätze der gesetzlichen Krankenversicherung benannt. Dies geschieht in der Absicht, deutlich zu machen, dass vor Einführung des Gesundheitsfonds innerhalb der GKV nicht nur Handlungsbedarf auf der Ausgabeseite, sondern insbesondere auch hinsichtlich der Einnahmeseite bestand. Anschließend wird in einem zweiten Abschnitt das deutsche Gesundheitswesen hinsichtlich seiner Governance-Formen und seiner Finanzierungsdimension in einem international vergleichenden Kontext verortet (Kap. 4.2). Dies geschieht, um zu zeigen, dass das deutsche Gesundheitswesen im internationalen Vergleich einige Besonderheiten aufweist, insbesondere die innerhalb Europas nur in Deutschland anzutreffende Trennung in zwei Krankenversicherungsmärkte. In einem dritten Abschnitt wird aus einer historischen Perspektive dargestellt, wie sich die gesetzliche Krankenversicherung (GKV) von ihrer Gründung bis zum Zeitpunkt unmittelbar vor Einführung des Gesundheitsfonds entwickelt hat (Kap. 4.3). Für eine relativ umfangreiche Darstellung dieses dritten Abschnittes sprechen insbesondere folgende vier Gründe:

1. Im Theorieteil wurde auf die Bedeutung der Konstrukte „Historizität" und „Pfadabhängigkeit" verwiesen. Diese Betonung impliziert, dass man die Zeit vor dem in Frage stehenden Untersuchungsobjekt kennt. Man sollte nicht auf Pfadabhängigkeit verweisen, ohne zuvor den Pfad beschrieben zu haben. So kann man beispielsweise den mit dem Gesundheitsfonds eingeführten „Morbiditätsorientierten Risikostrukturausgleich" nicht ohne Kenntnis des 1994 eingeführten Risikostrukturausgleichs verstehen.
2. In der Einleitung ist davon die Rede, dass es ein relativ radikaler Wandel beschrieben wird, während ein Charakteristikum des deutschen Gesundheitswesens seine vergleichsweise hohe institutionelle Kontinu-

ität sei. Diese Behauptung erfordert den empirischen Nachweis, dass das System der GKV sich hinsichtlich seiner Finanzierungsdimension tatsächlich über viele Jahrzehnte hinweg allenfalls inkrementell bzw. graduell verändert hat.
3. Die Behauptung langer Phasen von Kontinuität ist auch mit Blick auf die „Punctuated Equilbium-Theory" von hoher Relevanz, da ein wesentlicher Bestandteil diese Theorie die Behauptung der Existenz langer Phasen von Stillstand, sog. „Stasis", ist.
4. Man kann das Ausmaß der Veränderung, das heißt der Neuordnung der Finanzierung der gesetzlichen Krankenversicherung, erst dann richtig hinsichtlich seiner Bedeutung einordnen, wenn man weiß, wie die Finanzierung zuvor ausgestaltet war.

Dieser historische Abschnitt ist so aufgebaut, dass die Dichte der Beschreibungen parallel zu der Zunahme der zeitlichen Nähe zur Bildung der Großen Koalition im Jahr 2005 zunimmt. Besonders ausführlich wird daher der Zeitraum 2002 bis 2005 beleuchtet. Innerhalb dieser Zeitspanne wurde durch zwei Kommissionen, die sog. „Rürup-Kommission" und die sog. „Herzog-Kommission", sowie durch Parteitagsbeschlüsse von SPD und CDU zur künftigen Finanzierung der GKV die Ausgangslage für die Genese des Gesundheitsfonds bestimmt.

4.1 Basisdaten der Finanzierung des deutschen Gesundheitswesens und Ursachen für Beitragssatzsteigerungen

Die Gesundheitsausgaben in Deutschland lagen im Jahr 2008 bei ca. 263 Mrd. Euro (BMG 2010).[39] Weit über die Hälfte der Kosten davon entfiel mit ca. 151 Mrd. EUR auf die gesetzliche Krankenversicherung (GKV). Die Gesamteinnahmen der GKV beliefen sich im Jahr 2008 auf ca. 160 Mrd. EUR.[40] Ganz überwiegend, d. h. zu ca. 98 %, basierten diese Einnahmen auf einkommensabhängigen Beiträgen. Die durch das GKV-Modernisierungsgesetz (GMG) mit

---

[39] Die Daten dieses Absatzes stammen alle, sofern nichts Anderes erwähnt wird, aus der vom Bundesministerium für Gesundheit (BMG) im jährlichen Abstand herausgegebenen Publikation „Daten des Gesundheitswesens", hier die Ausgabe „Daten des Gesundheitswesens 2010".
[40] Die Gegenüberstellung von 160 Mrd. Einnahmen und den o. g. 151 Mrd. Ausgaben ist insofern etwas irritierend, als der Eindruck entstehen kann, die GKV hätte im Haushaltsjahr 2008 einen Überschuss in Höhe von ca. 9 Mrd. Euro gemacht. Dies ist nicht der Fall. Die rechnerische Differenz von 9 Mrd. Euro erklärt sich dadurch, dass die Definition „Gesundheitsausgabenrechnung" nicht alle Ausgaben der GKV umfasst, so fehlen insbesondere die Ausgaben für Verwaltung. Tatsächlich lag der Überschuss der GKV im Jahr 2008 bei ca. 1,4 Mrd. Euro (BMG 2009).

Wirkung zum 1. Januar 2004 eingeführte Beteiligung des Bundes an der Finanzierung der GKV lag im Jahr 2008 bei 2,5 Mrd. EUR. Mit weniger als zwei Prozent an den Gesamteinnahmen der GKV spielte der Steuerzuschuss somit eine sehr untergeordnete Rolle. Die Beiträge werden von pflicht- und freiwillig versicherten Mitgliedern entrichtet.[41] Die Bemessung der Beiträge erfolgt auf der Basis der beitragspflichtigen Einnahmen der Mitglieder, die im Wesentlichen aus Arbeitseinkommen und der Rente bestehen. Das Einkommen unterliegt nicht unbegrenzt der Beitragspflicht, sondern lediglich bis zu einer bestimmten Grenze, der so genannten „Beitragsbemessungsgrenze".[42]

Der Anteil der Ausgaben der GKV am Bruttoinlandprinzip ist seit vielen Jahren nahezu konstant; seit dem Jahr 1990 liegt dieser Anteil konstant innerhalb der Bandbreite von ca. 6,2 % bis 6,7 % (AOK-Bundesverband 2009:16). Von einer "Kostenexplosion" kann insofern nur sehr bedingt die Rede sein. Allerdings kann man nicht bestreiten, dass die Beitragssätze in der GKV in den letzten Jahren deutlich gestiegen sind, von durchschnittlich 12,6 % im Jahr 1990 auf 14,9 % zum Stichtag 31.12.2008 (BMG 2010). Bezogen auf die Beitragssatzentwicklung kann man daher eher von einer "Explosion" sprechen.

Dadurch, dass die GKV sich ganz überwiegend aus Beiträgen finanziert, die an das Vorliegen einer sozialversicherungspflichtigen Beschäftigung geknüpft sind, ergibt sich hieraus, dass die Höhe der Beitragseinnahmen sehr stark von der Lage auf dem Arbeitsmarkt abhängig ist. So führt eine hohe Zahl von Arbeitslosen zu entsprechend niedrigen Beitragseinnahmen der GKV. Die Wachstumsschwäche der Finanzierungsbasis der GKV geht jedoch nicht nur auf konjunkturelle Einflussfaktoren, sondern auch auf strukturelle Faktoren zurück. Zu diesen zählen veränderte Arbeitsverhältnisse bzw. Berufskarrieren, die Zunahme von nicht versicherungspflichtigen Teilen des Arbeitsentgeltes etc. (ausführlich bei Sachverständigenrat Gesundheit 2003:19f). Innerhalb des Zeitraumes 2000 bis 2009 lag die durchschnittliche jährliche Veränderungsrate der beitragspflichtigen Einnahmen je Mitglied im Vergleich zum Vorjahr bei unter einem Prozent. Die durchschnittliche jährliche Veränderungsrate der Leistungsausgaben hingegen lag in diesem Zeitraum bei rund vier Prozent (BMG 2009).[43] Die

---

[41] Das Sozialgesetzbuch, unterscheidet "Versicherungspflicht", "Versicherungsfreiheit" und "Versicherungsberechtigung" (§§ 5 - 9 SGB V). Versicherungspflichtig sind insbesondere Arbeitnehmer, Bezieher von Leistungen der Arbeitslosenversicherung, Studierende und Rentner. Versicherungsfrei sind Beschäftigte, deren regelmäßiges Arbeitsentgelt eine bestimmte Grenze, die sog. "Jahresarbeitsentgeltgrenze, übersteigt. Diese Personen könne sich freiwillig in der GKV versichern.
[42] Diese Beitragsbemessungsgrenze lag im Jahre 2008 bei 3.600 EUR pro Monat bzw. 43.200 EUR pro Jahr (AOK Alphabet 2010:9).
[43] Von den Leistungsausgaben der GKV entfallen fast 36 % auf die Krankenhausausgaben; diese bilden mit deutlichem Abstand den größten Ausgabenblock, gefolgt von den Ausgaben für Arzneimittel und für ärztliche Behandlung (BMG 2009).

Folgen dieses Auseinanderdriftens der Entwicklung der Beitragseinnahmen einerseits und der Leistungsausgaben andererseits waren neben den bereits erwähnten Beitragssatzsteigerungen auch eine zunehmende Verschuldung zahlreicher Krankenkassen.[44]

4.2 Das deutsche Gesundheitswesen im internationalen Vergleich

Die Positionierung des deutschen Gesundheitswesens im internationalen Vergleich erfolgt aus zwei Perspektiven: einer „Governance-Perspektive" und einer „Finanzierungsperspektive". Das wesentliche Ziel dieses Abschnittes besteht in der Herausarbeitung des für das deutsche Gesundheitswesen typischen Konstrukte „Selbstverwaltung" und „Beitragsfinanzierung". Zunächst wird die Form bzw. besser die Formen der von Governance im deutschen Gesundheitswesen dargestellt.

Die Governance-Perspektive

Der Begriff „Governance" wird in der einschlägigen, mittlerweile kaum mehr zu überschauenden sozialwissenschaftlichen Literatur recht unterschiedlich definiert und interpretiert.[45] In Anlehnung an Renate Mayntz (2009:8) wird hier unter Governance eine Form des Regierens verstanden, bei der nicht nur der Staat, sondern auch andere private bzw. korporative Akteure an der Regelung gesellschaftlicher Sachverhalte, hier des Gesundheitswesens, beteiligt sind. Nachfolgend werden unterschiedliche Formen von Governance hinsichtlich der Steuerung und Regelung zunächst von Wohlfahrstaaten im Allgemeinen und anschließend des Gesundheitswesens im engeren Sinne skizzenhaft vorgestellt. Den Ausgangspunkt bildet dabei der "Klassiker" der vergleichenden Wohlfahrtsstaat-Forschung, das Werk "The Three Worlds of Welfare Capitalism" von Gösta Esping-Andersen (1990), das auch rund 20 Jahre nach seinem Erscheinen noch immer als "die maßgebliche Bezugsgröße der vergleichenden Sozialstaatsforschung" (Meyer/Schubert 2007:32) gilt.[46] Esping-Andersen unterscheidet

---

[44] Auf den Aspekt der Verschuldung wird in Kapitel 5 näher eingegangen, da die Entschuldung aller Krankenkassen eine Voraussetzung für den Start des Gesundheitsfonds war.
[45] Einen Überblick über die vielfältigen Dimensionen des Begriffs „Governance" bieten die zahlreichen Beiträge in dem von Arthur Benz (2004) herausgegebenen Band „Governance - Regieren in komplexen Regelsystemen"; vgl. auch Mayntz (2009).
[46] Die immense Bedeutung dieses Werkes von Esping-Andersen wird u. a. von Manow (2008:27), Schmid (2002:82), Schmidt (1998:221), Wendt (2009:76) explizit betont. Trotz der großen und breiten Anerkennung der Arbeit von Esping-Andersen darf nicht unerwähnt bleiben, dass sein Buch

drei Typen des Wohlfahrtsstaates: den insbesondere in den skandinavischen Ländern angesiedelten *sozialdemokratischen* Wohlfahrtstaat, den *liberalen* Wohlfahrtsstaat, wie er in den angelsächsischen Ländern (z. B. Australien, Neuseeland, USA) vorzufinden ist, sowie den *konservativen* Typ, für den z. B. Deutschland, Österreich und Frankreich stehen.

Beim Typ „Konservativer Wohlfahrtsstaat", zu dem Esping-Andersen auch Deutschland zählt, sind Leistungen stark einen bestimmten Status gekoppelt. Diese für konservative Wohlfahrtssysteme typische ausgeprägte Statusorientierung im Rahmen von Sozialversicherungssystemen kann man in Deutschland - bezogen auf die Krankenversicherung - in doppelter Hinsicht erkennen: Zum Einen an dem segmentierten Versicherungsmarkt, konkret der Unterscheidung in gesetzliche und private Krankenkassen (GKV und PKV), und zum Zweiten - innerhalb der gesetzlichen Krankenkassen - die Unterscheidung in sog „Kassenarten", wie beispielsweise Ortskrankenkassen, Betriebskrankenkassen, Innungskrankenkassen und Ersatzkassen.[47] Obwohl Esping-Andersen die Statusorientierung als für konservative Wohlfahrtsregime typisch identifiziert, gibt es nicht in allen diesem Typ zuzuordnenden Ländern segmentierte Versicherungsmärkte. Im Gegenteil: Seit dem Jahr 2006 ist Deutschland innerhalb Europas das einzige Land, in dem es diese Trennung gibt (Schölkopf 2010).[48] Typisch für die beim konservativen Typ anzutreffende Existenz von Sozialversicherungssystemen ist neben der erwähnten Statusorientierung auch das Prinzip der Selbstverwaltung. Auf diesen Aspekt wird nachfolgend etwas ausführlicher eingegangen, weil das Ausmaß der Auseinandersetzungen inklusive der Emotionen anlässlich der Formulierung des Gesundheitsfonds nicht ohne Kenntnis und Berücksichtigung des Prinzips „Selbstverwaltung" zu verstehen und zu erklären sind.

Selbstverwaltung meint in seiner allgemeinen Form die eigenverantwortliche Beteiligung von Betroffenen, um die öffentlichen Angelegenheiten eines bestimmten territorialen oder funktionalen Bereichs zu regulieren (Schroeder/Burau 2008). Die Selbstverwaltung im Bereich der Sozialversicherung geht bis das 19. Jahrhundert zurück (ausführlich bei Tennstedt 1976, 1977; kompri-

---

auch von kritischen Anmerkungen nicht verschont geblieben ist (z. B. Manow 2002; 2008). Neben der Frage, ob es sich bei den drei Typen um Real- oder Idealtypen handelt, wird die Frage gestellt, ob es nicht mehr als diese drei Typen von Wohlfahrtsstaaten gibt. Darüber hinaus wird auf den dynamischen Charakter von real anzutreffenden "social policies" verwiesen, die es unmöglich machen, von statischen Typen zu sprechen. Außerdem wird auch die unzureichende Berücksichtigung der Variablen „Religion" verwiesen (Manow 2008).

[47] Neben diesen Kassenarten gibt es noch vergleichsweise unbedeutende Sondersysteme wie Seekrankenkasse und Bundesknappschaft.

[48] Bis Ende 2005 gab es eine vergleichbare Segmentierung der Krankenversicherungsmärke auch in den Niederlanden.

miert bei Alber 1992 und Simon 2010).[49] Hinsichtlich der Governanceform „Selbstverwaltung" im Bereich der gesetzlichen Krankenversicherung muss man zwischen zwei Varianten unterscheiden: der gemeinsamen und der innerverbandlichen Selbstverwaltung (Alber 1992:21).[50] Die „Gemeinsame Selbstverwaltung" ist eine institutionelle Selbstverwaltung von Versicherungs- bzw. Kostenträgern und Leistungserbringern, die durch hauptamtliche Vertreter wahrgenommen wird. Das wichtigste Gremium der gemeinsamen Selbstverwaltung ist der Gemeinsame Bundesausauschuss (GBA). Dieser präzisiert den vom Gesetzgeber vorgegebenen Rahmen des Leistungskataloges der gesetzlichen Krankenversicherung und entscheidet u. a. über die Aufnahme neuer Leistungen sowie die Einführung neuer Untersuchungs- und Behandlungsmethoden. Mit Blick auf die Fragestellung dieser Arbeit ist allerdings weniger die gemeinsame Selbstverwaltung relevant, sondern vielmehr die Selbstverwaltung innerhalb einer Körperschaft, hier die Selbstverwaltung der gesetzlichen Krankenkassen. Die gesetzlichen Krankenkassen sind, wie auch die Träger der anderen Zweige der Sozialversicherung, rechtsfähige Körperschaften des öffentlichen Rechts mit Selbstverwaltung (§ 29 Abs. 1 SGB IV). Die Selbstverwaltung wird gemeinsam und paritätisch durch Versicherte und Arbeitgeber ausgeübt (§ 29 Abs. 2 SGB IV).[51] Die gesetzlichen Krankenkassen als Träger der Sozialversicherung erfüllen somit Steuerungsaufgaben in Eigenverantwortung unter Rechtsaufsicht des Staates. Als Organe der Selbstverwaltung gibt es im Bereich der Sozialversicherung grundsätzlich eine ehrenamtliche Vertreterversammlung, einen ehrenamtlichen Vorstand sowie einen hauptamtlichen Geschäftsführer (§ 31 SGB IV). Abweichend hiervon greifen die Krankenkassen seit dem Gesundheitsstrukturgesetz (GSG) aus dem Jahre 1992 auf ein zweistufiges Modell der Selbstverwaltung zurück. Dieses besteht aus einem ehrenamtlichen Verwaltungsrat sowie einem hauptamtlichen Vorstand. Der Verwaltungsrat einer Krankenkasse ist dessen „Parlament". Zu seinen Aufgaben gehören insbesondere Beschlüsse über die Satzung einer Krankenkasse, die Überwachung des hauptamtlichen Vorstandes, Entscheidungen von grundsätzlicher Bedeutung und die Feststellung des Haushaltsplans einer Krankenkasse (§ 197 SGB V). Im Rahmen seiner Sat-

---

[49] Als Beginn und Verankerung des Selbstverwaltungsprinzips im Bereich der Sozialversicherung wird gemeinhin die Kaiserliche Botschaft vom 17.11.1881 genannt (Leibfried/Wagschal 2000:8).
[50] Die Aufgaben und Kompetenzen der Selbstverwaltung sind im Sozialgesetzbuch (SGB) geregelt; für den Bereich der gesetzlichen Krankenversicherung ist vor allem das „Fünfte Buch des Sozialgesetzbuchs" (SGB V) relevant. Das Konstrukt „Selbstverwaltung" wird allerdings im Vierten Buch des Sozialgesetzbuchs (SGB IV) - geregelt, da es sich auch auf sämtliche Zweige der Sozialversicherung bezieht.
[51] Abweichend hiervon besteht die Selbstverwaltung der Ersatzkassen aus historischen Gründen, die bis in die Mitte des 19. Jahrhundert zurückreichen, ausschließlich aus Versichertenvertretern.

zungs- und Haushaltskompetenz oblag dem Verwaltungsrat bis zur Einführung des Gesundheitsfonds die Festlegung des Beitragssatzes „seiner" Krankenkasse. Im internationalen Vergleich fällt das deutsche Gesundheitswesen hinsichtlich der Dimension „Governance" durch seinen Mix an Steuerungsformen, seine Vielzahl an Krankenkassen, deren doppelte Statusorientierung, das heißt die Unterscheidung in gesetzliche und private Krankenkassen sowie die Unterscheidung innerhalb der gesetzlichen Kassen in unterschiedliche Kassenarten, die ausgeprägte "Verbandslastigkeit" sowie das Prinzip der Selbstverwaltung auf (Alber 1992; Döhler/Manow 1997; Bandelow 1998, Rosenbrock/Gerlinger 2006, Simon 2010).

Die Finanzierungsdimension

In Bezug auf die GKV in Deutschland, bei der die finanzielle Beteiligung der Arbeitgeber bis Juli 2005 bei 50 Prozent lag, sog. "paritätische Finanzierung", ergibt sich das wirtschafts- und arbeitsmarktpolitische Problem, dass eine Erhöhung der Gesundheitsausgaben bzw. Beitragssätze unmittelbar in eine Erhöhung der Lohnnebenkosten mündet. In beitragsfinanzierten Gesundheitssystemen ist daher eine Tendenz zu beobachten, zur Entlastung der Arbeitgeber Änderungen der Finanzierungsstrukturen vorzunehmen. In der GKV wurden mit der Ausweitung von Zuzahlungselementen, der zweckgebundenen Verwendung von Einnahmen aus der Tabaksteuer seit 2004 und der Einführung eines Sonderbeitragssatzes ausschließlich zu Lasten der Mitglieder in Höhe von 0,9 % seit Juli 2005, und Schritte in diese Richtung unternommen (ausführlich in Abschnitt 4.3).

Deutschland gibt im Vergleich zu anderen Ländern, die eine ähnlich umfassende Versorgung gewährleisten, viel Geld für sein Gesundheitssystem aus. Der Anteil der Gesundheitsausgaben am Bruttoinlandsprodukt lag im Jahr 2007 in Deutschland bei 10,4 %. Dies ist nach den USA, Frankreich und der Schweiz der höchste Wert aller Industrienationen (OECD 2009:163). Wichtige Kostenfaktoren sind im internationalen Vergleich überdurchschnittlich viele Krankenhausbetten, überdurchschnittlich lange Krankenhausaufenthalte, überdurchschnittlich hohe Ausgaben für Medikamente sowie eine relativ hohe Ärztedichte und eine hohe Zahl an Arztkontakten (ausführlich und mit Zahlen bei OECD 2009). Allerdings sind in Deutschland im Zeitraum 1997 bis 2007, anders als in den meisten anderen Ländern, die Gesundheitsausgaben nicht schneller gewachsen als die Wirtschaftsleistung (OECD 2009:161). Es spricht insofern einiges für die Annahme, dass die Bemühungen der Kostensteuerung vergleichsweise erfolgreich waren. Die Tatsache, dass in diesem Zeitraum dennoch die Beitragssätze gestiegen sind, spricht dafür, dass es im deutschen Gesundheitswesen seit Mitte der 90er Jahre primär in Problem auf der Einnahmeseite gab. Dieses ist eine Folge der bereits beschriebenen Wachstumsschwäche und der damit zusammenhängenden Erosion der Einnahmebasis. Eine im internationalen Vergleich festzustellende Besonderheit der deutschen Beitragsgestaltung ist die Existenz einer Beitragsbemessungsgrenze; eine Grenze, bis zu der das Einkommen der Beitragsbemessung unterliegt gibt es nur bei der GKV (Busse 2004:112). Die GKV unterscheidet sich von anderen beitragsfinanzierten Gesundheitssystemen in Europa bei den pflichtversicherten Mitgliedern auch durch die Begrenzung der Beitragspflicht auf Einkommen aus abhängiger Beschäftigung; in Frankreich beispielsweise müssen die Mitglieder Beiträge aus ihrem Gesamteinkommen entrichten (Busse 2004:111).

Zusammenfassend lassen sich hinsichtlich der Positionierung der Finanzierung der GKV im internationalen Vergleich bis Ende 2008 folgende Charakteristika benennen: Das deutsche Gesundheitswesen ist vergleichsteuer teuer, es bestehen teilweise erhebliche Überkapazitäten und es dominiert eindeutig die Finanzierung über einkommensabhängige Beiträge. Es gibt es eine Beitragsbemessungsgrenze und - bei Pflichtmitgliedern - eine Begrenzung der Beitragspflicht auf Einkommen aus abhängiger Beschäftigung bzw. Rente. Innerhalb Europas gibt es nur in Deutschland die Trennung in eine gesetzliche und eine private Vollversicherung.

4.3 Etappen der Finanzierung der GKV bis zur Bildung der Großen Koalition 2005

4.3.1 Von der Gründung der GKV bis zum Ende des Nationalsozialismus

Das am 15. Juni 1883 gegen die Stimmen der Sozialdemokratie beschlossene "Gesetz betreffend die Krankenversicherung der Arbeiter" führte die Versicherungspflicht für Arbeiter Mark ein.[52] Als Form der Finanzierung wurden Beiträge festgelegt, die zu zwei Dritteln von den Versicherten und zu einem Drittel von den Arbeitgebern aufzubringen waren.[53] Die Beitragssätze lagen sich zu

---

[52] Die Entstehung und Entwicklung der Sozialversicherung wird ausführlich u. a. von Alber (1982), Frerich/Frey (1993a), Mommsen (2002), Ritter (1983), Tennstedt (1976, 1981) und Zöllner (1981) beschrieben und erklärt.

[53] Bismarck schwebte lange Zeit eine Beteiligung des Staates an der Finanzierung sowohl der gesetzlichen Kranken- als auch Unfallversicherung in Form von Steuerzuschüssen vor. Bismarck wollte die Staatsbürger zu „Staatsrentnern" machen und zugleich mit der Sozialversicherung ein „neues Gebiet für den Staat erobern" (Tennstedt 1981:170). Mit seinen Plänen einer anteiligen

Beginn der GKV innerhalb der Bandbreite von 1,5 und 6 % des Arbeitsverdienstes (Zöllner 1981:94; Frerich/Frey 1993a:98). Bei den bereits seit Mitte des 19. Jahrhunderts existierenden Hilfskassen, den Vorläufern der heutigen Ersatzkassen, mussten die Versicherten den kompletten Beitrag alleine übernehmen. Der Leistungskatalog bestand in dem Anspruch auf Krankengeld bei Arbeitsunfähigkeit ab dem 4. Tag nach Eintritt der Krankheit für die Dauer von 13 Wochen, eingeschränkter ärztlicher Behandlung, der Übernahme der Kosten einer Krankenhausbehandlung sowie Sterbegeld in Höhe des Zwanzigfachen des Tageslohnes. Die Krankenkassen konnten durch Satzungsbeschlüsse gesetzliche Mindestleistungen verbessern (Alber 1992:25).

Während der Weimarer Republik gab es in Bezug auf die Frage der Finanzierung und Finanzierbarkeit der gesetzlichen Krankenversicherung einige erwähnenswerte Entwicklungen: Auf dem Höhepunkt der Inflation, im Jahr 1923, wurde zum ersten Mal in der Geschichte der GKV eine zusätzlich zum Beitrag erhobene zehnprozentige Selbstbeteiligung für verordnete Arzneimitteln eingeführt (Frerich/Frey 1993a:208; Zöllner 1981:118). In der Endphase der Weimarer Republik wurden von der Regierung des Reichskanzlers Brüning angesichts der schweren Wirtschaftskrise im Zeitraum 1930 bis 1932 mehrere Notverordnungen verabschiedet (Überblick bei Alber 1992:34 und Zöllner 1981:118f). Mit Blick auf die Finanzierung der gesetzlichen Krankenkassen ist insbesondere die Notverordnung vom 5. Juni 1931 relevant: In dieser wurde den Krankenkassen das Recht genommen, die Beitragssätze autonom festzusetzen. Dies war der erste direkte Eingriff in die Finanzautonomie der Selbstverwaltung. In anderen Notverordnungen wurden u. a. die Einführung einer Krankenscheingebühr sowie eines Arzneikostenanteils sowie die Beschränkung der Leistungen der GKV auf die Regelleistungen beschlossen. Im Zeitraum 1930 bis 1932 sanken die Gesamtausgaben der Sozialversicherung daher um ein Viertel (Zöllner 1991:119).

Während des Nationalsozialismus gab es im System der Sozialversicherung die weitreichendsten Eingriffe innerhalb des Bereichs der Krankenversicherung (Frerich/Frey 1993a:292). Durch das "Gesetz über die Ehrenämter in der sozialen Versicherung und der Reichsregierung" vom 18. Mai 1933 konnten Inhaber von Ehrenämtern auf Vorschlag von NS-Organisationen suspendiert und diese Ämter mit eigenen Anhängern besetzt werden. Dies war der Beginn der faktischen Beseitigung der Selbstverwaltung. Die Systeme der Sozialversicherung fungierten während des Nationalsozialismus vorrangig als Einnahmequelle des Staates; die entsprechenden Beitragseinnahmen flossen insbesondere in die

---

Finanzierung der Sozialversicherung konnte er sich allerdings gehen die im Reichstag vorherrschende liberale Grundstimmung nicht durchsetzen (ausführlich bei Tennstedt 1981:142 - 174).

Rüstungsindustrie (Alber 1989:55). Allerdings wäre es falsch, die Entwicklung der Sozialversicherung im Allgemeinen und die der Krankenversicherung im Speziellen während der NS-Zeit nur auf die beiden Aspekte "Entmachtung der Selbstverwaltung" und "Einnahmequelle für die Rüstungsindustrie" zu reduzieren. So wurde während der Zeit des Nationalsozialismus der Kreis der in die Sozialversicherung einbezogenen Personen mehrfach erweitert. Bezogen auf die Krankenversicherung ist in diesem Kontext vor allem auch die 1941 beschlossene Einführung der Krankenversicherung der Rentner zu nennen. Diese wurde von den Ortskrankenkassen durchgeführt, die von den Rentenversicherungsträgern hierfür je Rentner einen Pauschalbetrag erhielten (Frerich/Frey 1993a:294). In organisatorischer bzw. verfahrenstechnischer Hinsicht ist auch die Neuorganisation des Beitragseinzugs relevant:[54] Mit zwei in den Jahren 1941 und 1942 beschlossenen Verordnungen über wurde das bis dato geltende Beitragsmarkenverfahren durch das Lohnabzugsverfahren, auch Quellenabzugsverfahren genannt, abgelöst (Frerich/Frey 1993a:291). Den Pflichtmitgliedern wurden ihre zu entrichtenden Beiträge vom Lohn abgezogen, der Arbeitgeber übermittelte den Beitrag direkt an die Krankenkassen. Lediglich für die kleine Gruppe der „Selbstzahler", das heißt die freiwillig versicherten GKV-Mitglieder, wurde das Beitragsmarkenverfahren beibehalten.

4.3.2   Vom Nachkriegskompromiss bis zum Beginn der Kostendämpfung

Die sozialpolitische Entwicklung in der Nachkriegszeit war im Alliierten Kontrollrat zunächst geprägt von der Diskussion über einen Wechsel weg von dem Bismarckschen Sozialversicherungssystem, hin zu einem steuerfinanzierten Beveridge-Typ, das heißt von dem gegliederten Sozialversicherungssystem zu einer staatlich gesteuerten Einheitsversicherung (Alber 1989:58). Auf Grund einer Kombination von einerseits Uneinigkeit zwischen den Siegermächten sowie des Widerstandes deutscher Akteure andererseits, wurde diese Überlegung allerdings dann doch nicht umgesetzt (Alber 1989:58). Der Wirtschaftsrat der Bizone verabschiedete Ende 1948 das zu Beginn des Jahres 1949 in Kraft getretene "Sozialversicherungs-Anpassungsgesetz", das im Kern die Existenz des gegliederten Sozialversicherungssystems Bismarckscher Prägung und somit auch die Beitragsfinanzierung bestätigte.[55] Mehrere Arbeiten über die Geschich-

---

[54] Im Jahr 2006 war die von der Großen Koalition zunächst vorgesehene Verlagerung des Beitragseinzuges weg von den Krankenkassen und hin zu sog. "regionalen Einzugsstellen" einer der zentralen Streitpunkte zwischen der Bundesregierung und den Krankenkassen (ausführlich in Kapitel 5).
[55] Dieses Gesetz wurde später vom ersten Deutsche Bundestag als Bundesrecht übernommen (Alber 1989:59).

te der deutschen Sozialpolitik betonen daher zu Recht deren vergleichsweise hohe Kontinuität.[56] Bemerkenswert ist die Tatsache, dass mit dem „Sozialversicherungs-Anpassungsgesetz" die Finanzverteilung zwischen Arbeitnehmern und Arbeitgebern verändert wurde: Aus dem Verhältnis „Zwei Drittel zu einem Drittel wurde eine 50 % zu 50 %-Regelung (Hockerts 1980:94).

In der Regierungserklärung der neugewählten CDU/CSU-Bundesregierung vom 29. Oktober 1957 wurde für die Zeit nach dem Abschluss der Rentenreform eine Neuordnung der Krankenversicherung angekündigt. Diese sollte "den Gedanken der Selbsthilfe und der privaten Initiative in jeder Weise fördern und das Abgleiten in den totalen Versorgungsstaat (...) verhindern" (zitiert nach Frerich/Frey 1993b:68). Die in der Regierungserklärung angekündigte Krankenversicherungsreform wurde im Dezember 1959 durch einen Referentenentwurf, der u. a. die Instrumente "Neuordnung der Vergütung der Ärzte" und "Selbstbeteiligung der Patienten an einzelnen Leistungen" vorsah, konkretisiert. Der Gesetzentwurf scheiterte jedoch am Widerstand von Ärzteverbänden und Gewerkschaften sowie an Differenzen innerhalb der Bundesregierung.[57] Nachdem 1964 ein weiterer Anlauf zur Reform der Krankenversicherung scheiterte, setzte der damalige Bundeskanzler Ludwig Erhard im April 1964 eine "Sozialenquete-Kommission" ein. Diese hatte den Auftrag, das damalige Sozialrecht der Bundesrepublik Deutschland und dessen wirtschaftliche Auswirkungen darzustellen (Vincenti/Behringer 2006:488). Die Kommission sah in ihrem 1966 fertiggestellten Bericht keine Notwendigkeit für einen grundlegenden Umbau der sozialen Sicherung; dies gilt auch für den Aspekt der Finanzierung der GKV (Vincenti/Behringer 2006:490).

Die Gesundheitspolitik der sozial-liberalen Koalition lässt sich in ihrer Frühphase, das heißt bis zur Mitte der 70er Jahre, am besten mit dem Wort "Expansion" beschreiben (stellvertretend für viele: Alber 1989:232; Hockerts/Süß 2006:954; Vincenti/Behringer 2006:511; Schmidt 2005:93). Unter diesen Begriff kann man sowohl eine Ausweitung des Kreises der Versicherungspflichtigen als auch der Leistungen subsumieren.[58] Die Kombination aus einer Auswei-

---

[56] Ohne Anspruch auf Vollständigkeit seien hier exemplarisch genannt: Alber (1989 und 1992); Schmidt (1998) und Webber (1988a). Zumindest für den Zeitraum 1931/32 (Gründung der KVen) bis Anfang der 90er Jahre kann man - abgesehen von der Phase des Nationalsozialismus - tatsächlich von einer vergleichsweise hohen Kontinuität sprechen. Einen Einschnitt markierte das Gesundheitsstrukturgesetz von 1992 mit den beiden Kernelementen „Einführung der allgemeinen Kassenwahlfreiheit" sowie des" bundesweiten kassenartenübergreifenden Risikostrukturausgleichs".
[57] Das Scheitern der sog. Blank-Reformen wird u. a. bei Webber (1988a), Rosewitz/Webber (1990) sowie Döhler/Manow (1997) dargestellt.
[58] Während dieser Expansionsphase wurden u. a. die Aufnahme von Vorsorge- und Früherkennungsmaßnahmen in den Leistungskatalog der GKV und die Kostenübernahme für Haushaltshilfen bei stationärer Aufnahme des Versicherten beschlossen.

tung sowohl des Leistungskataloges als auch des Versichertenkreises führte im Zeitraum 1970 bis 1975 zu stark steigenden Leistungsausgaben und somit zu Finanzierungsproblemen der GKV. Wenn mit Bezug der GKV tatsächlich von einer „Kostenexplosion" die Rede sein kann, dann in diesem Zeitraum: Während das Bruttoinlandsprodukt (BIP) je Erwerbsperson im Zeitraum 1970 bis 1975 mit einer jahresdurchschnittlichen Veränderungsrate von - aus heutiger Sicht sehr beachtlichen - 8,8 % wuchs, stiegen die GKV-Ausgaben je Versicherten im gleichen Zeitraum im Jahresdurchschnitt um 19,5 % (!) und somit mehr als doppelt so stark wie die Veränderungsrate des BIP (Wasem 1997:3). Diese Veränderungsraten der Leistungsausgaben konnten nicht ohne Auswirkungen auf die Entwicklung des Beitragssatzes bleiben; entsprechend stieg dieser um mehr als zwei Prozentpunkte bzw. ca. 20 Prozent von durchschnittlich 8,2 % im Jahr 1970 auf durchschnittlich 10,5 % im Jahr 1975.[59] Da sich die Anzeichen einer entsprechenden Reaktion seitens des Gesetzgebers verdichteten, reagierte die Kassenärztliche Bundesvereinigung (KBV) mit einer Politik der freiwilligen Selbstbeschränkung. Eine 1975 vereinbarte „Empfehlungsvereinbarung" der KBV und der Kassenverbände brachte aber nicht die gewünschte Ergebnisse, da die Vertragsparteien sich nur hinsichtlich der Preise, nicht aber die Mengenentwicklung betreffend, einigten. Diese Empfehlungsvereinbarung galt daher wenige Monate nach ihrer Verabschiedung bei den Ortskrankenkassen als gescheitert (Rosewitz/Webber 1990:248). Diese forderten den Gesetzgeber daher gemeinsam mit den Spitzenverbänden der anderen Kassenarten zum Handeln auf. Flankiert wurde dieser Appell durch eine gemeinsame Erklärung der Tarif- bzw. Sozialpartner (BDA und DGB), in der diese ebenfalls den Staat zum Einschreiten aufforderten, um Beitragssatzstabilität zu erreichen (Rosewitz/Webber 1990:251). Die Politik reagierte daher mit einer ganzen Reihe von sog. „Kostendämpfungsgesetzen".[60] Das erste und zugleich bedeutsamste Spar- und Kostendämpfungsgesetz, das "Krankenversicherungs-Kostendämpfungsgesetz (KVKG)", wurde im Juni 1977 vor dem Hintergrund der Ölkrise verabschiedet und trat am 1. Juli 1977 in Kraft. Die größten Belastungen hatten die Versicherten in Form von Leistungsausgrenzungen und vermehrten Zuzahlungen zu tragen. Des Weiteren beinhaltete dieses Gesetz Richtlinien für eine wirtschaftliche Arzneimittelversorgung, die Einführung der "Konzertierten Aktion"[61] als Steue-

---

[59] Eine tabellarische Übersicht über Grunddaten der GKV - u. a. auch der Beitragssätze - des Zeitraumes 1950 bis 1990 findet sich bei Frerich/Frey (1993b:72).
[60] Die Phase der „Kostendämpfung" ist in der gesundheitspolitischen Literatur ausführlich beschrieben. Einen zusammenfassenden Überblick kann man u. a. bei Webber (1988a), Bandelow (1998), Frerich/Frey (1993b) und Gerlinger (2002) finden.
[61] Die mit dem "Krankenversicherungs-Kostendämpfungsgesetz" 1977 eingeführte "Konzertierte Aktion im Gesundheitswesen (KAiG)" war ein aus zahlreichen Verbänden bestehendes Koordinierungsinstrument auf Bundesebene. Dieses Gremium gab einmal jährlich Empfehlungen insbeson-

rungsorgan der gesetzlichen Krankenversicherung sowie das Prinzip der "einnahmenorientierten Ausgabenpolitik", d. h. die gesetzliche Vorgabe einer Orientierung der Vergütungsverträge an der Entwicklung der Entwicklung der Beitragseinnahmen der Krankenkassen. Die zahleichen Kostendämpfungsgesetze enthielten neben den Belastungen für die Versicherten, d. h. Leistungskürzungen und Erhöhung von Selbstbeteiligungsregelungen, im Kern folgende Instrumente: Budgetierung, das heißt kollektives Aushandeln einer Gesamtvergütung für ärztliche Leistungen durch die Landesverbände der Krankenkassen und die Kassenärztlichen Vereinigungen und die Einführung von Wirtschaftlichkeitsprüfungen. Daneben kam es zu Veränderungen des Organisationsrechtes, insbesondere zu einer Einführung eines freiwilligen Finanzausgleichs innerhalb einer Kassenart auf Landesebene sowie die Neuordnung des Finanzausgleichs in der Krankenversicherung der Rentner (KVdR) (Frerich/Frey 1993b: 265).

Auch nach dem Regierungswechsel von der sozial-liberalen zu der christlich-liberalen Koalition nach dem konstruktiven Misstrauensvotum gegen den damaligen Bundeskanzler Helmut Schmidt ging es unter der Kanzlerschaft Helmut Kohls mit der Kostendämpfungspolitik zunächst nahezu unverändert weiter; Marian Döhler verwendete daher die Formulierung „moderate Fortsetzung der sozial-liberalen Politik" (Döhler 1990:416). Auch nach der Bundestagswahl 1983, die die christlich-liberale Koalition bestätigte, ging es mit der finanziellen Konsolidierung der Finanzen des Staatshaushaltes sowie der sozialen Sicherungssystem weiter (ausführlich bei Schmidt 2005a).

Nach der für die christlich-liberale Koalition erfolgreichen Bundestagswahl 1987 kündigte Bundeskanzler Helmut Kohl eine Reform des Gesundheitswesens an und bezeichnete diese als zentrales sozialpolitisches Vorhaben dieser Legislaturperiode (Frerich/Frey 1993b:287). Am 1. Januar 1989 trat das am 20. Dezember 1988 verabschiedete Gesundheitsreformgesetz (GRG) in Kraft. Inhaltlich beinhaltete das GRG - neben einige wenigen bedeutenden Ausnahmen, die nachfolgend beschrieben werden - im Kern eine Fortführung der Kostendämpfungsmaßnahm. Vor dem Hintergrund seiner ursprünglichen Inhalte und Zielsetzungen sind die letztendlich beschlossenen Regelungen als sehr enttäuschend zu bewerten (für viele: Reiners 1990a sowie Bandelow 1998:197). Das GRG gilt daher auch als Paradebeispiel für ein gescheitertes Gesetzesvorhaben und zugleich als ein Musterbeispiel für die Macht und den Einfluss der gesundheitspolitischen Lobbyorganisationen (für viele: Webber 1988b:272ff, Perschke-Hartmann 1992; Wasem 1991:62ff, Manow-Borgwart 1992:398 und Bandelow

---

re über die Veränderung der ärztlichen Gesamtvergütung und die Arzneimittelhöchstbeträge ab Allerdings waren diese Empfehlungen unverbindlich. Die KAiG wurde 2003 durch das GKV-Modernisierungsgesetz mit Wirkung ab 2004 abgeschafft.

1998:196). Die mit Blick auf den Leistungskatalog, aber auch für die Finanzierung bedeutsamste Änderung des GRG war sicherlich die Einführung von Festbeträgen für Arzneimittel, Seh- und Hörhilfen.[62] Diese wird daher häufig auch als „Kernelement der Reform" (Frerich/Frey 1993b:290) oder als „Herzstück der Reform" (Manow-Borgwardt 1992:398 sowie Frerich/Frey 1993:295) bezeichnet. Für die Finanzierung der GKV ebenfalls von großer Bedeutung war die Einführung des normativen Grundsatzes der Beitragssatzstabilität (§ 71 SGB V).[63] Die durch das GRG erzielten Einsparungen waren - mit Ausnahme des Instrumentes "Festbeträge - nicht von langer Dauer. Bereits in den Jahren 1990 und 1991 kam es wieder zu massiven und nachhaltigen Ausgabensteigerungen und somit auch zu erheblichen Defiziten der Krankenkassen (Wasem/Greß 2005:414).

4.3.3 Das Gesundheitsstrukturgesetz (GSG) von 1992: Die Einführung des Risikostrukturausgleichs

Das im Oktober 1992 in einer großen Sachkoalition von der schwarz-gelben Bundesregierung und der SPD unter Verhandlungsführung des damaligen Gesundheitsministers Horst Seehofer (CSU) und des SPD-Sozialexperten Rudolf Dreßler in Lahnstein konzipierte „Gesundheitsstrukturgesetz" (GSG) gilt als „Mutter aller Gesundheitsreformen" (Reiners 2008:50, sinngemäß auch Ebsen 2009:75). Das GSG wird auch als „first path breaking reform" (Wendt/Rothgang/Helmet 2005:3) bezeichnet.[64] Warum diese Bezeichnung völlig zu Recht verfolgt, wird in diesem Abschnitt näher ausgeführt.[65]

---

[62] Das Prinzip der Festbetragsregelung besteht darin, dass verschiedene in ihrer Wirkung vergleichbare Arzneimittel vom Gemeinsamen Bundesausschuss nach gesetzlich vorgegebenen Kriterien in bestimmte Gruppen zusammengefasst werden. Anschließend wird vom GKV-Spitzenverband, damals noch von den Spitzenverbänden der Krankenkassen, nach Anhörung von Sachverständigen ein Höchstbetrag festgesetzt, bis zu dem die Krankenkassen die Kosten übernehmen. Festbeträge gab es im Jahr 2009 für 74 % der Verordnungen und 45 % des Umsatzes des Arzneimittelmarktes in der GKV (GKV-Spitzenverband 2010a).
[63] Der in § 71 SGB V formulierte Grundsatz der Beachtung der Beitragssatzstabilität stellt weniger ein gesundheitspolitisches, sondern vielmehr ein wirtschaftspolitisches Ziel dar: Diese Rechtsnorm soll sicherstellen, dass die Beitragssätze und somit die Lohnnebenkosten möglichst stabil bleiben.
[64] Der Pfadwechsel war insbesondere deshalb möglich, weil das GSG in einer informellen Großen Koalition beschlossen wurde und somit potenzielle Vetospieler, wie die Länderkammer, nicht in Erscheinung traten.
[65] Dieser Abschnitt basiert stark auf Interviews mit den Herren Rudolf Dreßler und Dr. Christopher Hermann sowie Publikationen von Reiners (1993, 2006b, 2008). Alle drei Herren waren an der Entstehung des GSG beteiligt. Die Entstehung dieses Gesetzes schildern und interpretieren u. a. Reiners (1993), Perschke-Hartmann (1993), Manow (1994) sowie Bandelow (1998).

Mit dem GSG wurde für alle Versicherten mit Wirkung zum 1. Januar 1996 die allgemeine Wahlfreiheit der Krankenkassen eingeführt. Diese Einführung der allgemeinen Kassenwahlfreiheit erfolgte allerdings aus ganz unterschiedlichen Motiven: Während es der Union primär um eine neue Form der Regulierung, konkret der Intensivierung des Wettbewerbs und der damit verbundenen Hoffnung auf das Erschließen von Wirtschaftlichkeitsreserven, ging, stand für die SPD die Beendigung der Benachteiligung der Arbeiter bei der Wahl ihrer Krankenkasse im Vordergrund (Interviews 6, 18 und 29). Im Rahmen dieses Gesetzes wurde daher folgerichtig auch die 1911 eingeführte Unterscheidung in „Primärkassen" (AOK, BKK, IKK) und „Ersatzkassen" formal beendet. Betriebs- und Innungskassen erhielten die Möglichkeit, sich für alle Wahlberechtigten zu öffnen. Flankiert wurde die Einführung der allgemeinen Wahlfreiheit mit einem bundesweiten kassenartenübergreifenden Risikostrukturausgleich (RSA), um Risikoselektion und die Benachteiligung von Kassen mit ungünstiger Versichertenstruktur zu vermeiden.[66] Neben diesen fundamentalen Veränderungen des Organisationsrechts wurde für den Zeitraum 1993 bis 1995 u. a. eine strikte Budgetierung der Vergütungen in nahezu allen Leistungsbereichen mit Ausnahme der Prävention eingeführt sowie die Erstellung einer "Positivliste" der erstattungsfähigen Arzneimittel beschlossen.[67] Für die Finanzierung der Krankenkassen noch bedeutsamer als die Budgetierung war jedoch die Einführung des bundesweiten kassenartenübergreifenden Risikostrukturausgleiches (RSA), da dieser ganz erhebliche Auswirkungen auf die Einnahmenseite der Krankenkassen hatte und bis heute hat. Mit Einführung des Risikostrukturausgleichs verloren die Krankenkassen einen Teil ihrer Finanzautonomie. Angesichts der immensen Bedeutung des Risikostrukturausgleichs (RSA), aber auch mit Blick auf die Rekonstruktion der Einführung des Gesundheitsfonds, wird die Entstehung und Funktionsweise des Risikostrukturausgleichs in seiner Ausgestaltung vor Einführung des Gesundheitsfonds nachfolgend ausführlich dargestellt.

Die Einführung des bundesweiten kassenartenübergreifenden Risikostrukturausgleichs (RSA) mit Wirkung ab 1. Januar 1994 hatte mehrere Gründe: Seine Einführung ist zunächst vor dem Hintergrund einer immensen Bandbreite der Beitragssätze der einzelnen Krankenkassen zu sehen. Die Enquete-Kommission des Deutschen Bundestages hat hierzu umfangreiches Datenmate-

---

[66] Auch im Bereich der Selbstverwaltung gab es eine Veränderung: Die bis dato existierenden zwei Selbstverwaltungsebenen "Vertreterversammlung" und "Vorstand" wurden zu einem Organ, dem Verwaltungsrat, zusammengefasst.
[67] Zu dieser "Positivliste" kam es allerdings auf Grund der Widerstände der pharmazeutischen Industrie nie. Die entsprechende Vorschrift wurde 1996 im Rahmen des "5. SGB V-Änderungsgesetzes" auf Druck der Pharmaindustrie gestrichen.

rial zusammengetragen (Deutscher Bundestag 1990). Bei nahezu identischem Leistungskatalog der einzelnen Krankenkassen lagen die Beitragssätze zum Stand 01.06.1989 innerhalb der Spannbreite von 8 % bis 16 % (Deutscher Bundestag 1990). Diese riesigen Unterschiede bei den Beitragssätzen gab es nicht nur *zwischen* den Kassenarten, sondern auch *innerhalb* einer Kassenart.[68] Diese erhebliche Varianz hinsichtlich der Beitragssätze hatte ihre Ursachen ganz wesentlich in dem unterschiedlichen Finanzierungspotential der Kassen(arten), d. h. der Einnahmeseite, und den Risikostrukturen der einzelnen Kassenarten bzw. Krankenkassen, d. h. den unterschiedlichen Ausgaben als Folge der jeweiligen Versichertenstruktur. Sowohl in der Wissenschaft als auch in der Politik bestand vor dem Hintergrund der genannten Daten weitgehend Einigkeit darüber, dass Handlungsbedarf bestand. Hartmut Reiners, ein als Sachverständiger benanntes Mitglied der damaligen Enquete-Kommission, formulierte 20 Jahre später wie folgt:

> „Die im Juli 1987 eingesetzte Enquete-Kommission des Bundestages „Strukturreform der gesetzlichen Krankenversicherung" läutete einen erst im Rückblick erkennbaren Paradigmenwechsel in der gesundheitspolitischen Agenda ein. Ihre im Detail kontroversen Analysen und Empfehlungen hatten eine gemeinsame Botschaft: Das über 100 Jahre alte GKV-System bedarf eines gründlichen Umbaus sowohl der Krankenkassenorganisation als auch der von ihm finanzierten Versorgungsstrukturen." (Reiners 2010a:122)

Allerdings gab es erhebliche Unterschiede bei der Frage, *wie* mit dieser ungleichen Verteilung der Risiken umgegangen werden soll. Politisch umstritten waren insbesondere zwei Fragen: (1.) Soll ein Risikoausgleich innerhalb oder zwischen Kassenarten stattfinden und (2.) soll er regional begrenzt oder bundesweit durchgeführt werden? Es überrascht wenig, dass die Anhänger eines kassenarteninternen Ausgleichs bei den bessergestellten Kassenarten beheimatet waren.[69] Entsprechend plädierten insbesondere die „reicheren" Südländer für eine Begrenzung des Risikoausgleichs auf die Landesebene.

Der im Oktober 1992 in Lahnstein gefundene Kompromiss der informellen „Großen Koalition" beinhaltete neben der Einführung einer allgemeinen Kassenwahlfreit zum 01.01.1996 die Einführung eines bundesweiten kassenartenübergreifenden Risikostrukturausgleiches zum 01.01.1994. Die Befürworter

---

[68] Stand 01.06.1989 reichte die Bandbreite bei den Ortskrankenkassen von 11,1 % bis 16,0 % und bei den Betriebskrankenkassen sogar von 8 % bis 16 %.
[69] Der damalige Hauptgeschäftsführer des Verbandes der Angestellten-Ersatzkassen, Dr. Eckhart Fiedler, verwies in einem Beitrag für die Zeitschrift „Sozialer Fortschritt" darauf, dass Krankenkassen zunächst einmal innerhalb ihrer Kassenart Solidarität leisten müssten, bevor sie Hilfe „von außen" einfordern können (Fiedler 1990).

eines regionalen Risikostrukturausgleiches konnten insofern einen Teilerfolg erzielen, als eine Rechtskreistrennung in einen Risikostrukturausgleich für die alten Bundesländer („RSA-West") und einen zweiten für die neuen Länder („RSA-Ost") beschlossen wurde.[70] Diese Trennung sollte erst aufgehoben werden, wenn die Versicherten neuen Bundesländer 90 % der durchschnittlichen Grundlöhne der westlichen Länder erreicht haben. Der in Lahnstein gefundene Kompromiss wurde im Dezember 1992 vom Bundestag und Bundesrat beschlossen.

Die Funktionsweise des Risikostrukturausgleichs in der Fassung des GSG

Der 1994 eingeführte Risikostrukturausgleich (RSA) unterscheidet sich grundlegend von dem früheren Ausgleichsverfahren „Krankenversicherung der Rentner" (KVdR): Während bei dem „alten" KVdR-Ausgleich die tatsächlichen Leistungsausgaben vollumfänglich ausgeglichen wurden und es somit zu Fehlanreizen kam, werden bei heutigen RSA lediglich standardisierte Durchschnittskosten für bestimmte Versichertenprofile erstattet. Im Gegensatz zum kostentreibenden früheren KVdR-Ausgleich besteht die Funktion des RSA darin, die unterschiedlichen Versichertenstrukturen rechnerisch zu nivellieren. Der Beitragssatz einer Krankenkasse soll nicht mehr in erster Linie von der soziodemographischen Zusammensetzung ihrer Versicherten, sondern primär von der Vertragspolitik und dem Kostenmanagement einer Kasse abhängen. Die rechtlichen Grundlagen des Risikostrukturausgleichsverfahren finden sich in den §§ 266ff SGB V sowie in der Risikostrukturausgleichsverordnung (RSAV). Durchgeführt wird der Risikostrukturausgleich durch das in Bonn angesiedelte Bundesversicherungsamt (BVA).[71] Die nachfolgende Beschreibung der Funktionsweise des RSA beruht weitgehend auf einer Publikation des BVA (BVA 2008; vgl. auch Rosenbrock/Gerlinger 2006:264ff sowie Simon 2008:155ff).

Der Risikostrukturausgleich in der GKV ist das umfassendste Finanzausgleichsverfahren, das je in der deutschen Sozialversicherung eingeführt wurde (BVA 2008:4). Der Grundgedanke bei seiner Einführung war es, die Ungleichheit der Versichertenstruktur bei den damals über 1.200 gesetzlichen Krankenkassen, die zu erheblichen Beitragssatzunterschieden zwischen den Kassen

---

[70] Der gesamtdeutsche Risikostrukturausgleich wurde erst viele Jahre später von der rot-grünen Bundesregierung 1998 mit Wirkung zum 01.01.2000 beschlossen. Die Angleichung der beiden Rechtskreise erfolgte schrittweise, das Endstadium war erst im Jahr 2007 erreicht (BVA 2008).
[71] Das BVA ist eine selbständige Bundesoberbehörde im Geschäftsbereich des Bundesministeriums für Arbeit und Soziales. Die Kernaufgabe des BVA ist die Rechtsaufsicht über die bundesunmittelbaren Träger der gesetzlichen Kranken-, Renten- und Unfallversicherung sowie der sozialen Pflegeversicherung.

führten, auszugleichen. Nach Durchführung des RSA sollte jede Krankenkasse so gestellt sein, als würde ihre Versichertenstruktur dem Durchschnitt der GKV entsprechen. Das Ziel des RSA ist es, Wettbewerbsnachteile von Krankenkassen mit ungünstigen Versichertenstrukturen abzubauen und Anreize für eine höhere Wirtschaftlichkeit in der Versorgung zu schaffen (BVA 2008:4). Des Weiteren soll eine Risikoselektion verhindert werden.[72] Um Fehlanreize durch den RSA zu vermeiden und gleichzeitig Anreize für mehr Effizienz in der Versorgung der Versicherung zu erreichen, werden im Rahmen dieses Ausgleichsverfahrens nicht die tatsächlichen Ausgaben der Krankenkassen ausgeglichen, sondern durchschnittliche Leistungsausgaben, sog. „standardisierte Leistungsausgaben, berücksichtigt. Kernelemente des RSA sind die beiden Konstrukte „Finanzkraft" und „Beitragsbedarf"; dabei meint „Finanzkraft" das Potenzial einer Krankenkasse, aus dem beitragspflichtigen Einkommen ihrer Mitglieder, Beitragseinnahmen zu generieren, während „Beitragsbedarf" die Ausgaben einer Krankenkasse meint, die diese im Durchschnitt für die Versorgung ihres spezifischen Versichertenstruktur benötigt (BVA 2008:5). Bei der Berechnung der Finanzkraft und des Beitragsbedarfs wird die Versichertenstruktur einer Krankenkasse zunächst rechnerisch dem GKV-Durchschnitt angepasst. In einem zweiten Schritt wird durch einen Vergleich dieser beiden Rechengrößen die Höhe des Ausgleichsanspruchs bzw. der -verpflichtung aller Krankenkassen ermittelt. Sofern der errechnete Beitragsbedarf einer Kasse höher ist als ihre Finanzkraft, erhält diese Kasse die Differenz als Ausgleichsanspruch (sog. „Empfängerkasse"). Im umgekehrten Fall, wenn also die Finanzkraft einer Krankenkasse eine höhere Finanzkraft hat als es ihrem Beitragsbedarf entspricht, ist sie eine sog. „Zahlerkasse". Im Einzelnen glich der RSA im Zeitraum 1994 bis 2002 folgende Unterschiede in der Versichertenstruktur der einzelnen Krankenkassen aus:

- Die unterschiedliche Höhe der beitragspflichtigen Einnahmen der Mitglieder (sog. „Grundlohnsumme").
- Die unterschiedliche Verteilung der mittelbaren Morbiditätsrisiken der Versicherten, operationalisiert an den Kriterien „Alter", „Geschlecht" und „Bezug einer Erwerbsminderungs- oder Berufsunfähigkeitsrente".
- Die unterschiedliche Anzahl der beitragsfrei mitversicherten Familienangehörigen.

Im damaligen RSA wurden allerdings nicht sämtliche Ausgaben der Krankenkassen berücksichtigt; nicht berücksichtigungsfähig wurden satzungsgemäße Leistungsausgaben sowie Verwaltungskosten. Entsprechend wurde bis zur Ein-

---

[72] Vgl. zu Theorie und Empirie der Risikoselektion in Deutschland Höppner et al. (2005).

führung des Gesundheitsfonds die unterschiedliche Finanzkraft der einzelnen Krankenkassen nicht vollständig ausgeglichen, sondern lediglich zu ca. 92 %.

4.3.4 Die Debatte um den „Standort Deutschland" und deren Auswirkung auf die Gesundheitspolitik seit den 90er Jahren

Zu Beginn der 90er Jahre des vergangenen Jahrhunderts intensivierte sich die Internationalisierung („Globalisierung") der Wirtschaft als Folge des Abbaus von Handelsschranken, der Liberalisierung des Kapitalverkehrs, der Freizügigkeit von Arbeitnehmern und Unternehmen in Europa, der Öffnung Osteuropas sowie des Aufstrebens neuer „Schwellenländer" zunehmend. In dieser Situation beauftragte die damalige Bundesregierung den „Sachverständigenrat für die Begutachtung der gesamtwirtschaftlichen Entwicklung" (Sachverständigenrat Wirtschaft) mit der Erstellung eines Gutachtens zu der Frage nach den Konsequenzen dieser zunehmenden Internationalisierung für die deutsche Wirtschaft und daraus abgeleiteter Empfehlungen für die Gestaltung der politischen Rahmenbedingungen. Ende 1995 lag dieses Gutachten unter dem Titel „Im Standortwettbewerb" (Sachverständigenrat 1995) vor. In diesem Gutachten ging der Sachverständigenrat auch auf den Aspekt der Notwendigkeit von Reformen im Bereich der Sozialversicherungen ein.[73]; In Bezug auf den Finanzierungsaspekt führten die Sachverständigen u. a. Folgendes aus:

> „In der Diskussion um Reformen in der Sozialversicherung spielt heute ein Teilaspekt eine besondere Rolle: Die von Arbeitgebern zu entrichtenden Beiträge gehen in die Lohnnebenkosten ein und erhöhen damit die Kosten des Arbeitseinsatzes."
> (Sachverständigenrat Wirtschaft 1995:181)

Der politische Handlungsbedarf wurde Mitte der 90er Jahre noch größer, weil im Jahr 1996 die Summe aller Abgaben zu Sozialversicherung, der Gesamtsozialversicherungsbeitrag, erstmals über die psychologisch wichtige Grenze von 40 Prozent stieg. An diesem Anstieg war die Gesundheitspolitik nicht unbeteiligt, da das Bundesgesundheitsministerium aus politischen Gründen davon absah, die Überschreitung der Budgets für Arzneimittel sowie für Heil- und Hilfsmittel zu sanktionieren (Giaimo 2002:122). Dies war mit ein Grund, warum die GKV im Jahr 1995 zum ersten Mal seit Inkrafttreten des GSG wieder ein Defizit zu verzeichnen hatte. Angesichts dieser Ausgangslage waren weitere gesetzgeberische Maßnahmen zur Begrenzung der Ausgabenentwicklung unumgänglich. Ange-

---

[73] Das Finanzierungsdefizit in der Sozialversicherung erhöhte sich im Jahr 1995 auf fast 20 Mrd. DM (Sachverständigenrat Wirtschaft 1995:149).

sichts der schwierigen wirtschaftlichen Situation wurden im Jahr 1996 von der Regierung Kohl gleich drei Gesetze beschlossen, die die lange Reihe der Kostendämpfungsgesetze auch nach dem eher strukturorientierten GSG fortgesetzt haben:

- Das „Gesetz zur Stabilisierung der Krankenhausausgaben 1996" begrenzte den Ausgabenzuwachs für die Krankenhäuser für das Jahr 1996 auf die lineare Erhöhung der Vergütung nach dem Bundesangestelltentarifvertrag (BAT).
- Das „Wachstums- und Beschäftigungsförderungsgesetz" beinhaltete u. a. massive Leistungseinschnitte bei der Rehabilitation. Außerdem wurde mit diesem Gesetz die Beitragsbemessungsgrenze für die Bezieher von Arbeitslosenhilfe zu Lasten der GKV abgesenkt.
- Das "Gesetz zur Entlastung der Beiträge in der gesetzlichen Krankenversicherung (Beitragsentlastungsgesetz)" beinhaltete nicht nur zahlreiche Leistungskürzungen sowie die Erhöhung einiger Zuzahlungen, sondern war darüber hinaus in der Geschichte der Bundesrepublik Deutschland der erstmalige direkte Eingriff des Gesetzgebers in die Beitragssatzautonomie der Krankenkassen. Mit dem Beitragsentlastungsgesetz wurden Beitragssatzanhebungen verboten und alle Krankenkassen gezwungen, ihre Beitragssätze zum 01.01.1997 um 0,4 Beitragssatzpunkte zu senken.[74]

Der Druck auf die Krankenkassen, die zwangsweise abgesenkten Beitragssätze stabil zu halten, wurde durch das am 1. Januar 1997 in Kraft getretene „1. GKV-Neuordnungsgesetz (1. NOG) durch folgenden Mechanismus verschärft: Erhöht eine Krankenkasse ihren Beitragssatz, so haben die Mitglieder ein vorzeitiges Kündigungsrecht und erhöht eine Krankenkasse ihren Beitragssatz, so erhöht sich kraft Gesetzes für Versicherte dieser Krankenkasse auch jede Zuzahlung um eine DM. Im Juli 1997 trat das „2. GKV-Neuordnungsgesetz (2. NOG) in Kraft. Dieses Gesetz beinhaltete neben weiteren Leistungskürzungen und Erhö-

---

[74] Dieses Gesetz war kein originär gesundheitspolitisches Gesetz, sondern Teil bzw. Folge des „Bündnisses für Arbeit und Standortsicherung" zwischen der Bundesregierung und den Tarifparteien. Ein Bestandteil dieses Maßnahmenpaketes war es, den Gesamtsozialversicherungsbeitrag bis zum Jahr 2000 unter 40 % zu senken (Bandelow 1998:220).

hungen von Zuzahlungen die Einführung von Elementen der privaten Krankenversicherung (Kostenerstattung, Selbstbehalt und Beitragsrückgewähr).[75]

Die Diskussion um die Wettbewerbsfähigkeit des Standortes Deutschland hatte auch Auswirkungen auf das innerparteiliche Machtgefüge der CDU. Susan Giaimo schildert auf Basis von im Jahr 1998 geführten Experteninterviews, wie es dem Wirtschaftsflügel der CDU angesichts der Debatte über die Ursachen der Massenarbeitslosigkeit und der Auswirkungen hoher Lohnnebenkosten gelang, sein Gewicht innerhalb der Partei zu stärken und wie gleichzeitig der Einfluss der Arbeitnehmerorganisation innerhalb der CDU, der Christlich Demokratischen Arbeitnehmerschaft (CDA), abnahm (Giaimo 2002:128). Das Fazit von Susan Giaimo über die deutsche Gesundheitspolitik Mitte der 90er Jahre lautete daher: „The mid-1990s saw the beginning of a serious and likely long-running debate on the question of health care financing." (Giaimo 2002:145) In der zweiten Hälfte der 90er Jahre rückte angesichts der öffentlichen Debatte über die volkswirtschaftlichen Folgen der Globalisierung erstmals auch die *Einnahmeseite* der GKV in den Fokus gesundheitspolitischer Debatten im Deutschen Bundestag. So formulierte im Juni 1999 der damalige Sozialminister von Baden-Württemberg, Dr. Friedhelm Repnik (CDU) wie folgt:

„Wegen der Globalisierung des Standortwettbewerbs (…) ist eine Anpassung der Systeme der sozialen Sicherung erforderlich. Die derzeitige, fast ausschließlich an das Arbeitseinkommen gebundene GKV-Finanzierung ist diesen Herausforderungen auf Dauer nicht mehr gewachsen." (Dr. Friedhelm Repnik, zitiert nach Deutscher Bundestag 1999, Plenarprotokoll 14/49:4186)

Zu Veränderungen bei der Einnahmeseite der GKV kam es Ende der 90er Jahre allerdings noch immer nicht.

4.3.5 Die rot-grüne Gesundheitspolitik von 1998 bis 2002

Die Parteiendifferenzhypothese geht davon aus, dass es einen Unterschied macht, welche Partei regiert. Bezogen auf die Gesundheitspolitik der zweiten Hälfte der 90er Jahre war dies tatsächlich der Fall: Die rot-grüne Bundesregierung machte einige von der christlich-liberalen Koalition nur wenige Jahre zuvor beschlossenen Maßnahmen wieder rückgängig und setzte neue Akzente

---

[75] Außerdem wurde als neue Finanzierungsquelle für die Krankenhäuser für den Zeitraum 1997 bis 1999 die Einführung eines "Krankenhausnotopfers" in Höhe von 20 Mark pro Jahr und Mitglied beschlossen.

(ausführlich bei Hartmann 2003 und Gerlinger 2003). [76] Diese Veränderung drückte sich auch bereits in dem Namen des ersten bedeutenden gesundheitspolitischen Gesetzes der neuen Bundesregierung aus: Während Horst Seehofer im Jahr 1996 bei seiner Gesetzgebung explizit das Wort „Eigenverantwortung" verwendet hatte, setzte die rot-grüne Regierung auch im „Wording" erkennbar auf ein Mehr an „Solidarität". Mit dem "Gesetz zur Stärkung der Solidarität in der Gesetzlichen Krankenversicherung" wurden im Einzelnen folgende von Horst Seehofer eingeführte Regelungen rückgängig gemacht: Elemente der privaten Krankenversicherung wie „Beitragsrückgewähr", „Selbstbehalt" und „Kostenerstattung" wurden ebenso gestrichen, wie das von den GKV-Mitgliedern zu entrichtende „Krankenhausnotopfer". Des Weiteren wurden die jährliche Anpassung der Zuzahlungsbeträge aufgehoben, die geplante Zuzahlungspflicht bei psychotherapeutischer Behandlung gestrichen und die Zuzahlungen für Arzneimittel gesenkt. Auch im Bereich „Zahnersatz" wurden die Regelungen des „2. NOG" rückgängig gemacht.

Da mit dem Gesetz auch einige neue Leistungen eingeführt wurden, stiegen die Ausgaben der GKV allerdings trotz der Fortführung der sektoralen Budgetierung auch unter der rot-grünen Regierung weiter. Auf der Einnahmeseite wurden von der rot-grünen Bundesregierung in deren ersten Legislaturperiode von 1988 bis 2002 keine nennenswerten Maßnahmen beschlossen. Ergebnis der Kombination aus steigenden Leistungsausgaben und stagnierenden Einnahmen waren weiterhin steigende Beitragssätze.[77] Daran änderte auch das im Februar 2002 beschlossene "Arzneimittelausgaben-Begrenzungsgesetz" nichts. Das Defizit der GKV im Jahr 2002 lag bei über 3,4 Mrd. Euro (AOK Bundesverband 2009:17).

Der Deutsche Bundestag beschloss im Jahr 1999 mit den Stimmen der rot-grünen Mehrheit, ein Gutachten in Auftrag zu geben, das die Wirkungen des RSA, einschließlich der Auswirkungen von dessen Ausdehnung auf die neuen Bundesländer, untersuchen sollte. In diesem Gutachten konnten die Auftragnehmer (IGES/Cassel/Wasem 2001a) nachweisen, dass die im Zeitraum 1995 bis 1999 am stärksten gewachsenen Krankenkassen, im Wesentlichen waren das sog. „virtuelle Betriebskrankenkassen", nahezu ausschließlich junge und gesunde Mitglieder warben.[78] Bei den Kassen, die in diesem Zeitraum Versicherte

---

[76] Mit Andrea Fischer gab es zum ersten Mal in der Geschichte der Bundesrepublik eine grüne Bundesgesundheitsministerin. Allerdings endete ihre Amtszeit wegen der BSE-Krise im Januar 2001 vorzeitig. Nachfolgerin von Andrea Fischer wurde Ulla Schmidt (SPD).
[77] Im Zeitraum 2000 bis 2002 stieg der durchschnittliche Beitragssatz von 13,57 % auf 13,98 % (AOK Bundesverband 2009:17)
[78] Mit dem Ausdruck „virtuelle Betriebskrankenkassen" ist gemeint, dass diese Kassen weder eine direkte Anbindung an einen Betrieb noch ein Geschäftsstellennetz haben Ihr Geschäftsmodell

verloren, stieg hingegen der relative Anteil der über 60-jährigen Versicherten (IGES/Cassel/Wasem 2001a). Die Veränderung der Zusammensetzung der Altersstruktur der einzelnen Krankenkassen blieb nicht ohne Auswirkungen auf die jeweiligen Leistungsausgaben. Die im Zeitraum 1995 bis 1999 besonders stark gewachsenen Krankenkassen benötigten im Jahr 1999 weniger als 80 % des ihnen zugewiesenen Beitragsbedarfs für Arzneimittel und sogar nur 70 % des durchschnittlichen Beitragsbedarfs für die stationäre Versorgung. Bei den im gleichen Zeitraum geschrumpften Kassen lagen die tatsächlichen Ausgaben für die Arzneimittel und stationäre Krankenhausausgaben hingegen über dem sich rechnerisch ergebenen Beitragsbedarf.[79] Das Gutachterteam konnte also zeigen, dass nahezu ausschließlich junge und insbesondere auch *gesunde* Versicherte zu den sog. „Wachstumskassen" wechselten. Die bis dahin im RSA relevanten Ausgleichsfaktoren „Alter", „Geschlecht" sowie „Bezug einer Erwerbsminderungs- bzw. Berufsunfähigkeitsrente" waren daher offensichtlich nicht zielgenau genug. Die vom Bundesministerium für Gesundheit (BMG) beauftragten Gutachter plädierten daher für eine Weiterentwicklung des RSA in Richtung direkte Erfassung und Abbildung der Morbidität (IGES/Cassel/Wasem 2001a). Parallel zu dieser Auftragsvergabe durch das BMG vergaben die Spitzenverbände der Kassenarten mit Ausnahme des Bundesverbandes der Betriebskrankenkassen (BKK-BV) ebenfalls ein Gutachten zur Wirkung des RSA.[80] Auftragnehmer waren hier die Herren Prof. Dr. Karl Lauterbach sowie Prof. Dr. Eberhard Wille. Dieses Gutachten kam ebenfalls zu dem Ergebnis, dass es aufgrund des Wechsels von nahezu ausschließlich jungen und gesunden Versicherten zwischen den Krankenkassen zu einer zunehmenden Risikoentmischung kam (Lauterbach/Wille 2001) Auf Wunsch des BMG erstellten beide Gutachterteams zeitnah ein Konsenspapier. Dieses Konsenspapier (IGES et al. 2001b) betonte ausdrücklich die Notwendigkeit von dessen Weiterentwicklung bzw. Verfeinerung im Sinne einer besseren Zielgenauigkeit, da der bisherige RSA nur sehr bedingt in der Lage, die mit seiner Einführung intendierten Ziele und Wirkungen zu erreichen. Die rot-grüne Bundesregierung griff die Empfehlungen der Gutachter auf und änderte Ende 2001 - gegen das Votum der Union und der süddeutschen Länder - sowohl das Kassenwahlrecht als auch den RSA.[81] Das

---

besteht in der Akquise junger und gesunder Versicherter, denen im Bedarfsfall eine Kommunikation via Internet ausreicht. Daher sind diese Krankenkassen insbesondere attraktiv für junge und gesunde Menschen, die keine persönliche Beratung vor Ort in Anspruch nehmen (müssen).
[79] Zahlreiche Kennzahlen finden sich bei IGES/Cassel/Wasem (2001); vgl. auch Jahn et al. (2009).
[80] Die fehlende Beteiligung des BKK-BV dürfte damit zu erklären sein, dass dieser befürchtete, die Gutachter könnten eine Ausweitung des RSA vorschlagen. Daran hatte der BKK-BV kein Interesse.
[81] So wurde der bisherige Stichtag „30.09." für einen Kassenwechsel durch die Möglichkeit eines unterjährigen Wechsels ersetzt (sechswöchige Kündigungsfrist zum Ende des auf die Kündigung folgenden Monats) sowie eine Mindestbindung von 18 Monaten eingeführt. Von der Streichung des

„Gesetz zur Reform des Risikostrukturausgleichs" verfolgte das Ziel, die unterschiedliche Morbidität der Versicherten der einzelnen Krankenkassen besser zu berücksichtigen und dadurch einerseits für mehr Gerechtigkeit im Wettbewerb zwischen den Kassen zu sorgen und andererseits gleichzeitig Fehlanreize zur Risikoselektion zu reduzieren sowie Anreize zu einer besseren Versorgung insbesondere chronisch Kranker zu erhöhen (Rosenbrock/Gerlinger 2006.266). Das zum 1. Januar 2002 in Kraft getretene Gesetz sah für eine Übergangszeit von 2002 bis längstens Ende 2006 vor, die ausgleichsrelevanten Faktoren des bestehenden Risikostrukturausgleichs (RSA) zwischen den Krankenkassen zu erweitern und um einen so genannten „Risikopool" zu ergänzen. Mit Wirkung ab dem Jahr 2002 wurde daher zur solidarischen Lastenverteilung von besonders kostenintensiven Aufwendungen ein Risikopool eingeführt.[82] Neben dieser Einrichtung eines Risikopools gab es durch die rot-grüne Bundesregierung eine weitere Veränderung: Für Versicherte, die in vom BVA zugelassenen strukturierten Behandlungsprogrammen bei chronischen Krankheiten (sog. Disease-Management-Programme - vgl. § 137f SGB V) eingeschrieben sind, werden seit dem Jahr 2003 im RSA eigenständige Versichertengruppen gebildet. Für diese Versichertengruppen wurden im RSA höhere standardisierte Leistungsausgaben berücksichtigt.

Sowohl die Berücksichtigung der in die DMP-Programme eingeschriebenen Versicherten, als auch der Risikopool waren von der damaligen Bundesregierung nur als Übergangslösung gedacht. Nach dem Wortlaut des Gesetzes zur Reform des Risikostrukturausgleichs sollte spätestens ab dem Jahr 2007 der Beitragsbedarf der Krankenkassen auf der Grundlage direkter Morbiditätsmerkmale der Versicherten bestimmt werden. Grundlage für die direkte Berücksichtigung der Morbidität sollte eine wissenschaftliche Untersuchung auf Basis einer Versichertenstichprobe sein. Obwohl dieses Gutachten (IGES 2004) bereits seit dem Jahr 2004 vorliegt, kam es erst im Rahmen des 2007 beschlossenen GKV-Wettbewerbsstärkungsgesetzes zur Einführung des morbiditätsorientierten Risikostrukturausgleiches. Der Hauptgrund für die um zwei Jahre verspätete Einführung waren offiziell Probleme bei der Datenerhebung (BMG 2006), faktisch lag es daran, dass der unionsgeführte Bundesrat die Weiterentwicklung des RSA in Richtung der Berücksichtigung der direkten Morbidität nicht wollte

---

Stichtages 30.09. erwartete sich der Gesetzgeber eine Beruhigung der Wanderungsbewegungen, da dieser Stichtag in den Medien stets ein großes Echo hatte und viele Versicherte erst durch dieses Medienecho zum Kassenwechsel inspiriert wurden.

[82] Beim Risikopool waren 60% der einen Schwellenwert von 20.450 Euro übersteigenden Ausgaben je Versicherten und Jahr ausgleichsfähig. Berücksichtigungsfähig für die Ausgleichszahlungen zwischen den Kassen waren hierbei insbesondere die Ausgaben für Krankenhausbehandlung, Arznei- und Verbandmittel sowie Krankengeld.

und es daher keine Mehrheit für eine entsprechende Rechtsverordnung gegeben hätte. Aus diesem Grund hatte das SPD-geführte BMG bis zum Zeitpunkt der Bildung der Großen Koalition nicht ernsthaft den Versuch der Umsetzung des Wortlautes des Gesetzes aus dem Jahr 2001 unternommen.

4.3.6 Von der Bundestagswahl 2002 bis zum vorzeitigen Ende der zweiten Amtszeit der rot-grünen Bundesregierung

Nach ihrer Wiederwahl im September 2002 beschloss die rot-grüne Bundesregierung Gesundheitspolitik sehr rasch das „Beitragssatzsicherungsgesetz". Dieses Gesetz beinhaltet insbesondere finanzielle Einschnitte für die Pharmaindustrie, den Arzneimittelgroßhandel und die Apotheken sowie eine Absenkung der Preise für zahntechnische Leistungen. Dieses „Vorschaltgesetz" diente primär dazu, einen weiteren Anstieg des GKV-Beitragssatzes und somit auch der Lohnnebenkosten zum Jahreswechsel und gleichzeitig zu Beginn der neuen Legislaturperiode zu verhindern. Das Beitragssatzsicherungsgesetz sollte der wiedergewählten Bundesregierung die Möglichkeit verschaffen, sich in einer gewissen Ruhe und ohne großen finanziell bedingten Handlungsdruck auf eine wirkliche Gesundheitsreform mit strukturellen Elementen vorzubereiten. Die politischen Rahmenbedingungen hierfür waren allerdings insofern schwierig, als die Union eine Mehrheit im Bundesrat besaß. Parallel zum Beitragssatzsicherungsgesetz begannen Ende 2002 im SPD-geführten Bundesministerium für Gesundheit und Soziale Sicherung (BMGS) die Vorarbeiten für die Errichtung einer hochkarätig besetzten Kommission, die Lösungsansätze für eine nachhaltige Finanzierbarkeit der sozialen Sicherungssysteme insgesamt, also über die GKV hinaus, erarbeiten sollte.

Die „Kommission Nachhaltigkeit in der Finanzierung der sozialen Sicherungssysteme" (sog. "Rürup-Kommission")

Wenige Tage vor der Schlussabstimmung im Bundestag über das Beitragssatzsicherungsgesetz berief das BMGS im November 2002 die „Kommission Nachhaltigkeit in der Finanzierung der Sozialen Sicherungssysteme", die sog. „Rürup-Kommission" (Kommission Nachhaltigkeit 2003).[83] Innerhalb des BMGS

---

[83] Die Zusammensetzung kann dem Schlussbericht der Kommission entnommen werden (Kommission Nachhaltigkeit 2003).

wurde eine Geschäftsstelle der Kommission errichtet (Kommission Nachhaltigkeit 2003:25). Die Aufgabe dieser Kommission war es, umsetzbare und langfristig tragbare Vorschläge zu erarbeiten, die sowohl geeignet sind, im Interesse einer Verbesserung der Beschäftigung die Lohnzusatzkosten zu stabilisieren bzw. möglichst zu senken als auch aus Gründen der Generationengerechtigkeit die Nachhaltigkeit in der Finanzierung der sozialen Sicherungssysteme zu erhöhen (Kommission Nachhaltigkeit 2003:3). Die Kommission wurden gebeten, neben der Entwicklung geeigneter langfristiger Maßnahmen auch Empfehlungen für kurzfristig umsetzbare Maßnahmen zur Stabilisierung der Finanzlage der GKV zu unterbreiten. Die Kommission kam dieser Bitte nach und legte im April 2003 einen „Zwei-Stufen-Plan" vor. Dieser beinhaltete neben den gewünschten kurzfristigen Stabilisierungsmaßnahmen auch Empfehlungen zur Sicherung der langfristigen Nachhaltigkeit in der Finanzierung der GKV. Zu den Empfehlungen für Kurzfristmaßnahmen zählte u. a. die Herausnahme des Krankengeldes aus dem paritätisch finanzierten Leistungskatalog. Diese Leistung sollten nach dem Mehrheitsvotum der Kommission künftig die Versicherten alleine zahlen.[84] Einigkeit bestand innerhalb der Kommission über die zweite Empfehlung, der Steuerfinanzierung sog. „versicherungsfremder Leistungen".[85] Als dritte wesentliche Empfehlung sprach sich die Kommission mehrheitlich für die Einführung einer Praxisgebühr in Höhe von 15 EUR sowie für eine Erhöhung der Zuzahlungen aus. Von einer Einführung einer Praxisgebühr versprach sich die Mehrheit der Kommission einen doppelten Effekt: Die Maßnahme sollte einerseits dazu dienen, die im internationalen Vergleich in Deutschland sehr hohe Zahl an Arztkontakten zu reduzieren (Steuerungsfunktion) und andererseits gleichzeitig die Einnahmen der GKV verbessern (Einnahmefunktion)

Hinsichtlich der Empfehlungen für eine langfristige nachhaltige Finanzierung konnten die Mitglieder der Kommission sich nicht auf einen von allen Kommissionsmitgliedern mitgetragenen Weg einigen. Während es der Kommission gelang, für die beiden Sozialversicherungssysteme „Gesetzliche Rentenversicherung" und „Soziale Pflegeversicherung" konsentierte Vorschläge zu unterbreiten, scheiterte dieser Versuch hinsichtlich der gesetzlichen Krankenversicherung. Einigung bestand in der Kommission lediglich darüber, dass eine nahezu ausschließlich an den Faktor „Arbeit" gekoppelte Finanzierung der GKV insbesondere vor dem Hintergrund der Abhängigkeit von der konjunkturellen Entwicklung und der damit zusammenhängenden Lage auf dem Arbeitsmarkt

---

[84] Die Vertreter der Gewerkschaften sowie weitere Mitglieder der Kommission stimmten gegen diese Empfehlung.
[85] Zu den „versicherungsfremden Leistungen" zählen Leistungen bei Mutterschutz, Empfängnisverhütung, künstlicher Befruchtung, Schwangerschaftsabbruch etc.

sowie der demografischen Entwicklung nicht nachhaltig ist (Kommission Nachhaltigkeit 2003:5). Keinen Konsens gab es hingegen bei der Suche nach einer geeigneten Finanzierungsalternative. Die Kommission verpackte dieses Scheitern in den beschönigenden Worten, sie würde der Regierung zwei alternative Finanzierungsoptionen anbieten, eine dem Leistungsfähigkeitsprinzip verpflichtete „Bürgerversicherung" und ein dem Äquivalenzprinzip verpflichtetes Modell einer „Pauschale Gesundheitsprämie" mit steuerfinanziertem Sozialausgleich.[86] Der Vorsitzende der Kommission forderte die Regierung auf, „bald die gesellschaftspolitisch wichtige Entscheidung zwischen diesen Optionen zu fällen" (Vorwort Kommission Nachhaltigkeit, 2003:3).

Nachfolgend werden die beiden von der Kommission genannten Finanzierungsoptionen „Bürgerversicherung" und „Pauschale Gesundheitsprämie" kurz vorgestellt[87] Dies insbesondere deswegen, weil sie im sowohl im Bundestagswahlkampf des Jahres 2005 als auch bei den Verhandlungen zum späteren Gesundheitsfonds eine wesentliche Rolle gespielt haben.

Die Alternative „Bürgerversicherung" zielt bei der Finanzierung der GKV auf eine umfassendere Verwirklichung des Prinzips der finanziellen Leistungsfähigkeit des Einzelnen. Kernelemente des Konzeptes in der Fassung der „Rürup-Kommission" sind zum Einen eine Erweiterung des Versichertenkreises durch eine Aufhebung der Versicherungspflichtgrenze sowie zum Anderen eine Erweiterung der Beitragsgrundlage durch Einbeziehung anderer Einkommensarten neben dem Einkommen aus abhängiger Beschäftigung bzw. Rente. Des Weiteren sollte die Beitragsbemessungsgrundlage auf das Niveau der Bemessungsgrenze in der Rentenversicherung angehoben werden. Der privaten Krankenversicherung kommt nach den Vorstellungen des Konzeptes „Bürgerversicherung" künftig nur noch die Rolle des Anbieters von Zusatzversicherungen für medizinisch nicht notwendige Leistungen zu (Kommission Nachhaltigkeit 2003:149). Neben dem Aspekt der zumindest partiellen Entkopplung der Gesundheitsausgaben von dem Faktor „Arbeit" spielen für die Anhänger der

---

[86] Bereits am 09.04.2003 bezeichnete Bert Rürup die beiden Optionen als. „Y-Modell" (Handelsblatt, 10.04.2003)). Diese Metapher rührt daher, dass sie sich beiden Modell in der Analyse des Problems, d. h. der Lohnzentrierung der Finanzierung der GKV, einig sind, sich dann aber die beiden vorgeschlagenen Lösungsansätze - wie die zwei Linien des Buchstabens Y - in zwei unterschiedliche Richtungen voneinander weg bewegen.

[87] In den Medien wurden diese beiden Optionen häufig personifiziert: Das Modell „Bürgerversicherung" war - bzw. ist - das „Modell Lauterbach", das Modell „Pauschale Gesundheitsprämie" das „Modell Rürup. Zwei Redakteure des Nachrichtenmagazins „DER SPIEGEL" beschrieben - mit Blick auf die Kleidungsvorlieben der Herren Rürup und Lauterbach - den Dissens der beiden Protagonisten als Entscheidung zwischen „Krawatte und Fliege" (Neubacher/Palmer 2003:24).

"Bürgerversicherung" auch Gerechtigkeitsaspekte eine wesentliche Rolle.[88] Dies bringt folgende Passage der Befürworter dieses Konzeptes deutlich zum Ausdruck: „Ein Solidarsystem, welches ausgerechnet die stärksten Mitglieder der Gesellschaft nicht enthält, macht keinen Sinn." (Kommission Nachhaltigkeit 2003:151).

Das Konzept „Pauschale Gesundheitsprämie" besteht aus folgenden Kernelementen: Einer vollständigen Abkehr von dem Prinzip der einkommensabhängigen Beitragsbemessung zu Gunsten einer am Äquivalenzprinzip orientierten Prämiengestaltung und somit einer Abkopplung der Ausgaben für Gesundheit von den Lohnnebenkosten. Nach den Vorstellungen dieses Konzeptes zahlt jeder erwachsene Versicherte einen identischen Beitrag bzw. Prämie, der unabhängig von seinem Einkommen ist und den durchschnittlichen Ausgaben seiner Kasse pro Versicherten entspricht. Versicherte mit geringem Einkommen sollen steuerfinanzierte Prämienzuschüsse erhalten (Kommission Nachhaltigkeit 2003:162). Den notwendigen Steuertransfer zur Vermeidung einer finanziellen Überforderung von Geringverdienern bezifferte die Kommission auf jährlich ca. 10,4 Mrd. EUR (Kommission Nachhaltigkeit 2003:172).

Die "Kommission Soziale Sicherung" der CDU (sog. "Herzog-Kommission")

Nach der Einsetzung der "Rürup-Kommission" berief im Februar 2003 der CDU-Bundesvorstand ebenfalls eine sehr hochrangige Expertenkommission, die Vorschläge zur Reform der sozialen Sicherungssysteme erarbeiten sollte. Den Vorsitz dieser Kommission übernahm der frühere Bundespräsident, Prof. Dr. Roman Herzog.[89] Die "Herzog-Kommission" legte ihren Schlussbericht im September 2003, also nur wenige Wochen nach der "Rürup-Kommission", vor. Bezogen auf den Aspekt der künftigen Finanzierung der GKV setzte sich die "Herzog-Kommission" für einen mittelfristigen Umstieg auf ein kapitalgedecktes, einkommensunabhängiges Prämiensystem ein (Kommission Soziale Sicherheit 2003:22). Um den Umstieg zu dem Prämienmodell sozialverträglich zu gestalten und insbesondere die ältere Generation nicht zu überfordern, sprach sich die Kommission für die Bildung eines Kapitalstocks während eines Zeit-

---

[88] Der Finanzwissenschaftler Prof. Dr. Wolfram F. Richter, von dem im weiteren Verlauf der Publikation noch häufiger die Rede sein wird, umschrieb das Ziel der Bürgerversicherung in einem im Jahr 2007 veröffentlichten Aufsatz mit „Streben nach Finanzierungsgerechtigkeit" (Richter 2007:77).

[89] Die Herzog-Kommission bestand aus 30 Personen; sie wurde - insbesondere in Bezug auf Berechnungen - von dem Beratungsunternehmen McKinsey & Company unterstützt (Kommission Soziale Sicherheit 2003)

raumes von zehn Jahren aus. Für Bezieher kleiner Einkommen sah die Kommission einen steuerfinanzierten Sozialausgleich vor. Die Unternehmensberatung McKinsey & Company bezifferte die entsprechenden Aufwendungen auf jährlich ca. 27,3 Mrd. EUR. Neben der Umstellung auf ein Prämienmodell schlug die "Herzog-Kommission" - unter dem Motto "Mehr Entscheidungsspielräume für die Versicherten" - die Herausnahme der Leistungsbereiche "Zahnersatz", "Krankengeld" und "Zahnärztliche Behandlung" vor (Kommission Soziale Sicherheit 2003:21f).

Die Vorschläge der „Herzog-Kommission" wurden in der Öffentlichkeit und sogar innerhalb der Union überwiegend kritisch aufgenommen; Kritik kam dabei insbesondere von der CSU, aber auch von der Christlich Demokratischen Arbeitnehmerschaft (CDA), dem CDU-Arbeitnehmerflügel. Der damalige Sozialexperte der CSU und frühere Gesundheitsminister Horst Seehofer zeigte sich über die Vorschläge „schockiert" (Handelsblatt 05.10.2003). Anfang Juli 2003 billigte der Parteivorstand der CDU die Empfehlungen der „Herzog-Kommission" und stellte sich somit auch hinter die Parteivorsitzende Dr. Angela Merkel. Allerdings gab es innerhalb der Union auch kritische Stimmen, insbesondere aus der Schwesterpartei CSU. Die damalige CSU-Parteivorsitzende und bayerische Ministerpräsident, Dr. Edmund Stoiber kritisierte das Prämienmodell insbesondere wegen der unklaren Finanzierung des Sozialausgleichs als „kaum realisierbar" (zitiert nach Süddeutsche Zeitung vom 09.10.2003).

Die folgenden Ausführungen zu dem Ende des Jahres 2003 in einer informellen Großen Koalition beschlossenen „GKV-Modernisierungsgesetz (GMG)" werden zeigen, dass es tatsächlich - wie von der Rürup-Kommission vorgeschlagen - sowohl zur Einführung einer Praxisgebühr als auch zur Umfinanzierung von Krankengeld und Zahnersatz kam.

Das „GKV-Modernisierungsgesetz (GMG)" als Bestandteil der „Agenda 2010" und der Ausstieg aus der paritätischen Finanzierung

Die Agenda 2010 als Maßnahmenpaket umfasste mehrere Politikfelder:[90] Handlungsbedarf im Bereich „Gesundheit" bestand insbesondere auf Grund der Beitragssatzentwicklung sowie der Verschuldungssituation der GKV. Während der

---

[90] Über die Anzahl der unter den Begriff „Agenda 2010" zu subsumierenden Politikfelder gibt es unterschiedliche Angaben; welche Politikbereiche dazu zählen wurde nie einheitlich festgelegt (Nullmeier 2008:147). Der frühere Bundeskanzler Gerhard Schröder selbst nennt in seinen im Jahr 2007 veröffentlichten Memoiren folgende sieben Reformfelder: Arbeitsmarktpolitik, Kündigungsschutz, Tarifrecht, Ausbildung, Modernisierung der Handwerksordnung, Gesundheitsreform sowie Steuer- und Investitionspolitik (Schröder 2007:393ff).

durchschnittliche Beitragssatz in dem Zeitraum 1998 bis Anfang 2001 bundesweit bei ca. 13,6 % lag, stieg er in der zweiten Jahreshälfte 2001 auf über 14 % und lag zum Stichtag 01.01.2003 bei 14,3 %. Der Schuldenstand der GKV lag im Jahr 2003 saldiert bei fast 6 Mrd. EUR (alle Zahlen aus Sozialbericht 2005:73).[91]

Da die unionsgeführten Bundesländer während der zweiten Auflage der rotgrünen Bundesregierung im Bundesrat eine Mehrheit hatten, musste das Bundeskanzleramt zur Umsetzung wesentlicher Maßnahmen der Agenda 2010 die Abstimmung mit der Union sowohl im Bundestag als auch insbesondere im Bundesrat suchen. Der Schlussfolgerung von Frank Nullmeier „Die Agenda-Politik konnte nur als faktische Große Koalition (…) fortgeführt werden" (Nullmeier 2008:150) ist daher uneingeschränkt zuzustimmen. Das Bundeskanzleramt war daher bereits in einem frühen Stadium der gesundheitspolitischen Gesetzgebung in Kontakt mit dem damals für den Bereich „Soziales/Gesundheit" zuständigen stellvertretenden Fraktionsvorsitzenden der CDU/CSU-Bundestagsfraktion, Horst Seehofer, getreten (Nullmeier 2008:151). Die Bundesregierung entschied sich angesichts der Zustimmungsbedürftigkeit vieler geplanter Regelungen in Konsensgespräche mit der Opposition einzusteigen, da diese im Bundesrat über eine Mehrheit verfügte. Auf Basis dieser Konsensgespräche wurde im Herbst 2003 ein von den Fraktionen der SPD, der CDU/CSU sowie Bündnis 90/Die Grünen getragener neuer Gesetzentwurf unter dem Namen „GKV-Modernisierungsgesetz (GMG)" eingebracht. Dieser wurde am 17. Oktober 2003 vom Bundesrat endgültig beschlossen. In der anlässlich der Verabschiedung des GMG im Bundesrat veröffentlichten Pressemitteilung des BMGS wird explizit auf die Agenda 2010 Bezug genommen: „Die Gesundheitsreform sorgt für eine umfassende Modernisierung der GKV (…) und kann als erstes Projekt der Agenda 2010 in Kraft treten (BMGS, PM vom 17.10.2003).

Zentrale Zielsetzung des GKV-Modernisierungsgesetzes war es, durch Strukturreformen die Effektivität und Qualität der gesundheitlichen Versorgung zu verbessern und gleichzeitig von allen Beteiligten, d. h. Leistungserbringern, Kostenträgern und Versicherten, Sparmaßnahmen einzufordern (Orlowski/Wasem 2003:3 und Sozialbericht 2005:739). Das GMG umfasst neben strukturellen Elementen hinsichtlich des hier besonders interessierenden Aspektes der Neuordnung der Finanzierung folgende Bestimmungen (Überblick bei Orlowski/Wasem 2003:11f):[92]

---

[91] Mit „saldiert" ist gemeint, dass es Krankenkassen mit und ohne Schulden gab; „unter dem Strich" betrug der Schuldenstand knapp sechs Milliarden Euro.
[92] Zu den strukturellen Elementen des GMG zählen insbesondere die Maßnahmen zur Weiterentwicklung der Versorgungsstrukturen. Hierzu gehören u. a. die Zulassung medizinischer Versor-

- Erstmalige Einführung eines auf maximal 4,2 Mrd. EUR pro Jahr begrenzten Steuerzuschusses an die GKV zur Mitfinanzierung von versicherungsfremden Leistungen (§ 221 SGB V i. d. F. des GMG).[93]
- Einführung einer Praxisgebühr in Höhe von 10 EUR je Arztkontakt bzw. pro Quartal, sofern für den zweiten Arztbesuch eine Überweisung vorliegt.
- Belastung der Rentner durch Anwendung des vollen statt wie bisher des halben Beitragssatzes auf Versorgungsbezüge (z. B. Betriebsrenten) und Alterseinkünfte aus selbstständiger Tätigkeit (§ 248 SGB V i. d. F. des GMG).
- Ausschluss zahlreicher Leistungen aus dem Leistungskatalog der GKV. Komplett gestrichen wurden folgende Leistungen: Nicht verschreibungspflichtige Medikamente; Sterbegeld, Entbindungsgeld, nicht medizinisch notwendige Sterilisation. Massiv eingeschränkt wurden folgende Leistungen: Künstliche Befruchtung, Sehhilfen und Fahrkosten zur ambulanten Behandlung.
- Neuordnung der Zuzahlungen (Grundsatz: Zuzahlung von 10% auf alle Leistungen, mind. 5 Euro, max. 10 Euro außer bei Kindern und Jugendlichen. Zur Vermeidung sozialer Härten gilt eine jährliche Belastungsgrenze in Höhe von zwei Prozent der jährlichen Bruttoeinnahmen; für chronisch kranke Versicherte gilt eine reduzierte Belastungsgrenze in Höhe von einem Prozent.
- Neuordnung der Finanzierung von Krankengeld und Zahnersatz.

Das GMG sah vor, dass mit Wirkung ab Januar 2006 zur Entlastung der Arbeitgeber die Mitglieder das Krankengeld alleine finanzieren. Begründet wurde dieser Schritt damit, dass während der ersten sechs Wochen einer Arbeitsunfähigkeit ausschließlich die Arbeitgeber die Lohnfortzahlung bezahlen und es insofern auch im Sinne einer fairen Lastenverteilung zwischen Arbeitgebern und -nehmern sachgerecht sei, wenn nach Ablauf der sechs Wochen die Arbeitnehmer alleine für die anschließende Krankengeldzahlung aufkommen (vgl. Begründung GMG zu § 241a SGB V). Ab dem Jahr 2006 sollten die Mitglieder der GKV daher neben ihrem Anteil am allgemeinen paritätisch getragenen Beitrags-

---

gungszentren, die Förderung der integrierten Versorgung, die Verpflichtung der Krankenkassen zum Angebot von flächendeckenden Hausarztverträgen sowie die Teilöffnung der Krankenhäuser unter bestimmten Bedingungen (ausführlich bei Orlowski/Wasem 2003:69 – 96).

[93] Die Gegenfinanzierung erfolgte durch eine Erhöhung der Tabaksteuer, diese wurde in drei Tranchen um insgesamt 1 DM pro Packung erhöht Als Folge der entsprechenden Steuermehreinnahmen floss der GKV im Jahr 2004 eine Milliarde Euro und im Jahr 2005 2,5 Mrd. Euro zu.

satz einen zusätzlichen Sonderbeitragssatz in Höhe von 0,5 % ihres beitragspflichtigen Bruttoeinkommens leisten. Hierzu wurde durch das GMG im Sozialgesetzbuch Fünftes Buch (SGB V) mit dem § 241a SGB V („Zusätzlicher Beitragssatz") eine neue Rechtsnorm geschaffen. [94] Im Gegenzug sollte der paritätisch finanzierte Beitragssatz ebenfalls um 0,5 % gesenkt werden, so dass saldiert die Arbeitgeber um 0,25 Beitragssatzpunkte entlastet worden wären.

Noch umstrittener als die Umfinanzierung des Krankengeldes war die Neuordnung der Finanzierung des Zahnersatzes (Orlowski/Wasem 2003:10). Der letztlich beschlossene Kompromiss sah vor, dass die Leistung „Zahnersatz" aus dem Leistungskatalog der GKV ausgegliedert wird und die GKV-Versicherten ab dem Jahr 2005 Zahnersatzleistungen selbst absichern mussten, also wie bereits beim Krankengeld ohne Beteiligung der Arbeitgeber. Unter Einschaltung der Parteivorsitzenden, das heißt des damaligen Bundeskanzlers Gerhard Schröder (SPD) und seiner Nachfolgerin, Dr. Angela Merkel (CDU), wurde eine Wahlmöglichkeit zwischen einer Absicherung der Zahnersatzleistungen bei der GKV oder bei der PKV vereinbart. Aus theoretischer Perspektive kann hier von einem „durchbrochenen Gleichgewicht" („punctuated equlibibrium") gesprochen werden. Die Veränderung kam deshalb zu Stande, weil sich neue Akteure von außerhalb des politischen Subsystems, hier die beiden Parteivorsitzenden, mit dem Problem beschäftigt haben. Diese Regelung der fachfremden Parteivorsitzenden war insofern für die GKV sehr kritisch, als die beiden Versicherungssysteme GKV und PKV nach völlig unterschiedlichen „Spielregeln" funktionieren. Da die GKV im Gegensatz zur PKV weder Risikozuschläge noch Gesundheitsprüfungen kennt und bei ihr ein Kontrahierungszwang besteht, war die Gefahr sehr groß, dass es zu einer Risikoselektion in dem Sinne kam, dass die jungen Versicherten die Leistungen für ihren Zahnersatz unter dem Dach der PKV und die älteren bei der GKV absichern. Um dieser Gefahr zumindest etwas entgegenzuwirken, wurde eine Rückkehroption zur GKV nach Entscheidung zur Absicherung der Zahnersatzleistungen ausgeschlossen. Innerhalb der GKV wurde ein Wettbewerb um günstige Zahnersatztarife ausgeschlossen. Vielmehr wurden alle gesetzlichen Krankenkassen verpflichtet, ihren Versicherten als Satzungsleistung eine Zahnersatzversicherung zu einem einheitlichen Preis anzubieten. Zwischen den Krankenkassen sollte es für Härtefälle einen Finanzausgleich geben.

Schon rasch nach Verabschiedung des GMG wurde dem Gesetzgeber klar, dass die von den Parteivorsitzenden gefundene Lösung in der Praxis nicht ohne Probleme funktionieren würde. Daher beschlossen die Regierungsfraktionen den

---

[94] Bei der Benennung dieses Paragraphen verzichtete man bewusst auf die Verwendung des Wortes „Krankengeld", da es auch Versicherte ohne Anspruch auf Krankengeld gibt,. Auch diese Versicherte (z. B. Rentner) müssen den Zusatzbeitrag zahlen, obwohl sie keinen Krankengeldanspruch haben.

von den Vorsitzenden gefundenen Kompromiss zu ändern und brachten im September 2004 einen entsprechenden Gesetzentwurf ein (Bundestagsdrucksache 15/3681). Zahnersatz wurde wieder eine Regelleistung der GKV. Die Wahlmöglichkeit zur PKV sowie die Verpflichtung der gesetzlichen Krankenkassen zum Angebot von entsprechenden Satzungsleistungen wurden ersatzlos gestrichen. Um das Ziel, die Arbeitgeber zu entlasten, beizubehalten, wurde durch das im Dezember 2004 beschlossene „Gesetz zur Anpassung der Finanzierung des Zahnersatzes" der mit dem GMG neu eingeführte § 241a SGBV geändert; der ausschließlich von den Mitgliedern zu zahlende Zusatzbeitrag wurde mit Wirkung vom 01.07.2005 von 0,5 % auf 0,9 % erhöht. Gleichzeitig wurde der allgemeine Beitragssatz um 0,9 % abgesenkt. Die Arbeitgeber wurden somit um 0,45 Beitragssatzpunkte bzw. ca. 4,5 Mrd. Euro pro Jahr entlastet. Im Juli 2005 endete somit die paritätische Finanzierung der GKV.

Parteitagsbeschlüsse zur langfristigen GKV-Finanzierung

Den gesundheitspolitisch Verantwortlichen war Ende des Jahres 2003 völlig klar, dass das zum 1. Januar 2004 in Kraft getretene GMG trotz der milliardenschweren Belastung der Versicherten als Folge von Leistungsausgrenzungen sowie der Herausnahme von Krankengeld und Zahnersatz aus der paritätischen Finanzierung nur für eine kurze Atempause sorgen würde (Jacobs 2004:33). Schließlich änderte das GMG außer der Einführung eines vergleichsweise verschwindend geringen Steuerzuschusses und der Anwendung des vollen Beitragssatzes auf Versorgungsbezüge der Rentner nichts an dem Problem der Erosion der Einnahmen der gesetzlichen Krankenversicherung. Auch die Arbeitgeber und deren Verbände waren enttäuscht, denn durch das GMG änderte sich nichts an der Kopplung von Gesundheitsausgaben und Arbeitskosten. Die Notwendigkeit eines Umstiegs auf eine langfristig tragfähige Finanzierungsform bestand somit weiterhin. Dies sahen auch die beiden großen Parteien so und fassten daher Ende 2003 im Rahmen von Bundesparteitagen entsprechende Beschlüsse.[95] Den Anfang machte die SPD im November 2003: Auf ihrem Bochumer Bundesparteitag beschloss sie am 19. November 2003 die stufenweise Umwandlung des Krankenversicherungssystems in eine Bürgerversicherung" sowie die Berücksichtigung aller Einkommensarten (SPD 2003b:46). Allerdings bleibt die konkrete Ausgestaltung dieser Bürgerversicherung „äußerst vage" (Jacobs 2004:35). Insbesondere blieb die Frage offen, wie denn genau der ange-

---

[95] Zentrale Aussagen von der SPD zur Bürgerversicherung sowie von der CDU zur Gesundheitsprämie sind abgedruckt bei Jacobs (2004:33).

strebte Systemwettbewerb zwischen GKV und PKV ausgestaltet sein soll.[96] Entsprechend endet die Passage des Parteitagsbeschlusses mit dem Hinweis auf die Notwendigkeit „einer intensiven Diskussion und klarer Übergangsregelungen" (SPD 2003b:46). Zur Beantwortung der offenen Fragen setzte der SPD-Parteivorstand eine „Projektgruppe Bürgerversicherung" unter Leitung der Parteilinken Andrea Nahles ein. Zu den Eckpunkten der „Nahles-Kommission" zählte die Aufhebung der Versicherungspflichtgrenze, die Einführung einkommensbezogener Beiträge auf Einkommen aus Erwerbs- und Kapitaleinkommen und die Einbeziehung der privaten Krankenversicherungsunternehmen in den Risikostrukturausgleich (ausführlich bei Projektgruppe Bürgerversicherung 2004:27ff).

Nur zwei Wochen nach dem Bochumer Bundesparteitag der SPD trafen sich die Delegierten der CDU Anfang Dezember 2003 in Leipzig zu ihrem 17. Bundesparteitag. In ihrem Antrag „Deutschland fair ändern" tritt die CDU dafür ein, die GKV bisheriger Prägung in ein kapitalgedecktes System mit einkommensunabhängigen Prämien, den sog. „Gesundheitsprämien, zu überführen (CDU Deutschland 2003:23).[97] Des Weiteren sah der Beschluss vor, den Arbeitgeberbeitrag dauerhaft bei 6,5 Prozent einzufrieren, um auf diese Weise die Arbeitgeber vor steigenden Lohnnebenkosten zu bewahren (CDU Deutschland 2003:24). Versicherte mit einem geringen Einkommen sollten nach den Vorstellungen der Delegierten einen steuerfinanzierten sozialen Ausgleich erhalten; dieser soll automatisch zwischen Finanzamt und Krankenkassen erfolgen (CDU Deutschland 2003:25). An dem Nebeneinander der gesetzlichen und der privaten Krankenversicherung wollte die CDU unverändert festhalten (CDU Deutschland 2003:29). Wie schon nach der Vorlage der Empfehlungen der Herzog-Kommission gab es nach dem Beschluss des Leipziger Parteitages massive Kritik von Seiten der Schwesterpartei CSU. Hauptkritiker war der stellvertretende Vorsitzende der CDU/CSU-Bundestagsfraktion, der frühere Gesundheitsminister Horst Seehofer. Im Juni 2004 veröffentlichte Seehofer ein neunseitiges Papier unter dem Titel „Zukunftslösung oder Irrweg? Eine Analyse zur

---

[96] Ein fairer und sinnvoller Wettbewerb zwischen den zwei völlig verschiedenen Systemen „GKV" und „PKV" ist kaum möglich. Die Schwierigkeiten fangen schon damit an, dass ein System dem Solidar- bzw. Leistungsfähigkeitsprinzip verpflichtet ist, während das andere auf den Prämissen des Äquivalenzprinzips basiert und entsprechend in der GKV die Beiträge völlig unabhängig vom Gesundheitszustand sind, während in der PKV Gesundheitsprüfungen und Risikozuschläge existieren. Klaus Jacobs und Sabine Schulte bezeichneten den (angeblichen) Systemwettbewerb zwischen GKV und PKV als „Schimäre" (Jacobs/Schulze 2004:18), da weder die pflichtversicherten GKV-Mitglieder noch die Beamten die Wahl zwischen den beiden Systemen haben.
[97] Die Gesundheitsprämie sollte aus zwei Teilen bestehen: einem „Grundbetrag" zur Deckung der Leistungsausgaben und einem „Vorsorgebetrag", aus dem eine kapitalgedeckte Altersrückstellung aufgebaut werden sollte.

Gesundheitsprämie der CDU" (Seehofer 2004). Diese Ausarbeitung stellt eine vernichtende Abrechnung des Leipziger Beschlusses dar. Seehofer fasst seine Bewertung mit der Behauptung zusammen, das Gesundheitsprämienmodell der CDU habe ein Akzeptanz-, ein Stabilitäts-, ein Gerechtigkeits- und ein Strukturproblem (Seehofer 2004:7). Seehofers Fazit lautete daher: „Man kann nur davor warnen, mit diesem Prämienmodell in den politischen Wettbewerb unseres Landes einzutreten." (Seehofer 2004:9).

Die Suche nach möglichen Kompromissmodellen

Da absehbar war, dass weder das Konzept „Bürgerversicherung" noch das Prämienmodell der CDU politisch mehrheitsfähig war, begann die Suche nach möglichen Kompromissmodellen. Innerhalb des Zeitraums Ende 2003 bis Ende 2004 wurden daher eine ganze Reihe von neuen Studien und Modellen vorgestellt. In gewisser Weise naheliegend war es, die Vorzüge der Bürgerversicherung in puncto „Gerechtigkeit" mit der Überlegenheit der Prämienmodelle hinsichtlich der vollständigen Entkopplungen der Gesundheitsausgaben vom Faktor „Arbeit" zu verbinden. Genau dies tat der Sachverständigenrat für die Begutachtung der wirtschaftlichen Entwicklung in seinem Jahresgutachten 2004/2005. In seinem im November 2004 vorgestellten Gutachten „Erfolge im Ausland - Herausforderungen im Inland" warb er unter dem Namen „Bürgerpauschale" für ein Modell, das die Trennung in die zwei Systeme GKV und PKV aufhebt, also insofern einen zentralen Aspekt der „Bürgerversicherung" aufgreift, aber hinsichtlich des Finanzierungsaspektes einkommensunabhängige Prämien bzw. Pauschalen vorsieht (Sachverständigenrat Wirtschaft 2004). Einen ähnlichen Vorschlag unterbreitete Prof. Dr. Gert Wagner vom DIW unter dem Begriff „Bürgerprämie" (Wagner 2003).[98]

Die genannten Modelle und zahlreiche weitere, die hier nicht erwähnt werden, wurden vom Gesetzgeber nicht aufgegriffen. Woran lag das? Aus Sicht der damaligen rot-grünen Bundesregierung dürften es im Wesentlichen folgende drei Gründe gewesen sein: Zum Einen dürfte es daran gelegen haben, dass zu Beginn des Jahres 2004 das GMG in Kraft trat; von diesem versprach sich der Gesetzgeber auf Grund der damit verbundenen Einsparungen und der Einführung eines Steuerzuschusses an die GKV sowie der Umfinanzierung der Leistungen „Zahnersatz" und „Krankengeld" zumindest eine temporäre Atempause. Aus Sicht der Bundesregierung wollte man daher erst einmal die Wirkung die-

---

[98] Der Begriff „Bürgerprämie" bringt schon durch seine Bezeichnung den integrierenden Charakter sehr gut zum Ausdruck, da in ihm sowohl das Wort „Bürger" (Assoziation zur Bürgerversicherung) als auch „Prämie" (Assoziation zu den Prämienmodellen) beinhaltet.

ses Gesetzes abwarten, bevor man das nächste Großprojekt in Angriff nahm. Hinzu kam zweitens die Tatsache, dass sich die beiden, die Bundesregierung tragenden Parteien zwar jeweils programmatisch auf das Konzept „Bürgerversicherung" festgelegt hatten - entsprechende Beschlüsse der Parteigremien lagen vor -, es aber dessen ungeachtet innerhalb der SPD-Führung und zwischen den Ministern der SPD durchaus unterschiedliche Auffassungen hinsichtlich der „Bürgerversicherung" gab: Insbesondere der damalige Bundeskanzler Gerhard Schröder und sein „Superminister" für Wirtschaft und Arbeit, Wolfgang Clement waren keine Freunde dieses Konzeptes. Ein dritter Grund besteht in institutionellen Gründen: Der rot-grünen Bundesregierung war wegen der expliziten Ablehnung der „Bürgerversicherung" in dem Beschluss des Leipziger Parteitages der CDU völlig klar, dass die Union im Bundesrat ihr Veto einlegen würde.

Und die Union? Abgesehen von der fehlenden Mehrheit im Deutschen Bundestag war sie stark mit sich selbst beschäftigt: CDU und CSU suchten einen Weg, einen Kompromiss zu finden, der auch die Zustimmung der bayerischen Schwesterpartei finden konnte. Es dauerte nach dem Leipziger Beschluss der CDU vom Dezember 2003 fast ein Jahr bis CDU und CSU im November 2004 gemeinsam der Öffentlichkeit ein Kompromisspapier zur künftigen Finanzierung der GKV vorlegten. Kern dieses Papiers ist das „Solidarische Gesundheitsprämienmodell". Nach diesem Konzept besteht die „Solidarische Gesundheitsprämie aus zwei Elementen: aus einer persönlichen Gesundheitsprämie und einer Arbeitgeberprämie. Die „persönliche Gesundheitsprämie" sah - im Gegensatz zu dem Leipziger Modell der Gesundheitsprämie - eine gewisse Orientierung am Einkommen vor; Erwachsene sollten sieben Prozent ihres Einkommens, maximal jedoch nur 109 EUR zahlen. Für Versicherte, bei denen die persönliche Gesundheitsprämie ihrer Krankenkasse mehr als 7 Prozent ihres Einkommens beträgt, sollte der Differenzbetrag aus einem neu zu errichtenden „Sondervermögen" direkt an die jeweilige Krankenkasse fließen. Dieses „Sondervermögen" sollte gespeist aus einem festgeschriebenem Arbeitgeberanteil und den Beiträgen der beiden Sozialversicherungsträger Deutsche Rentenversicherung und Bundesagentur für Arbeit werden. Das „Sondervermögen" hatte nach den Vorstellungen des Kompromisspapiers eine doppelte Funktion: Zum Einen sollte mit dem Sondervermögen der Sozialausgleich für Geringverdiener organisiert werden; zum Anderen sollten aus dem Sondervermögen die Arbeitgeberbeiträge an die Krankenkassen gezahlt werden. Die Kassen sollten aus dem Sondervermögen für jeden Versicherten einen einheitlichen Betrag zugewiesen bekommen, der der Höhe der durchschnittlichen Gesundheitskosten der jeweiligen Kasse entspricht. Kinder sollten keine Gesundheitsprämie bezahlen. Die Mittel für ihre kostenfreie Mitversicherung sollte aus dem Steueraufkommen finanziert werden. Zur Finanzierung sollte der Spitzensteuersatz weniger stark abgesenkt werden als zunächst von der Union geplant. An dem Nebeneinander von GKV und PKV sowie den jeweiligen Höhen der Beitragsbemessungs- und Versicherungspflichtgrenze wollte die Union unverändert festhalten. Dieses Kompromisspapier wurde auf dem 18. Parteitag der CDU Deutschland am 6. Dezember 2004 beschlossen (CDU Deutschland 2004).

4.3.7 Zwischenfazit: Hohe Kontinuität in der Finanzierung der GKV bei Zunahme staatlicher Eingriffe seit den 90er Jahren

Die Darstellung der Etappen der Finanzierung der gesetzlichen Krankenversicherung von deren Gründung Ende des 19. Jahrhunderts bis zur Zeit vor der Bildung der Großen Koalition im Jahr 2005 zeigt folgende Auffälligkeiten:

Die Mittelaufbringung der GKV erfolgte von ihrer Gründung bis zum Jahr 2004 ausschließlich durch von Arbeitgebern und Mitgliedern aufgebrachte einkommensabhängige Beiträge. Erst seit dem Jahr 2004 gibt es eine ergänzende Steuerfinanzierung. Die Steuerzuschüsse an die GKV waren allerdings hinsichtlich ihres prozentualen Anteils an den Gesamteinnahmen der GKV vergleichsweise unbedeutend; im Jahr 2005 lag der relative Anteil der Steuerzuschüsse an den Gesamteinnahmen der GKV bei weniger als zwei Prozent.

Seit Bestehen der Bundesrepublik Deutschland gab es hinsichtlich der Finanzierung der GKV unterschiedliche Phasen. Diese lassen sich schlagwortartig wie folgt charakterisieren:

- Zu Beginn der Bundesrepublik Deutschland weitgehende Anknüpfung an die Grundcharakteristika der Finanzierung der GKV, wie man sie seit ihrer Gründung kannte, d. h. Beitragsfinanzierung und Selbstverwaltung der Krankenkassen. Wie bereits zum Zeitpunkt der Gründung der GKV verfügten die Krankenkassen über Beitragssatzautonomie; die aus Vertretern der Arbeitgeber und Versicherten bestehende Selbstverwaltung der Krankenkassen legte ihren jeweiligen Beitragssatz selbst fest. Im Unterschied zu der Art der Mittelaufbringung zum Zeitpunkt der Gründung der GKV, als die Arbeitgeber zwei Drittel des Beitragssatzes zahlen mussten und die Arbeitnehmer lediglich ein Drittel, wurde in der Gründungsphase der BRD eine paritätische, d. h. hälftige, Finanzierung von Arbeitgebern und Arbeitnehmer festgelegt.
- Ende der 70er Jahre des vergangenen Jahrhunderts Beginn der Kostendämpfung mit zunehmender Belastung der Versicherten in Form von Erhöhungen von Selbstbeteiligungen und Leistungskürzungen.

- Weitgehende Kontinuität in den 80er Jahren und zu Beginn der 90er Jahre des vergangenen Jahrhunderts.
- Während der 90er Jahre Zunahme des staatlichen Einflusses auch auf die *Einnahmeseite* der Krankenkassen insbesondere durch folgende zwei Gesetze bzw. Maßnahmen: (1.) Der im Rahmen des Gesundheitsstrukturgesetzes eingeführte bundesweite und kassenartenübergreifende Risikostrukturausgleich reduzierte die Finanzautonomie der einzelnen Krankenkasse. (2.) Das Beitragsentlastungsgesetz von 1996 nahm unmittelbar Einfluss auf die Einnahmeseite der Kassen, indem es eine staatlich vorgegebene Beitragssatzsenkung verordnete.
- Ende der 90er Jahre intensivierte sich angesichts der zunehmenden Erosion der Einnahmeseite sowie der zunehmender Bedeutung der Lohnnebenkosten als Folge der sich weiter intensivierenden Globalisierung die Diskussion um eine Veränderung der Einnahmeseite. Daher wurden entsprechende Kommissionen eingesetzt, die unter den Bezeichnungen „Bürgerversicherung" und „Kopfpauschale" bzw. „Prämienmodelle" im Jahr 2003 mögliche Auswege aus der Finanzierungkrise der GKV aufzeigten.
- Behutsamer Einstieg in eine die Beitragsfinanzierung ergänzende Steuerfinanzierung im Jahr 2004 sowie das Ende der paritätischen Finanzierung seit Mitte des Jahres 2005 durch die Einführung eines ausschließlich von den GKV-Mitgliedern zu zahlenden Sonderbeitragssatz in Höhe von 0,9 %.

Aus dieser kursorischen Aufzählung ergibt sich, dass in Bezug auf die Einnahmeseite der gesetzlichen Krankenkassen zumindest für den Zeitraum von der Gründung der GKV Ende des 19. Jahrhundert bis zu Beginn der 90er Jahre des 20. Jahrhunderts tatsächlich von einer langen Phase weitgehender Stasis, wie sie die „Punctuated-Equilibrium-Theorie" unterstellt, die Rede sein kann. Veränderungen gab es, wenn überhaupt, nur in gradueller Form. Etwas anders sieht es seit den 90er Jahren des vergangenen Jahrhunderts und verstärkt seit Beginn des 21. Jahrhunderts aus:. Das im Jahr 2003 in einer informellen Großen Koalition beschlossenen „GKV-Modernisierungsgesetz (GMG)" beinhaltet hinsichtlich der Finanzierung der GKV zwei modulare Veränderungen im Sinne des „Institutional Layering": Das beitragsfinanzierte Finanzierungssystem wurde zwar grundsätzlich beibehalten, allerdings wurde es durch einen steuerfinanzierten Anteil sowie die Einführung eines Sonderbeitragssatzes in Höhe von 0,9 Beitragssatzpunkten, den ausschließlich die GKV-Mitglieder zu entrichten haben, ergänzt.

5. Die Entstehung des Gesundheitsfonds

Die Genese des Gesundheitsfonds kann nicht verstanden werden, ohne die Akteurkonstellation vor und zu Beginn der Großen Koalition sowie die unterschiedlichen Problemdefinitionen der späteren Koalitionspartner CDU/CSU und SPD zu kennen. Daher wird nachfolgend zunächst die Ausgangslage vor Beginn der Formulierung des Gesundheitsfonds dargestellt.

5.1 Die Ausgangslage

Nach einer schweren Niederlage bei der Landtagswahl in Nordrhein-Westfalen im Mai 2005, bei der die SPD nach zahlreichen bereits zuvor verlorenen Landtagswahlen erneut fast sechs Prozentpunkte und somit die Mehrheit in ihrem "Stammland" verlor, beschlossen der damalige Parteivorsitzende Franz Müntefering und der damalige Bundeskanzler Gerhard Schröder vorgezogene Bundestagswahlen anzustreben. Nach rechtlicher Prüfung der Zulässigkeit der intendierten Selbstauflösung des Parlamentes durch den Bundespräsidenten sowie dem Ausgang der Abstimmung über die Vertrauensfrage im Sinne Schröders wurde die Bundestagswahl auf den 18. September 2005 terminiert. In der ersten Julihälfte beschlossen die Parteien ihre Wahlprogramme.[99] Die SPD beschloss ihr "Wahlmanifest" am 4. Juli 2005 (SPD 2005). Hinsichtlich der Gesundheitspolitik bekennt sich das Manifest an zwei Stellen ausdrücklich zum Konzept der "Bürgerversicherung": Zu Beginn des Manifestes wird im Kontext der Schilderung der Gesundheitspolitik der rot-grünen Bundesregierung folgender Satz formuliert: "Die Gesundheitsreform wirkt. (..) Der nächste Schritt wird die Einführung einer gerechten Bürgerversicherung sein." (SPD 2005:6). Im weiteren Verlauf des Manifestes werden die Ausführungen zur angestrebten Bürgerversicherung konkretisiert. Demnach sollen auch "Gutverdienende, Beamte, Selbstständige und Politiker" (SPD 2005:35) in die solidarische Krankenversicherung einbezogen werden. Die Finanzierung der GKV sollte weiterhin ausschließlich

---

[99] Im weiteren Verlauf wird nur auf die Programmatik der Parteien, die später die Regierung bildeten eingegangen, da die anderen Wahlprogramme für den weiteren Verlauf der Rekonstruktion der Einführung des Gesundheitsfonds unerheblich sind.

über Beiträge, die sich nach der finanziellen Leistungsfähigkeit des Einzelnen richten, erfolgen. Die Beitragsbemessungsgrenze sollte unverändert bleiben, allerdings sollten neben Einkommen aus Löhnen, Gehältern und Renten zukünftig auch Kapitalerträge zur Finanzierung der GKV herangezogen werden. Um Durchschnittsersparnisse zu schonen, sollte es Freibeträge geben, Miet- und Pachteinnahmen sollten nicht der Beitragspflicht unterliegen (SPD 2005:35). Auch an dieser Stelle des Manifestes wird explizit auf den mit der Bürgerversicherung verbundenen Aspekt der Stärkung der Gerechtigkeit des deutschen Gesundheitssystems eingegangen.[100]

Wenige Tage nach der SPD stellte die Union am 11. Juli 2005 ihr in einer gemeinsamen Sitzung des Bundesvorstandes der CDU und des Parteivorstandes der CSU beschlossenes "Regierungsprogramm" (CDU/CSU 2005) vor. In diesem wird im gesundheitspolitischen Teil auf die Überlegenheit der "Solidarischen Gesundheitsprämie", hingewiesen, da diese "eine weitere Belastung des Faktors Arbeit vermeidet" (CDU/CSU 2005:26). Gleichzeitig wird das Konzept der Bürgerversicherung ausdrücklich abgelehnt, da dieses zu einer "Zwangsversicherung" führe, den Wettbewerb verhindere und die Gesundheitsausgaben nicht von den Löhnen abkopple (CDU/CSU 2005:27).

Der Ausgang der Bundestagswahl am 18. September 2005 führte zur Bildung der zweiten Großen Koalition in der Geschichte der Bundesrepublik Deutschland. Im Gegensatz zur ersten Auflage Ende der 60er Jahre des vergangenen Jahrhunderts waren dieses Mal beide Partner nahezu gleich stark; die Fraktion der Union verfügte in der 16. Legislaturperiode über 226, die SPD über 222 Sitze (Kürschners Volkshandbuch 2006:56). Aus den programmatischen Positionierungen von SPD einerseits und Union andererseits kann man deren unterschiedliche ideelle Ziele hinsichtlich der Frage der Finanzierung der gesetzlichen Krankenversicherung erkennen: Während für die SPD der Aspekt der Gerechtigkeit im Vordergrund stand, ging es der Union primär um eine Begrenzung der Lohnnebenkosten bzw. Entlastung des Faktors Arbeit durch eine Entkopplung der Gesundheitsausgaben von den Arbeitskosten.[101]

In einem Zusammenhang mit den jeweiligen Zielen steht auch die Wahrnehmung des Handlungsbedarfs und somit die Problemdefinition. Diese unterschied sich zwischen SPD einerseits und Union andererseits erheblich: Für die SPD ergab sich der Handlungsbedarf in Sachen Neuregelung der Finanzierung der gesetzlichen Krankenversicherung vor allem aus einer Erosion der Einnahmeseite, die auch eine Folge der Abwanderung von Besserverdienenden in die

---

[100] Mit diesem Beschluss wird an wesentliche Punkte des Beschlusses des Bochumer Parteitages (2003) sowie der Arbeiten der "Nahles-Kommission" aus dem Jahr 2004 angeknüpft.
[101] Die unterschiedlichen parteipolitischen Ziele vor und bei der Formulierung des GKV-Wettbewerbsstärkungsgesetzes werden auch bei Bandelow/Schade (2009:62 - 68) dargestellt.

PKV ist. Dies wird in folgender Passage des Wahlmanifestes deutlich: "Der medizinische Fortschritt und der veränderte Altersaufbau der Gesellschaft erfordern nicht weniger, sondern mehr Solidarität, aus der sich niemand ab einer bestimmten Einkommensgrenze verabschieden darf." (SPD 2005:35). Im "Regierungsprogramm" der Union findet sich eine andere Analyse des Problems; hier wird mehr auf die Folgen des medizinisch-technischen Fortschritts und der demographischen Veränderung für die Höhe der Lohnzusatzkosten verwiesen:

"Der medizinisch-technische Fortschritt und die demographische Entwicklung verursachen steigende Kosten im Gesundheitswesen. Gleichzeitig gehen die Einnahmen der gesetzlichen Krankenversicherung durch die hohe Arbeitslosigkeit und die zunehmende Zahl an Rentnern im Verhältnis zu den Lohnempfängern zurück. (...) Die Senkung von Lohnzusatzkosten ist aber entscheidend für die Schaffung von Arbeitsplätzen." (CDU/CSU 2005:25f).

Die Ausgangslage, insbesondere die unterschiedlichen Problemdefinitionen sowie die völlig unterschiedlichen Vorstellungen und Ziele der beiden kollektiven Akteure Union einerseits und SPD andererseits hinsichtlich der künftigen Finanzierung bei nahezu identischer Parlamentsstärke ließen sehr schwierige Koalitionsverhandlungen - insbesondere hinsichtlich des Politikfeldes „Gesundheit" - erwarten.[102] Genau so kam es dann auch.

Die Koalitionsverhandlungen und die gesundheitspolitisch relevanten Regelungen des Koalitionsvertrages

Die Koalitionsverhandlungen begannen informell Anfang Oktober 2005 (Lahnstein 2006:158). Am 10. Oktober 2005 beschlossen die Führungsgremien von CDU/CSU und SPD offiziell, dass eine Große Koalition unter Führung von Frau Dr. Angela Merkel (CDU) gebildet werden soll; bei der Union fiel die Entscheidung einstimmig, bei der SPD gab es zwei Neinstimmen und sieben Enthaltungen (Lohse/Wehner 2009:34). Offiziell wurde der Koalitionsvertrag am 11. November 2005 vorgestellt. Unter der Kanzlerschaft von Frau Dr. Angela Merkel entfielen auf die Union neben dem Kanzleramtsministerium sechs weitere Ministerien. Die SPD erhielt acht Ministerien, darunter auch das Bundesministerium für Gesundheit (BMG). Somit konnte Ulla Schmidt Bundesministerin für Gesundheit bleiben. Auch auf der Ebene der Staatssekretäre sowie

---

[102] Der damalige Generalsekretär der SPD, Hubertus Heil, verwendete in einem am 08.01.2006 in der „Frankfurter Allgemeine Sonntagszeitung" erschienenen Interview folgende Metapher: „Die SPD kommt vom Nordpol, die CDU vom Südpol."; zitiert aus Hartmann (2006:69).

der Abteilungs- und Referatsleitung gab es innerhalb des Bundesgesundheitsministeriums im Vergleich zur rot-grünen Vorgängerregierung kaum personelle Veränderungen. Diese Kontinuität an der Spitze des Bundesgesundheitsministeriums hatte erheblichen Einfluss auf die Akteurkonstellation und den späteren Prozess der Einführung des Gesundheitsfonds; sie sollte sich im weiteren Gesetzgebungsprozess als wesentlicher Vorteil erweisen: Das Bundesministerium für Gesundheit wurde bei der Formulierung des Gesundheitsfonds zu einem der ganz zentralen Akteure (Interviews 1, 3, 12 und 38; sinngemäß auch Paquet 2009a). Die Union war in puncto personelle Ressourcen in einer deutlich schwierigeren Ausgangssituation: Das Bundeskanzleramt musste nach sieben Jahren Regierungszeit von Gerhard Schröder personell völlig neu aufgestellt werden, im Falle des Spiegelreferates für den Bereich "Gesundheit" war nach dem Wechsel des Referatsleiters vom Bundeskanzleramt in das Bundesministerium für Gesundheit (BMG) in Folge der Bundestagswahl dessen Stelle bis September 2006 unbesetzt (Interview 3; sinngemäß auch Neumann 2009:95).

Da beide Koalitionspartner über die über die nahezu gleiche Anzahl an Sitzen im Deutschen Bundestag verfügten, kam - folgt man der Unterscheidung von Renate Mayntz und Fritz W. Scharpf in die vier unterschiedlichen Interaktionsformen "Anpassung", "Abstimmung", "Verhandlung" und "Hierarchische Steuerung" (Mayntz/Scharpf 1995, Scharpf 2000) - hinsichtlich der Interaktionsform innerhalb der Bundesregierung und zwischen den diese tragende Bundestagsfraktionen nur der Typ "Verhandlung" in Frage. Angesichts des faktischen Gleichstandes war völlig klar, dass es Verhandlungen nur "auf Augenhöhe" geben konnte; eine hierarchische Steuerung etwa über eine intensive Nutzung der Richtlinienkompetenz der Bundeskanzlerin war faktisch ausgeschlossen (Interview 38; sinngemäß auch Lahnstein 2006:158 sowie Sturm/Pehle 2006:11). Die wechselseitige Verpflichtung zur Kooperation fand ihren Niederschlag explizit im Koalitionsvertrag der Großen Koalition: Am Ende der rund 150seitigen Koalitionsvereinbarung wurde unter die Einrichtung eines Koalitionsausschusses fixiert. [103] Dieser „berät Angelegenheiten von grundsätzlicher Bedeutung, die zwischen den Koalitionspartnern abgestimmt werden müssen, und führt in Konfliktfällen Lösungen herbei." (Koalitionsvertrag 2005:141). Der Koalitionsausschuss bestand - nach dem Wortlaut des Koalitionsvertrages - aus der Kanzlerin, dem Vizekanzler, den beiden Fraktionsvorsitzenden, im Falle der CDU/CSU auch aus dem ersten stellvertretenden Fraktionsvorsitzenden und, soweit unter diesen Personen nicht die Parteivorsitzenden waren, aus den Parteivorsitzenden.

---

[103] Die Einsetzung eines Koalitionsausschusses ist keine Seltenheit und insofern auch keine spezifische Erscheinung einer Großen Koalition. Auch die seit Ende 2009 regierende christlich-liberale Koalition hat in ihrem Koalitionsvertrag die Einrichtung eines Koalitionsausschusses vereinbart.

Ab Mitte Oktober 2005 tagten die politikfeldspezifischen Arbeitsgruppen, die den Koalitionsvertrag erarbeiten sollten.[104] Für den Bereich „Gesundheit" übernahm auf Seiten der SPD Ulla Schmidt die Verhandlungsführung, für die Union lag diese bei dem Fraktionsvize Wolfgang Zöller. Der Teil "Gesundheit" war der Teil der Koalitionsvereinbarung, der am schnellsten geschrieben wurde (Lahnstein 2006:181). Dies lag einerseits daran, dass sich ein Großteil der Arbeitsgruppe bereits von den im Jahr 2003 geführten Verhandlungen zum „GKV-Modernisierungsgesetz" kannte und insofern bei strukturellen Fragen der Gesundheitsversorgung an die damals geführten Gespräche anknüpfen konnte, andererseits allerdings auch an der Erkenntnis der Arbeitsgruppe, dass sie sich nicht innerhalb weniger Tage oder Wochen auf ein neues Finanzierungsmodell einigen würden.

Im Koalitionsvertrag vom 11.11.2005 einigten sich die Koalitionäre im Kapitel "Gesundheit" unter der Unterüberschrift "7.2.1 Sicherung einer nachhaltigen und gerechten Finanzierung" auf folgende Formulierung:

"Eine hochwertige medizinische Versorgung hat bereits heute ihren Preis. Hinzu kommen weiter steigende Kosten durch den medizinischen Fortschritt und die demographische Entwicklung. Dieser Herausforderung kann unser Gesundheitswesen nur dann gerecht werden, wenn seine Finanzierungsbasis durch wirtschaftliches Wachstum und insbesondere den Erhalt und die Schaffung von sozialversicherungspflichtigen Arbeitsplätzen gestärkt wird. (...) Darüber hinaus sieht die Koalition eine ihrer großen Herausforderungen darin, die dauerhafte Leistungsfähigkeit unseres Gesundheitswesens durch stabile Finanzstrukturen zu sichern. Die Parteien haben hierzu unterschiedliche Vorstellungen entwickelt, die "Solidarische Gesundheitsprämie" (CDU und CSU) und die "Bürgerversicherung" (SPD), die sich nicht ohne weiteres miteinander verbinden lassen. Wir wollen für diese Frage im Laufe des Jahres 2006 gemeinsam eine Lösung entwickeln. Erforderlich ist ein Konzept, das dauerhaft die Grundlagen für ein leistungsfähiges, solidarisches und demografiefestes Gesundheitswesen sichert. Wir werden dabei Erfahrungen anderer Länder und wissenschaftliche Konzepte vorurteilsfrei prüfen. Ein fairer Wettbewerb zwischen privaten Krankenversicherungen und gesetzlichen Krankenkassen muss auf den Erhalt eines pluralen Systems und der Kassenvielfalt zielen." (Koalitionsvertrag 2005:87).

Hinsichtlich der Frage des Umgangs mit dem Instrument "Risikostrukturausgleich" heißt es anderer Stelle des Koalitionsvertrages unter der Unterüberschrift "7.2.2 Wettbewerbliche und freiheitliche Ausrichtung des Gesundheitswesens":

---

[104] Eine Schilderung der Koalitionsverhandlungen findet sich z. B. bei Lahnstein (2006:158 - 172) und Lohse/Wehner (2009:17 - 56). Eine Analyse der Ausgangslage und der Erwartungen an die Große Koalition findet sich bei Sturm/Pehle (2006).

"Zwingende Voraussetzung einer stärker wettbewerblichen Orientierung der Krankenversicherung ist die Vereinfachung und Weiterentwicklung des Risikostrukturausgleichs, so dass die Zielgenauigkeit erhöht und die Morbiditätsrisiken besser abgebildet werden. Hierzu ist eine ausreichende Datenbasis zu schaffen. Geeignete Kriterien hierzu werden gemeinsam entwickelt. Die bisher vorgelegten Vorschläge zur Berücksichtigung der Morbiditätsrisiken werden gemeinsam überprüft." (Koalitionsvertrag 2005:88).

Eine Analyse dieser Textpassage liefert folgende Erkenntnisse: Die Koalitionspartner waren sich bereits zu Beginn ihrer gemeinsamen Regierungsarbeit einig, dass die Frage der künftigen Finanzierung der GKV eine der zentralen Herausforderung dieser Legislaturperiode war ("Darüber hinaus sieht die Koalition eine ihrer großen Herausforderungen darin, die dauerhafte Leistungsfähigkeit unseres Gesundheitswesens durch stabile Finanzstrukturen zu sichern."). Bemerkenswert ist der offene Umgang mit den unterschiedlichen Vorstellungen der drei Koalitionspartner ("Die Parteien haben hierzu unterschiedliche Vorstellungen entwickelt..."). Dieser Satz kann in der Rückschau als Indiz gewertet werden, dass den Verfassern dieses Teil der Koalitionsverhandlungen bereits zum Zeitpunkt von dessen Formulierung klar gewesen sein muss, dass die Einigung auf ein konsentiertes Ergebnis kein einfaches Unterfangen sein kann. Des Weiteren kommt in der Formulierung "Wir werden dabei Erfahrungen anderer Länder und wissenschaftliche Konzepte vorurteilsfrei prüfen" die Bereitschaft zum Lernen - im Sinne von "Lesson Drawing" auch vom Ausland - sehr deutlich zum Ausdruck. Der anschließende Satz "Ein fairer Wettbewerb zwischen privaten Krankenversicherungen und gesetzlichen Krankenkassen muss auf den Erhalt eines pluralen Systems und der Kassenvielfalt zielen." beinhaltet einerseits eine deutliche Absage an das von der SPD favorisierte Konzept der "Bürgerversicherung", lässt aber andererseits mit Blick auf die Formulierung "fairer Wettbewerb zwischen privaten Krankenversicherungen und gesetzlichen Krankenkassen" einen gewissen Interpretationsspielraum hinsichtlich der Ausgestaltung eben dieses Wettbewerbs zu. Auch aus der den Risikostrukturausgleich betreffenden Formulierung können einige wesentliche Ableitungen getroffen werden: Zunächst einmal das klare Bekenntnis zum Fortbestand des Risikostrukturausgleichs. Allerdings auch einen Dissens hinsichtlich der Art und Weise von dessen Weiterentwicklung; die beiden Formulierungen "Vereinfachung" einerseits und "Weiterentwicklung" andererseits deuten auf unterschiedliche Ziele der Koalitionspartner hin: Das Wort "Vereinfachung" kann von Anhängern eines "schlanken" Risikostrukturausgleichs im Sinne einer Begrenzung auf wenige Kriterien interpretiert werden, während das Wort "Weiterentwicklung" - insbesondere in Verbindung mit der Formulierung "besserer Abbildung der Morbiditätsrisiken" - eher nach einer umfassenden Berücksichtigung der direkten Morbidität und somit nach einem einerseits aufwändigeren, andererseits aber auch gerechteren Verfahren klingt. Die beiden Begriffe "Vereinfachung" und "Weiterentwicklung" schließen sich bei fachlicher Betrachtung eigentlich aus. Die gewählte Formulierung lässt daher auf einen politischen "Formelkompromiss" schließen, der der Gesichtswahrung beider Seiten diente.

Neben dieser explizit dem Bereich "Gesundheit" zugeordneten Passage, gab es im Koalitionsvertrag drei weitere Vereinbarungen, die für die Frage der Finanzierung der gesetzlichen Krankenversicherung von Bedeutung waren:

1. Innerhalb des Abschnittes "Arbeitsmarkt" wird unter der Überschrift "Senkung der Lohnzusatzkosten" explizit das Ziel einer Senkung der Sozialversicherungsbeiträge unter 40 % genannt. Hierzu sollte nach dem Wortlaut des Koalitionsvertrages auch die GKV einen Beitrag leisten: "Für den Bereich der gesetzlichen Krankenversicherung wird in 2006 ein umfassendes Zukunftskonzept entwickelt, das auch darauf angelegt ist, die Beiträge zur gesetzlichen Krankenversicherung mindestens stabil zu halten und möglichst zu senken." (Koalitionsvertrag 2005:21).
2. Unter der Überschrift "Nachhaltige Haushaltskonsolidierung" ist u. a. folgender Satz enthalten: "Die Zuweisungen aus dem Bundeshaushalt an die gesetzliche Krankenversicherung werden schrittweise auf Null zurückgeführt." (Koalitionsvertrag 2005:68).
3. Die beschlossene Anhebung des Mehrwertsteuersatzes um drei Prozentpunkte von 16 % auf 19 % mit Wirkung ab 01.01.2006 führte perspektivisch zu deutlichen Mehrausgaben der GKV.

5.2 Die Phase der Politikformulierung

5.2.1 *Vom Koalitionsvertrag bis zu den „Eckpunkte einer Gesundheitsreform"*

Analysiert man den Prozess der Konsenssuche, so zeigt sich, dass während dieses Prozesses zwei Konzepte eine besondere Rolle spielten: Die Überlegungen des Volkswirtes Prof. Dr. Wolfram F. Richter inklusive der darauf basierenden Vorschläge des Wissenschaftlichen Beirates beim Bundesfinanzministerium sowie die Finanzierungsstruktur des niederländischen Gesundheitssystems.[105]

Das Konzept „Sonderhaushalt GKV" von Prof. Dr. Wolfram F. Richter

Der Dortmunder Ökonom Prof. Dr. Wolfram F. Richter schlägt in seinem bereits vor der Bundestagswahl 2005 entwickelten Modell ein völlig neues aus zwei Stufen bestehendes Finanzierungssystem vor (Richter 2005; vgl. auch Richter 2006, 2007): Auf einer ersten Stufe sollte nach den Vorstellungen Richters ein „Sonderhaushaltes GKV" eingeführt werden. Dessen zentrale Funktion sollte es sein, die einkommensbezogene Beitragszahlungen in einkommensunabhängige Versicherungsprämien („Grundpauschalen") zu transformieren. Auf einer zweiten Stufe sollte der Sonderhaushalt GKV aufgelöst und in den Bundeshaushalt eingegliedert werden. Im Zuge dieser Eingliederung sollte die lohnbezogene Beitragserhebung für die Finanzierung des Gesundheitswesens mit dem Einkommensteuertarif verschmolzen werden. Diese zweite Stufe hatte für den weiteren Verlauf der Entstehung des Gesundheitsfonds allerdings keine Relevanz. Dem „Sonderhaushalt GKV" kommt in Richters Konzept die Funktion einer Clearingstelle zu, das heißt, die weiterhin einkommensabhängigen Beiträge werden von dieser Stelle in einkommensunabhängige Pauschalen umgewandelt. Diese Pauschalen sollen - basierend auf der Idee des „Voucher-Konzepts" - an die Versicherten ausbezahlt werden.[106] Die Versicherten sollen diese Pauschalen („Gutscheine") dazu verwenden, sich bei einer Versicherung eigener Wahl gegen die mit einer Krankheit verbundenen Risiken zu versichern.[107] Sofern eine Versicherung eine höhere einkommensunabhängigen Pauschalprämie verlangt als diese Grundpauschale, muss der Versicherte die Differenz zahlen; sofern der Preis der Versicherung unterhalb der Grundpauschale liegt, soll die Differenz an den Versicherten ausbezahlt werden. Das wesentliche Ziel dieser Fondslösung ist es also, den Wettbewerb der Kassen um Versicherten durch eine Erhöhung der Transparenz der Preise zu intensivieren; in den

---

[105] Sinngemäß auch die Einschätzung von Bandelow/Schade (2008) und Grimmeisen/Wendt (2010); Hartmann (2010) betont primär den Einfluss des niederländischen Krankenversicherungssystems. Hintergrund hierfür ist die in den Niederlanden existierende Kombination aus einem einkommensabhängigen Beitrag sowie einer einkommensunabhängigen Prämie in Verbindung mit einem zentralen Fonds.

[106] Das Voucher-Konzept stammt von dem amerikanischen Ökonom Milton Friedman (Richter 2007:80); ein Voucher ist ein Gutschein, der eine Kaufkraft darstellt.

[107] Vgl. zum Verständnis des Gesundheitsfonds als Gutscheinsystem auch Henke (2007:47f). Prof. Dr. Klaus-Dirk Henke ist - wie Prof. Dr. Wolfram F. Richter - Mitglied des Wissenschaftlichen Beirates beim Bundesministerium für Finanzen, dem bei der Genese des Gesundheitsfonds - wie nachfolgend ausführlich dargestellt werden wird - eine Schlüsselrolle zukam.

Worten von Prof. Dr. Richter: „Genauer geht es darum, die allokationssteuernde Funktion des Versicherungsmarktes zu stärken. Dieses Ziel wird durch die Trennung von Allokation und einkommensbezogener Distribution angestrebt." (Richter 2007:79).[108] In der Welt eines Fonds bzw. Sonderhaushaltes GKV können Preisunterschiede zwischen den Krankenkassen nicht mehr auf die Finanzierungsseite zurückgeführt werden, da die Pauschalen einkommensunabhängig sind. Preis- bzw. Beitragssatzunterschiede sind dann die Folge von unterschiedlichen Risikostrukturen und/oder Leistungen sowie unterschiedlicher Wirtschaftlichkeit der einzelnen Krankenkassen. Nach den Vorstellungen Richters sollte auch die private Krankenversicherung in dieses System der Pauschalprämien einbezogen werden, da es nach seiner Auffassung, keine „überzeugenden Gründe für ein Festhalten an dem historisch gewachsenen Nebeneinander von privater und gesetzlicher Krankenversicherung gibt" (Richter 2005:693).

Zwei Tage nach der Bundestagswahl 2005 stellte Prof. Dr. Richter sein Konzept im Rahmen der Jahrestagung der Deutschen Steuerjuristischen Gesellschaft am 19./20.September 2005 erstmals öffentlich vor (Richter 2006). Eine Woche nach der Wahl versandte Prof. Dr. Richter sein Konzept mit dem Titel „Gesundheitsprämie oder Bürgerversicherung? Ein Kompromissvorschlag" per E-Mail an wesentliche Entscheidungsträger aus dem politischen Raum sowie einige Gesundheitsökonomen (Interview 7; vgl. auch Feldenkirchen 2006).[109] Zu den Empfängern gehörten neben der damaligen Bundesgesundheitsministerin Ulla Schmidt u. a. auch alle Generalsekretäre der im Deutschen Bundestag vertretenen Fraktionen mit Ausnahme der Fraktion „DIE LINKE". Nur vom Büro des damaligen Generalsekretärs der CDU, Volker Kauder, der im November 2005 Fraktionsvorsitzender von CDU/CSU wurde, erhielt Richter nach eigenen Aussagen eine Antwort in Form einer Eingangsbestätigung (Interview 7). Darüber hinaus brachte Richter Anfang Oktober 2005 seinen Vorschlag in den „Wissenschaftlichen Beirat beim Bundesfinanzministerium" ein (Interview 7). Dieser griff den Vorschlag Richters auf, benannte den Sonderhaushalt in „Zentrale Inkassostelle" um und veröffentlichte das ursprüngliche Konzept Richters unter verändertem Namen in seiner Stellungnahme „Zur Reform der Gesetzlichen Krankenversicherung: Ein Konsensmodell" am 17. Oktober 2005 (Wissenschaftlicher Beirat beim Bundesministerium für Finanzen 2005). In dieser Stellungnahme betont der Beirat explizit die Möglichkeit einer Weiter-

---

[108] Durch diese Trennung ändert sich somit an der solidarischen Finanzierung des Gesundheitswesens und der damit verbundenen Einkommensumverteilung nichts.
[109] Diese E-Mail vom 26.09.2005 wurde dem Verfasser dankenswerter Weise von Herrn Prof. Dr. Richter zur Verfügung gestellt.

entwicklung seines Modells sowohl zu einer „Bürgerversicherung" als auch in Richtung „Prämienmodell":

„Einerseits könnte im Sinne der Bürgerversicherung der Versichertenkreis erweitert werden. Dabei würden Arbeitnehmer, die bisher nicht pflichtversichert waren, wie z. B. Beamte, in die Versicherung einbezogen werden. Wenn politisch gewollt, könnten neben Lohneinkünften auch andere Einkommensarten herangezogen werden. Andererseits könnten die lohnbezogenen Pflichtbeiträge gesenkt und damit das System in Richtung der Gesundheitsprämie weitergeführt werden." (Wissenschaftlicher Beirat beim Bundesministerium für Gesundheit 2005:2).

Wenige Tage später erschien in der November-Ausgabe der Zeitschrift „Wirtschaftsdienst" ein Beitrag Richters unter dem Titel „Gesundheitsprämie oder Bürgerversicherung? Ein Kompromissvorschlag" (Richter 2005). Ebenfalls im November 2005 veröffentlichte der „Sachverständigenrat zur Begutachtung der gesamtwirtschaftlichen Entwicklung" unter dem Titel „Die Chancen nutzen - Reformen mutig voranbringen" sein Jahresgutachten 2005/2006 (Sachverständigenrat zur Begutachtung der gesamtwirtlichen Entwicklung 2005). Darin spricht sich auch der Sachverständigenrat Wirtschaft für Reformen im Bereich der Finanzierung der sozialen Sicherungssysteme aus, u. a. für ein System einer Bürgerpauschale mit pauschalen, einkommensunabhängigen Beiträgen und einheitlichem Versicherungsmarkt, d. h. auf eine Aufhebung der Trennung in eine gesetzliche und private Krankenversicherung. Im Gegensatz zu der Stellungnahme des Wissenschaftlichen Beirates beim Bundesfinanzministerium war das Gutachten des Sachverständigenrates allerdings nicht konsensorientiert und daher innerhalb der Großen Koalition auch nicht konsensfähig, da aus Sicht der SPD einkommensunabhängige Pauschalen dem Solidarprinzip widersprechen.

Der Beginn der Konsenssuche

Die Fachebene des Bundesministeriums für Gesundheit (BMG) erhielt im Oktober 2005, also bereits vor der Bildung der Großen Koalition, von der Amtsspitze den Auftrag, den per E-Mail eingegangen Vorschlag Richters zu prüfen und zu bewerten (Interview 12). Die Bewertung der zuständigen Fachreferate kam zu einem eher ernüchternden Ergebnis; an vielen Stellen sei deutlich, dass Prof. Dr. Richter kein GKV-Experte sei. Innerhalb des Bundesgesundheitsministeriums verschwand der Vorschlag Richters daher zunächst in der Schublade. Bei einem Gespräch im Kanzleramt im November 2005 wurde die Gesundheitsministerin von der Kanzlerin persönlich auf die Skizze des Wissenschaftlichen Beirates angesprochen (Interviews 1 und 38; sinngemäß auch Paquet 2009:36). Die Folge war, dass die Arbeitsebene des BMG - nur wenige Wochen nach Eingang der E-Mail von Herrn Prof. Dr. Richter - erneut mit dem Richter-Vorschlag konfrontiert war: Ulla Schmidt wünschte „eine Art Machbarkeitsstudie, was die Skizze des Wissenschaftlichen Beirats anging" (Interview 38).

Für die Erstellung der gewünschten Machbarkeitsstudie spielte die Finanzierungsweise des niederländischen Krankenversicherungssystems eine wesentliche Rolle. [110] Das niederländische Krankenversicherungssystem wurde in Deutschland von einigen Wissenschaftlern aber auch Entscheidungsträgern innerhalb des BMG, bereits vor Beginn der Verhandlungen insbesondere deswegen intensiv beobachtet, weil es als Vorbild für einen möglichen Kompromiss in Deutschland galt.[111] Hintergrund hierfür ist die in den Niederlanden existierende Kombination aus einem einkommensabhängigen Beitrag sowie einer einkommensunabhängigen Prämie in Verbindung mit einem zentralen Fonds. Zusätzliches Interesse fand das niederländische Krankenversicherungssystem auch wegen der Aktualität: In den Niederlanden trat zum 1. Januar 2006 eine Gesundheitsreform in Kraft, die die bis dato existierende Trennung in eine soziale Krankenversicherung und eine private Krankenversicherung aufhob und somit exakt den Schritt vollzog, den die SPD zur Realisierung ihres Konzeptes „Bürgerversicherung" anstrebt.[112]

Für die gesundheitspolitische Diskussion in Deutschland waren vor allem folgende drei Aspekte der Finanzierungsweise des niederländischen Gesundheitswesens relevant:

1. Die Finanzierung des Gesundheitswesens basiert auf einem Mix von einkommensabhängigen Beiträgen und einkommensunabhängigen Prämien.
2. Die Finanzströme werden über einen Fonds abgewickelt. Von diesem Fonds erhielten die einzelnen Krankenkassen risikoabhängige Pauschalen nach den Kriterien eines morbiditätsorientierten Risikostrukturausgleichs,
3. Die Privatversicherung leistet einen finanziellen Beitrag zur Finanzierung der sozialen Krankenversicherung.

---

[110] So auch die Einschätzung von Grimmeisen/Wendt (2010) sowie Hartmann (2010). Zur Frage des Einflusses der Finanzierungsweise des niederländischen Krankenversicherungssystems auf die Entstehung des Gesundheitsfonds in Deutschland existiert ein Aufsatz von Leiber/Greß/Manouguian (2010).
[111] Bei diesen Wissenschaftlern handelt es sich um die Herren Professoren Dr. Reinhard Busse, Dr. Stefan Greß und Dr. Jürgen Wasem.
[112] Die Finanzierung des niederländischen Gesundheitswesens wird beispielsweise von Greß et al. (2005), Agasi (2008) und Höppner (2008) beschrieben

Informelle Sondierungsgespräche unter Beteiligung von Wissenschaftlern

Lange vor Beginn der offiziellen Verhandlungen zur Gesundheitsreform Anfang April 2006 begannen in kleinem Kreis „hinter den Kulissen" erste Sondierungsgespräche (Interviews 12 und 38). Das BMG lud im Januar 2006 Gesundheitspolitiker der Koalition zu einem Workshop ein. An diesem Workshop nahmen von Seiten der Wissenschaft auch die Herren Professoren Dr. Jürgen Wasem und Dr. Reinhard Busse teil.[113] Deren Aufgabe war es, den Teilnehmern des Workshops die Vorzüge von Fonds-Modellen zu erläutern. Reinhard Busse wurde auf Grund seines sehr guten Überblicks über internationale Gesundheitssysteme eingeladen, Jürgen Wasem, weil er zum Einen über sehr gute Kenntnisse des niederländischen Gesundheitssystems verfügt und zum Zweiten, weil er als guter Kenner der privaten Krankenversicherung gilt und es dem BMG bzw. der SPD sehr wichtig war, Wege und Möglichkeiten der Einbeziehung der PKV in einen wie auch immer ausgestalteten Fonds zu finden (Interviews 24 und 38). Von einer Interviewpartnerin wurde berichtet, dass die beiden Professoren vom BMG instrumentalisiert worden seien, mit dem Ziel, bei den Koalitionären die Akzeptanz für ein Fonds-Modell zu erhöhen (Interview 22).[114]

Kurz nach dieser Veranstaltung erschienen in den Printmedien einige Veröffentlichungen mit dem Tenor „Niederlande als Vorbild - Lernen vom Nachbarn", so beispielsweise in der „Wirtschaftswoche" (Wirtschaftswoche 2006) und in „Die ZEIT" (Niejahr 2006). In der Ausgabe des „DER SPIEGEL" vom 13.03.2006 erschien unter der Überschrift „Gesundheitspolitik: Schmidts Mix" ein Artikel über ein maßgeblich von Prof. Dr. Jürgen Wasem entwickeltes Konzept mit dem Namen „Drei Säulen-Modell für die Gesetzliche Krankenversicherung" bestehend aus den drei Elementen Arbeitgeberbeitrag, einkommensabhängiger Beitrag und einkommensunabhängige Prämie (Sauga 2006). Dieses Konzept sah auch Transferzahlungen von Seiten der PKV vor. Dieses Modell weist somit deutliche Parallelen zu der Finanzierungssystematik des niederländischen Krankenversicherungssystems vor der dortigen Reform auf. Dies gilt auch für die relativen Anteile der beiden Komponenten „Einkommensabhängige Beiträge" einerseits und „Einkommensunabhängige Prämie" andererseits; deren Höhe sollte nach den Vorstellungen dieses Konsensmodells pro Mitglied und Monat bei ca. 15 bis 20 EUR liegen und somit in einer ähnlichen Größenordnung wie bei der sozialen Pflichtversicherung des niederländischen Gesund-

---

[113] Zur Rolle von Wissenschaftlern während des Prozesses der Entstehung und Umsetzung des GKV-Wettbewerbsstärkungsgesetzes gibt es - aus der Perspektive eines Beteiligten - einen Aufsatz von Jürgen Wasem (Wasem 2009)

[114] Darauf vom Verfasser angesprochen, erwiderte einer der beiden (Jürgen Wasem), dies sei eine gute Frage - er hätte darüber noch nicht nachgedacht (Interview 24).

heitssystems in der Zeit vor 2006. Die Vorteile dieses Konzeptes bestehen zum Einen darin, dass die Große Koalition ihr selbst gestecktes Ziel, die Gesundheitskosten von den Arbeitskosten zu entkoppeln, zumindest teilweise erreichen könnte und zum Zweiten in den vielfältigen Weiterentwicklungsmöglichkeiten dieses Modells. Entsprechend wird in diesem „SPIEGEL-Artikel" auch der Wissenschaftler und Politikberater Jürgen Wasem mit den Worten „Das Konzept erlaubt nahezu unendlich viel Variationsmöglichkeiten" zitiert (Sauga 2006:32). [115] Als größtes potenzielles Konfliktthema dieses „Drei-Säulen-Modells für die gesetzliche Krankenversicherung" identifizierte der SPIEGEL-Redakteur - in der Rückschau zu Recht - das „Streitthema Privatversicherung" (Sauga 2006:32): Während die SPD die PKV entweder ganz in die neue Finanzierungssystematik einbeziehen wollte - wie in den Niederlanden seit 2006 - oder zumindest - wie in den Niederlanden bis 2005 - zu einer Zahlung in den Fonds verpflichten wollte, war es das Ziel der Union, die Privatversicherung und deren Versicherten von Sonderlasten zu Gunsten der GKV zu verschonen (Sauga 2006). [116] Diese Publikationen zeigen, wie sehr das BMG bereits lange vor Beginn der eigentlichen Verhandlungen bestrebt war, einen dritten Weg zwischen den beiden Maximalpositionen „Bürgerversicherung" einerseits und „Prämienmodell" andererseits zu finden. Das Modell von Prof. Dr. Richter bzw. des Wissenschaftlichen Beirates beim Bundesfinanzministerium und das niederländischen Krankenversicherungssystem sowie die daraus abgeleiteten Modelle der Herren Prof. Dr. Busse und Prof. Dr. Wasem waren dabei die wesentlichen Anknüpfungspunkte (Interviews 7, 8, 12, 26 und 38 ; sinngemäß auch Bandelow/Schade 2008 sowie Grimmeisen/Wendt 2010 und Hartmann 2010).

Festlegungen auf Spitzenebene: Einsetzen einer Verhandlungsgruppe und Letztentscheidung durch Koalitionsausschuss

Die offiziellen Verhandlungen zur Gesundheitsreform begannen Ende März 2006 nach den für die Große Koalition positiv verlaufenen Landtagswahlen in

---

[115] Das BMG war über diesen Artikel dermaßen verärgert, dass Prof. Dr. Jürgen Wasem zeitweise im BMG Hausverbot erhielt (Interview 34).
[116] Das von Prof. Dr. Karl Lauterbach bis zu seiner Beurlaubung (wegen seiner Tätigkeit als Mitglied des Deutschen Bundestages) geleitete „Institut für Gesundheitsökonomie und Klinische Epidemiologie" (IGKE) der Universität zu Köln veröffentlichte im Februar 2006 eine Studie zu den finanziellen Auswirkungen einer Einbeziehung in der PKV in den Risikostrukturausgleich der GKV (Lauterbach et al. 2006). Die zentrale Aussage dieser Studie bestand darin, dass eine Einbeziehung der PKV für die GKV einen Mittelzufluss von rd. 9,9 Mrd. Euro ergeben würde.

Baden-Württemberg, Rheinland-Pfalz und Sachsen-Anhalt.[117] Drei Tage nach diesen Wahlen fand das erste Spitzentreffen des Koalitionsausschusses zur Gesundheitsreform statt (Bartels/Paquet 2009:278).[118] Beschlossen wurden die Einsetzung einer Arbeitsgruppe sowie ein vorläufiger Verhandlungszeitraum; die Eckpunkte der Gesundheitsreform sollten vor Beginn der parlamentarischen Sommerpause, das heißt Anfang Juli 2006, vorliegen. Bemerkenswert und für den weiteren Verlauf des Gesetzgebungsprozesses relevant waren vor allem folgende zwei Sachverhalte: Erstens, dass in der Verhandlungsgruppe auch das Bundeskanzleramt, in Person der Staatsministerin Hildegard Müller, vertreten war und zweitens dass der Verhandlungszeitplan explizit auch Treffen auf Spitzenebene, das heißt des Koalitionsausschusses, vorsah.[119] Die Rolle der Staatsministerin Müller bestand nach Aussagen mehrerer Interviewpartner darin, „Druck zu machen" und „auf das Tempo zu drücken" (Interview 9, 22 und 26).

Die aus 16 Personen bestehende Verhandlungsgruppe konstituierte sich am 7. April 2006. Beide „Lager" konnten jeweils acht Personen entsenden. Die Zusammensetzung erfolgte auf Seiten der SPD unter maßgeblichem Einfluss und mit Billigung des Bundesministeriums für Gesundheit (Interview 12 und 26). Auf die Zusammensetzung der Gruppe der Union hatte das Bundeskanzleramt großen Einfluss (Interview 27). Auf beiden Seiten waren jeweils auch mehrere Vertreter der Länder vertreten.[120] Das Verhandlungsklima war nach Angaben von Teilnehmern von Anfang an recht frostig; ein Mitglied der Verhandlungsdelegation der Union, der CDU-Abgeordnete Jens Spahn, fühlte sich gar an den „Kalten Krieg" lange vor dem Mauerfall erinnert; es sei „wie bei den Verhandlungen zwischen NATO und Warschauer Pakt" (…)„es fehlen nur noch die Fähnchen" (zitiert nach Feldenkirchen 2006:36). Ähnlich, wenngleich etwas differenzierter, äußerten sich mehrere Personen, die an den Verhandlungen

---

[117] Sowohl die damaligen CDU-Ministerpräsidenten von Baden-Württemberg, Günter H. Oettinger, und Sachsen-Anhalt, Dr. Wolfgang Böhmer, als auch der SPD-Ministerpräsident von Rheinland-Pfalz, Kurt Beck, wurden in ihren Ämtern bestätigt.

[118] Konkret waren dies folgende Personen: Dr. Angela Merkel, Matthias Platzeck, Dr. Edmund Stoiber, Volker Kauder, Peter Struck, Franz Müntefering und Peter Ramsauer. Die FAZ titelte „Sieben Chefs suchen eine Gesundheitsreform (FAZ 2006, 26.03.2006).

[119] Hildegard Müller fiel ab Oktober 2006 wegen Mutterschutz aus. Für sie nahm seitens des Bundeskanzleramtes der Leiter der Grundsatzabteilung, Graf von Kielsmannsegg, teil.

[120] Für die SPD waren dies Vertreter der Länder Brandenburg, Rheinland-Pfalz und Schleswig-Holstein. Für die Union nahmen Vertreter aus Baden-Württemberg, Bayern, Hessen, NRW und dem Saarland teil. Der Vertreter des Saarlandes, der damalige Sozialminister Josef Hecken, wurde im Jahr 2008 Präsident des Bundesversicherungsamtes (BVA), also der Behörde, der mittlerweile die Administration des Gesundheitsfonds und des morbiditätsorientierten Risikostrukturausgleichs obliegt. Einige Interviewpartner hoben daher die Schlüsselposition von Herrn Hecken hervor (Interviews 19, 27 und 31). Die Namen der Verhandlungsteilnehmer sind abgedruckt bei Paquet/Schroeder (2009:17).

teilnahmen (Interviews 15, 22, 24 und 26). Nach Aussagen von Mitgliedern der Verhandlungsgruppe war die Interaktionsorientierung innerhalb der Arbeitsgruppe stark schwankend; sie hing sowohl von Themen als auch von Personen ab (Interviews 15 und 26). Während es beispielsweise bei strukturellen Fragen (z. B. Integrierte Versorgung, Vergütungsreform für Ärzte etc.) konsensorientiert zuging, wurden andere Aspekte - gerade Finanzierungsfragen und hier insbesondere die Frage der Einbeziehung der PKV sowie die Ausgestaltung des morbiditätsorientierten Risikostrukturausgleichs - äußerst kontrovers diskutiert. Die Interaktionsorientierung innerhalb der Bund-Länder-Verhandlungsgruppe lässt sich - mit Bezug auf in der Typologie von Scharpf (2000:148ff) - wohl am besten als zwischen „Wettbewerb" und „Feindschaft" liegend charakterisieren. Ein Interviewpartner charakterisierte das Verhandlungsklima als sehr belastend - „bis hin zu persönlichen Verletzungen und Kränkungen" (Interview 15).

Präjudiz durch Kauder-Interview

Wenige Tage nach Verhandlungsbeginn sorgte ein Interview des Vorsitzenden der CDU/CSU-Bundestagsfraktion, Volker Kauder, im „Stern" für großes Aufsehen (Stern 2006). Kauder skizzierte in diesem Gespräch mit zwei Redakteuren die Vorstellungen der Großen Koalition hinsichtlich der zukünftigen Finanzierung der gesetzlichen Krankenversicherung. In diesem Interview fiel zum ersten Mal der Begriff „Gesundheitsfonds". Kauder nannte ein aus drei Quellen bestehendes Finanzierungssystem: Einkommensabhängige vom Arbeitgeber zu entrichtende Beiträge, einkommensabhängige vom Versicherten zu leistende Beiträge und einen Zuschlag auf die Einkommenssteuer; letzteren entweder in Form eines Zuschlages in Höhe von 3 % auf das gesamte Einkommen (inklusive Miet- und Kapitaleinnahmen) oder in Höhe von 8 % auf die Steuerschuld („Gesundheitssoli"). Das von Kauder beschriebene Modell eines „Gesundheitsfonds" weist deutliche Parallelen sowohl zum Konzept des Wissenschaftlichen Beirates beim Bundesfinanzministerium bzw. „Richter-Konzept" als auch zum „Drei Säulen-Modell" von Wasem auf. Kauder bezog sich in dem Interview ausdrücklich auf die Idee Richters mit den Gesundheitsgutscheinen bzw. Vouchers; wörtlich antwortete er auf die Frage der beiden STERN-Redakteure nach der Funktionsweise des Gesundheitsfonds wie folgt:

„Mehr Wettbewerb im System ist dann am besten zu erreichen, wenn jedem Versicherten ein fester Betrag zur Verfügung gestellt wird. Dann fragt der Versicherte nämlich: Welche Kasse bietet mir für dieses Geld am meisten? Deswegen ist die Idee, aus einem Fonds, in dem alle Beiträge gesammelt werden, eine bestimmte

Summe pro Versicherten an die Kasse zu zahlen, eine gute Möglichkeit. Das könnte man dann Gesundheitsguthaben nennen. (Kauder 2006:44).

An einer anderer Stelle des Interviews bejahte Kauder die Frage, ob die Idee von dem Wissenschaftlichen Beirat des Bundesfinanzministeriums stammt: „Ja, es gibt kluge Leute" (Kauder 2006:46). Inhaltlich weicht der Kauder-Vorschlag von dem Richter-Modell bzw. dem des Wissenschaftlichen Beirates nur an einer Stelle ab: Während Richter und entsprechend auch der Beirat vorschlugen, dass der sog. „Gesundheitsgutschein" an den Versicherten ausgegeben wurde, sah das Kauder-Modell den Finanzfluss der Pauschale vom Fonds direkt an die Kasse vor. In einem im Jahr 2007 erschienenen Aufsatz nannte Richter diese Abweichung „weniger bedeutsam" (Richter 2007:83).

Das Interview war von Kauder weder mit dem Bundesgesundheitsministerium, den Mitgliedern der Verhandlungsgruppe der Union, noch mit der „Arbeitsgruppe Gesundheit" der CDU/CSU-Bundestagsfraktion abgesprochen; dies bestätigten sowohl leitende Vertreter des Ministeriums als auch Mitglieder der Verhandlungsgruppe und der „AG Gesundheit" der Fraktion (Interviews 31, 38 und 41). Interessant ist die Frage, ob dieses Interview mit dem Bundeskanzleramt abgestimmt war; einige Interviewpartner und Autoren (z. B. Paquet 2009a:36f) vermuten dies, ohne allerdings Belege für diese Annahme zu haben.[121] In einem persönlichen Gespräch mit Herrn Kauder hatte der Verfasser Gelegenheit, Volker Kauder darauf anzusprechen; dabei verneinte er die Frage nach einer Abstimmung im Vorfeld des Interviews bzw. vor dessen Freigabe mit dem Kanzleramt.[122] Auf die Frage des Verfassers nach seinen Motiven, antwortete Kauder, er hätte den Gesundheitspolitikern etwas Druck machen wollen, damit sich überhaupt etwas bewegt.[123] Sinngemäß antwortete auch ein Interviewpartner auf die Frage, warum sich seiner Meinung nach Volker Kauder überhaupt zu dem Thema „Gesundheitspolitik" bzw. „Gesundheitsfonds" geäußert hat, dieser hätte sich eingemischt, weil er den Eindruck gehabt hätte, die Gesundheitspolitiker würden ohnehin nichts hinbekommen. (Interview 15)

Die Reaktionen auf diesen Verstoß von Kauder waren sehr unterschiedlich: Während von der parlamentarischen Opposition - erwartungsgemäß - Kritik kam, beispielsweise in Form einer Pressemitteilung der FDP-

---

[121] Die Vermutung gründet sich auf die Annahme, Kauder hätte sich nicht ohne Rückendeckung mit dem Kanzleramt bzw. der Kanzlerin „so weit aus dem Fenster gelehnt" (Paquet 2009:36).
[122] Dieses Gespräch fand am 4. Februar 2010 in Stuttgart statt.
[123] Sinngemäß antwortete auch ein Interviewpartner auf die Frage, warum sich seiner Meinung nach Volker Kauder überhaupt zu dem Thema „Gesundheitspolitik" bzw. „Gesundheitsfonds" geäußert hat, dieser hätte sich eingemischt, weil er den Eindruck gehabt hätte, die Gesundheitspolitiker würden ohnehin nichts hinbekommen. (Interview 15).

Bundestagsfraktion, in der deren damaliger gesundheitspolitischer Sprecher Daniel Bahr vor massiven Steuererhöhungen und steigender Bürokratie warnte (FDP 2006a, PM vom 11.04.2006), äußerte sich das Bundesministerium für Gesundheit durchaus wohlwollend: Bundesgesundheitsministerin Ulla Schmidt ließ sich in einer Pressemitteilung ihres Ministeriums am Tage des Erscheinens des Kauder-Interviews mit folgenden Worten zitieren: „Die Vorstellungen des CDU/CSU-Fraktionsvorsitzenden zeigen: Es ist möglich, die Vorzüge gegensätzlicher Konzepte miteinander zu verbinden, so wie ich es seit Monaten erklärt habe (BMG 2006, PM vom 11.04.2006). Auch die Reaktionen der Verbände waren unterschiedlich. Zwar gab es weitestgehend Einigkeit in puncto Ablehnung und Skepsis, dies allerdings aus ganz unterschiedlichen Motiven und Perspektiven. Bereits am Tage der Veröffentlichung des Interviews mit dem CDU/CSU-Fraktionsvorsitzenden meldete sich der Verband der privaten Krankenversicherung (PKV-Verband) sorgenvoll zu Wort: Der Direktor des PKV-Verbandes, Volker Leienbach, bemängelte, dass zentrale Finanzierungs- und Strukturfragen durch den Kauder-Vorschlag nicht gelöst sein und warnte vor einem „immensen bürokratischen Aufwand eines Gesundheitsfonds" (PKV Verband 2006a, PM vom 11.04.2006). Insbesondere warnte Leienbach vor einer Erweiterung des in der GKV versicherungspflichtigen Personenkreises – dieser „darf unter keinen Umständen erweitert werden" (Leienbach in PKV Verband, Pressemitteilung vom 11.04.2006). Ähnlich ablehnend wie der PKV-Verband positionierte sich die Arbeitsgemeinschaft der Spitzenverbände der gesetzlichen Krankenkassen. In einer gemeinsamen Pressemitteilung vom 12.04.2006 bewerteten diese die Gesundheitsfonds-Pläne wie folgt:

„Das Fondsmodell löst nicht das entscheidende Problem der sinkenden Einnahmen der Krankenversicherung, sondern birgt einseitige Belastungen der Versicherten, zusätzlichen bürokratischen Verwaltungsaufwand beim Beitragseinzug und stärkere staatliche Regulierung." (Arbeitsgemeinschaft der Spitzenverbände der gesetzlichen Krankenkassen 2006a, PM vom 12.04.2006).

Wie die GKV-Verbände warnten auch die Gewerkschaften vor einer künftigen einseitigen finanziellen Belastungen der Versicherten für den Fall, dass die Beitragssätze festgeschrieben und kommende Ausgabensteigerungen ausschließlich über einkommensunabhängige Prämien zu finanzieren wären. Am selben Tag wie die Arbeitsgemeinschaft der GKV-Spitzenverbände veröffentlichten sowohl der DGB als auch Ver.di entsprechende Pressemitteilungen: Die stellvertretende DGB-Vorsitzende Ursula Engelen-Kefer bezeichnete die Vorschläge von Volker Kauder als „für den DGB unannehmbar"; die Vorschläge seien „kein Kompromiss, sondern ein trojanisches Pferd zur Abkehr vom Solidarprinzip, wie es die CDU schon mit dem Kopfpauschalenmodell versucht hat." (DGB 2006, PM vom 12.04.2006). Statt einer einseitigen Belastung der Versicherten forderte der DGB in dieser Pressemitteilung die Einbeziehung der privaten Krankenversicherung in den Solidarausgleich aller Krankenkassen.

Die Forderung der Gewerkschaften, der gesetzlichen Krankenkassen und der der SPD - dort insbesondere von der Gruppierung „Parlamentarische Linke[124] - erhobene Forderung nach einer Einbeziehung der privaten Krankenversicherung in den Solidarausgleich verunsicherte nicht nur die PKV, sondern auch die Verbände der Leistungserbringer.[125] Diese Forderung und die damit verbundene Gefahr für die Existenz der PKV als Vollversicherer führte Ende April 2006 zur Gründung einer „Initiative pro PKV". Dieser Zusammenschluss von elf großen Verbänden, darunter neben dem PKV Verband u.a. die Kassenärztliche Bundesvereinigung (KBV), die Bundesärztekammer (BÄK), die Kassenzahnärztliche Bundesvereinigung (KZBV) sowie die Deutsche Krankenhausgesellschaft (DKG), wandte sich am 21. April 2006 öffentlich an Frau Bundeskanzlerin Angela Merkel. Ihre zentrale Forderung lautete, die PKV dürfe auf keinen Fall geschwächt werden - eine „offene oder verdeckte Schwächung der PKV würde kein Problem der gesetzlichen Krankenversicherung lösen" (Initiative Pro PKV, Pressemitteilung vom 21.04.2006). Auch die Länder nahmen das Kauder-Interview wahr und sehr ernst. Ein Abteilungsleiter eines CDU-geführten Bundeslandes interpretierte das Interview wie folgt: „Dieses Interview hatte zwei Signale: Eines an die Länder (…) dass es für die Länderperspektive keine Realisierungschance gäbe, dass der Zug in die andere Richtung fährt. Das zweite Signal ging an den Koalitionspartner: Der Fonds ist ein möglicher Kompromiss." (Interview 27)

Anfang Juni 2006 gab es Gerüchte über eine Einigung innerhalb der Verhandlungsgruppe zu Gunsten des Fonds-Modells. Die parlamentarische Opposition nahm dies zum Anlass, um sich noch einmal in Form von Pressemitteilungen

---

[124] Einer der prominentesten Vertreter dieser Gruppierung ist Prof. Dr. Karl Lauterbach. Die „Arbeitsgruppe Gesundheit" der SPD-Bundestagsfraktion, wählten Ende 2005, also vor Beginn der Verhandlungen zur Gesundheitsreform, Karl Lauterbach zu ihrem Sprecher. Der Fraktionsvorsitzende Peter Struck war mit dieser Wahl unzufrieden; nach Aussage einer Interviewpartnerin gab es damals von Struck die Aussage „Diese Wahl akzeptiere ich nicht". Daher ließ Struck eine weitere Wahl - dieses Mal von der gesamten SPD-Bundestagsfraktion - durchführen. Aus dieser ging Dr. Carola Reimann als Siegerin hervor. Angesprochen auf die Frage des Verfassers nach den Gründen für dieses ungewöhnliche Verfahren und nach der Motivlage von Peter Struck antwortete die Interviewpartnerin, Carola Reimann sei für die Fraktionsführung „pflegeleichter und weniger widerborstig" als Karl Lauterbach (Interview 13).
[125] Die Verbände der Leistungserbringer waren deshalb besorgt, weil die Leistungserbringer von der PKV höhere Vergütungen bekommen als von der GKV.

sehr deutlich gegen den von ihr ungeliebten Gesundheitsfonds auszusprechen. Daniel Bahr (FDP) kommentierte Meldungen über eine Einigung mit folgenden Worten: „Die Bürger zahlen einen hohen Preis, damit Union und SPD in der Gesundheitspolitik ihr Gesicht wahren können. Der Gesundheitsfonds ist eine gigantische Geldsammelstelle." (FDP 2006b, PM vom 08.06.2006). Deutliche Kritik an dem Fonds-Modell kam auch von den Sozialpartnern. Beispielsweise ließ sich das für Gesundheitspolitik zuständige Vorstandsmitglied des DGB, Annelie Buntenbach mit folgender Aussage zitieren: „Der Gesundheitsfonds löst weder die Ausgaben- noch die Einnahmeprobleme der GKV." (zitiert nach DGB, PM vom 09.06.2006). Auch von der Bundesvereinigung der Deutschen Arbeitgeberverbände (BDA) kamen deutliche Worte: Sowohl das Präsidium als auch der Vorstand der BDA verabschiedeten am 19.Juni 2006 ein Papier mit dem Titel „Gesundheitsfonds löst keine Probleme" (BDA 2006).

Wenige Tage vor der erwarteten Veröffentlichung der Eckpunkte fand am 28. Juni 2006 in Berlin unter dem Motto „Gesundheit nachhaltig gestalten" eine Veranstaltung statt, zu der eine ungewöhnlich breite Allianz bestehend aus den beiden Sozialpartnern DGB und BDA, den Verbänden der Krankenkassen und der Leistungserbringer sowie weiterer Organisationen eingeladen hatte. Zielsetzung der beteiligten Akteure war es, ihre Ablehnung des Gesundheitsfonds sowie ihre Sorge vor zunehmendem Staatseinfluss zu artikulieren. Solch ein konzertiertes Vorgehen der Sozialpartner sowie der Kostenträger und der Leistungserbringer ist in der Geschichte der Gesundheitspolitik höchst ungewöhnlich. Möglich war dieses gemeinsame Vorgehen durch die gemeinsam geteilte Ablehnung des Gesundheitsfonds sowie die Sorge vor der Zunahme des Staatseinflusses.

Vorläufiges Ende der Arbeit der Verhandlungsgruppe

Die Arbeitsgruppe beendete ihre Arbeit Ende Juni 2006 und legte den Entwurf eines Eckpunktepapiers vor. Während es der Verhandlungsgruppe gelang, zu vielen Punkten- insbesondere hinsichtlich Fragen struktureller Reformen im Ausgabenbereich, der Honorarreform von ambulant tätigen Ärzten sowie des Organisationsrechts (ausführlich bei Pressel 2009, 2010) einen Konsens zu erzielen, blieben insbesondere folgende drei Aspekte der anstehenden Gesundheitsreform ungeklärt: Das Ausmaß der Erweiterung der Wahl- und Entscheidungsmöglichkeiten des Versicherten, der Umfang des Leistungskataloges und wesentliche Finanzierungsfragen einschließlich der künftigen Rolle der privaten Krankenversicherung (PKV). Zwar bestand innerhalb der Verhandlungsgruppe - auch auf Grund der (öffentlichen) Vorgaben der Fraktionsführungen (Stichwort Kauder-Interview) sowie des Kanzleramtes - ein Grundkonsens über die Einrichtung eines Gesundheitsfonds sowie über eine Verlagerung des Beitragseinzugs von den Krankenkassen auf regional organisierte Einzugsstellen, die konkrete Ausgestaltung des Fonds konnte aber von der Verhandlungsgruppe nicht abschließend geklärt werden. Einigkeit bestand darüber, dass künftig die Kassen nicht mehr selbst über die Höhe der Beiträge der Arbeitgeber und Versicherten entscheiden und dass sie die Beiträge auch nicht selbst einziehen sowie darüber, dass die Finanzierung der Gesundheitsausgaben künftig zu mindestens 95 % aus dem Fonds erfolgen soll. Dissens bestand insbesondere hinsichtlich der Bemessungsgrundlage der Beiträge, des Ausmaßes der ergänzenden Steuerfinanzierung, der Ausgestaltung des Ausgleichs der unterschiedlichen Risiken der einzelnen Krankenkassen, die Höhe der Zusatzbeiträge sowie der Frage der Einbeziehung der PKV-Versicherten in den Fonds. Zu diesen Dissenspunkten im Einzelnen:

Während die Union den Arbeitgeberbeitrag unverändert lassen wollte, sprach sich die SPD für eine Umwandlung des Arbeitgeberbeitrages in einen Lohnsummenbeitrag aus.[126] Außerdem trat die SPD für eine Anhebung sowohl der Beitragsbemessungs- als auch der Versicherungspflichtgrenze ein. In Bezug auf den Aspekt der Steuerfinanzierung lag der Dissens darin begründet, dass die SPD nur direkte Steuern (Einkommensteuer etc.) berücksichtigen wollte. Hinsichtlich des Ausgleichs der unterschiedlichen Risiken der einzelnen Krankenkassen war das Ausmaß der Berücksichtigung des Kriteriums „Morbidität" strittig. Der vierte Dissenspunkt bezog sich auf die Ausgestaltung des Zusatzbeitrags: Während die Union diesen für alle Versicherten in gleicher Höhe haben wollte, um dadurch einen Einstieg in das von ihr gewünschte Prämienmodell geschafft zu haben, plädierte die SPD im Sinne des Solidarprinzips für eine prozentuale Ausgestaltung des Zusatzbeitrages.

Gründe für die fehlende Einigung innerhalb der Verhandlungsgruppe

Mehrere Mitglieder der Verhandlungsgruppe, sowohl von Seiten der SPD als auch der Union, erklärten die fehlende Einigung bei wesentlichen Finanzierungsfragen mit dem Fehlen einer überzeugenden und insbesondere durchsetzungsstarken Führungsperson innerhalb der Verhandlungsgruppe der Union sowie dem daraus resultierenden Machtvakuum. Kritisiert wurde in diesem Zusammenhang insbesondere der Verhandlungsführer der Union, der Bundestagsabgeordnete Wolfang Zöller (Interviews 15, 22, 26, 31 und 38). Folgende ausgewählte Zitate von Interviewpartner, die selbst an den Verhandlungen der 16er-Arbeitsgruppe teilgenommen haben - sollen diese Thesen untermauern:

---

[126] Dies hätte faktisch für die Arbeitgeber den Wegfall der Beitragsbemessungsgrenze bedeutet.

"Das hängt vor allem damit zusammen, dass bei der Union keiner den Hut auf hatte. Die Verhandlungsgruppe der Union war nicht tariffähig; es gab immer wieder die Situationen, dass wir dachten, wir hätten uns geeinigt, die Verhandler der Union sich dann aber bei ihrer Spitze rückversichern mussten, ob das vereinbarte Ergebnis für sie akzeptabel sei. Was mit dem Kanzleramt fest vereinbart war, galt für die Unionsfraktion nicht und umgekehrt. (…) Im Jahr 2003, als wir auch in einer Art informeller „großen Koalition" das GMG verhandelt haben, war das deutlich einfacher - damals hatte die Union in Horst Seehofer einen unumstrittenen Verhandlungsführer. In seine Fußstapfen konnte 2006 keiner treten." (Interview 38, sinngemäß Interview 26)

„Erschwerend kam hinzu, dass dieses Machtvakuum auch die Homogenität des Auftretens der Union reduzierte; andere Mitglieder unserer Verhandlungsdelegation wollten zeigen, dass sie im Vergleich zu Herrn Zöller die besseren Gesundheitspolitiker bzw. -politikerinnen sind. Das hat unsere Verhandlungsposition nicht gerade gestärkt." (Interview 31)[127]

Nicht völlig eindeutig abgrenzbar ist der Zusammenhang von Ursache und Wirkung bzw. die Frage der Reihenfolge: Mussten die Spitzenpolitiker entscheiden, weil auf der Ebene der Fachleute keine Einigung hinsichtlich der Ausgestaltung eines Gesundheitsfonds erzielt wurde oder hatte die Verhandlungsgruppe von vorneherein keinen großen Entscheidungsspielraum und -kompetenz, weil die Ebene der Spitzenpolitiker die Letztentscheidung für sich reklamierte? Nach den Eindrücken aus den zahlreichen Experteninterviews scheint die Wahrheit zwischen diesen beiden Extrempositionen zu liegen. Anders formuliert: Beide Alternativen dürften zu einem gewissen Grad zutreffend gewesen sein und dürften sich - im Sinne eines positiven Feedbacks - gegenseitig verstärkt haben. Völlig unstrittig ist allerdings, dass es auf Spitzenebene, das heißt konkret sowohl von

---

[127] Die Homogenität des Auftretens der Union war auch deswegen nicht gegeben, weil mit der CDU und CSU zwei Parteien auf einer Seite des Verhandlungstischs saßen. Erschwerend kam hinzu, dass es selbst *innerhalb* der beiden Schwesterparteien unterschiedliche Auffassungen und Ziele gab. So waren beispielsweise innerhalb der CSU die Ziele und Positionen der Staatskanzlei in München nicht immer identisch mit denen des ebenfalls der CSU angehörenden in Berlin agierenden Fraktionsvizes Wolfgang Zöller. Auch in der CDU vertraten die Ministerpräsidenten - insbesondere hinsichtlich der Frage des Ausmaßes des Steuerzuschusses an die GKV - andere Positionen als die Bundestagsfraktion oder das Bundeskanzleramt (Interviews 22 und 38; ähnlich auch Neumann 2009).

Seiten der Bundeskanzlerin als auch der beiden Fraktionsvorsitzenden sehr großes Interesse an einer Einigung gab.[128]

Endgültige Festlegung und Vorstellung der „Eckpunkte einer Gesundheitsreform 2006" durch die Parteivorsitzenden

Am Morgen des 3. Juli 2006 traten die damaligen drei Parteivorsitzenden Dr. Angela Merkel (CDU), Kurt Beck (SPD) und Dr. Edmund Stoiber (CSU) nach einer ca. zehnstündigen Verhandlungsrunde gemeinsam vor die Presse, um Auskunft über die erzielten Ergebnisse über die Gesundheitsreform 2006 zu geben (Agentur Lehr 2006b). Die zentrale Aussage der Ausführungen der CDU-Parteivorsitzenden und Bundeskanzlerin Dr. Angela Merkel war die Ankündigung, dass man sich auf die Einrichtung eines Gesundheitsfonds mit einem bundeseinheitlichen von der Politik festgelegten Beitragssatz mit Zu- und Abschlägen geeinigt habe sowie einen Einstieg in eine Steuerfinanzierung der beitragsfreien Mitversicherung der Kinder geeignet habe.[129] Die PKV würde in diesen Fonds nicht einbezogen, sondern als Vollversicherung erhalten. Das Fazit der Bundeskanzlerin lautete: „Ich glaube, das ist ein wirklicher Durchbruch, den wir hier schaffen und der uns auch in eine ganz neue Etappe der Finanzierung des Gesundheitswesens hineinbringt." (Dr. Angela Merkel, Mitschrift Pressekonferenz 03.07.2006)[130] Die Kanzlerin betonte allerdings auch, dass die Einsparungen nicht ausreichen würden, um den Beitragssatz konstant zu halten; man müsse daher mit durchschnittlichen Beitragssatzsteigerungen zum 01.01.2007 in der Größenordnung von ca. 0,5 Beitragssatzpunkten rechnen. Der SPD-Vorsitzende Kurt Beck wies darauf hin, dass es keine Leistungskürzungen oder Zuzahlungserhöhungen geben würden und hob die getroffenen Vereinbarungen zur Versicherungspflicht hervor.[131] Hinsichtlich des Gesundheitsfonds sprach Beck von einem „Paradigmenwechsel"; wörtlich führte er aus: „Ich denke, dass das (…) rechtfertigt, dass man von einem Paradigmenwechsel redet, der eingeleitet worden ist und dass man davon redet, dass dies ein Reformansatz ist,

---

[128] Der damalige Vorsitzende der SPD-Bundestagsfraktion, Peter Struck, wurde mit den Worten „Die Reform muss gelingen, damit die Koalition bis 2009 hält" zitiert (zitiert nach Handelsblatt, Ausgabe vom 11.09.2006).

[129] Die Ankündigung einer zumindest teilweisen Steuerfinanzierung der Leistungen für Kinder steht im Widerspruch zu der Vereinbarung des Koalitionsvertrages, wonach angesichts der notwendigen Haushaltskonsolidierung der Steuerzuschuss an die GKV schrittweise auf Null zurückzuführen ist.

[130] Die Mitschrift der Pressekonferenz erhielt der Verfasser vom AOK-Bundesverband.

[131] Diese Aussage hat folgenden Hintergrund: In den Eckpunkten wurde ein Rückkehrrecht für die Menschen vereinbart, die ihren Versicherungsschutz verloren, weil sie über einen längeren Zeitraum ihre Beiträge oder Prämien nicht bezahlt hatten; Schätzungen bezifferten die Größenordnung dieser Personengruppen auf ca. 200.000 Menschen.

der deutlich über den Tag und das Jahr hinausweist." (Kurt Beck, Mitschrift Pressekonferenz 03.07.2006). Der CSU-Vorsitzende und bayerische Ministerpräsident Dr. Edmund Stoiber bezeichnete die Einigung auf die Eckpunkte einer Gesundheitsreform als einen „wichtiger Schritt der Großen Koalition" (Mitschrift Pressekonferenz) und hob in seinen Ausführungen vor allem den Verzicht auf Steuersenkungen hervor. Die drei Parteivorsitzenden betonten, dass die nun vorliegenden Eckpunkte das Ergebnis langer Verhandlungen seien und größere Änderungen daher nur gemeinsam vorgenommen werden könnten.

Die auf Ebene der Verhandlungsgruppe ungeklärten Aspekte der Ausgestaltung des Gesundheitsfonds wurden von den drei Parteivorsitzenden folgendermaßen entschieden: Der Fonds erhebt Beiträge von den Mitgliedern der gesetzlichen Krankenkassen und den Arbeitgebern; beide Beitragssätze werden gesetzlich festgelegt. Der Arbeitnehmeranteil enthält den seit 2005 existierenden Sonderbeitrag von 0,9 %. Die von der SPD geforderte Umwandlung des Arbeitgeberbeitrages in einen Lohnsummenbeitrag sowie eine Anhebung der Beitragsbemessungs- und Versicherungspflichtgrenze wurde von den Parteivorsitzenden ebenso wenig aufgegriffen, wie die von der Union geforderte Bildung einer versichertenindividuellen Kapitalrückstellung. Hinsichtlich des Risikostrukturausgleichs einigten sich die Parteivorsitzenden auf folgende Formulierung:

„Die Kassen erhalten künftig aus dem Gesundheitsfonds neben einer Grundpauschale einen alters- und risikoadjustierten Zuschlag. Die Einführung des Fondsmodells erlaubt dadurch einen vereinfachten und zielgenauen Risikostrukturausgleich zwischen den Kassen mit einem Einkommensausgleich zu 100 %, einem zielgenauen Ausgleich der unterschiedlichen Risiken, wie Alter, Krankheit, Geschlecht der Versicherten sowie der Abschaffung des Ausgleichs zwischen den Kassen in den Fonds. (Eckpunktepapier vom 03.07.2006, Ziffer 14b).

Abgesehen von der Festlegung auf einen 100 prozentigen Einkommensausgleich blieb in dem Eckpunktepapier allerdings offen, wie der genannte zielgenaue „Ausgleich der unterschiedlichen Risiken" erfolgen soll. Bezüglich der Frage der Steuerfinanzierung einigten sich die drei Spitzenpolitiker auf eine Formulierung, die von einem „Einstieg in eine teilweise Finanzierung von gesamtgesellschaftlichen Aufgaben" (Eckpunktepapier vom 03.07.2006) sprach. Konkret wurde in diesem Kontext die beitragsfreie Mitversicherung von Kindern genannt. Hierfür sollten nach dem Wortlaut des Eckpunktepapiers im Haushaltsjahr 2008 ein Zuschuss von 1,5 Mrd. Euro und von 3 Mrd. Euro für das Jahr 2009 genannt. Für die Zeit nach 2009 „soll der Zuschuss weiter ansteigen". Zusätzliche Steuerbelastungen hierfür werden in dem Papier ausgeschlossen.[132] Die von der SPD gewünschte Eingrenzung der zu berücksichtigenden Steuermittel auf direkte Steuern wurde gestrichen.

Hinsichtlich der innerhalb der Verhandlungsgruppe umstrittenen Frage der Höhe und der Ausgestaltung des Zusatzbeitrages - fester und somit einkommensunabhängiger Euro-Betrag oder prozentuale Erhebung nach finanzieller Leistungsfähigkeit - einigten sich die drei Parteivorsitzenden auf eine Formulierung, die die Gestaltung des Zusatzbeitrages den Kassen überließ; diese können den Zusatzbeitrag also entweder als festen Euro-Betrag oder als festen Prozentsatz des Einkommens ausgestalten. Diese Wahlmöglichkeit der Krankenkassen ist das Ergebnis einen politischen Kompromiss innerhalb der Großen Koalition: Während die Union - nach eigenen Aussagen (Interview 15) - unbedingt die pauschale Form der Erhebung wollte, um dadurch einen Einstieg in eine einkommensunabhängige Gesundheitsprämie geschafft zu haben, lehnte die SPD dieses Vorhaben als „unsolidarisch" ab und plädierte daher für eine prozentuale und somit einkommensabhängige Ausgestaltung des Zusatzbeitrages. Auch diese unterschiedlichen Positionen sind ein Beleg für die Existenz von Parteiendifferenz. Da sich keiner der beiden Koalitionspartner mit seiner Idealvorstellung durchsetzen konnte, einigten sich die Große Koalition an dieser Stelle auf die Wahlmöglichkeit zwischen einer pauschalen und einer prozentualen Erhebung. Die Entscheidung, den Krankenkassen an dieser Stelle eine Wahlmöglichkeit einzuräumen, kann man auch als taktisch geschickten Schachzug der Großen Koalition interpretieren, da auf diese Weise jeder Koalitionspartner sein Gesicht gewahrt hat. Negativer formuliert könnte man auch sagen, diese Wahlmöglichkeit ist das Ergebnis einer „non-decision" der Großen Koalition. Die SPD konnte sich mit ihrer Forderung nach einer Begrenzung des Zusatzbetrags auf ein Prozent des beitragspflichtigen Einkommens sowie hinsichtlich des Erhalts des Leistungskataloges und des Sachleistungsprinzips. Die Union konnte sich hingegen bei der Frage der Einbeziehung der PKV durchsetzen: Weder wurden die PKV-Versicherten in den Gesundheitsfonds einbezogen, noch die PKV-Unternehmen zu Solidarzahlungen in den Fonds verpflichtet. Allerdings trägt der Abschnitt „Verhältnis der PKV zur GKV" des Eckpunktepapiers durchaus Elemente eines Kompromisses: Der SPD gelang es immerhin die PKV zu einem Angebot eines sogenannten „Basistarifs" zu verpflichten.[133] Ebenfalls den Charakter eines Kompromisses zwischen SPD und Union trägt die Regelung, wonach ein Wechsel von der GKV in die PKV ab dem Stichtag 3. Juli

---

[132] Dieser Aspekt war sowohl den Ministerpräsidenten der Union als auch dem damaligen SPD-Bundesfinanzminister Peer Steinbrück sehr wichtig (Interview 38).
[133] Dieser Tarif beinhaltet folgende Elemente: Leistungsumfang der GKV, Kontrahierungszwang ohne individuelle Risikoprüfung und ohne Leistungsausschluss sowie bezahlbare Prämien.

2006 erst dann möglich ist, wenn in drei aufeinanderfolgenden Jahren die Jahresarbeitsentgeltgrenze überschritten wird.[134]
Erwartungsgemäß waren die Reaktionen auf die Vorstellung der Eckpunkte sehr unterschiedlich. Bei aller Unterschiedlichkeit in der Argumentation gab es doch eine Gemeinsamkeit: die Ablehnung des Gesundheitsfonds.[135] Besonders deutlich fiel dabei die Kritik der Krankenkassen und ihrer Verbände, der Leistungserbringer, der Gewerkschaften und Arbeitgeberverbände, aber auch der PKV aus. Folgende exemplarische Zitate sollen die aus ganz unterschiedlichen Perspektiven artikulierte Kritik illustrieren:

Unter der Überschrift „Gesundheitskompromiss - wenig Licht viel Schatten" begrüßte der PKV-Verband zwar der Erhalt der PKV als Vollversicherung, kritisierte aber die vorgesehene Einführung des Basistarifs sowie die neue Regelung, wonach ein Versicherter nun drei Jahre hintereinander die Versicherungspflichtgrenze überschreiten muss, bevor er in die PKV wechseln kann. Diese Regelung sei ein „schwerer Schlag gegen die Wahlfreiheit der Versicherten" (PKV Verband 2006b, PM vom 03.07.2006). Einen Tag nach dem PKV-Verband veröffentlichte die Arbeitsgemeinschaft der Spitzenverbände der gesetzlichen Krankenkassen eine Pressemitteilung, in der sie die Eckpunkte massiv kritisierten: Die Vereinbarungen gingen zu Lasten der GKV-Versicherten, bedeuteten mehr Staat und mehr Bürokratie und seien keine Lösung für die in den nächsten Jahren zu erwartende Finanzierungslücke (Arbeitsgemeinschaft der Spitzenverbände 2006, PM vom 04.07.2006). Nicht nur die Gewerkschaften und die Kassenverbände, sondern auch die Bundesvereinbarung der Arbeitgeberverbände (BDA) kritisierte die Einigung der Großen Koalition auf einen Gesundheitsfonds sowie dessen Ausgestaltung: Die Eckpunkte seien „insgesamt überaus enttäuschend", der Gesundheitsfonds löse „kein einziges Problem", so die zentralen Aussagen einer Pressemitteilung der BDA vom 24.07.2006 (BDA 2006, PM vom 24.07.2006). Auch die Wissenschaft sparte nicht mit Kritik: Der „Ausschuss Gesundheitsökonomie" im renommierten „Verein für Socialpolitik" kritisierte, mit den Eckpunkten werde kein Problem gelöst, sondern neue geschaffen; von einer nachhaltigen Stabilisierung der Finanzierungsgrundlagen könne „erst recht keine Rede seien. Nach Auffassung der Gesundheitsökonomen führt der Fonds „weder zu mehr Wettbewerb um Qualität und Effizienz der

---

[134] Vor dieser Regelung konnte ein Wechsel bereits nach einem Jahr des Überschreitens der Versicherungspflichtgrenze erfolgen.
[135] Der gesundheits- und sozialpolitische Branchendienst „Dienst für Gesellschaftsdienst" (dfg) fasst die Reaktionen auf das Eckpunktepapier in folgenden Worten zusammen: „Selten ist eine Bundesregierung für eine ihrer zentralen politischen Vorhaben so abgewatscht worden wie die große Berliner Koalition." (dfg 2006a, 29-06:2)

Gesundheitsversorgung, noch zu mehr Stabilität, Nachhaltigkeit und Verteilungsgerechtigkeit bei der Finanzierung" (zitiert nach dfg 2006a, 29-06:2).[136]
Das Bundeskabinett billigte die Eckpunkte am 12. Juli 2006 (Bartels/Paquet 2009:282). Bis zur Verabschiedung des offiziellen Referentenentwurfes sollten noch knapp drei Monate vergehen.

5.2.2 Von dem Eckpunktepapier zum Referentenentwurf

Im Zeitraum Juli bis Oktober 2006 kursierten vier sogenannte „Arbeitsentwürfe". Bevor auf diese „Arbeitsentwürfe" näher eingegangen wird, gilt es jedoch zwei andere Aspekte zu beleuchten, die sich vor Veröffentlichung des ersten Arbeitsentwurfes abspielten: Der Streit um die (angebliche) Kampagne der Krankenkassen und deren Verbände gegen die Gesundheitsreform sowie die Auseinandersetzungen wegen der geplanten Verlagerung des Beitragseinzugs von den Kassen zu regionalen Einzugsstellen.

Auch nach Billigung der Eckpunkte durch das Bundeskabinett verhallte die Kritik nicht. Ganz im Gegenteil: Neben weiterhin sehr kritischen Pressemitteilungen und Interviews intensivierten einige Krankenkassen sowie insbesondere deren Verbände ihre Öffentlichkeitsarbeit in Sachen „Gesundheitsreform". Geplant wurden u. a. öffentliche Veranstaltungen zur Gesundheitsreform, zu denen die jeweiligen Wahlkreisabgeordneten des Deutschen Bundestages eingeladen werden sollten. Im Fokus der „Kampagne" - die Kassen und ihre Verbände sprachen von „Öffentlichkeitsarbeit" - stand der Gesundheitsfonds und der damit einhergehende Verlust der Beitragssatzautonomie der Kassen sowie die daraus abgeleitete Sorge vor einer „Verstaatlichung" des Gesundheitswesens.[137]

Die Leitungsebene des BMG wählte in dieser Phase eine Doppelstrategie: Einerseits lud sie Mitte Juli 2006 die Selbstverwaltung der Verbände der Krankenkassen sowie die Vorstände der 50 größten Krankenkassen für Anfang August zu Gesprächen in das BMG ein, um für die Gesundheitsreform zu werben, andererseits drohte sie den Verbänden und den Krankenkassen mit aufsichtsrechtlichen Maßnahmen für den Fall, dass diese ihre „Kampagne" gegen die Gesundheitsreform nicht unverzüglich stoppen. Hinsichtlich der Einladung sind

---

[136] Prof. Dr. Wolfram Richter führt die massive Kritik der Gesundheitsökonomen an seinem Modell bzw. dessen Ausgestaltung durch die Politiker zumindest in Teilen auf einen gewissen Neid der im Verein für Socialpolitik zusammengeschlossenen Gesundheitsökonomen zurück, weil mit ihm ein „Außenseiter" - Prof. Dr. Richter ist Finanzwissenschaftler, kein Gesundheitsökonom - der Politik den entscheidenden Input lieferte (Interview 7).

[137] Die Spitzenverbände der Kassenarten hatten darüber hinaus auch große Angst vor der beabsichtigten Bildung eines Spitzenverbandes Bund der Krankenkassen, da dessen Bildung die Gefahr eines eigenen Machtverlustes implizierte; vgl. hierzu Pressel (2009 und 2010a).

zwei Aspekte bemerkenswert: Erstens, dass von Seiten der Verbände nur die Selbstverwaltung, nicht aber die hauptamtlichen Vorstände eingeladen wurden und zweitens, dass das Ministerium neben den Verbände auch die Einzelkassen - zu einem separaten Gespräch - eingeladen hatte. Ein sehr guter Kenner der deutschen Gesundheitspolitik bezeichnete dies als einen völlig neuen und bemerkenswerten Vorgang (Interview 24). Mit der Einladung der 50 größten Einzelkassen verfolgte die Ministeriumsspitze ein doppeltes Ziel: Zum Einen den Versuch einer Spaltung von Verbänden einerseits und Kassen anderseits und zum Anderen die Phalanx der Kassenfront aufzubrechen. Dieses Bestreben wurde deutlich in der Presseunterrichtung des BMG im Anschluss an das Gespräch mit den Kassen. Bei diesem Pressegespräch verwies die Ministerin explizit auf bestehende Unterschiede in der Einschätzung des Gesundheitsfonds sowohl zwischen den Spitzenverbänden und den Einzelkassen als auch zwischen den Kassen (Agentur Lehr 2006c).[138]

Parallel zu diesen Gesprächen gab es von Seiten des Ministeriums auch den Versuch einer Einschüchterung: Mit Datum vom 19.07.2006 schrieb der Beamtete Staatssekretär im Bundesministerium für Gesundheit, Dr. Klaus Theo Schröder, die Verbände der gesetzlichen Krankenkassen an und forderte sie sehr deutlich auf, ihre „Kampagne" gegen die Gesundheitsreform unverzüglich zu stoppen; die Kassen und ihre Verbände hätten kein „allgemein politisches Mandat". Auf dieses Schreiben reagierte der damalige gesundheitspolitische Sprecher der FDP-Bundestagsfraktion, Daniel Bahr, mit einer Pressemitteilung, in der er der Bundesgesundheitsministerin das Bestreben der Schaffung einer von ihr gesteuerten Einheitsversicherung unterstellte (FDP-Bundestagsfraktion 2006c, PM vom 19.07.2006). Die Spitzenverbände holten indes ein Rechtsgutachten zu Fragen der Öffentlichkeitsarbeit in Zusammenhang mit der Gesundheitsreform ein.[139] Dieses Gutachten kam zu dem Ergebnis, dass es zwar richtig sei, dass die Krankenkassen und ihre Verbände kein allgemein politisches Mandat hätten, es aber durchaus ihr Recht und sogar ihre Pflicht sei, ihre Versicherten über anstehende Gesetzesänderungen zu informieren (Steinmeyer 2006).

Am 3. August 2006, nur einen Tag nach dem Gespräch mit den Vorständen der 50 Einzelkassen und nur zwei Tage nach der Unterredung mit den Vorständen der Selbstverwaltung der Spitzenverbänden, fand im BMG ein aufsichtsrechtliches Beratungsgespräch zwischen Herrn Staatssekretär Dr. Schröder und

---

[138] Ein Interviewpartner führte hierzu Folgendes aus. „Ulla Schmidt sowie ihre leitenden Mitarbeiter haben häufig den damaligen Vorstandsvorsitzenden der Deutsche BKK, Herrn Sjuts, als „Kronzeugen" für ihre Reformen angeführt - nach dem Motto „Nicht alle Krankenkassen lehnen den Gesundheitsfonds ab." (Interview 24)
[139] Erstellt wurde dieses Gutachten von Herrn Prof. Dr. Heinz-Dietrich Steinmeyer, Westfälische Wilhelms Universität Münster, Institut für Arbeits- und Sozialrecht.

dem hauptamtlichen Vorstand der Spitzenverbände über den Vorwurf der „Kampagne" der Kassen und ihrer Verbände statt. Im Anschluss an dieses Gespräch stellten die beiden Seiten ihre Sicht der Dinge dar: Staatssekretär Dr. Schröder verwies in einer Presseunterrichtung auf die gemeinsam geteilte Erkenntnis, wonach die Krankenkassen und ihre Verbände kein allgemein politisches Mandat hätten. Zwar räumte er das Recht der Kassen und ihrer Verbände, die Versicherten zu informieren, ein, es komme aber auf das Wie der Information an; deren Öffentlichkeitsarbeit würde sich nicht nur an die Versicherten, sondern an die gesamte Bevölkerung richten - dies sei rechtswidrig. Der Staatssekretär kündigte daher eine Prüfung der Ausgaben für Öffentlichkeitsarbeit durch das dem BMG unterstehende Bundesversicherungsamt an (Agentur Lehr 2006d).[140] Die Kassenverbände hatten naturgemäß eine andere Sicht der Dinge: Sie bezeichneten den Vorwurf des BMG, Agitation zu betreiben und Beitragsgelder zweckentfremdet einzusetzen, als „strategisches Manöver, um von einer inhaltlichen Diskussion abzulenken." (Arbeitsgemeinschaft der Spitzenverbände 2006e:2).

Die Auseinandersetzung um die Verlagerung des Beitragseinzugs und der Streit zwischen den Sozialversicherungsträgern

Parallel zu den Aktivitäten der Krankenkassen und ihrer Verbände organisierte die Dienstleistungsgewerkschaft ver.di in mehreren Städten Demonstrationen und Kundgebungen gegen die Gesundheitsreform. Im Zentrum der Kritik stand der Gesundheitsfonds, präziser die geplante Verlagerung des Beitragssatzes weg von den Krankenkassen, hin zu den neu zu schaffenden regional organisierten Einzugsstellen (ver.di 2006c, PM vom 27.07.2006). Bei der Auseinandersetzung um die in den Eckpunkten genannte Verlagerung des Beitragseinzugs von den Kassen zu den regionalen Einzugsstellen gab es neben den Krankenkassen und den Gewerkschaften weitere relevante Akteure, die jeweils eigene Interessen verfolgten: die Länder, die Deutsche Rentenversicherung (DRV) sowie die beiden Bundesministerien für Gesundheit (BMG) und für Arbeit und Sozialordnung (BMAS). Zu den Zielen der genannten Akteure im Einzelnen:

Den Ländern ging es nach Aussagen eines im BMAS für Fragen des Beitrags- und Melderechts zuständigen Referenten zum Einen um die Arbeitsplätze

---

[140] Die Ergebnisse dieser Prüfung wurde vom BMG im weiteren Verlauf der Auseinandersetzung nicht veröffentlicht oder sonst in irgendeiner Weise genutzt- Daher drängt sich die Vermutung auf, dass die Ankündigung der Prüfung entweder eine Drohung war oder dass die Ergebnisse der Prüfungen, sofern diese denn tatsächlich durchgeführt wurden, nicht die vom BMG gewünschte Ergebnisse brachten.

„ihrer" landesunmittelbaren Krankenkassen, zum Anderen aber auch um ihre Landesbanken:

„Dadurch, dass im Rahmen des Beitragseinzugs sehr hohe Summen Finanzmittel bewegt werden, ist dies ein für die Banken äußerst lukratives Geschäft. Würde dies nur noch von sehr wenigen (Landes-)Banken oder gar nur noch über eine abgewickelt, hätte dies entsprechende Auswirkungen auf die Liquidität bzw. das Finanzvolumen der anderen „leer ausgehenden" Banken." (…) Entsprechend groß war die Ablehnung der anderen Länder." (Interview 11).

Auch zwischen den Sozialversicherungsträgern gab es hinsichtlich der Zuständigkeit des Beitragseinzuges unterschiedliche Ziele: Während die Krankenkassen den Beitragseinzug behalten wollten, bemühte sich nach Veröffentlichung der Eckpunkte zur Gesundheitsreform auch die Deutsche Rentenversicherung Bund (DRV Bund) um die Zuständigkeit für diese Aufgabe: Die DRV Bund legte bereits einen Tag nach Vorstellung der Eckpunkte, ein 15seitiges ausgefeiltes „Arbeitspapier zur Übertragung des Beitragseinzugs auf die gesetzliche Rentenversicherung (Stand: 5. Juli 2006)" vor. Zwar beginnt dieses Papier mit einer „Vorbemerkung", in der der Satz „Der Deutsche Rentenversicherung geht es nicht darum, in die System des Beitragseinzugs bei den gesetzlichen Krankenkassen einzugreifen." (DRV 2006:1) zu finden ist, im weiteren Verlauf des Papiers wird dann allerdings deutlich erkennbar für eine Verlagerung des Beitragseinzugs auf die gesetzliche Rentenversicherung geworben: Bereits in der „Vorbemerkung" heißt es, mit diesem Arbeitspapier sollen „Lösungsmöglichkeiten aus Sicht der Deutsche Rentenversicherung deutlich gemacht werden" (DRV Bund 2006:1). Noch deutlicher werden die Verfasser am Ende des Papiers: Dort wird nicht nur für den Erhalt des Beitragseinzugs, sondern darüber hinaus auch für die Administration des neu einzurichtenden Gesundheitsfonds durch die DRV Bund geworben. Auf die Motivlage der DRV Bund angesprochen, schilderte der bereits erwähnte Referent des BMAS, die Rentenversicherungsträger hätten Anfang der 90er Jahre die Aufgabe der Betriebsprüfung von den Kassen erhalten „und somit Blut geleckt" (Interview 11), das heißt sie wollten auch für den Beitragseinzug zuständig sein. Ergänzend verwies der Referent darauf, dass es „auch um Macht und Verdienstmöglichkeiten des Spitzenpersonals" (Interview 11) ging. Die Krankenkassen und ihre Verbände reagierten sehr rasch auf dieses Bestreben der DRV Bund. In einer gemeinsamen Stellungnahme der Bundesverbände der AOKs, Betriebskrankenkassen, Innungskrankenkassen und Ersatzkassen wiesen sie das Ansinnen der DRV Bund zurück und versuchten, die von dem Rentenversicherungsträger vorgebrachten Argumente für eine Übertragung des Beitragseinzugs zu widerlegen (AOK Bundesverband et al. 2006).[141] Diese Verbände der Krankenkassen veröffentlichten am 24. Juli 2006 - unter Federführung der Ersatzkassenverbände - eine gemeinsame Pressemitteilung, in der sie vor einer Neuorganisation des Beitragseinzugs warnten; dieser führe zu mehr Verwaltungsaufwand, mehr Bürokratie und unnötigen Kosten (VdAK/AEV 2006, PM vom 24.07.2006).[142]

Zur Überraschung und Enttäuschung der DRV Bund machte sich allerdings das für die Rentenversicherung zuständige BMAS nicht zum Fürsprecher der DRV. Dies im Wesentlichen aus folgenden drei Gründen - in den Worten des BMAS-Referenten:

> „Erstens hat sich das Verfahren mit den Krankenkassen bewährt, ein Wechsel wäre zu riskant. Zweitens hat sich - im Sinne von „divide et impera - auch die Trennung zwischen der Kompetenzen zwischen Renten- und Krankenversicherung bewährt. Drittens gibt es ja bereits ein Verfahren des Beitragseinzugs durch die Rentenversicherung, nämlich im Bereich der Mini-Jobs bei der Rentenversicherung Knappschaft. Das läuft zwar gut, aber auch nicht besser als das andere Verfahren bei den Krankenkassen. Salopp gesagt: Never change a winning team." (Interview 11)

Auch innerhalb der Bundesregierung, konkret zwischen dem BMG und dem BMAS, gab es hinsichtlich der institutionellen Verankerung des Beitragseinzugs unterschiedliche Auffassungen: Während das BMG sich an den in den Eckpunkten niedergelegten Vereinbarungen, d. h. an der Schaffung neuer regionaler Einzugsstelle orientierte, lehnte das BMAS regionale Lösungen ab, da aus seiner Sicht nur eine Bundesverwaltung eine bundesweit einheitliche stringente Durchführung des Beitragseinzugs sicherstellen könnte (Interview 11).

Der 1. Arbeitsentwurf des GKV-Wettbewerbsstärkungsgesetzws

Mitte August 2006 war der fast 500 Seiten starke „1. Arbeitsentwurf" des Gesetzentwurfs für die Gesundheitsreform fertiggestellt. Die Gesundheitsreform sollte den Namen „Gesetz zur Stärkung des Wettbewerbs in der gesetzlichen Krankenversicherung (GKV-Wettbewerbsstärkungsgesetz - GKV-WSG)" erhalten (BMG 2006a). Hinsichtlich des Gesundheitsfonds enthält der 1. Arbeitsentwurf des GKV-WSG folgende Regelungen:

---

[141] Bei dieser Stellungnahme waren nicht alle Bundesverbände beteiligt; die Bundesknappschaft verweigerte ihre Mitzeichnung, da sie auch Träger der Rentenversicherung ist.

[142] In dieser Pressemitteilung sprachen die genannten Verbände u. a. von einer Verdopplung der Verwaltungskosten für den Einzug des Sozialversicherungsbeitrags und von der „Errichtung einer Mammutbehörde. (VdAK/AEV 2006, PM vom 24.07.2006).

Der Gesundheitsfonds soll als Sondervermögen beim Bundesversicherungsamt (BVA) gebildet werden und über eine Schwankungsreserve verfügen (§ 271SGB V in der Fassung des 1. Arbeitsentwurfs). Die nach der Regelung der Eckpunkte zukünftig für den Beitragseinzug zuständigen regionalen Einzugsstellen sollen laut diesem Arbeitsentwurf bis Ende 2010 errichtet sein. Spätestens zu diesem Zeitpunkt sollten die Krankenkassen ihre Zuständigkeit für den Beitragseinzug verlieren. Wer an ihre Stelle tritt bzw. von wem und wo die genannten „regionalen Einzugsstellen" errichtet und angesiedelt werden, bleibt in diesem Arbeitsentwurf offen. Wie bereits in den Eckpunkten vorgesehen, sieht der 1. Arbeitsentwurf nicht nur den Verlust des Beitragseinzugs, sondern auch der Beitragssatzautonomie der Krankenkassen vor. Den für alle Krankenkassen identischen Beitragssatz legt nach das Vorstellungen des 1. Arbeitsentwurfs das Bundesministerium für Gesundheit fest (§ 241 SGB V i. d. F. des 1. Arbeitsentwurfs). In der Begründung zu § 241 SGB V wird ergänzend festgelegt, dass die Höhe des Beitragssatzes so zu bemessen ist, „dass in der Startphase die Ausgaben der Krankenkassen unter Berücksichtigung der Bundesmittel zu 100 Prozent gedeckt sind." (Begründung zu § 241 SGB V i. d. F. des 1. Arbeitsentwurfs).[143] Zur fachlichen Vorbereitung der Entscheidung über die Höhe des Beitragssatzes wird ein beim BVA angesiedelter „GKV-Schätzerkreis" bestehend aus Experten des BMG, des BVA sowie des ebenfalls neu zu bildenden Spitzenverbandes Bund der Krankenkassen (bis zur Bildung des Spitzenverbandes Vertreter der Bundesverbände der Krankenkassen) errichtet (§ 241 Abs. 2 SGB i. d. F. des 1. Arbeitsentwurfs). Die vorgesehene Deckung der Ausgaben zu 100 % bezieht sich nur auf die Startphase des Fonds. Für die Zeit danach erfolgt die Finanzierung aus dem Fonds nur zu mindestens 95 % aus dem Gesundheitsfonds (§ 220 Abs. 1 SGB V i. d. F. des 1. Arbeitsentwurfs). Das BMG muss nach dem Wortlaut des 1. Arbeitsentwurfs den Beitragssatz erst dann anheben, wenn zwei Jahre hintereinander die Zuweisungen an die Krankenkassen deren Ausgaben zu weniger als 95 % decken (§ 220 Abs. 2 SGB V i. d. F. des 1. Arbeitsentwurfs). Sofern eine Krankenkasse mit den Zuweisungen aus dem Gesundheitsfonds nicht auskommt, muss sie einen kassenindividuellen Zusatzbeitrag erheben. Dieser soll zum zentralen Wettbewerbsinstrument der Kassen werden. Der kassenindividuelle Zusatzbeitrag wird in der Fassung des 1. Arbeitsentwurfs zur Vermeidung sozialer Härten auf ein Prozent der beitragspflichtigen Einnahmen begrenzt.[144] Dessen Gestaltung und Erhebung werden

---

[143] Die vollständige Deckung der Ausgaben („zu 100 %") bezieht sich auf den rechnerischen Durchschnitt aller Krankenkassen, nicht auf jede einzelne Kasse.
[144] Diese Begrenzung ist zwar sozialpolitisch nachvollziehbar, widerspricht aber der Intention des Gesetzgebers, den Wettbewerb zu intensivieren. Dieser Punkt war der SPD mit Blick auf ihre Werte und Wähler sehr wichtig. Des Weiteren führt die Begrenzung des Zusatzbeitrages auf ein Prozent

der einzelnen Krankenkasse überlassen; diese kann ihn entweder als Pauschale oder in Prozent des beitragspflichtigen Einkommens festlegen (§ 242 SGV V in der Fassung des 1. Arbeitsentwurfs). Sofern eine Kasse mehr Zuweisungen aus dem Fonds bekommt als sie benötigt, kann sie Geld an ihre Mitglieder ausschütten. Aus dem Gesundheitsfonds sollten die Kassen neben einer an den GKV-weiten Durchschnittsausgaben orientierten Grundpauschale alters- und risikoadjustierte Zu- und Abschläge erhalten (§ 266 SGB V i. d. F. des 1. Arbeitsentwurfs). Das Nähere hinsichtlich der Ausgestaltung der alters- und risikoadjustierten Zuschläge - in unmittelbarem Zusammenhang damit steht der morbiditätsorientierte Risikostrukturausgleich - bleibt im Arbeitsentwurf noch offen. In puncto Steuerzuschüsse beinhaltet der 1. Arbeitsentwurf folgende Beträge bzw. Formulierungen: Für 2008 sollen an den Gesundheitsfonds 1,5 Mrd. Euro und für 2009 3 Mrd. Euro fließen; ab dem Jahr 2010 soll die Summe „ansteigen" (§ 221 SGB V in der Fassung des 1. Arbeitsentwurfs) sein. Als Startpunkt des Gesundheitsfonds enthält der 1. Arbeitsentwurf den Zieltermin 1. Juli 2008.

Die PKV wird im Kontext der die Neuregelung der Finanzierung der GKV betreffenden Passagen - wie in den Eckpunkten vereinbart - nicht erwähnt.[145] An anderen Stellen des Arbeitsentwurfs sind jedoch weitreichende Veränderungen der Geschäftsgrundlagen der PKV vorgesehen. Insbesondere durch die Portabiltität der Alterungsrückstellungen und die Schaffung eines Basistarifs mit Kontrahierungszwang sollte der Wettbewerb sowohl zwischen den privaten Versicherungsunternehmen als auch zwischen den beiden Systemen GKV und PKV deutlich intensiviert werden.

Ähnlich wie bereits nach Veröffentlichung der „Eckpunkte einer Gesundheitsreform" Anfang Juli 2006 führte auch das Bekanntwerden des 1. Arbeitsentwurfs zu heftigen Reaktionen: Neben den bereits aus den vergangen Wochen und Monaten bekannten Kritikern kamen auch kritische Stimmen innerhalb der Großen Koalition sowie der diese tragenden Parteien hinzu: Der CDU-Wirtschaftsrat sah in dem Gesetzentwurf den „Weg in die Staatsmedizin" (zitiert nach Bartels/Paquet 2009: 287) und die Landesregierungen der finanzstarken (unionsgeführten) Bundesländer Bayern und Baden-Württemberg reklamierten unter Verweis auf das höhere Verdienstniveau in ihren Ländern und den hieraus resultierenden höheren Einzahlungen in den Gesundheitsfonds höhere Zuweisungen aus dem Fonds an die in ihren Bundesländern tätigen Krankenkassen. Für den größten politischen Ärger und Streit innerhalb der Großen Koaliti-

---

der Bruttoeinnahmen - nach dem Verlust der Beitragssatzautonomie - zu einer weiteren Begrenzung der Finanzautonomie der Krankenkassen; man kann also an dieser Stelle von einem zweifachen Autonomieverlust sprechen.
[145] Nach Aussagen eines leitenden Mitarbeiters des PKV-Verbandes war dies ein Erfolg der guten Lobbyarbeit der PKV in Richtung der Union (Interview 39).

on sorgten jedoch die im Arbeitsentwurf enthaltenen Formulierungen bezüglich der privaten Krankenversicherung. Eine Woche nach Versand des 1. Arbeitsentwurfs an die Regierungsfraktionen meldete sich zunächst der Verband der privaten Krankenversicherung besorgt zu Wort: Am 24. August 2006 veröffentlichte der PKV Verband eine Pressemitteilung, in der er mit Bezug auf den vorliegenden Arbeitsentwurf von einer „faktischen Abschaffung der PKV" sowie einem „eklatanten Widerspruch zum von der Koalition beschlossenen Eckpunktepapier" sprach; daher erwartet der Verband, „dass die Koalitionsparteien sich klar von dem jetzt vorliegenden Ministerialwerk distanzieren" (PKV Verband 2006c, PM vom 24.08.2006). Ebenfalls am 24. August 2006 - vermutlich nach vorheriger Absprache mit dem PKV Verband - schickten die Verbände der Ärzteorganisationen tendenziell gleichlautende Pressemitteilungen an die Redaktionen. In einer gemeinsamen Pressemitteilung der Bundesärztekammer (BÄK) und der Kassenärztlichen Bundesvereinigung (KBV) warnten die beiden Spitzenorganisationen der deutschen Ärzteschaft vor einer „staatlichen Einheitskasse mit Zuteilungsmedizin" und einer „Demontage der PKV" (BÄK/KBV 2006, PM vom 24.08.2006). Neben diesen Verbänden äußerte sich Ende August 2006 sogar die Kanzlerin kritisch zu dem Arbeitsentwurf: Dieser entspräche „noch nicht den Eckpunkten, wie wir sie vereinbart haben" (Dr. Angela Merkel am 24.08.2008, zitiert nach Bartels/Paquet 2009:288).

Nicht nur die PKV-Regelungen des Arbeitsentwurfs wurden heftig kritisiert, sondern der Arbeitsentwurf insgesamt. Die Spitzenverbände der gesetzlichen Krankenkassen bekräftigten nach Durchsicht des Arbeitsentwurfs ihre Kritik an dem gesundheitspolitischen Vorhaben der Großen Koalition: Der Arbeitsentwurf enthalte vom „Grundsatz keine wesentlichen Neuerungen bzw. Abweichungen gegenüber dem Eckpunktepapier" (Arbeitsgemeinschaft der Spitzenverbände 2006e, PM vom 25.08.2006) und sei daher weiterhin abzulehnen, zumal als Folge des Rückgang des Steuerzuschusses an die GKV die Beitragssätze steigen würden. Für Aufsehen sorgte eine gemeinsame Positionierung der Spitzenorganisationen der Sozialpartner: Die Bundesvereinigung der Deutschen Arbeitgeberverbände (BDA) sowie der Deutsche Gewerkschaftbund (DGB) sprachen sich Ende August 2006 in einem gemeinsamen Papier sowie einer darauf basierenden gemeinsamen Pressemitteilung für die Beibehaltung der Beitragssatzautonomie der Krankenkassen und einer selbstverwalteten Krankenversicherung aus und forderten somit gleichzeitig den Verzicht auf den Gesundheitsfonds, dieser löse „kein einziges Problem" (BDA/DGB 2006, PM vom 28.08.2006). Die parlamentarische Opposition beteiligte sich - erwartungsgemäß - an der Kritik: Der damalige gesundheitspolitische Sprecher der FDP-Bundestagsfraktion, Daniel Bahr, ließ in einer Pressemitteilung verlauten, der „Gesundheitsreformentwurf gehört in die Tonne"; die SPD habe „sich schonungslos geoutet, ein staatliches Gesundheitssystem schaffen zu wollen", die „Handschrift der Union" sei „nicht zu erkennen" (FDP Bundestagsfraktion 2006d, PM vom 29.08.2006). Neben all diesen Pressemitteilungen bzw. -konferenzen gab es auch den Versuch, fernab der Öffentlichkeit auf „technische" Schwierigkeiten der von der Großen Koalition angedachten Lösung hinzuweisen. Der AOK Bundesverband (AOK Bundesverband 2006) erstellte in seinem Geschäftsbereich „Finanzen/Controlling" eine Studie über die Auswirkungen der Begrenzung des Zusatzbeitrages auf ein Prozent des Bruttoeinkommens (sog. „Überforderungs- oder Härteregelung).[146] Diese Studie untersucht die Fragen, in welchem Maße die Mitglieder der 16 AOKs von der Begrenzung des Zusatzbeitrages auf ein Prozent des Haushaltseinkommens betroffen sind und wie sehr sich ein von den Krankenkassen zu kalkulierender Zusatzbeitrag als Folge der Überforderungsregelung von dem rechnerisch eigentlich notwendigen Zusatzbeitrag unterscheidet (AOK Bundesverband 2006). Diese Studie beinhaltet zwei politische Botschaften: Erstens, dass die angedachte Konstruktion der Überforderungsklausel praktisch nicht funktioniert.[147] Zweitens, dass die von dem Instrument „Zusatzbeitrag" ausgehende Wirkung auf die Krankenkassen nicht primär in deren Bestreben nach Optimierung von Wirtschaftlichkeit - dem eigentlich Ziel des Instrumentes - besteht, sondern in dem Ziel, möglichst gutverdienende Mitglieder zu werben; um zu überleben, müssen Krankenkassen Risikoselektion betreiben.[148] Diese Erkenntnisse sowie die Studie wurden Bundesgesundheitsministerin Ulla Schmidt in einem Schreiben des AOK Bundesverbandes übermittelt.

Weitere Arbeitsentwürfe, die Verschiebung des Inkrafttretens der Reform und die Haushaltsdebatte im Deutschen Bundestag

Anfang September 2006 wurde vom BMG ein „2. Arbeitsentwurf" verschickt (BMG 2006b). An der Grundsystematik des Gesundheitsfonds wurden von den Ministerialbeamten keine Änderungen vorgenommen. Im Vergleich zum „1. Arbeitsentwurf" unterscheidet sich der zweite Arbeitsentwurf hinsichtlich des hier besonders interessierenden Finanzierungsteils insbesondere in folgender Hinsicht: Die Höhe des Beitragssatzes wird in der Fassung des 2. Arbeitswurfes durch Rechtsverordnung der Bundesregierung festgelegt und somit nicht

---

[146] Die Studie trägt den Titel „Die Wirkungen der Härteregelung beim Zusatzbeitrag im Fondskonzept der Bundesregierung. Eine statistische Simulationsanalyse."
[147] Entsprechend äußerste sich am 04.09.2006 der stellvertretende Fraktionsvorsitzende der CDU/CSU-Bundestagsfraktion, Wolfgang Zöller: „Die Belastungsgrenze ist für die SPD zwar nicht verhandelbar, sie ist aber auch nicht umsetzbar." (zitiert nach Bartels/Paquet 2009:289).
[148] Die Ergebnisse der Studie wurden im Jahr 2007 publiziert (Schawo 2007).

mehr durch das Bundesministerium für Gesundheit alleine. Offensichtlich wollte die Union diese Entscheidung nicht alleine dem SPD-geführten BMG überlassen. Der damalige Referatsleiter im Bundeskanzleramt begründet dies mit folgenden Argumenten:

> „Das hängt mit dem Thema „Zusatzprämie" zusammen. Die Union wollte ja unbedingt den Einstieg in die Prämienwelt und hatte die Sorge, dass wenn das BMG alleine die Höhe des Beitragssatzes festlegt, es diesen so hoch ansetzt, dass keine Prämie notwendig ist. Außerdem muss man auch den Aspekt „Lohnnebenkosten" sehen. Das Kanzleramt war von Seiten der Wirtschaft unter Druck, sicherzustellen, dass der Beitragssatz möglichst niedrig ausfällt." (Interview 3)

Als Termin des Inkrafttretens des GKV-Wettbewerbsstärkungsgesetzes sieht der 2. Arbeitsentwurf weiterhin den 1. Januar 2007 vor. Wenige Tage nach Bekanntwerden des 2. Arbeitsentwurfs entschieden die Koalitionsspitzen auf Initiative der Kanzlerin anders als es sich die Ministerialbürokratie des BMG ausgedacht hatte: Die Gesundheitsreform sollte erst am 1. April 2007 in Kraft treten. Gesundheitsministerin Ulla Schmidt versuchte die Sache mit der Verschiebung herunterzuspielen. Anlässlich der Haushaltsdebatte des Einzelplans 15 (BMG) sagte die Ministerin, die Entscheidung, das Inkrafttreten der Gesundheitsreform um drei Monate zu verschieben, sei getroffen worden, um den Verbänden und den Ländern „mehr Zeit für Beratung und Erörterung" (zitiert nach Deutscher Bundestag 2006, Plenarprotokoll 16/47:4645) zu geben. Im Rahmen ihres Redebeitrages erläuterte die damalige Gesundheitsministerin noch einmal die Grundidee des Gesundheitsfonds: diese „besteht darin, dass die GKV eine Solidargemeinschaft mit über 70 Millionen Versicherten ist" (zitiert nach Deutscher Bundestag 2006b, Plenarprotokoll 16/47:4645). Außerdem wiederholte sie ihre Position, wonach mit dem Gesundheitsfonds keine neue Behörde gegründet werde, dieser würde durch das Bundesversicherungsamt, das schon jetzt den Risikostrukturausgleich administriert, organisiert. Auch die anderen Redner der Großen Koalition - u. a. die der Verhandlungsgruppe angehörenden Abgeordneten Wolfgang Zöller, Annette Widmann-Mauz (beide CDU/CSU-Fraktion) sowie Dr. Carola Reimann (SPD) - verteidigten mit unterschiedlichen Worten und aus unterschiedlicher Perspektive die Entscheidung, einen Gesundheitsfonds einzuführen (Deutscher Bundestag 2006b). Allerdings betonten die Redner an einigen Stellen auch die Unterschiede innerhalb der Regierungskoalition. Insbesondere Frau Dr. Carola Reimann, die gesundheitspolitische Sprecherin der SPD-Bundestagsfraktion, wies u. a. darauf hin, dass die SPD die PKV einbeziehe wollte und sich einen höheren Steuerzuschuss wünschte. Des Weiteren betonte sie explizit die Notwendigkeit eines zielgenauen morbiditätsorientierten Risikostrukturausgleichs als Voraussetzung für den Start des Gesundheitsfonds (Deutscher Bundestag 2006; Plenarprotokoll 16/47:4657).

Auch die Spitzenpolitiker, darunter die Bundeskanzlerin sowie die beiden Fraktionsvorsitzenden von CDU/CSU und SPD, äußerten sich im Rahmen der Aussprache über den Haushalt des Bundeskanzleramtes zur anstehenden Gesundheitsreform (Deutscher Bundestag 2006a, Plenarprotokoll 16/46). Den Anfang machte die Bundeskanzlerin: Nach einigen Ausführungen zur Außen- und Sicherheitspolitik sprach die Kanzlerin das Thema „Gesundheitspolitik" an. Hierzu führte die Bundeskanzlerin u. a. Folgendes aus: „Jeder darf sich einmal fragen, ob die Selbstverwaltung der Krankenkassen immer so prima funktioniert hat und wie viel Besitzstandswahrung in dem ganzen System ist." (Dr. Angela Merkel, zitiert nach Deutscher Bundestag 2006a, Plenarprotokoll 16/46:4482). Im weiteren Verlauf ihrer Ausführungen zur Gesundheitsreform kündigte die Kanzlerin die Umsetzung der vereinbarten Eckpunkte an. Auch der damalige Vorsitzende der SPD-Bundestagsfraktion, Peter Struck, ging bei seiner Rede auf die Gesundheitsreform ein: Die Vereinbarung der Eckpunkte sei „ein schwieriges Unterfangen" gewesen; die SPD-Bundestagsfraktion werde „diese Eckpunkte einhalten", auch wenn er sich „mehr Entgegenkommen vom Koalitionspartner gewünscht hätte, zum Beispiel bei der Einbeziehung der PKV" (zitiert nach Deutscher Bundestag 2006a, Plenarprotokoll 16/46.4493). Interessanterweise betonte der SPD-Fraktionsvorsitzende explizit die Beteiligung der Spitzenpolitiker bei der Beratung und Formulierung der Eckpunkte: „Die Expertinnen und die Experten und auch die so genannten Spitzenkreise haben lange darüber beraten." (Peter Struck, zitiert nach Deutscher Bundestag 2006a, Plenarprotokoll 16/46:4493).[149] Auch der Vorsitzende der CDU/CSU-Bundestagsfraktion, Volker Kauder, verwies in der Haushaltsdebatte zunächst auf die Notwendigkeit einer Umsetzung der Eckpunkte bevor er den Grundgedanken des Fonds aus Unionsperspektive erläuterte, die Intensivierung des Wettbewerbs durch Erhöhung der Transparenz: „Das, was wir mit dem Fonds und der Prämie machen, dient dem Wettbewerb." (Volker Kauder, zitiert nach Deutscher Bundestag 2006a, Plenarprotokoll 16/46:4502). Die stellvertretende Fraktionsvorsitzende der SPD-Bundestagsfraktion, Elke Ferner, bekannte sich zwar ebenfalls zu den vereinbarten Eckpunkten, verwies auf auch auf Differenzen mit der Union; sowohl der von der SPD gewünschte Aufbau einer zusätzlichen steuerfinanzier-

---

[149] In theoretischer Hinsicht ist dieser Aspekt insbesondere wegen der „Punctuated Equilibirium Theory" (True/Jones/Baumgartner 2007; vgl. Kap. 2) relevant: Dieser Theorie zu Folge steigt die Wahrscheinlichkeit einer substantiellen Veränderung, wenn ein Thema („issue") von der Ebene der Fachpolitiker („policy subsystem level") auf die Ebene der Spitzenpolitiker („macropolitical level") wechselt.

ten Säule zur Stabilisierung der Finanzsituation der GKV und zur Senkung der Beitragssätze, für den die SPD 24 Mrd. Euro aufzuwenden bereit gewesen sei, als auch der Einbezug der PKV in den Fonds bzw. den Risikostrukturausgleich sei mit der Union nicht möglich gewesen (Deutscher Bundestag 2006a, Plenarprotokoll 16/46:4508).[150] Elke Ferner betonte die Notwendigkeit eines zielgenauen morbiditätsorientierten Risikostrukturausgleichs als Voraussetzung für den Start des Gesundheitsfonds. Hinsichtlich des Aspektes „Verlagerung des Beitragseinzugs" deutete Ferner erstmals - entgegen der Vereinbarung der „Eckpunkte" - die Möglichkeit des Verbleibs des Beitragseinzugs bei den Krankenkassen an (Deutscher Bundestag 2006a, Plenarprotokoll 16/46:4509)

Der 2. Arbeitsentwurf des BMG wurde nicht nur von der parlamentarischen Opposition und den Verbänden im Gesundheitswesen massiv kritisiert. Auch *zwischen* den und *innerhalb* der die Große Koalition bildenden Fraktionen bzw. Parteien gab es weiterhin Streit. Zwischen den Koalitionspartnern waren - sowohl nach Aussagen der Leitungsebene des BMG (Interviews 1 und 38) als auch von Seiten der Union (Interviews 15 und 22) - die Frage des Ausmaßes der Einbeziehung der privaten Krankenversicherung (PKV) in die Reform inklusive des Aspektes der Ausgestaltung des erwähnten Basistarifs sowie die Umsetzung des morbiditätsorientierten Risikostrukturausgleichs („Morbi-RSA) wesentlichen Streitpunkte. Zu den beiden zentralen Streitthemen im Einzelnen:

Die federführend vom Bundesministerium für Finanzen (BMF), allerdings nach Absprache mit dem BMG, Mitte September 2006 vorgelegte Fassung der PKV-Regelungen sah nicht nur eine Öffnung des Basistarifs für Nichtversicherte, sondern für alle Neukunden vor. Des Weiteren sollte ein umfassender Risiko- und Einkommensausgleich innerhalb der PKV eingeführt werden. Dies kann als eine Vorstufe zu einem gemeinsamen Risikostrukturausgleich zwischen den beiden Systemen GKV und PKV interpretiert werden. Außerdem würde durch diese Regelung erstmals das für die PKV typische Äquivalenzprinzip zwischen Gesundheitszustand und Prämienhöhe durchbrochen und stattdessen erstmals ein Einkommensbezug wie in der GKV hergestellt. Die Union verlangte eine grundlegende Überarbeitung der PKV-Regelungen (Interview 15).

Auch in Hinblick auf die Ausgestaltung der in den Eckpunkten genannten „risikoadjustierten Zuschlägen" gab es zwischen den Fraktionen und entspre-

---

[150] Dass es nicht zu einem größeren Anteil an Steuerfinanzierung kam, lag primär an einigen (damaligen) Ministerpräsidenten der Union (insbesondere den Herren Dr. Stoiber, Oettinger und Koch). Deren Anliegen war es, Steuererhöhungen wegen der Finanzierung des Gesundheitswesens zu vermeiden (Interviews 27 und 38). Die Kanzlerin selbst hatte durchaus Sympathien für mehr Steuergelder, konnte sich aber nicht gegen den Widerstand der mächtigen Ministerpräsidenten durchsetzen. In einem Artikel des „DER SPIEGEL" wird die Bundeskanzlerin in diesem Zusammenhang mit den Worten „Wenn ich dem zustimme, kann ich meinen Hut nehmen" zitiert (Feldenkirchen 2006:40).

chend innerhalb der Arbeitsgruppe konträre Auffassungen: Während die SPD und das BMG einen möglichst umfassenden morbiditätsorientierten Risikostrukturausgleich („Morbi-RSA") verwirklicht sehen wollte, war die Union zunächst nur bereit, einen vergleichsweise „schlanken" Morbi-RSA zu akzeptieren. Auch hierzu legte die Union Ende September 2006 einen eigenen Vorschlag vor. Dieser Entwurf definierte die in den Eckpunkten konsentierten „risikoadjustierten Zuschläge" als Zuschläge für die für die Krankheiten, „deren Gesamtausgaben die GKV-weiten Durchschnittsausgaben je Versicherten um mindestens 400 vom Hundert übersteigen" (CDU/CSU 2006). Des Weiteren sah das Papier der Union eine Begrenzung auf maximal 30 Krankheiten vor; diese Begrenzung sei „dringend geboten, um Anreize zu eigenverantwortlichen Handeln und zu einem zielgerichteten Versorgungsmanagement der Krankenkassen nicht allzu sehr einschränken" (CDU/CSU 2006). Die Union war im Wesentlichen aus folgenden zwei Gründen für einen eng begrenzten Morbi-RSA: Erstens aus einer bestimmten ideologischen bzw. programmatischen Ausrichtung, die Ausgleichsmechanismen als „Gleichmacherei" versteht[151] und daher ablehnt sowie zweitens auf Druck einiger ihrer (süddeutschen) Ministerpräsidenten, die durch den Morbi-RSA eine stärkere finanzielle Belastung „ihrer" vergleichsweise gesünderen Länder befürchteten (so auch Presseagentur Gesundheit, 28.09.2006:2). Auch zu diesem Streitthema konnte innerhalb der Arbeitsgruppe kein Konsens erzielt werden.

Wie bereits erwähnt wurde, gab es nicht nur zwischen den beiden Fraktionen Streit über inhaltliche Positionen, sondern auch innerhalb der Fraktionen bzw. Parteien: Während innerhalb der SPD die Kritik vor allem von der „Parlamentarische Linke der SPD-Bundestagfraktion" (PL) und der „Arbeitsgemeinschaft Sozialdemokraten im Gesundheitswesen" (ASG) kam, deren Vertretern sich vor allem am fehlendem Einbezug der privaten Krankenversicherung sowie an der Konstruktion des alleine vom Versicherten zu tragenden Zusatzbeitrags störten (Interview 13, sinngemäß auch Bandelow/Schade 2009), kam innerhalb der Union die Kritik vor allem von einigen Ministerpräsidenten, insbesondere aus dem vergleichsweise wohlhabenden Ländern Bayern und Baden-Württemberg, aber auch aus Hessen und Nordrhein-Westfalen (Handelsblatt 2006a, 10.09.2006; sinngemäß auch Neumann 2009). Die damaligen Ministerpräsidenten des Freistaates Bayern, Dr. Edmund Stoiber, und Baden-Württemberg, Günther H. Oettinger, hatten die Sorge, dass durch den Gesundheitsfonds von „ihren" Ländern" (noch) mehr Finanzmittel in andere Regionen bzw. Bundesländer

---

[151] In diesem Verständnis des Morbi-RSA wurde sie von Krankenkassen und deren Verbänden, die zu den sog. „Zahlerkassen" des Risikostrukturausgleichs gehören (z. B. Techniker Krankenkasse und BKK Bundesverband) massiv bestärkt. Entsprechend konzentrierte sich die Techniker Krankenkasse bei ihrer Lobbyarbeit auf die Union (Interview 34).

fließen würden als bereits durch den bisherigen Risikostrukturausgleich. Diese Sorge war nicht unberechtigt, da als Folge der Systematik des Gesundheitsfonds zum Einen die unterschiedliche Finanzkraft, das heißt die unterschiedlich hohen Beitragseinnahmen, der Kassen künftig vollständig ausgeglichen werden. Dies bedeutet, dass von den Krankenkassen in Ländern mit vergleichsweise hohem Lohn- und Gehaltsniveau (noch) mehr Gelder in andere Regionen, insbesondere in die östlichen Bundesländer, abflossen als dies im „alten" Risikostrukturausgleich, der ca. 92 % der Finanzkraft ausglich der Fall war.[152] Zweitens fließen als Folge des ebenfalls in den Eckpunkten vereinbarten morbiditätsorientierten Risikostrukturausgleichs aus dem Gesundheitsfonds mehr Finanzmittel in die neuen Bundesländer als es im „alten" Risikostrukturausgleich der Fall war. Somit verloren die vergleichsweise wohlhabenderen Länder im Süden sowohl auf der Einnahmeseite durch den 100-prozentigen Finanzkraftausgleich als auch auf der Ausgaben- bzw. Zuweisungsseite. Im Fall von Bayern kam als weiteres Motiv noch die in 2008 stattfindende Landtagswahl hinzu, in deren Vorfeld sich Dr. Edmund Stoiber in der Öffentlichkeit als durchsetzungsfähiger und die bayerischen Landesinteressen wahrender „Landesvater" präsentieren wollte. Der damalige Vorsitzende der SPD-Bundestagsfraktion, Peter Struck, zeigte sich äußerst genervt von den wiederholten Querschüssen insbesondere aus München. In einem Interview mit der „Bild-Zeitung" bezeichnete Struck die Gesundheitsreform als „Lackmustest" der Koalition: „Die Reform muss gelingen, damit die Koalition bis 2009 hält. (...) Eine nochmalige Verschiebung können und wollen wir uns nicht leisten" (Peter Struck, zitiert nach Handelsblatt, 10.09.2006).
Um sowohl nach außen als auch innerhalb der Großen Koalition Ruhe und Gelassenheit zu demonstrieren, traten am 22. September 2006 die beiden Parteivorsitzenden Dr. Angela Merkel (CDU) und Kurt Beck (SPD) gemeinsam vor die Presse; beide „versuchten, gut gelaunt und entspannt zu wirken" (Agentur Lehr 2006e). Die CDU-Vorsitzende und Bundeskanzlerin Dr. Angela Merkel gab zu verstehen, dass es der „absolute politische Wille" der Großen Koalition sei, den Gesetzgebungsprozess im Sinne der vereinbarten Eckpunkte zu beenden. Sinngemäß äußerte sich auch der SPD-Bundesvorsitzende Kurt Beck; dieser ging insofern noch einen Schritt weiter, als er - ähnlich wie wenige Tage zuvor der Vorsitzende der SPD-Bundestagsfraktion, Peter Struck - zumindest implizit einen Zusammenhang zum Überleben der Großen Koalition andeutete:

---

[152] Entsprechend formulierte im Rahmen einer „Aktuelle Stunde" die ostdeutsche SPD-Abgeordnete Margrit Spielmann im Zusammenhang mit dem Gesundheitsfonds Folgendes: „Der Gesundheitsfonds führt dazu, dass es für die Kassen keinen Unterschied macht, wie viel der Versicherte verdient. Somit ist ein Rentner der Kasse genauso wichtig wie ein freiwillig Versicherter. Regional bedeutet dies, dass die Solidarität wohlhabender Regionen mit einkommensschwächeren Regionen gestärkt wird." (zitiert nach Deutscher Bundestag 2006c, Plenarprotokoll 16/53:5136).

Es sei der Wille vorhanden, „keine Unsicherheit über die Lösungsfähigkeit" der Koalition aufkommen zu lassen (beide Zitate nach Agentur Lehr 2006e). Neben dem von beiden Spitzenpolitikern demonstrierten Willen, eine Einigung auch der Einigung wegen zu finden, standen die wesentlichen Streitpunkte, d. h. die Themen GKV/PKV, Morbi-RSA und Funktionsfähigkeit des Fonds, insbesondere die Frage der Überforderungsklausel beim Zusatzbeitrag, im Zentrum der gemeinsamen Pressekonferenz.[153] Beide Politiker betonten einerseits ihre Treue zu den Anfang Juli konsentierten Eckpunkten, insbesondere die Bundeskanzlerin sprach sich aber gleichzeitig auch für eine praktikable Umsetzung der Überforderungsklausel aus.[154] Hierzu einigten sich die beiden Parteivorsitzenden auf die Benennung von zwei Experten, von jeder Seite einer, die Vorschläge zu einer möglichen Umsetzung der Ein-Prozent-Überforderungsklausel unterbreiten sollten. Namen von möglichen Experten wurden an diesem Tag noch nicht genannt. Wenige Tage nach diesem Gespräch der beiden Parteivorsitzenden wurden die beiden Experten benannt: Die Union benannte den Ökonomen und „Wirtschaftsweisen" Prof. Dr. Bert Rürup, die SPD den früheren Vorstandsvorsitzenden der BARMER Ersatzkasse, Dr. Eckart Fiedler. Die Aufgabe der beiden Gutachter war es, bis zum nächsten Treffen des Koalitionsausschusses am 4. Oktober 2006 Vorschläge für eine praktikable und für beide Seiten akzeptable Umsetzung der Überforderungsklausel vorzulegen. Allen Beteiligten war klar, dass diesem Treffen der Koalitionsspitzen Anfang Oktober 2006 angesichts der permanenten Streitereien innerhalb der Großen Koalition sowie des anhaltenden Widerstandes von außen immense Bedeutung zukommen würde. Der Vorsitzende der SPD-Bundestagsfraktion Peter Struck sagte am 26. September 2006 vor der SPD-Fraktionssitzung, an diesem Tag falle die endgültige Entscheidung, wie es mit der Gesundheitsreform weitergehe (dfg 2006d, 39 -06:3).

Parallel zur Arbeit der beiden Gutachter tagte weiterhin die Koalitionsarbeitsgruppe. Diese tat sich bei dem Versuch, Einigungen bei den offenen Fragen zu erzielen, weiterhin sehr schwer. Die einzige im Zusammenhang mit dem Gesundheitsfonds relevante Entscheidung der Arbeitsgruppe von Ende September 2006 betraf die umstrittene Frage des Beitragseinzugs: dieser sollte nun doch bei den Krankenkassen bleiben. Diese Entscheidung gab Wolfgang Zöller

---

[153] Die Union hatte mit der Ein-Prozent-Grenze ein doppeltes Problem: Einmal die Sorge, dass durch die Begrenzung des Zusatzbeitrages Krankenkassen mit einkommensschwachen Mitgliedern nicht das zur Deckung erforderliche Finanzvolumen schöpfen würden können. Zweitens, weil mit der Begrenzung des Zusatzbeitrages auf ein Prozent der beitragspflichtigen Einnahmen der von der Union gewünschte Wettbewerb zwischen den Krankenkassen auf der Preisseite sehr stark eingeschränkt ist.

[154] Zwei Woche vor dieser Pressekonferenz sagte der Fraktionsvize der Union, Wolfgang Zöller, hierzu Folgendes: „Die Belastungsgrenze ist für die SPD zwar nicht verhandelbar, sie ist aber auch nicht umsetzbar." (zitiert nach Bartels/Paquet 2009:289).

am 27. September 2006 im Rahmen einer von der FDP-Bundestagsfraktion beantragten „Aktuelle Stunde" zum Stand der Gesundheitsreform bekannt (Deutscher Bundestag 2006c). Keine Einigung gab es bei den Themen „PKV", „Morbi-RSA" und „Zusatzbeitrag"; insbesondere die wirtschaftsstarken unionsregierten Bundesländer Bayern und Baden-Württemberg wehrten und sperrten sich weiterhin gegen den mit dem geplanten Gesundheitsfonds einhergehenden Mittelabfluss in andere Regionen.

Die beiden Gutachter Fiedler und Rürup übergaben ihre jeweiligen Stellungnahmen Ende September/Anfang Oktober 2006. Beide Expertisen bezeichneten die Regelung des Eckpunktepapiers bzw. der Arbeitsentwürfe als untauglich; während Rürup die Beschreibung „dysfunktional" (Rürup 2006:2) wählte, sprach Fiedler von „Marktverzerrung" (Fiedler 2006:4). Eckhart Fiedler illustrierte die Marktverzerrung am Beispiel der beiden Krankenkassen AOK Mecklenburg-Vorpommern und Techniker Krankenkasse (TK): Die Beitragseinnahmen je Mitglied waren im Jahr 2005 als Folge unterschiedlicher beitragspflichtiger Einnahmen bei der TK mehr als doppelt so hoch wie bei der AOK Mecklenburg-Vorpommern; wären beide Kassen gleich effizient und müssten zur Schließung einer Finanzlücke einen Zusatzbeitrag erheben, müsste die AOK Mecklenburg-Vorpommern von ihren Mitgliedern einen doppelt so hohen Betrag erheben wie die TK, um das gleiche Finanzvolumen zu realisieren. Somit entstünden der AOK Mecklenburg-Vorpommern im Verhältnis zur TK auf der Preisseite ganz erhebliche Wettbewerbsnachteile, die nichts mit der Effizienz der Kasse, sondern der Strukturschwäche einer Region zu tun haben (Fiedler 2006:4). Beide Gutachter sprachen sich daher für eine kassenübergreifende Ausgestaltung der Überforderungsklausel aus.[155]

Das entscheidende Spitzengespräch am 4. Oktober 2006

Im Vorfeld des von allen gesundheitspolitischen Akteuren mit großer Spannung erwarteten Zusammentreffens des Koalitionsausschusses am 4. Oktober 2006 positionierten sich die relevanten Akteure außerhalb der Großen Koalition in Form von Pressemitteilungen und Schreiben an die beteiligten Personen, um Einfluss auf die Entscheidungen der Spitzenpolitiker zu nehmen. Während einzelne Krankenkassen und ihre Verbände in Gesprächen, Schreiben und Publika-

---

[155] Während Rürup eine steuerfinanzierte Lösung, bei der eine Kasse aus Steuermitteln finanzierte Zuschüsse aus dem Gesundheitsfonds in Höhe der Einnahmeausfälle als Folge der Finanzausstattung ihrer Mitglieder erhält (Rürup 2006:2) empfahl, plädierte Fiedler für die Einführung eines so genannten „Grundlohnfaktors" beim Zusatzbeitrag, das heißt, eine Krankenkasse mit einem unterdurchschnittlichen Grundlohn sollte im Falle der Erhebung eines Zusatzbeitrages aus dem Gesundheitsfonds einen Ausgleich für ihre Grundlohnschwäche erhalten (Fiedler 2006:4).

tionen für ihre Positionen insbesondere hinsichtlich der Ausgestaltung des morbiditätsorientierten Risikostrukturausgleichs (Morbi-RSA) warben, versuchten auch weitere Akteure in Form von Pressemitteilungen Druck auf die Spitzenpolitiker auszuüben und dadurch Einfluss auf die Ergebnisse zu nehmen. Am 2. Oktober 2006 meldete sich der Präsident der Bundesvereinigung Deutscher Industrie e. V. (BDI), Jürgen Thumann, zu Wort und forderte den Verzicht auf die Ein-Prozent-Begrenzung des Zusatzbeitrages, denn diese „Regelung bedeutet die faktische Abschaffung des Wettbewerbs" (BDI, PM vom 02.10.2006). Sofern die Große Koalition an der Ein-Prozent-Regel festhalten wolle, sei es besser, wenn man ganz auf den Fonds verzichte. Auch der PKV Verband wandte sich mit einer Pressemitteilung öffentlich an Bundeskanzlerin Dr. Angela Merkel und den SPD-Parteivorsitzenden Kurt Beck: In der Pressemitteilung vom 3. Oktober 2006 appellierte der PKV Verband namentlich an diese beiden Spitzenpolitiker, „die sich abzeichnenden Eingriffe in die private Krankenversicherung nicht vorzunehmen (PKV Verband 2006e, PM vom 03.10.2006). Nicht nur der PKV-Verband, sondern auch die Verbände der gesetzlichen Krankenkassen versuchten unmittelbar vor der entscheidenden Runde der Koalitionsspitzen Einfluss auf deren Beratungen und Entscheidungen zu nehmen. Mit einer gemeinsamen Presseerklärung der Dachverbände der Kassenarten wiederholten und bekräftigten sie ihre Forderung nach einem „Neuanfang" für die Gesundheitsreform; „Fachlichkeit und Vernunft müssen Vorrang gegenüber machtpolitischen Interessen haben" (Arbeitsgemeinschaft der Spitzenverbände der gesetzlichen Krankenkassen 2006d). Auch innerhalb der Großen Koalition gab es unmittelbar vor dem Spitzentreffen weiterhin Unruhe; Kurt Beck kritisierte öffentlich zum wiederholten Mal den bayerischen Ministerpräsidenten Stoiber, weil sich dieser - angesichts der anstehenden Landtagswahl im Jahr 2008 - immer wieder von den Eckpunkten distanzierte und ankündigte, er werde Vereinbarungen im Koalitionsausschuss nur unter dem Vorbehalt zustimmen, dass diese nicht zu Lasten Bayerns und der PKV ausfallen.[156]

Wie bereits Anfang Juli 2006 bei der endgültigen Formulierung der „Eckpunkte zur Gesundheitsreform" wurden die abschließenden Entscheidungen wieder auf der Ebene der Spitzenpolitiker getroffen. Auf den Tag genau drei Monate nach dem entscheidenden, zur endgültigen Formulierung der Eckpunkte

---

[156] Einige große Unternehmen der privaten Versicherung haben ihren Sitz in München; u. a. die Allianz. AG. Dem Vernehmen nach gehen die Sponsoraktivitäten der Allianz AG beim FC Bayern München (Stichwort „Allianz Arena") stark auf die persönliche Vermittlung des früheren bayerischen Ministerpräsidenten Dr. Stoiber, dem Vorsitzenden des Verwaltungsbeirates des FC Bayern München e. V., zurück (Interview 28). In der Tageszeitung „Münchner Merkur" erschien am 28.06.2006 unter der Überschrift „Hoffentlich CSU versichert" ein Artikel über die enge Verbindung der Allianz AG und der CSU. Die Allianz AG gehört zu den größten Spendern der CSU (Münchner Merkur 28.06.2006)

führenden Spitzengespräch des Koalitionsausschusses Anfang Juli 2006 fand am 4. Oktober 2006 wieder ein entscheidendes Treffen auf Spitzenebene statt. Zunächst traf sich der komplette Koalitionsausschuss („Siebener Runde"), am Ende des Abends war der Entscheiderkreis sogar noch kleiner: übrig blieben die drei Parteivorsitzenden Dr. Angela Merkel, Kurt Beck und Dr. Edmund Stoiber (Interview 17). Basierend auf den Eckpunkten veröffentlichten die drei Parteivorsitzenden noch am 4. Oktober 2006 eine umfangreiche gemeinsame Pressemitteilung (Merkel/Beck/Stoiber 2006), in der sie die Einigung der Großen Koalition auf eine „weitreichende Gesundheitsreform" verkündeten. Die vereinbarten Maßnahmen haben laut dieser Pressemitteilung das Ziel, „die Qualität der Versorgung zu verbessern, Wahl- und Entscheidungsmöglichkeiten der Versicherten zu erhöhen und insgesamt durch Wirtschaftlichkeit, Transparenz, Wettbewerb und Bürokratieabbau die Finanzierbarkeit der gesundheitlichen Versorgung zu sichern". Hinsichtlich des Finanzierungsaspektes einigten sich die Koalitionsspitzen auf folgende Regelungen (ausführlich bei Merkel/Beck/Stoiber 2006):

Der Gesundheitsfonds wird zum 1. Januar 2009 eingeführt. Arbeitgeber und Beschäftigte zahlen einen festen, für alle Krankenkassen identischen Beitragssatz in den Gesundheitsfonds ein. Die Finanzierung der Ausgaben für die beitragsfreie Mitversicherung der Kinder in der Krankenversicherung wird zunehmend durch Steuermittel gesamtgesellschaftlich aufgebracht. Dieser Steuerzuschuss und die Beiträge decken zum Startzeitpunkt 100 % der Ausgaben der GKV ab, künftig mindestens 95 %. Jede Krankenkasse erhält für jeden ihrer Versicherten eine pauschale Zuweisung. Diese wird nach Alter, Geschlecht und bestimmten Krankheitsfaktoren modifiziert. Der hierzu notwendige Risikostrukturausgleich umfasst 50 bis 80 Krankheiten, wobei nur Krankheiten berücksichtigt werden, bei denen die durchschnittlichen Leistungsausgaben je Versicherten die GKV-weiten durchschnittlichen Leistungsausgaben je Versicherten um mindestens 50% übersteigen. Auch für den „Morbi-RSA" gilt der Einführungstermin 1. Januar 2009. Kommt eine Krankenkasse mit den zugewiesenen Mitteln nicht aus, muss sie von ihren Mitgliedern einen Zusatzbeitrag erheben. Dieser Zusatzbeitrag darf 1% des beitragspflichtigen Einkommens nicht übersteigen. Feste oder prozentuale Zusatzbeiträge in einer Höhe bis zu 8 € werden ggf. ohne Einkommensprüfung erhoben. Wird ein Zusatzbeitrag erforderlich, muss die Krankenkasse ihre Mitglieder auf die Möglichkeit eines Kassenwechsels hinweisen. Krankenkassen, die die erhaltenen Zuweisungen nicht in vollem

Umfang benötigen, können ihren Versicherten überschüssige Mittel auszahlen.[157]

Der damalige CSU-Vorsitzende und bayerische Ministerpräsident Dr. Edmund Stoiber konnte erreichen, dass in der Vereinbarung des Koalitionsausschusses bzw. der drei Parteivorsitzenden eine Übergangsregelung bei der Einführung des Gesundheitsfonds, eine so genannte „Konvergenzklausel" enthalten ist. Hierzu brachte der bayerische Ministerpräsident nach Aussagen mehrerer Interviewpartner (Interviews 1, 3 und 5) einen in München bereits ausformulierten Textbaustein mit, der sicherstellen soll, dass ein möglicher Mittelabfluss für ein Bundesland auf maximal 100 Mio. EUR pro Jahr begrenzt ist.[158] In der Pressemitteilung der drei Parteivorsitzenden findet sich hierzu folgende Passage:

> „Um unverhältnismäßige regionale Belastungssprünge aufgrund der Einführung des Gesundheitsfonds zu vermeiden, wird eine Konvergenzphase eingeführt, binnen derer unterschiedliche Einnahmen- und Ausgabenstrukturen der Kassen angeglichen werden. In dieser Konvergenzphase werden unterschiedliche Be- und Entlastungen durch die Verteilungsmechanismen des Fonds in jährlichen Schritten von maximal 100 Mio. € (bezogen auf alle im Bereich eines Landes tätigen Kassen) angeglichen. Dieser Höchstangleichungsbetrag von 100 Mio. € wird jeweils auf das Land mit der höchsten absoluten Belastung bzw. Entlastung (Referenzland) bezogen, hiervon abgeleitet werden die Ausgleichsbeträge der anderen Länder jeweils im Verhältnis der Be-/Entlastungen zum absoluten Wert des Referenzlandes ermittelt." (zitiert nach Pressemitteilung Merkel/Beck/Stoiber 2006).

Es wurde vereinbart, dass die der Konvergenzklausel zugrunde zu legenden länderspezifischen Be- bzw. Entlastungswirkungen durch ein Gutachten ermittelt werden. Hinsichtlich des Aspektes „Einbezug der PKV" setzte sich die Union weitgehend durch: Zu der von der SPD gewünschten Einbeziehung der PKV

---

[157] Wörtlich heißt es in der Pressemitteilung an dieser Stelle „Gut wirtschaftende Kassen werden ihren Versicherten überschüssige Mittel ausschütten können. Damit können Versicherte auf einen Blick erkennen, wie gut ihre Kasse arbeitet. Dies schafft mehr Transparenz und Wettbewerb". Diese Formulierung - „gut wirtschaftende Kassen" - erregte den Unmut bei vielen Krankenkassenmanagern; ein Interviewpartner von einer großen Krankenkasse bezeichnete den Zusatzbeitrag als „Bestrafungsinstrument für angeblich unwirtschaftliche Kassen" (Interview 30). Tatsächlich hängt es von vielen Einflussfaktoren ab, ob eine Kasse mit den Zuweisungen auskommt oder nicht. Weitere relevante Einflussfaktoren – neben der Managementfähigkeit des Führungspersonals einer Kasse - sind z. B. die Zielgenauigkeit der Zuweisungen bzw. die Versichertenstruktur einer Krankenkasse.

[158] Die immense Bedeutung dieser Forderung wurde in einem Interview mit folgender Aussage beschrieben: „Diese Formulierung kommentierte Volker Kauder mit den Worten „Entweder das kommt rein oder das Ganze nicht in den Bundestag". Hier stand die ganze Sache wirklich auf der Kippe." (Interview 1).

in den Gesundheitsfonds oder zumindest zu einer Ausgleichszahlung der PKV an die GKV auf Grund ihrer einkommensstärkeren und gesünderen Versicherten kam es nicht. Auch die von der SPD ebenfalls geforderte Portabilität der Altersrückstellungen zwischen PKV und GKV wurde von der Union ebenfalls erfolgreich abgelehnt. Durchsetzen konnte sich die SPD allerdings mit ihrer Forderung nach einer sozialen Komponente beim neu eingeführten „Basistarif" der PKV. Hier wurde in dreifacher Hinsicht eine Sozialkomponente vereinbart. Einmal dadurch, dass dieser in seiner Prämienhöhe maximal auf das Niveau der GKV begrenzt wurde und zweitens durch eine Halbierung des Preises für die Menschen, die sich die volle Prämienhöhe nicht leisten können. Drittens muss sich für den Fall, dass selbst die halbierte Prämie Hilfsbedürftigkeit nach den Bestimmungen des Zweiten oder Zwölften Sozialgesetzbuch auslöst, der für Grundsicherung zuständige Träger an den Kosten für den Basistarif beteiligen. Die SPD konnte außerdem erreichen, dass alle in Deutschland lebenden Menschen die Möglichkeit, bekommen sich für den Krankheitsfall abzusichern; Nichtversicherte müssen von ihrer früheren Krankenkasse wieder aufgenommen werden.[159]

Die Bedeutung dieser von den Parteivorsitzenden getroffenen Vereinbarung unterstreicht folgender Sachverhalt: Mit Datum vom 5. Oktober 2006 schrieb der damalige Generalsekretär der CDU, Ronald Pofalla, die Mitglieder des Präsidiums und des Bundesvorstandes der CDU Deutschlands, die Abgeordneten der CDU-Bundestagsfraktion, die Landesgeneralsekretäre, Landesgeschäftsführer, Vorsitzenden der Landtagsfraktionen sowie die Kreisvorsitzenden und Kreisgeschäftsführer an, um diese über die Einigung zu informieren (Pofalla 2006).[160] Bemerkenswert ist, dass Pofalla an gleich zwei Stellen seines Schreibens die CDU als „Schutzpatron" der Privaten Krankenversicherung (PKV) erwähnt: Mit dem Erhalt der PKV sei ein zentrales Ziel der CDU erreicht worden, die Arbeit habe sich gelohnt. Auch sei die direkte oder indirekte Einführung der Bürgerversicherung verhindert worden, indem es keine Einbeziehung der PKV in den Fonds gibt. Außerdem eröffne die gefundene Lösung die Option für eine Weiterentwicklung in Richtung solidarische Gesundheitsprämie.

Wie nicht anders zu erwarten, riefen die auf der Spitzenebene getroffenen Festlegungen sowohl bei der parlamentarischen als auch der außerparlamentarischen Opposition, den Verbänden, ein ablehnendes Echo hervor. Nachfolgende - exemplarische- Passagen von Pressemitteilungen verdeutlichen dies sehr eindrucksvoll: Die FDP-Bundestagsfraktion veröffentlichte am 5. Oktober 2006 gleich zwei Pressemitteilungen: Während ihr damaliger Fraktionsvorsitzender

---

[159] Diese Regelung bezieht sich sowohl auf die GKV als auch die PKV.
[160] Ronald Pofalla wurde mit Bildung der christlich-liberalen Bundesregierung im Oktober 2009 Chef des Bundeskanzleramtes und Bundesminister für besondere Angelegenheiten.

Guido Westerwelle sich mit den Worten, „der Gesundheitsfonds gehört nicht verschoben, sondern beerdigt" (FDP 2006e, PM vom 05.10.2006) zitieren ließ und er gleichzeitig „die Abschaffung dieser Bundesagentur für Gesundheit" ankündigte, fand auch der damalige gesundheitspolitische Sprecher der FDP-Bundestagsfraktion, Daniel Bahr, deutliche Worte: „Diese sozialistische Umverteilungsmaschinerie darf nie das Licht der Welt erblicken." (FDP 2006f, PM vom 05.10.2006). Auch die Verbände der privaten und der gesetzlichen Krankenkassen waren weiterhin nicht zufrieden. Der PKV-Verband lobte zwar den Erhalt der PKV als Vollversicherung, kritisierte aber den Verlust ihrer Attraktivität als Folge von aus den Vereinbarungen des Koalitionsausschusses resultierenden Prämienerhöhungen (PKV Verband 2006f, PM vom 05.10.2006). Ebenfalls ablehnend äußerten sich die Spitzenverbände der gesetzlichen Krankenkassen. Nach deren Auffassung belasten die Vereinbarungen einseitig die Beitragszahler, insbesondere die Versicherten, und schonen gleichzeitig zu sehr die Leistungserbringer und die PKV (Arbeitsgemeinschaft der Spitzenverbände 2006e, PM vom 05.10.2006).

Nur drei Tage nach dem Treffen des Koalitionsausschusses verschickte das BMG den mit Datum 07.10.2006 versehenen „4. Arbeitsentwurf eines Gesetzes zur Stärkung des Wettbewerbs in der gesetzlichen Krankenversicherung (GKV-Wettbewerbsstärkungsgesetz - GKV-WSG)" (BMG 2006e) an die Sprecher der Arbeitsgruppen der Regierungsfraktionen sowie die unionsgeführten Länder. Diese erhielten nur drei Tage Zeit, um die korrekte Umsetzung der am 4. Oktober 2006 getroffenen Vereinbarungen zu überprüfen, da der Zeitplan des BMG den Versand des Referentenentwurfs an die Verbände bereits am 11. Oktober 2006 vorsah. Dieser Arbeitsentwurf ist der erste Entwurf, der nicht mehr den Aspekt der Verlagerung des Beitragseinzugs weg von den Krankenkassen, hin zu regionalen Einzugsstellen enthält. Am 11. Oktober 2006 wurde vom BMG der 542 Seiten umfassende Referentenentwurf eines Gesetzes zur Stärkung des Wettbewerbs in der gesetzlichen Krankenversicherung (GKV-Wettbewerbsstärkungsgesetz - GKV-WSG) vorgelegt (BMG 2006f). Dieser enthält dieser die am 4. Oktober 2006 von den drei Parteivorsitzenden getroffenen Vereinbarungen.

5.2.3 Zwischenfazit: Vergleich Eckpunkte und Referentenentwurf

Bereits vor Formulierung des Referentenentwurfs wurden die entscheidenden Eckpunkte der Finanzierungsreform Anfang Juli 2006 von den Partei- und Fraktionsvorsitzenden formuliert. Vergleicht man Regelungen des Referentenentwurfs vom Oktober 2006 mit den Regelungen der Eckpunkte vom Juli 2006, so fällt zunächst eine hohe Übereinstimmung in der Grundausrichtung der Neugestaltung der Finanzierung der GKV auf. Substantiell wurde während der drei Monate von Anfang Juli 2006 bis Anfang Oktober 2006 wenig geändert. Auch der Referentenentwurf des GKV-Wettbewerbsstärkungsgesetzes sieht die Errichtung eines Gesundheitsfonds mit der Konstruktion eines für alle Kassen einheitlichen Beitragssatzes in Verbindung mit Zusatzbeiträgen sowie risikoadjustierten Zuweisungen vor. Insofern kann man in diesem genannten Zeitraum von einer recht hohen Konstanz sprechen. Diese Feststellung darf und soll allerdings keineswegs den Eindruck eines harmonischen Prozesses entstehen lassen. Bei vielen zentralen Facetten der Ausgestaltung des Gesundheitsfonds gab es in diesem Zeitraum innerhalb der Großen Koalition faktisch Dauerstreit. Diese Feststellung gilt insbesondere für die Fragen der Ausgestaltung des Zusatzbeitrages und des morbiditätsorientierten Risikostrukturausgleichs („Morbi-RSA") sowie des Ausmaßes der Einbeziehung der PKV in den Gesundheitsfonds. Wie schon bei der abschließenden Formulierung der Eckpunkte im Juli 2006 wurden auch drei Monate später die politisch besonders heiklen Punkte, an deren fehlender Einigung die Große Koalition phasenweise fast gescheitert wäre, von dem Koalitionsausschuss bzw. letztlich von einem noch kleineren Entscheiderkreis, den drei Parteivorsitzenden, entschieden.

Die erwähnte Feststellung von wegen einer vergleichsweise hohen Übereinstimmung zwischen den Eckpunkten und dem Referentenentwurf darf nicht den Eindruck erwecken, wonach faktisch gar nichts geändert wurde. Dem ist nicht so. Ein Vergleich der Inhalte der beiden Papiere in Bezug auf den Aspekt „Gesundheitsfonds" führt zur Identifikation folgender Änderungen bzw. Konkretisierungen:

- Der Start des Fonds wurde vom 01.01.2008 auf den 01.01.2009 verschoben.

- Es wurde festgelegt, dass der Fonds in der Startphase die Ausgaben der GKV zu 100 %, anschließend zu mindestens 95 % abdeckt.

- Der für alle Krankenkassen mit Wirkung vom 01.01.2009 identische Beitragssatz wird per Rechtsverordnung von der Bundesregierung - nicht vom Bundesgesundheitsministerium - festgelegt.

- Es erfolgte eine Konkretisierung hinsichtlich des in den Eckpunkten noch recht abstrakt genannten Begriffs „risikoadjustierte Zuschläge", indem nun eine Festlegung auf Zuschläge für 50 bis 80 kostenintensive Krankheiten vereinbart wurde.[161]

- Die umstrittene Regelung bezüglich des Zusatzbeitrages wurde dahingehend modifiziert, dass für Zusatzbeiträge bis einschließlich 8 EUR pro Monat keine Einkommensprüfung notwendig ist. Die Begrenzung auf ein Prozent der beitragspflichtigen Einnahmen blieb bestehen.

- Neu hinzugekommen ist auf massiven Druck insbesondere von Bayern die oben beschriebene „Konvergenzklausel", die den zusätzlichen Mittelabfluss eines Bundeslandes durch die Einführung des Gesundheitsfonds auf maximal 100 Mio. EUR pro Jahr begrenzen soll.

- Ersatzlos gestrichen wurde die in den Eckpunkten erwähnte Verlagerung des Beitragseinzugs weg von den Krankenkassen, hin zu regionalen Einzugsstellen.

Vergleicht man den Referentenentwurf vom 11. Oktober mit den Eckpunkten vom 4. Juli 2006, so gibt es hinsichtlich des Finanzierungsteils neben den genannten Konkretisierungen nur eine Veränderung von Relevanz: der Beitragseinzug bleibt (doch) bei den Krankenkassen. Wie kann diese Veränderung erklärt werden? Die Veränderung ist letztlich die Bewahrung des Status quo vor den Eckpunkten; also eine Rücknahme der geplanten Veränderungen („Salto rückwärts"). In theoretischer Hinsicht kann man die Rückkehr zu den „alten" Regelungen sowohl mit der Vetospielertheorie als auch dem Ansatz der Pfadabhängigkeit erklären: Die entscheidenden Vetospieler an dieser Stelle waren primär die Länder. Die ursprünglich von der Bundesregierung - insbesondere vom BMAS - intendierte Zentralisierung des Beitragseinzugs war politisch nicht durchsetzbar; sie scheiterte vor allem am Widerstand der Länder. Diesen ging es sowohl um die Arbeitsplätze „ihrer" landesunmittelbaren Krankenkassen als auch um ihre Landesbanken. Ein zweiter einflussreicher Vetospieler in diesem Kontext waren die Gewerkschaften; insbesondere die Dienstleistungsgewerkschaft ver.di, aber auch der Deutsche Gewerkschaftsbund (DGB). Diese waren zwar als Institutionen nicht direkt bei den Verhandlungen bzw. Entscheidungen beteiligt, hatten aber - in Person von Elke Ferner, der stellvertretenden Vorsit-

---

[161] Diese Festlegung auf die Zahl „50 - 80" ist ein klassischer Kompromiss; die Union wollte maximal 30 Krankheiten berücksichtigen, die SPD mindestens 100 Krankheiten. Laut einem Interviewpartner basiert diese Formulierung „50 bis 80" auf einer in einer Teeküche getroffenen Absprache zwischen Ministerin Ulla Schmidt (SPD) und Wolfgang Zöller (CDU/CSU) (Interview 5).

zenden der SPD-Bundestagsfraktion, und Kurt Beck, dem damaligen Parteivorsitzenden der SPD - in der SPD prominente Fürsprecher.[162] Man kann ver.di daher als einen über Bande spielenden Vetospieler bzw. mittelbaren Vetospieler bezeichnen. Auch der Ansatz der „Pfadabhängigkeit" trägt seinen Teil zur Erklärung der Rücknahme der geplanten Veränderung bei. Aus Sicht der Ministerialbeamten des für Fragen des Beitrags- und Meldewesens federführend zuständigen BMAS hatte sich das Verfahren mit den Krankenkassen bewährt. Ein Wechsel von den Krankenkassen zu den Rentenversicherungsträgern erschien den Ministerialbeamten zu riskant.

5.2.4 Vom Referentenentwurf zur Veröffentlichung im Bundesgesetzblatt

Bereits vier Tage nach Eingang des Referentenentwurfs bei den Verbänden fand am 16. Oktober 2006 im BMG die Verbändeanhörung statt. Diese geriet zur Farce, da nahezu alle bedeutsamen Verbände sowohl der Kostenträger als auch der Leistungserbringer die Anhörung im Ministerium boykottierten.[163] Solch ein Vorgehen war und ist in der Geschichte der Gesundheitspolitik in Deutschland bislang ein einmaliger Vorgang. Fast genauso ungewöhnlich in der Geschichte der Gesundheitspolitik ist das konzertierte Vorgehen sowohl der Kostenträger und Leistungserbringer als auch der gesetzlichen und privaten Krankenversicherung. In einer gemeinsamen Presseerklärung der rund 20 Verbände - erstellt unter Federführung der beiden Ersatzkassenverbände - begründeten diese ihr Fernbleiben mit dem Mangel an der ihr zur Durchsicht des über 500 Seiten umfassenden Referentenentwurfs zur Verfügung stehenden Zeit; der Sinn einer Fachanhörung sei es, einzelne Regelungen auf ihre Auswirkungen hin zu bewerten, dies sei „angesichts des Umfangs und der Tragweite der Änderungen in derart kurzer Frist jedoch ein Ding der Unmöglichkeit". (VdAK/AEV et al. 2006b, PM vom 13.10.2006).

Auch innerhalb der Großen Koalition nahm der Widerstand nach Vorlage des Referentenentwurfs nicht ab. Am 19. Oktober 2006 veröffentlichte die „Parlamentarische Linke der SPD-Bundestagsfraktion" (PL) auf ihrer Homepage eine Zwischenbewertung der geplanten Gesundheitsreform. In dieser werden

---

[162] Sowohl Elke Ferner als auch Kurt Beck sind Mitglied von ver.di. Die in diesem Zusammenhang entscheidende Rolle von Elke Ferner wurde auch in einem Interview mit zwei Herren der damaligen Leitungsebene des BMG von diesen explizit erwähnt (Interview 1).
[163] Im Einzelnen handelte es sich u.a. um folgende Verbände: Bundesärztekammer, Bundeszahnärztekammer, Deutsche Krankenhausgesellschaft (DKG), Kassenärztliche Bundesvereinigung (KBV), Kassenzahnärztliche Bundesvereinigung (KZBV), die sieben Spitzenverbände der gesetzlichen Krankenkassen und der Verband der PKV.

zwar einige Aspekte der Gesundheitsreform, wie beispielsweise der Erhalt und punktuelle Ausbau des Leistungskataloges der GKV begrüßt, die geplante Errichtung des Gesundheitsfonds allerdings explizit kritisiert.[164] Die Parteilinken forderten die Einführung eines umfassenden und zielgenauen morbiditätsorientierten Risikostrukturausgleich, das heißt den Verzicht auf die im Referentenentwurf festgeschriebene Anzahl von 50 bis 80 Krankheiten, die Einbeziehung der PKV in den Fonds sowie den Verzicht auf die Zusatzbeiträge. Außerdem forderte sie den Aufbau einer steuerfinanzierten Säule. Einzelne SPD-Bundestagsabgeordnete forderten sogar den Verzicht oder zumindest die Verschiebung des Gesundheitsfonds (Der gelbe Dienst 2006a, 23.10.2006). Auch in der Union gab es Widerstand; sowohl der Vorsitzende der „Jungen Union", Philipp Mißfelder, als auch der Vorsitzende der „Jungen Gruppe der CDU/CSU-Bundestagsfraktion", Marco Wanderwitz, lehnten das Reformvorhaben ab, da es aus ihrer Sicht keine ausreichende Antworten auf den demographischen Wandel gibt und dem Aspekt der Generationengerechtigkeit nicht ausreichend Rechnung trägt (Neumann 2009). Die Spitzenverbände der gesetzlichen Krankenkassen und die parlamentarische Opposition leisteten ebenfalls weiterhin Widerstand. Zwei Tage nach der von ihnen boykottierten Verbändeanhörung führten die Verbände eine Pressekonferenz durch, bei der sie eine „erste politische Stellungnahme" (VdAK/AEV et al. 2006c, PM vom 18.10.2006) vorlegten. Die zentrale Botschaft dieser Pressekonferenz lautete, durch den Gesundheitsfonds würden neue Probleme geschaffen, statt vorhandene zu beseitigen (VdAK/AEV et al. 2006c, PM vom 18.10.2006).

Trotz des Widerstandes sowohl innerhalb der Großen Koalition als auch von Seiten der Verbände liefen die Vorbereitungen insbesondere im für den Gesetzgebungsprozess federführenden BMG unbeirrt weiter. Um die Gesundheitsreform sicher und zügig durchzusetzen, wurde ein zweigleisiges Verfahren gewählt, das heißt eine Paralleleinbringung des Reformvorhabens in Bundestag und Bundesrat. Hierzu gab es zwei wortgleiche Gesetzesentwürfe, von denen der eine von den beiden Regierungsfraktionen in das parlamentarische Verfahren und der andere von der Bundesregierung in die Länderkammer eingebracht wurde. Bevor dies geschehen konnte, war noch die Zustimmung der beiden Fraktionen und des Bundeskabinetts erforderlich. Beides erfolgte binnen 24 Stunden. Am 24. Oktober 2006 passierte der Entwurf die beiden Regierungs-

---

[164] Der Referentenentwurf sieht einige Leistungsverbesserungen vor; so z. B. die Umwandlung von Mutter-Kind-Kuren von sog. „Kann-Leistungen" in „Regelleistungen" und sogar die Einführung neuer Leistungen, wie beispielsweise einer „Spezialisierten ambulanten Palliativversorgung". Diese Leistungen wurden im weiteren Gesetzgebungsprozess tatsächlich in den Leistungskatalog der GKV aufgenommen.

fraktionen, am Tag darauf das Kabinett.[165] Die erste Lesung des GKV-WSG im Deutschen Bundestag fand bereits zwei Tage nach dem Beschluss des Bundeskabinetts, am 27. Oktober 2006, statt. Dabei wurden von Vertretern der Regierung und der Opposition die bereits aus diversen Pressemitteilungen und den Bundestagsdebatten hinlänglich bekannten Argumente pro und contra Gesundheitsfonds vorgetragen (vgl. Deutscher Bundestag 2006).

Ebenfalls im Oktober 2006 begannen bereits die Vorbereitungen für die Implementation des Gesundheitsfonds: Zum Einen brachte das BMG den Entwurf einer Änderung der „Verordnung der Risikostruktur-Ausgleichsverordnung" (14. RSA-ÄndV) in den Bundesrat ein, um dadurch die Rechtsgrundlage für die Erhebung der für die Einführung des morbiditätsorientierten Risikostrukturausgleichs zu schaffen.[166] Zum Anderen forcierte das BMG den Entschuldungsprozess der Krankenkassen, die eine Verschuldung aufweisen, da die Entschuldung aller Krankenkassen eine Vorbedingung der Einführung des Gesundheitsfonds war.[167] Die Regelungen der Entschuldung wurden Ende Oktober 2006 im Rahmen des sich bereits im parlamentarischen Verfahren befindenden Vertragsarztrechtsänderungsgesetzes beschlossen.[168]

Die Anhörung zum Entwurf des GKV-Wettbewerbsstärkungsgesetzes

Nach der ersten Lesung des Gesetzentwurfs des GKV-WSG (Deutscher Bundestag 2006f) im Plenum des Deutschen Bundestages wurde dieser gemeinsam mit drei Anträgen der Opposition in die Ausschüsse überwiesen. Im Ausschuss für Gesundheit einigten sich die Obleute der Fraktionen auf die Struktur der Anhörung. Für die Anhörung wurde der Entwurf des GKV-WSG thematisch in fünf Blöcke unterteilt, wobei der Bereich „Finanzierung" Block I war. Als Sachverständige für den 14. November 2006, dem Tag der Anhörung zum Block „Finan-

---

[165] Aus Anlass des Beschlusses des Bundeskabinetts veröffentlichte das BMG eine Pressemitteilung, in der Bundesgesundheitsministerin Ulla Schmidt das Reformvorhaben als „eines der wichtigsten Reformvorhaben der Bundesregierung in dieser Legislaturperiode" bezeichnete. (BMG 2006b, PM vom 25.10.2006).
[166] Diese Verordnung enthält eine Spezifizierung der von den Krankenkassen für die Durchführung des neuen RSA zu erhebenden Daten sowie eine Regelung der Übermittlungsfristen an das BVA.
[167] Bereits in dem 1. Arbeitsentwurf des GKV-WSG wird die Entschuldung aller Kassen als eine zentrale Voraussetzung für den Start des Gesundheitsfonds genannt.
[168] Mit diesem Gesetzentwurf wurden verschiedene im Koalitionsvertrag vom 11.11.2005 getroffene Vereinbarungen umgesetzt. Neben Regelungen zur Liberalisierung und Flexibilisierung der vertragsärztlichen bzw. vertragszahnärztlichen Berufsausübung enthielt der Gesetzentwurf auch Bestimmungen, die dazu dienen, regionalen Versorgungsproblemen entgegenzuwirken.

zierung, wurden über 20 Verbände sowie mehrere Einzelsachverständige, insbesondere Wissenschaftler, aber auch Vertreter von Krankenkassen, geladen
Die erste Fragestellerin der Anhörung am 14. November 2006 war die damalige gesundheitspolitische Sprecherin der CDU/CSU-Bundestagsfraktion, Annette Widmann-Mauz.[169] Diese erwähnte im Kontext einer ihrer Fragen explizit die Rolle des Wissenschaftlichen Beirates beim Bundesministerium für Finanzen (BMF) bei der Entstehung des Gesundheitsfonds sowie die Tatsache, dass der Gesundheitsfonds ein entsprechendes Vorbild in den Niederlanden hat und bat daher den Einzelsachverständigen Herrn Professor Dr. Klaus-Dirk Henke, einen der Mitglieder des Wissenschaftlichen Beirates beim BMF, den Kerngedanken des Fondsmodells zu erläutern (Ausschuss für Gesundheit 2006:3). In seiner Antwort erläuterte dieser die Motivlage der Mitglieder des Wissenschaftlichen Beirates. Der Ausgangspunkt war die Erkenntnis des Beirates, dass für sein ursprüngliches Modell, ein Pauschalprämienmodell, angesichts des Ausgangs der Bundestagswahl vom 18. September 2005 keine politische Mehrheit besteht. Daher setzte sich nach den Worten von Prof. Dr. Henke der Beirat zusammen und überlegte, wie vor dem Hintergrund des Wahlergebnisses ein mögliches Konsensmodell aussehen könnte; das Ergebnis dieser Überlegung war die Stellungnahme „Zur Reform der Gesetzlichen Krankenversicherung. Ein Konsensmodell" vom Oktober 2005 (Ausschuss für Gesundheit 2006:3). Prof. Dr. Henke betonte, dass der Beirat in seiner Stellungnahme, die die Beiratsmitglieder explizit als Konsensmodell verstanden haben wollten, die Grundlage für eine Weiterentwicklung des Modells in eine bestimmte politische Richtung sah. Wörtlich führte Prof. Dr. Henke aus:

„Wir sahen im Konsensmodell die Grundlage dafür, nach der nächsten Wahl entweder die eine oder die andere politische Richtung einzuschlagen, also entweder die so genannte Bürgerversicherung (…) oder aber das Prämienmodell einzuführen. (…) Der Grundgedanke war, ein Konsensmodell zu schaffen. In der Realität erkennen, dass Konsens erzielt worden ist. Es heißt, dass der Fonds die beiden Fraktionen (…) zusammengeführt habe." (Prof. Dr. Henke, zitiert nach Ausschuss für Gesundheit 2006:3).

Im weiteren Verlauf der Anhörung wurden die bereits hinlänglich bekannten Positionen wiederholt.[170] Dabei wurde erneut deutlich, dass der Gesundheits-

---

[169] Annette Widmann-Mauz (CDU) ist seit Oktober 2009 Parlamentarische Staatssekretär im BMG.
[170] So bezeichnete beispielsweise der damalige Vorstandsvorsitzende des AOK-Bundesverbandes, Dr. Hans Jürgen Ahrens, den Fonds als „weder sachgerecht noch effektiv", er sei „überflüssig" (Ausschuss für Gesundheit 2006:7). Sinngemäß äußerte sich auch die Vorstandsvorsitzende der Ersatzkassenverbände, Frau Dr. Pfeiffer: „Aus unserer Sicht bringt der Gesundheitsfonds nichts außer neuen Problemen." (Ausschuss für Gesundheit 2006:7f). Auch der Vertreter der BDA, Ale-

fonds keine wirkliche Antwort auf das Einnahmeproblem der gesetzlichen Krankenversicherung bietet, da er weder etwas an dem Versichertenkreis noch der Bemessungsgrundlage der Beiträge ändert. Die Einnahmen basieren auch in der Welt des Gesundheitsfonds nahezu ausschließlich auf dem Kriterium „Einkommen aus Beschäftigung bzw. Rente"; sonstige Einkommen wie beispielsweise Kapiteleinkünfte (z. B. Dividenden, Mieteinnahmen etc.) werden weiterhin nicht berücksichtigt. Auch hinsichtlich der Höhe des Steueranteils an der Finanzierung der GKV gab es zum Zeitpunkt der Anhörung im Vergleich zu der geltenden Rechtslage bis Ende 2005 keinen Fortschritt. Im Gegenteil: Mitte November 2006 war vorgesehen, dass die GKV für die Jahre 2007 und 2008 jeweils 2,5 Mrd. EUR als Teilfinanzierung für ihre Aufwendungen im Rahmen der versicherungsfremden Leistungen erhält, nach den Bestimmungen des zum 1. Januar 2004 in Kraft getretenen GKV-GMG lag der Steuerzuschuss für die Zeit ab 2006 bei 4,2 Mrd. EUR pro Jahr. Entsprechend antworte der Sachverständige Prof. Dr. Jürgen Wasem auf eine Frage der Abgeordneten Birgitt Bender (Bündnis 90/Die Grünen) nach seiner Einschätzung des Gesundheitsfonds folgendermaßen:

> „Wenn wir uns den Gesundheitsfonds anschauen, kommen wir zu dem Ergebnis, (…) dass er sicherlich keine Antwort auf das Einnahmeproblem der gesetzlichen Krankenversicherung liefert." (Prof. Dr. Jürgen Wasem, zitiert nach Ausschuss für Gesundheit 2006:29).

Neben der von mehreren Vertretern der eingeladenen Verbände und Einzelsachverständigen geäußerten Kritik an der vergleichsweise geringen Höhe des Steuerzuschusses wurde noch ein weiterer Aspekt thematisiert: die fehlende Verlässlichkeit des Steuerzuschusses. Sowohl die damalige Vorsitzende der Ersatzkassenverbände, Dr. Doris Pfeiffer, als auch der Vertreter der Verbraucherzentrale Bundesverband e. V., Stefan Etgeton, schilderten am Beispiel des zum 1. Januar 2004 eingeführten Steuerzuschusses und dessen Rückführung die fehlende Verlässlichkeit von Steuerzuschüssen (Ausschuss für Gesundheit 2006:43 - 46). Zu den wenigen Sachverständigen, die der Konzeption des Gesundheitsfonds etwas Positives abgewinnen konnten, gehörte - neben dem bereits Wissenschaftler

---

xander Gunkel, bezeichnete den Gesundheitsfonds als „überflüssig" (Ausschuss für Gesundheit 2006:11). Ganz ähnlich positionierte sich das Vorstandsmitglied des DGB, Annelie Buntenbach; diese bezeichnete den Gesundheitsfonds als „nicht sinnvoll" (Ausschuss für Gesundheit 2006:12). Die Vertreter von BDA und DGB kritisierten im weiteren Verlauf der Anhörung auch explizit die Schwächung der Selbstverwaltung der gesetzlichen Krankenkassen; BDA-Vertreter Gunkel: „Wir meinen, es wäre nicht erforderlich gewesen, der Selbstverwaltung ihre Beitragsautonomie zu nehmen." (Ausschuss für Gesundheit 2006:24). Nahezu wortgleich Buntenbach: „Wir möchten, dass die Kassen ihre Finanzautonomie auch bezüglich der Festlegung des Beitragssatzes behalten." (Ausschuss für Gesundheit 2006:23).

Prof. Dr. Klaus-Dirk Henke - der damalige BVA-Präsident, Dr. Rainer Daubenbüchel. Dieser widersprach explizit den von den Vertretern der Kassenverbände getroffenen Aussagen sowohl im Hinblick auf den finanziellen und personalwirtschaftlichen Aufwand des Gesundheitsfonds als auch bezogen auf den Vorwurf, der Fonds würde zu erhöhter Intransparenz führen. Vielmehr verwies der BVA-Präsident darauf, dass die von ihm geleitete Behörde bereits heute den Risikostrukturausgleich (RSA) durchführt und der Fonds faktisch doch nichts anderes sei als eine Weiterentwicklung des RSA:

> „Wir teilen die grundsätzliche Kritik nicht. Wir halten die Anbindung an das Bundesversicherungsamt für zielführend. Wenn wir schon wie bisher den RSA berechnen (..., ist es konsequent, dass wir die Mittel verwalten. Des Weiteren teilen wir nicht die Auffassung, dass die neue Lösung zu mehr Intransparenz führt. Die Zahlung konkreter Eurobeträge führt im Grunde zu mehr Transparenz. Zudem wird das Verwaltungsverfahren vereinfacht, (...) da das gesamte Geld gleich an den Fonds überwiesen wird." (Dr. Rainer Daubenbüchel, zitiert nach Ausschuss für Gesundheit 2006:8).

Im weiteren Verlauf der Anhörung ging es nicht nur um das Für und Wider des Gesundheitsfonds an sich, sondern auch um dessen konkrete Ausgestaltung sowie Fragen von dessen Umsetzung. Im Fokus der Anhörung standen dabei neben vor allem der geplante Zusatzbeitrag einschließlich der umstrittenen Überforderungsklausel sowie die beiden Themenkomplexe „Morbiditätsorientierter Risikostrukturausgleich" und "Konvergenzregelung". Insbesondere von Seiten der beiden Vertreter des Bundesversicherungsamtes (BVA) - neben dem damaligen Präsidenten des BVA, Dr. Rainer Dauberbüchel, nahm auch der Leiter des Referates „Risikostrukturausgleich", Dr. Dirk Göpffarth, als Sachverständiger an der Anhörung teil - wurde wiedeholt betont, dass beim bzw. vor einem Start des Gesundheitsfonds zur Vermeidung von Wettbewerbsverzerrungen auf Seiten der Krankenkassen bestimmte Voraussetzungen erfüllt sein müssen. Die wesentliche Voraussetzung hierfür ist, dass ein Zusatzbeitrag tatsächlich die Wirtschaftlichkeit einer Krankenkasse widerspiegelt und nicht das Ergebnis anderer Gründe, wie beispielsweise ungenauer Zuweisungen aus dem Gesundheitsfonds, das heißt einer nicht adäquaten Ausgestaltung des morbiditätsorientierten Risikostrukturausgleichs ist (Ausschuss für Gesundheit 2006:12ff).

Die von der Bundesregierung vorgelegte Konstruktion des Zusatzbeitrags wurde von allen Sachverständigen ausgesprochen negativ bewertet. Dies primär aus folgenden beiden Gründen: Erstens, weil ein Zusatzbeitrag auch das Ergebnis anderer Gründe als das Vorliegen von Unwirtschaftlichkeit einer Krankenkasse sein kann und zweitens, weil die Begrenzung des Zusatzbeitrages auf ein Prozent der beitragspflichtigen Einnahmen in Verbindung mit dem Verzicht auf eine Einkommensprüfung bei einem Zusatzbeitrag in Höhe von bis zu 8 Euro zu grotesken Situationen führen kann. Dies verdeutlichte der Vorsitzende des Sachverständigenrates für die Begutachtung der Entwicklung im Gesundheitswesen, Prof. Dr. Eberhard Wille, an folgendem Beispiel:

"Wir unterstellen, dass jemand 400 Euro verdient. Ist er bei einer Kasse versichert, die einen Zusatzbeitrag von 8 Euro erhebt, so muss er einen Betrag von 8 Euro zahlen. Wenn er aber zu einer Kasse wechselt, die einen Zusatzbeitrag von 20 Euro erhebt, dann (…) zahlt er einen Zusatzbeitrag von nur 4 Euro. Er kann also seinen Zusatzbeitrag von 8 auf 4 Euro absenken, wenn er sich eine teure Kasse aussucht. Das ist nun wirklich kein Anreiz, den wir schaffen sollten." (Prof. Dr. Eberhard Wille, zitiert nach Ausschuss für Gesundheit 2006:5).

Die von der Bundesregierung - insbesondere auf Wunsch von Bayern - beschlossene Konvergenzregelung zur Begrenzung etwaiger Mittelabflüsse eines Bundeslandes auf maximal 100 Mio. Euro p. a. wurde von allen dazu Befragten explizit abgelehnt und als „nicht zielführend", „nicht durchführbar" und „nicht umsetzbar" (Ausschuss für Gesundheit 2006:39) bezeichnet. Der Präsident des BVA beschrieb die mit der Konvergenzklausel intendierte Begrenzung des Risikostrukturausgleichs als „mit dem überregionalen Charakter des Risikostrukturausgleichs nicht vereinbar" und verwies auf das Urteil des Bundesverfassungsgerichtes zur Verfassungsgemäßheit des Risikostrukturausgleichs, in dem dieses zum Ausdruck gebracht habe, dass „letztlich nur eine überregionale Ausgleichswirkung zielführend ist." (zitiert nach Ausschuss für Gesundheit 2006:39). Da die vorgesehene Regelung außerdem zu verfälschenden Ergebnissen führe, müsse sie nach Ansicht des BVA-Präsidenten „deutlich nachgebessert werden" (zitiert nach Ausschuss für Gesundheit 2006:39). In Ergänzung zu den Ausführungen des BVA-Präsidenten führte der fachlich zuständige Referatsleiter der Bundesbehörde, Dr. Dirk Göpffarth, aus, warum auch aus methodischer Sicht die Konvergenzregelung in der vorliegenden Form nicht durchführbar ist (Ausschuss für Gesundheit 2006:40).[171]

Während hinsichtlich der Beurteilung des Zusatzbeitrages und der Konvergenzregelung sowohl zwischen den Vertretern der Spitzenverbände der Krankenkassen und den angehörten Einzelsachverständigen breiter Konsens bestand, sah dies mit Blick auf die Bewertung der von der Bundesregierung beabsichtigten Einführung des morbiditätsorientierten Risikostrukturausgleichs („Morbi-RSA") anders aus. Der Dissens zwischen den Verbänden wurde beispielsweise

---

[171] Auf die methodischen Mängel der Konvergenzklausel in der Fassung des Kabinettentwurfes wird in der detaillierten schriftlichen Stellungnahme des BVA ausführlich eingegangen (BVA 2006a). Ein wesentlicher Grund für den Änderungsbedarf besteht darin, dass die vorliegende Regelung nicht sicherstellt, dass die Summe der Be- und Entlastungen über alle Bundesländer hinweg auf Null aufgeht.

deutlich bei der Beantwortung von Fragen nach der Beurteilung des Schwellenwertes von 150 %, also der Festlegung, wonach bei der Auswahl von Krankheiten, für die es gesonderte Zuweisungen gibt, nur Krankheiten berücksichtigt werden dürfen, die mindestens 50 % kostenintensiver sind als die Durchschnittskosten: Während beispielsweise der damalige Vorstandsvorsitzende des AOK-Bundesverbandes, Dr. Hans Jürgen Ahrens, diese Begrenzung als „weder sachgerecht noch zielführend" bezeichnete, da ein Großteil der Programme für chronisch kranke Versicherte dann nicht mehr finanzierbar wären, bezeichnete die damalige Vertreterin des BKK-Bundesverbandes, Claudia Korf, diesen Schwellenwert als „eine sinnvolle Sache" (zitiert jeweils nach Ausschuss für Gesundheit 2006e:51). Zusammenfassend kann man festhalten, dass Vertreter der Krankenkassen, die vergleichsweise viele kranke Versicherte in ihren Reihen haben, - aus nachvollziehbaren Gründen - für ein möglichst umfassendes Verständnis von „Krankheit" bzw. „Krankheiten" plädierten, während im anderen Fall die Vertreter von Krankenkassen mit günstigeren Versichertenstrukturen für eine eher „schlanke" Auswahl von Krankheiten warben. Neben diesen erkennbar interessengeleiteten Argumentationssträngen der Vertreter der Kassenverbände, wiesen allerdings auch neutrale Experten wie die Einzelsachverständige Prof. Dr. Jürgen Wasem (Ausschuss für Gesundheit 2006e:32) und sowie der beim BVA für das Themengebiet „RSA" zuständige Referatsleiter Dr. Dirk Göpffarth auf problematische Aspekte des Schwellenwertes hin. Exemplarisch hier die entsprechende Aussage des BVA-Vertreters:

> „Der Schwellenwert ist bei der Auswahl der Krankheiten sicherlich ein Problem. Wir teilen grundsätzlich die Auffassung - die der Sachverständige Wasem auch schon dargestellt hat - dass die Altersabhängigkeit der Ausgaben relevant ist. Ältere Menschen verursachen immer höhere Kosten als jüngere Menschen. (…). Unser pragmatischer Vorschlag wäre, einfach den Schwellenwert an diesem Punkt ein bisschen aufzuweichen, indem man sagt: Eine Abweichung vom Schwellenwert ist auch bei solchen Krankheiten möglich, die eine Prävalenz bei jüngeren Menschen haben." (Dr. Dirk Göpffarth BVA, zitiert nach Ausschuss für Gesundheit 2006:57).

Ähnlich umstritten wie die Frage des Schwellenwertes war die Begrenzung der für die Zuweisungen berücksichtigungsfähigen Krankheiten auf die - politisch, nicht wissenschaftlich - festgelegte Anzahl „50 bis 80 Krankheiten". Mehrere Sachverständige wiesen auch an dieser Stelle darauf hin, dass zur Beurteilung der Funktionsfähigkeit des morbiditätsorientierten Risikostrukturausgleichs weniger die Anzahl der Krankheiten, sondern die Definition des Krankheitsbegriffes relevant ist (ausführlich bei Ausschuss für Gesundheit 2006). Besonders deutlich machte diesen Zusammenhang der Einzelsachverständige Prof. Dr. Jürgen Wasem mit folgendem Beispiel:

„Die Frage, ob eine Beschränkung auf 50 bis 80 Krankheiten funktioniert oder nicht, hängt (...) natürlich davon ab, wie ich die Krankheit definiere. Um es an einem Beispiel deutlich zu machen, das zeigt, wie es sicherlich nicht sinnvoll wäre: Wenn Sie in den ICD-10 gucken, finden Sie dort 29 ICD-Codes für Diabetes. Man könnte jetzt in einer zugespitzten Form sagen: Also gibt es 29 Krankheiten, die irgendwie Diabetes heißen. Dann hätten Sie 29 von den 50 bis 80 Krankheiten schon ausgeschöpft. Das kann es sicherlich nicht sein. (...) Eine Beschränkung auf 50 bis 80 Krankheiten (...) setzt also ein sinnvolles Verständnis von Krankheit voraus." (Prof. Dr. Jürgen Wasem, zitiert nach Ausschuss für Gesundheit 2006:58f).

Von zahlreichen Abgeordneten wurde häufig auch nach den Auswirkungen der geplanten Insolvenzfähigkeit der Krankenkassen einschließlich der damit zusammenhängenden Haftungsfragen gefragt. Aus den Antworten der befragten Sachverständigen, aber auch aus den eingereichten schriftlichen Stellungnahmen - insbesondere der des Bundesversicherungsamtes (BVA 2006) und der gemeinsamen Stellungnahme der Spitzenverbände der gesetzlichen Krankenkassen (AOK Bundesverband et al. 2006) - wurde deutlich, dass auch an dieser Stelle des Gesetzentwurfs noch erheblicher Nachbesserungsbedarf besteht. Dies insbesondere deswegen, weil nach den Regelungen des Gesetzentwurfes völlig unklar ist, in welch einem Verhältnis die Bestimmungen des Fünften Sozialgesetzbuchs (SGB V) hinsichtlich der Schließung und Auflösung einer Krankenkasse zu den Vorschriften der Insolvenzordnung stehen. Fragen nach einer Beurteilung der geplanten Liquiditätsreserve des Gesundheitsfonds und der ebenfalls vorgesehenen Liquiditätshilfe des Bundes für den Fall, dass die Liquiditätsreserve des Fonds nicht ausreicht, wurden von den befragten Sachverständigen aus den Reihen der Kassenverbände und des BVA dahingehend beantwortet, dass diese beiden Regelungen grundsätzlich zielführend seien (Ausschuss für Gesundheit 2006e:46ff). Das im Zeitraum Juli 2006 bis September 2006 emotional diskutierte Thema „Verlagerung des Beitragseinzugs" spielte bei der Anhörung keine Rolle.

Im Rahmen der Anhörung zum Block I „Finanzierung" wurden drei Dinge deutlich:

1. Bei wesentlichen Aspekten der Ausgestaltung Gesundheitsfonds hatten die die Große Koalition bildenden Parteien bzw. Fraktionen unterschiedliche Vorstellungen. Dies gilt insbesondere für die Ausgestaltung des Zusatzbeitrages und des morbiditätsorientierten Risikostrukturausgleichs.

2. Bei vielen Mitgliedern des Gesundheitsausschusses von Seiten der Regierungsfraktionen bestanden erhebliche Vorbehalte gegen den eigenen

Gesetzentwurf.[172] Dies gilt neben dem Zusatzbeitrag einschließlich der Überforderungsklausel insbesondere auch für die geplante Einführung der Insolvenzfähigkeit aller Krankenkassen.

3. Zum Zeitpunkt der Anhörung bestand noch erheblicher Nachbesserungsbedarf insbesondere hinsichtlich der geplanten Einführung der Konvergenzregelung, der Definition von „Krankheiten" und der beabsichtigten Einführung der Insolvenzfähigkeit der Krankenkassen.

Kritik des Sachverständigenrates zur Begutachtung der gesamtwirtschaftlichen Entwicklung

Der Beschluss der Großen Koalition, einen Gesundheitsfonds einzuführen sowie dessen konkrete Ausgestaltung wurde nicht im Rahmen der Anhörung von den Vertretern der Verbände und der Mehrzahl der Einzelsachverständigen mehr oder weniger deutlich kritisiert, sondern auch von weiteren namhaften Wirtschaftswissenschaftlern, so auch vom „Sachverständigenrat zur Begutachtung der gesamtwirtschaftlichen Entwicklung" (nachfolgend „Sachverständigenrat Wirtschaft" genannt). Der "Sachverständigenrat Wirtschaft" kritisiert in seinem im November 2006 veröffentlichten Jahresgutachten 2006/2007 die geplante Gesundheitsreform der Großen Koalition, und hier insbesondere den Gesundheitsfonds, sehr hart. In ungewohnt deutlichen Worten bezeichnen die fünf Wirtschaftswissenschaftler den Gesundheitsfonds als eine "Missgeburt" (Sachverständigenrat Wirtschaft 2006:217) und bezeichnen die Gesundheitsreform insgesamt als einen "misslungenen Kompromiss" (Sachverständigenrat Wirtschaft 2006:216). Seine Kritik begründet der Sachverständigenrat im Wesentlichen mit vier Argumenten (ausführlich bei Sachverständigenrat Wirtschaft 2006:216 - 223):

1. Eine Abkopplung der Gesundheitsausgaben von den Arbeitskosten findet nicht statt, da die Krankenversicherungsbeiträge weiterhin lohnabhängig sind.
2. Auf mögliche Einsparungen bei den Verwaltungskosten durch eine Verlagerung des Beitragseinzuges auf den Fonds wurde angesichts der Proteste der Krankenkassen und Gewerkschaften verzichtet.

---

[172] Der Einzelsachverständige Prof. Dr. Jürgen Wasem formulierte daher flapsig, er hätte „gelegentlich den Eindruck, dass im Saal 80 % Opposition und nicht 60 % Regierungsmehrheit sitzen" (zitiert nach Ausschuss für Gesundheit 2006e:29)

3. Das Nebeneinander von einkommensunabhängigen und einkommensabhängigen Zusatzbeiträgen führt zu Intransparenz und zu einer Aushebelung der Preisfunktion der Zusatzbeiträge.
4. Der Gesundheitsfonds in seiner vom Bundeskabinett beschlossenen Ausgestaltung verzerrt den Wettbewerb zwischen den Krankenkassen

Das letztgenannte Argument, die Wettbewerbsverzerrung durch den Gesundheitsfonds in der vom Bundeskabinett beschlossenen Ausgestaltung, ist für den Sachverständigenrat der gravierendste Grund, sich so eindeutig und deutlich sowie ausführlich gegen die von der Großen Koalition geplante Einführung des Gesundheitsfonds zu positionieren. Konkret ergibt sich diese wettbewerbsverzerrende Wirkung des Zusatzbeitrages nach Auffassung des Sachverständigenrates vor allem „aus der Tatsache, dass für den Zusatzbeitrag kein Einkommensstrukturausgleich, kein Risikostrukturausgleich und kein Familienstrukturausgleich vorgesehen ist, und dies, obgleich der Beitragswettbewerb zukünftig nur noch in diesem Segment stattfinden soll." (Sachverständigenrat Wirtschaft 2006:220). Auch nach Überzeugung des Sachverständigenrates ergibt sich das Problem eines fehlenden Einkommensausgleichs aus dem Zusammenspiel von einkommensabhängigen oder pauschalen Zusatzbeiträgen mit der von dem Koalitionsausschuss vereinbarten Überforderungsregelung. Diese Regelung, die die finanzielle Belastung durch den Zusatzbeitrag auf ein Prozent der beitragspflichtigen Einkommen begrenzt, ist aus Sicht des Sachverständigenrates „äußerst problematisch, weil sie letztlich dazu führen kann, dass Kassen mit einem hohen Anteil Versicherter mit niedrigen Einkommen aus dem Markt ausscheiden, (…) weil ihre Versicherten in der Gesamtheit niedrige Einkommen haben" (Sachverständigenrat Wirtschaft 2006:220). Zusammenfassend kommt der Sachverständigenrat zur Begutachtung der gesamtwirtschaftlichen Entwicklung hinsichtlich des Gesundheitsfonds in der von dem Bundeskabinett verabschiedeten Ausgestaltung zu einem vernichtenden Urteil:

"Insgesamt ist das einzig verbliebene Wettbewerbselement auf der Finanzierungsseite, namentlich der Zusatzbeitrag (…) von der Struktur der Versicherten einer einzelnen Kasse abhängig. Dies führt zu einem verzerrten Wettbewerb um einkommensstarke, ledige, gesunde Versicherte und nicht wie gewünscht um eine effiziente Leistungserbringung. Letztlich könnte diese dysfunktionale Ausgestaltung dazu führen, dass eine Krankenkasse ihre benötigten Finanzierungsmittel nicht erhält und aus dem Markt ausscheiden muss, aber nicht weil sie ineffizient wirtschaftet, sondern weil sie eine ungünstige Versichertenstruktur hat. Der Gesundheitsfonds in seiner bisher geplanten Ausgestaltung ist deshalb durchweg abzulehnen, da er den Kassenwettbewerb nicht nur nicht erhöht, sondern sogar verzerrt. Damit ergibt sich im Vergleich zum Status quo keine Verbesserung." (Sachverständigenrat Wirtschaft 2006:222).

Der erste Durchgang des Gesetzentwurfs im Bundesrat und ein Gutachten im Vorfeld der Bundesratssitzung

Auch nach der Anhörung im Ausschuss des Deutschen Bundestages nahm die Kritik am Gesetzentwurf im Allgemeinen und an den Regelungen zur Finanzierung im Speziellen nicht ab.[173] So formulierte beispielsweise die „AG Gesundheit" der SPD-Bundestagsfraktion wenige Tage nach der Anhörung zahlreiche Änderungsanträge zum Entwurf des GKV-WSG, von denen sich mehrere auf den Bereich „Finanzierung" bezogen. Änderungs- bzw. Beratungsbedarf sah die „AG Gesundheit" der SPD-Bundestagsfraktion insbesondere bei den Regelungen zur Insolvenzfähigkeit der Krankenkassen, dem Zusatzbeitrag, der Ausgestaltung des morbiditätsorientierten Risikostrukturausgleichs und der Konvergenzklausel. Änderungsbedarf wurde allerdings nicht nur innerhalb der Arbeitsgruppen der Bundestagsfraktionen gesehen, sondern vor allem auch von Seiten der Bundesländer. Entsprechend beschloss der Gesundheitsausschuss des Bundesrates die Errichtung eines Unterausschusses, der sich ausschließlich mit der geplanten Gesundheitsreform beschäftigen sollte (Interview 19). Dieser Unterausschuss tagte am 21. November 2006 und legte dem Gesundheitsausschuss der Länderkammer Ende November ein umfangreiches Paket mit Korrekturwünschen vor.[174] Der Gesundheitsausschuss folgte in seiner Sitzung am 29. November 2006 den Empfehlungen des Unterausschusses und ergänzte dessen Änderungsliste um weitere Aspekte, so dass am Ende des Tages über 100 Änderungswünsche des Gesundheitsausschusses der Länderkammer vorlagen. Hinsichtlich des Aspektes der Neuordnung der Finanzierung der GKV sind vor allem folgende Forderungen des Gesundheitsausschusses des Bundesrates relevant (Gesundheitsausschuss Bundesrat 2006):

---

[173] Von Seiten der GKV-Spitzenverbände wurden neben dem Finanzierungsteil insbesondere auch die beabsichtigten Änderungen im Bereich des Organisationsrechtes attackiert. Dies geschah auch aus Eigeninteresse, konkret wegen der Sorge, dass auf Grund des von der Regierung beabsichtigten Verlustes ihrer Eigenschaft als Körperschaften des öffentlichen Rechts und der gleichzeitigen Bildung des GKV-Spitzenverbandes ihr Überleben akut gefährdet sei. Die Auswirkungen der Gesundheitsreform 2007 auf die Verbände werden bei Paquet (2009b) und Pressel (2009) dargestellt.

[174] Diese Änderungsanträge bezogen sich freilich nicht alle auf den Bereich „Finanzierung", sondern auch auf andere Aspekte des Gesetzentwurfes.

- Mitsprache der Länder bei der Festlegung des künftigen einheitliches Beitragssatzes; dieser müsse mit Zustimmung des Bundesrates festgelegt werden.
- Erfordernis von Übergangs- und Sonderregelungen bei der vorgesehenen Einführung der Insolvenzfähigkeit der Krankenkassen; diese Regelungen einschließlich des Datums des Inkrafttretens müssten in einem separaten Gesetz - ebenfalls mit Zustimmung des Bundesrates - geregelt werden. Es muss einen Haftungsausschluss der Länder geben.
- Generelle Verlängerung der Entschuldungsfrist bis Ende 2008.
- Mehr Transparenz über die finanziellen Auswirkungen der Einführung des Gesundheitsfonds und der damit zusammenhängenden Konvergenzklausel.

Bemerkenswert mit Blick auf die bereits mehrfach erwähnte Konvergenzklausel, ist die Tatsache, dass das BVA das Büro des Gesundheitsausschusses des Bundesrates anschrieb, um explizit auf die Nichtdurchführbarkeit der im Gesetzentwurf bislang enthaltenen Regelung hinzuweisen und daher um eine entsprechende Änderung zu bitten. Außerdem warnte das BVA vor einer Forderung der Länder nach Mitwirkung bei der Beitragsfestsetzung, da eine Mitwirkung den zeitlichen Vorlauf der Beitragssatzfestsetzung verlängern würde und dies zu Lasten der Zielgenauigkeit des Beitragssatzes ginge. Den beiden Anliegen des BVA wurden vom Gesundheitsausschuss der Länderkammer jeweils nicht Rechnung getragen: Weder setzte sich das Gremium für eine Änderung der Konvergenzregelung in dem vom BVA gewünschten Sinne ein, noch verzichteten die Ländervertreter auf ihre Forderung nach einer Mitwirkung der Länder bei der Festlegung der Höhe des im November 2008 erstmals festzulegenden Beitragssatzes.

Das Plenum des Bundesrates befasste sich offiziell erstmals am 15. Dezember 2006 mit der beabsichtigten Gesundheitsreform. Für große Aufregung und Unruhe sorgte ein am Vortag der Sitzung des Plenums vorgestelltes Gutachten zu den finanziellen Auswirkungen der Neuordnung der Finanzierung des Gesundheitswesens: Am 14. Dezember 2006 veröffentlichten die „Initiative Neue Soziale Marktwirtschaft" und das Kieler „Institut für Mikrodaten-Analyse" (IfMDA) eine gemeinsame Pressemitteilung (Initiative Neue Soziale Marktwirtschaft/IfMDA 2006, PM vom 14.12.2006), in der die Ergebnisse einer vom Leiter des IfMDA, Dr. Thomas Drabinski, im Auftrag der Initiative Neue Soziale Marktwirtschaft durchgeführten Studie über die ökonomischen Auswirkungen der Gesundheitsreform auf die Bundesländer (IfMDA 2006) vorgestellt wurden. Bei dieser Studie wurden die künftigen Zahlungen der Krankenkassen innerhalb eines Bundeslandes in den Gesundheitsfonds den Zuweisungen gegenübergestellt, die an die Krankenkassen in das jeweilige Bundesland wieder zurückfließen. Das zentrale Ergebnis dieser Studie lautete: Die Unions-Bundesländer sind die Verlierer der Gesundheitsreform. Nach den Berechnungen von Herrn Dr. Drabinski belastet die geplante Gesundheitsreform insbesondere die unionsgeführten Bundesländer Baden-Württemberg, Bayern und Hessen weit stärker als bislang angenommen. Die größten Verlierer seien Baden-Württemberg mit einem Nettoeffekt in Höhe von minus 1,61 Mrd. Euro, Bayern (Nettoeffekt minus 1,04 Mrd. Euro) und Hessen mit einem Mittelabfluss in Höhe von rund 0,7 Mrd. Euro. Nutznießer bzw. Gewinner der Neuordnung der Finanzierung der GKV wären die ostdeutschen Bundesländer, insbesondere Sachsen mit einem positiven Nettoeffekt in Höhe von plus 1,31 Mrd. Euro (alle Zahlen aus Initiative Neue Soziale Marktwirtschaft/IfMDA 2006). Der Studie zu Folge würden die SPD-geführten Bundesländer ausschließlich zu den Gewinnern des Gesundheitsfonds zählen.

Das BMG war über diese Studie und den Zeitpunkt von deren Veröffentlichung außerordentlich verärgert und beauftragte das BVA mit einer Prüfung bzw. ausführlichen Stellungnahme.[175] Für damalige leitende Vertreter des BMG steht fest, dass der Zeitpunkt der Vorstellung der Studienergebnisse, ausgerechnet am Vortag einer entscheidenden Sitzung des Bundesrates, kein Zufall gewesen sein kann (Interviews 1 und 12). Vielmehr versuchte die Initiative Soziale Marktwirtschaft offensichtlich gezielt Einfluss auf den Verlauf der Sitzung des Plenums des Bundesrates zu nehmen. Sofern dies tatsächlich die Intention war, dann ist dieser Plan voll aufgegangen: In der Sitzung des Plenums des Bundesrates am 15.Dezember 2006 war die Frage möglicher Mittelabflüsse aus einzelnen Ländern sowie damit zusammenhängend die Kieler Studie das dominante Thema. Alle Rednerinnen und Redner der drei „Hauptverlierer-Länder", konkret die damaligen Sozialministerinnen von Baden-Württemberg, Dr. Monika Stolz, und Hessen, Silke Lautenschläger, sowie der damalige bayerische Ministerpräsident Dr. Edmund Stoiber, erwähnten explizit die am Vortag vorgestellte Studie des Kieler Institutes; alle drei kündigten an, der Gesundheitsreform ihre Zustimmung zu verweigern, bis die in der Studie des IfMDA genannten Zahlen glaubhaft widerlegt sind (Bundesrat 2006). Am deutlichsten wurde dabei der damalige Ministerpräsident des Freistaates Bayern, Dr. Edmund Stoiber. In seinem Wortbeitrag ging er im Zusammenhang mit der Konvergenzklausel und

---

[175] Dies kann man an den Experteninterviews mit leitenden Vertretern des BMG festmachen: Auf diese Studie angesprochen fielen Formulierungen wie „Hier gab es ja dieses blöde Drabinski-Gutachten (…). (Interview 12).

dem Kieler Gutachten auch explizit auf den Vorwurf ein, er hätte nur die bayerischen Interesse im Auge:

„Ich bin in der Öffentlichkeit und darüber hinaus oft gescholten worden, ich sei nur Interessenswahrer eines Landes und würde das große Ganze nicht sehen. Das kann man mir wirklich nicht unterstellen. (…) Trotzdem darf es nicht dazu kommen, dass sich über den Risikostrukturausgleich, der in der Summe höher ist als Länderfinanzausgleich (…) einzelne Länder noch weiter verschlechtern. (…) Jetzt kommen neue Gutachten auf den Tisch, die bestätigen, dass es innerhalb der Länder zu erheblichen Abflüssen kommt. (…) Ich möchte ganz genau wissen, welche konkreten Auswirkungen der Fonds hat (…) und wie sich die Gesundheitsinfrastruktur dann in meinem Land aufrechterhalten lässt. (…) Ich sage es noch einmal ganz offen, Frau Schmidt: Das ist für mich wirklich eine Schlüsselfrage. Wenn diese Frage nicht geklärt ist, wird es keine Zustimmung der CSU - weder im Bundestag noch im Bundesrat - zu dieser Gesundheitsreform geben. Deswegen bitte ich darum, sehr sorgsam darauf zu achten, dass diese Fragen geklärt werden." (Dr. Edmund Stoiber, zitiert nach Bundesrat 2006:421f).

Ganz ähnlich wie der damalige Ministerpräsident von Bayern äußerten sich auch die damalige Sozialministerinen von Hessen, Silke Lautenschläger (CDU), und Baden-Württemberg, Frau Dr. Monika Stolz: Bundesrat 2006). Deutlich anders als ihre Kolleginnen und Kollegen aus den westlichen Bundesländern positionierte sich die Sozialministerin des Landes Brandenburg, Dagmar Ziegler (SPD); diese bewertete sowohl den mit dem Gesundheitsfonds einhergehenden vollständigen Finanzkraftausgleich („Damit haben die östlichen Bundesländer keine Nachteile mehr wegen ihrer geringeren Wirtschaftskraft") als auch den „verbesserten Ausgleich von Krankheiten" positiv (beide Zitate aus Bundesrat 2006:411). In ihrer Replik auf die Ausführungen der Ländervertreter gab Bundesministerin Ulla Schmidt ein klares Bekenntnis zur Umsetzung der vereinbarten Konvergenzklausel ab: „Wir wollen nicht, dass ein Land überfordert wird. Deshalb steht in dem Gesetzentwurf eine Konvergenzklausel, Wort für Wort, buchstabengetreu, so wie die Bayerische Staatsregierung es gerne hätte. Wir haben keine Vorbehalte dagegen." (Ulla Schmidt, zitiert nach Bundesrat 2006:427).

Weitere Aspekte der beabsichtigten Neuordnung der Finanzierung der GKV, die im Rahmen des ersten Durchgangs des Gesetzentwurfs im Bundesrat thematisiert wurden, waren die Höhe des Steuerzuschusses sowie die geplante Einführung der Insolvenzfähigkeit der Krankenkassen. Zu den beiden Punkten im Einzelnen: Insbesondere der Ministerpräsident von Rheinland-Pfalz und damalige Parteivorsitzende der SPD, Kurt Beck, regte an, noch einmal darüber zu reden (Bundesrat 2006:417). Hinsichtlich der beabsichtigten Einführung der Insolvenzfähigkeit sprachen sich mehrere Redner - sowohl von Seiten der SPD als auch der Union - für einen behutsamen Umgang mit diesem sensiblen Thema und für entsprechende Veränderungen der bisherigen Regelungen aus. Die Einigkeit an dieser Stelle über die Parteigrenzen hinweg verdeutlichen die beiden folgenden Zitate:

„Ich halte es für notwendig, Insolvenzfähigkeit herzustellen - allerdings in Schritten, die nicht zu ungewollten Ergebnissen führen. Niemand will, dass über die DO-Angestellten und deren Altersrückstellung eine gesunde Krankenkasse insolvent wird. Das wäre ein Anachronismus. An dieser Stelle ist noch vieles abzugleichen. Deshalb ist es vernünftig, sich politisch dafür auszusprechen, es aber in einem gesonderten Verfahren zu regeln." (Kurt Beck, zitiert nach Bundesrat 200:419f).[176]

Ähnlich äußerte sich der damalige Sozialminister von Nordrhein-Westfalen, Karl-Josef Laumann (CDU):

„Ein weiterer Punkt der objektiv nicht möglich ist, ist die Umsetzung des Insolvenzrechts für Krankenkassen, wie es im Gesetzentwurf steht. Die Länder können nicht die Haftung für (…) für die Innungskassen und die AOKs übernehmen. Umgekehrt ist es keiner AOK möglich (…) die Rückstellungen für die DO-Angestellten in den Bilanzen auszuweisen. Wenn das gemacht wird, sind diese Kassen insolvent. Es kann doch niemand wollen, dass in unserem Land eine Versorgungsstruktur zerschlagen wird, die rund 30 % der Versicherten umfasst! (…) Dieser Punkt muss in den Gesetzentwurf verändert werden." (Karl Laumann, zitiert nach Bundesrat 2006:425f).

Erwähnenswert ist auch die Aussage des damaligen SPD-Vorsitzenden Kurt Beck, wonach für ihn die Weiterentwicklung des Risikostrukturausgleichs „einer der wichtigsten Punkte, wenn unter Zukunftsgesichtspunkten nicht sogar der wichtigste Punkt im neuen System" (Bundesrat 2006:418) sei. Beck fügte hinzu, dass aus Sicht der SPD man den „Morbi-RSA" auch ohne Fonds hätte konstruieren können, aber „Teilen der Union" sei der Fonds wegen den Zusatzbeiträgen wichtig gewesen (zitiert nach Bundesrat 2006:418). Um die Weiterentwicklung

---

[176] „DO-Angestellte" sind Angestellte, die einer Dienstordnung unterstehen. Es handelt sich dabei um eine beamtenähnliche Beschäftigtengruppe. Auf die mit der Absicherung dieser Personengruppe einhergehenden Probleme wird ausführlich in Abschnitt 6.3 eingegangen.

des Risikostrukturausgleichs politisch mit der Union vereinbaren zu können, hätte die SPD diesen Preis bezahlen müssen (Bundesrat 2006:418).[177] Bei der Abstimmung über die Empfehlungen der Ausschüsse folgte das Plenum deren Empfehlungen bzw. Forderungen.

Die Stellungnahme des BVA und weitere Gutachten zu den finanziellen Auswirkungen des Gesundheitsfonds

Wenige Tage nach der Plenumssitzung lag die Stellungnahme des BVA zu der Studie des Kieler Instituts vor. In einer Pressemitteilung vom 20. Dezember 2006 verweist die Bundesbehörde auf zahlreiche methodische Mängel im Vorgehen und mehrere Unplausibilitäten (BVA 2006, PM vom 20.12.2006). Der gravierendste Mangel der Studie des IfMDA besteht nach Auffassung der Experten des BVA darin, dass in der Studie nicht die zusätzlichen Be- und Entlastungen, die aufgrund der beabsichtigten Neuordnung der Finanzierung der GKV entstehen, berechnet und veröffentlicht werden, sondern die Gesamtumverteilungen einschließlich der bereits vor der Gesundheitsreform existierenden Ausgleichssysteme, wie den bundesweiten Risikostrukturausgleich, aber auch die überregionale Beitragssatzkalkulation bundesweit agierender Krankenkassen (BVA 2006). In dieser Pressemitteilung veröffentlicht das BVA auch eigene Berechnungen zu den Auswirkungen der vorgesehenen Vervollständigung des Finanzkraftausgleichs. Diese Berechnungen kommen zu völlig anderen Ergebnissen als die IfMDA-Studie: Der maximale zusätzliche Mittelabfluss eines Bundeslandes liegt nach den Berechnungen des BVA bei „nur" rund 56 Mio. Euro (BVA 2006).

Die Diskussion um die Höhe des Mittelabflusses verstummte auch nach Vorlage der Stellungnahme des BVA nicht. Daher beschloss die Bundesregierung noch vor Weihnachten 2006 ein eigenes Gutachten zu den finanziellen Auswirkungen des geplanten Gesundheitsfonds auf die Bundesländer in Auftrag zu geben. Als Auftragnehmer entschied sich die Bundesregierung für die beiden renommierten Ökonomen Prof. Dr. Bert Rürup und Prof. Dr. Eberhard Wille. Diese beiden Wissenschaftler sollten zeitnah, konkret bis Anfang Januar 2007, belastbare Daten zu den finanziellen Effekten der geplanten Neuordnung der Finanzierung der GKV vorlegen und somit implizit auch - ergänzend zur Stellungnahme des BVA - die vorgelegten Daten des IfMDA verifizieren. Auch einzelne Landesregierungen wurden in Sachen „Gutachtenvergabe" aktiv: Das Ministerium für Arbeit, Gesundheit und Soziales des Landes Nordrhein-

---

[177] Dass es dieses Koppelgeschäft (zum Begriff: Scharpf 1992:69ff) - Morbi-RSA gegen Einstieg in Prämienwelt - gab, wurde auch von mehreren Interviewpartnern berichtet (z.B. Interviews 1, 12, 22 und 38).

Westfalen beauftragte ein Projektteam bestehend aus Wissenschaftlern des Rheinisch-Westfälischen Institut für Wirtschaftsforschung (RWI) und der Universität Dortmund mit einem Gutachten zu der gleichen Fragestellung wie das der Bundesregierung. Auch das Land Baden-Württemberg vergab ein Gutachten; Auftragnehmer war hier eine Forschergruppe um Prof. Dr. Jürgen Wasem (Universität Duisburg/Essen). Als erstes der drei Gutachten lag Ende Dezember 2006 der Endbericht des Forschungsvorhabens im Auftrag des Ministeriums für Arbeit, Gesundheit und Soziales des Landes NRW vor. Dieses Gutachten (Rheinisch-Westfälisches Institut für Wirtschaftsforschung/Universität Dortmund 2006) bestätigte hinsichtlich der finanziellen Größenordnungen die vom BVA vorgelegten Daten: Die finanziellen Verluste für einzelne Bundesländer würden sich voraussichtlich auf zweistellige Millionenbeträge belaufen; die Grenze von über 100 Mio. Euro würde allenfalls unter bestimmten, eher unwahrscheinlichen Annahmen überschritten.[178] Das von der Bundesregierung in Auftrag gegebene Gutachten wurde wie vereinbart Anfang Januar 2007 fertiggestellt. Die beiden Sachverständigen Prof. Dr. Rürup und Prof. Dr. Wille bezifferten die entstehenden zusätzlichen Belastungen sowohl für Baden-Württemberg als auch für Bayern und für Hessen ebenfalls auf jeweils unter 100 Mio. Euro (Rürup/Wille 2007:2).

Anlässlich der Vorlage des Gutachtens veröffentlichte das BMG eine Pressemitteilung, in der die Bundesgesundheitsministerin Ulla Schmidt erklärte, dass das Gutachten nun Klarheit über die finanziellen Auswirkungen geschafft habe und die Befürchtungen bestimmter Länder unbegründet seien (BMG 2007a, PM vom 04.01.2007). Wie bereits die beiden Gutachter, brachte auch die Ministerin in dieser Pressemitteilung ihre Auffassung zum Ausdruck, wonach eine regionale Betrachtung der sozialen Sicherungssysteme „ein Irrweg ist" (BMG 2007a, PM vom 04.01.2007). Die Ministerin äußerte in dieser Presseerklärung ihre Hoffnung, dass nun der Streit um Zahlen im Zusammenhang mit den finanziellen Effekten der Wirkungen des Gesundheitsfonds beendet ist, zumal die von den beiden Professoren vorgelegten Ergebnisse sehr nahe bei den Berechnungen des BVA liegen. Diese Hoffnung der Ministerin, dass an dieser „Front" nun endlich Ruhe eintreten würde, ging allerdings nur teilweise in Erfüllung. Die Reaktionen der unionsgeführten Länder waren unterschiedlich: Während der damalige Gesundheits- und Sozialminister des Saarlandes Josef Hecken, ein Mitglied der Bund-Länder-Verhandlungsgruppe, sich am Tag der Vorstellung des Gutachtens in einer Presseinformation seines Ministeriums (Ministerium für Justiz, Gesundheit und Soziales des Saarlandes, Presseinfo

---

[178] Als „Hauptverlierer" des Gesundheitsfonds identifizierte dieses Gutachten neben Baden-Württemberg und Bayern auch Nordrhein-Westfalen.

vom 04.01.2007) positiv über das vorgelegte Gutachten äußerte („Das Gutachten ist ein wichtiger Eckpunkt für die weitere Entscheidungsfindung und muss deshalb seriös geprüft und diskutiert werden."), positionierte sich Baden-Württemberg zurückhaltender: Ministerpräsident Günther H. Oettinger und Gesundheits- und Sozialministerin Dr. Monika Stolz ließen in einer gemeinsamen Presseerklärung verlauten, sie wollten erst die Ergebnisse der von Baden-Württemberg in Auftrag gegebenen Wasem-Studie abwarten,(Ministerium für Arbeit und Soziales Baden-Württemberg 2007, PM vom 04.01.2007). Auch von Bayern kam kein Signal des Einlenkens.

Mitte Januar 2007 lag die Gegenäußerung der Bundesregierung zu der Stellungnahme des Bundesrates vor; in dieser (Deutscher Bundestag 2007a) kam die Bundesregierung den Forderungen des Bundesrates in nur sehr eingeschränktem Maße nach: Sowohl die Forderung nach einer Mitwirkung der Länder bei der Festlegung des Beitragssatzes als auch die nach einer generellen Verlängerung der Frist zur Entschuldung der Krankenkassen bei der Entschuldung bis Ende 2008 wurden von der Bundesregierung abgelehnt (Deutscher Bundestag 2007a:21).[179] Hinsichtlich der anderen zentralen Forderung der Länderkammer, Regelungen von Übergangs- und Sonderregelungen bei der vorgesehenen Einführung der Insolvenzfähigkeit einschließlich einer Enthaftung der Länder in einem separaten Gesetz mit Zustimmung des Bundesrates zu regeln, fiel die Gegenäußerung der Bundesregierung differenzierter aus: Die Bundesregierung kündigte an, im Zuge des GKV-WSG Vorschläge für eine Grundsatzentscheidung des Gesetzgebers zu unterbreiten; Detailregelungen könnten in einem gesonderten Gesetzgebungsverfahren getroffen werden (Deutscher Bundestag 2007a:18). Die Frage einer Enthaftung der Länder werde geprüft (Deutscher Bundestag 2007a:23).

Parallel zu den Gutachten gingen die Verhandlungen in der Bund-Länder-Arbeitsgruppe sowie die Arbeiten an Gesetzesformulierungen innerhalb des BMGs weiter. Neben der Suche nach einer sowohl technisch umsetzbaren als auch politisch konsensfähigen Lösung bezüglich der Konvergenzklausel konzentrierte sich die Arbeit der Verhandlungsgruppe auf Fragen der Ausgestaltung des neuen Basistarifs in der PKV (Interviews 1, 12 und 38). Zu dem Thema „Konvergenzklausel" wurde eine separate Arbeitsgruppe mit Beteiligung des

---

[179] Zu diesen beiden Punkten führt die Bundesregierung in ihrer Gegenäußerung Folgendes aus: „Die Rechtsverordnung zur Festsetzung des allgemeinen Beitragssatzes basiert auf Einschätzungen des neu einzurichtenden Schätzerkreises. Da zwischen Verkündigung des festzulegenden Beitragssatzes und Inkrafttreten mindestens zwei Monate liegen müssen, damit die Beteiligten die erforderlichen Umstellungsarbeiten durchführen können, würde ein Zustimmungserfordernis des Bundesrates den zeitlichen Vorlauf weiter verlängern. (...) Bei entsprechend langen Vorlaufzeiten wird die Prognose des Schätzerkreises an Aktualität und an Verlässlichkeit verlieren. Der Beitragssatz könnte nicht mehr die Zielgenauigkeit entwickeln, die erforderlich ist." (Deutscher Bundestag 2007:21).

143

BVA gegründet. Mitte Januar 2007 konnten zu diesen beiden noch offenen Punkten Lösungen präsentiert werden. Die „AG Konvergenzregelung" übermittelte der Bundesgesundheitsministerin eine überarbeitete Fassung der entsprechenden Rechtsnorm (§ 272 SGB V), die nach Auffassung aller Teilnehmer der Arbeitsgruppe, also auch von Seiten des BVA, sowohl technisch umsetzbar ist als auch den politischen Absprachen des Koalitionsausschusses bzw. der Parteivorsitzenden von Anfang Oktober 2006 entspricht. Hinsichtlich des Themenkomplexes „PKV" fielen die Regelungen moderater aus als ursprünglich von der SPD bzw. dem BMG intendiert.[180]

Änderungsanträge und die entscheidenden Abstimmungen

Nach den Einigungen zu den letzten noch offenen Punkten innerhalb der Bund-Länder-Verhandlungsgruppe - der Koalitionsausschuss musste sich nicht mehr mit der Gesundheitsreform befassen - wurden Mitte Januar 2007 die ersten Änderungsanträge formuliert. Diese Arbeit erfolgte nicht im Ausschuss für Gesundheit des Bundestages, sondern im BMG (Highlights 2007a:3). Von dort aus wurden die sog. „Formulierungshilfen" den Sprecherinnen der beiden Arbeitsgruppen „Gesundheit" der Regierungsfraktionen zugeleitet, so dass die Anträge offiziell als Änderungsanträge der CDU/CSU und SPD in den Ausschuss für Gesundheit des Deutschen Bundestages eingebracht werden konnten. Die damalige Vorsitzende des Ausschusses für Gesundheit, Frau Dr. Martina Bunge (DIE LINKE) konstatierte bzw. beklagte diesbezüglich einen massiven Bedeutungsverlustes des Parlamentes; in einem Gastbeitrag in dem gesundheitspolitischen Magazin „Highlights" führte sie hierzu Folgendes aus:

„Die Entmündigung des Parlaments geht weiter, denn nach wie vor befinden nur wenige darüber, was aus der Gesundheitsreform wird (…) Nun verständigen sich BMG, Verhandler/innen und Ländervertreter/innen noch über weitere Änderungsanträge. Die kommen am 31. Januar zur vermutlich abschließenden Beratung auf den Tisch. Im Ausschuss wird an den Anträgen nichts mehr verändert. Wenn es hoch kommt, wird ein Punkt in ein Komma verwandelt." (Dr. Martina Bunge 2007).[181]

---

[180] So wurde beispielsweise der Start des Basistarifs vom 01.07.2008 auf den 01.01.2009 verschoben. Die Änderungen für die PKV durch das GKV-WSG werden von Martin Schölkopf beschrieben (Schölkopf 2009).
[181] Der vergleichsweise sehr geringe Einfluss der Ausschussmitglieder auf die politisch besonders bedeutsamen Aspekte wurde auch in mehreren Experteninterviews von Personen, die damals selbst Mitglied des Ausschusses waren, bestätigt (Interviews 13, 17 und 41).

Unter diesen Änderungsanträgen war auch einer zur Umsetzung der Konvergenzklausel und einer zu der vorgesehen Einführung der Insolvenzfähigkeit aller Krankenkassen.[182] Der Änderungsantrag „Einführungsregelung zur Insolvenzfähigkeit von Krankenkassen" kam den Länderinteressen - wie bereits in der Gegenäußerung der Bundesregierung zur Stellungnahme des Bundesrates angedeutet - weitgehend entgegen: In Absatz 1 dieses Antrags werden die Krankenkassen verpflichtet, für ihre Verpflichtungen aus Versorgungszusagen an ihre Beschäftigte vom 1. Januar 2010 an einen Kapitalstock zu bilden, um die Erfüllungen dieser Verpflichtungen im Insolvenzfall sicherzustellen. In Absatz 2 des § 171b SGB V in der Fassung des GKV-WSG wird geregelt, dass das Nähere zur Einführung der Insolvenzfähigkeit aller Krankenkassen in einem separaten Gesetz mit Zustimmung des Bundesrates erfolgt, dessen Entwurf von der Bundesregierung bis zum 31.12.2007 vorzulegen ist. Diese Änderungsanträge änderten fundamental nichts mehr - weder an der Gesundheitsreform im Allgemeinen noch an deren Herzstück, der beabsichtigten Neuordnung der Finanzierung der GKV. Ein Mitarbeiter des AOK-Bundesverbandes formulierte Ende Januar 2007 daher: „Viele Anträge, wenig Änderungen!" (Dehlinger 2007:11). Mit Bezug auf den Finanzierungsaspekt ist neben den beiden genannten Änderungsanträgen zur Konvergenzklausel und zur Insolvenzfähigkeit noch der Änderungsantrag zu nennen, mit dem mittelfristig ein Anstieg der Beteiligung des Bundes an den Aufwendungen der GKV für versicherungsfremde Leistungen bis zu einer jährlichen Gesamtbelastung von 14 Mrd. Euro erreicht werden soll (Änderungsantrag zu § 221 SGB V).[183]

Am Vortag der abschließenden Sitzung des Ausschusses für Gesundheit des Bundestages und eine Woche vor einer Sondersitzung des Gesundheitsausschusses des Bundesrates wurde am 30. Januar 2007 in Stuttgart das von Prof. Dr. Jürgen Wasem et al. im Auftrag von Baden-Württemberg erstellte Gutachten (Wasem et al. 2007) zu den finanziellen Auswirkungen des Gesundheitsfonds vorgestellt. Dieses kam zu ganz ähnlichen Ergebnissen wie die drei Arbeiten von BVA, RWI/Universität Dortmund und Rürup/Wille; Wasem bezifferte die zusätzliche jährliche Belastung durch Einführung des Gesundheitsfonds für Baden-Württemberg auf rund 50 Mio. Euro. Daraufhin stellten Baden-

---

[182] Die Änderungsanträge wurden in Form von einzelnen „Paketen" in den Gesundheitsausschuss eingespeist. Insgesamt gab es fünf „Pakete" mit einer Gesamtzahl von rund 200 Änderungsanträgen (Highlights 2007b). Eine Bilanz und Bewertung dieser Änderungsanträge - mit Gastkommentaren von unterschiedlichen gesundheitspolitischen Akteuren - findet sich in „Highlights - Das Onlinemagazin zur Gesundheitspolitik" (Highlights 2007b).
[183] Die Zahl „14 Mrd. Euro" wurde deswegen gewählt, weil die jährlichen Kosten für die beitragsfreie Mitversicherung im Jahr 2007 bei ca. 14 Mrd. Euro lagen.

Württemberg und in der Folge auch Bayern ihren Widerstand gegen den Fonds ein.

Der Ausschuss für Gesundheit des Deutschen Bundestages beschloss in seiner abschließenden Sitzung am 31. Januar 2007 mit Mehrheit den Gesetzentwurf mit den vom BMG erstellten Änderungsanträgen. Die Mehrheit innerhalb des Ausschusses kam allerdings auch deswegen zu Stande, weil mehrere ordentliche Mitglieder des Ausschusses von Seiten der SPD-Bundestagsfraktion, darunter die Vertreter der „Parlamentarische Linke" Prof. Dr. Karl Lauterbach, Wolfgang Wodarg und Hilde Mattheis, der entscheidenden Sitzung fernblieben und sich vertreten ließen. Nur zwei Tage später, am 2. Februar 2007, wurde der Gesetzentwurf in der vom Ausschuss gebilligten Fassung mit deutlicher Mehrheit angenommen.[184] Auch in der Länderkammer ging der Abschluss des Gesetzgebungsprozesses letztlich vergleichsweise reibungslos vonstatten: In der Sondersitzung des Gesundheitsausschusses am 8. Februar 2007 fand ein Antrag von Berlin, den Vermittlungsausschuss anzurufen, keine Mehrheit. Mit Ausnahme von Berlin und den Ländern mit FDP-Regierungsbeteiligung, die sich enthielten, stimmten alle Länder dem Gesetzentwurf zu. Auch in der Plenarsitzung des Bundesrates am 16. Februar 2007 gab es eine deutliche Mehrheit für das GKV-WSG. Nach Unterzeichnung durch den Bundespräsidenten konnte das GKV-WSG am 1. April 2007 in Kraft treten. Für die Einführung des Gesundheitsfonds galt allerdings anderer Termin: der 1. Januar 2009.

Damit der Gesundheitsfonds tatsächlich umgesetzt werden konnte, war noch sehr viel zu tun. Dies gilt insbesondere für die Ermittlung und Festlegung der Zuweisungen aus dem Gesundheitsfonds (§ 266 SGB V), die erstmalige Festsetzung des Beitragssatzes durch die Bundesregierung (§ 241 SGB V), die Umsetzung der Übergangsregelung der Einführung des Gesundheitsfonds (§ 272 SGB V), die sog. „Konvergenzklausel", und die Erarbeitung des Gesetzes zur Einführung der Insolvenzfähigkeit der Krankenkassen (§ 171b SGB V). Außerdem mussten sich die noch verschuldeten Krankenkassen entschulden.

Bevor die Prozesse der Regelung all dieser Herausforderungen in dem anschließenden Kapitel beschrieben und erklärt werden, erfolgt eine Zusammenfassung des Prozesses der Phase der Politikformulierung.

---

[184] 43 Abgeordnete der Regierungsfraktionen stimmten dem Gesetzentwurf nicht zu, davon 23 aus den Reihen der CDU/CSU-Bundestagsfraktion und 20 von der SPD-Bundestagsfraktion. Das namentliche Abstimmungsergebnis ist zu finden bei Deutscher Bundestag 2007, Plenarprotokoll der 89. Sitzung vom 2. Februar 2007.

5.3 Zusammenfassung

Die Entstehung des Gesundheitsfonds kann nicht ohne Kenntnis der Ausgangslage vor Beginn der Bildung der Großen Koalition im November 2005 verstanden werden. Während für die SPD der Aspekt der Gerechtigkeit im Vordergrund stand, ging es der Union primär um eine Begrenzung der Lohnnebenkosten bzw. die Entlastung des Faktors Arbeit durch eine Entkopplung der Gesundheitsausgaben von den Arbeitskosten. Auch die Wahrnehmung des Handlungsbedarfs unterschied sich zwischen SPD einerseits und Union andererseits erheblich: Für die SPD ergab sich der Handlungsbedarf in Sachen Neuregelung der Finanzierung der gesetzlichen Krankenversicherung vor allem aus einer Erosion der Einnahmeseite, die auch eine Folge der Abwanderung von Besserverdienenden in die PKV ist. Die Union hatte eine andere Sicht des Problems; sie achtete mehr auf die Höhe der Lohnnebenkosten.

Während der Konsenssuche spielten vor allem zwei Konzepte eine besondere Rolle: Die Überlegungen des Volkswirtes Prof. Dr. Wolfram F. Richter inklusive der darauf basierenden Vorschläge des Wissenschaftlichen Beirates beim Bundesfinanzministerium sowie die Finanzierungsstruktur des niederländischen Gesundheitssystems. Ein damaliger Abteilungsleiter des BMG bezeichnete in dem Experteninterview mit dem Verfasser die Entstehungsgeschichte des Fonds als „Zufall" (Interview 38). Die konkrete Ausgestaltung hingegen hat - auch nach Aussagen des Abteilungsleiters - nichts mit Zufall zu tun; diese war das Ergebnis bewusster, harter und zäher Verhandlungen.

Der Fraktionsvorsitzenden der CDU/CSU-Bundestagsfraktion, Volker Kauder erwähnte im April 2006 in einem Interview mit dem „STERN" das Fondsmodell von Prof. Dr. Richter bzw. des Wissenschaftlichen Beirates und machte es somit einer breiten Öffentlichkeit bekannt. Kauder, der sich in seinem Interview explizit auf die Arbeit des Wissenschaftlichen Beirates bezog, erkannte, dass das Fondsmodell für beide Koalitionspartner akzeptabel sein müsste, da es perspektivisch die Weiterentwicklung in die jeweils gewünschte Richtung ermöglicht. Das Zeitfenster, das „window of opportunity", für die Annahme des Richter-Modells durch die Bundesregierung war insofern gegeben, als die Koalitionäre unbedingt - sowohl aus Gründen der Gesichtswahrung als auch des Machterhalts - eine Lösung brauchten.

Die Prozessanalyse sowie die Auswertung der Experteninterviews ergaben, dass von einem systematischen gezielten „Lesson drawing" bzw. Transfer des niederländischen Modells nach Deutschland nicht die Rede sein kann. Eher wurde die Existenz des niederländischen Modells vom BMG und den Fraktionsführungen genutzt, um der Verhandlungsgruppe und den Regierungsfraktionen mit Verweis darauf, dass es im benachbarten Ausland bereits einen funktionierenden Fonds gibt, die Idee eines Gesundheitsfonds „schmackhaft" zu machen. Nach Vorlage der „Eckpunkte zur Gesundheitsreform" Anfang Juli 2006 spielte das niederländische Gesundheitswesen in der gesundheitspolitischen Diskussion in Deutschland kaum noch eine Rolle.

Die wesentlichen Entscheidungen hinsichtlich der Neuordnung der Finanzierung der GKV fielen nicht auf der Ebene der Gesundheitspolitiker; weder in der eingesetzten Bund-Länder-Arbeitsgruppe noch im fachlich zuständigen Ausschuss für Gesundheit des Deutschen Bundestages. Die relevanten Entscheidungen wurden vielmehr auf der Ebene der Spitzenpolitiker, konkret im Koalitionsausschuss bzw. von den drei Parteivorsitzenden, getroffen. Dies war sowohl im Juli 2006 bei der endgültigen Formulierung der „Eckpunkte zu einer Gesundheitsreform" der Fall als auch im Oktober 2006 im Vorfeld der Formulierung des Referentenentwurfs.

Der ungewöhnlich breite Widerstand gegen die Formulierung des Gesundheitsfonds war angesichts der sehr unterschiedlich verteilten Machtressourcen ohne Erfolgschance: Angesichts der breiten Mehrheit der Großen Koalition sowohl im Deutschen Bundestag als auch im Bundesrat fehlte den Gegnern des Gesundheitsfonds, insbesondere den Krankenkassen und ihren Verbänden, aber auch den Sozialpartnern, ein durchsetzungsstarker Partner aus dem politischen Entscheidungssystem. Die parlamentarische Opposition im Deutschen Bundestag war zwar ebenfalls gegen den Gesundheitsfonds, konnte diesen aber angesichts der Mehrheitsverhältnisse bzw. bestehenden Machtressourcen nicht verhindern.

Das erfolgreiche „Durchpeitschen" des Gesundheitsfonds gegen alle Widerstände ist auch mit der Existenz eines hocheffizient arbeitenden Bundesgesundheitsministeriums zu erklären. Diesem gelang es - auch auf Grund seiner langjährigen personellen Kontinuität auf der Ebene der Amtsspitze und der Abteilungsleiter und seines stark ausgeprägten Steuerungssachverstandes - die politischen Vorgaben der Partei- und Fraktionsvorsitzenden in kürzester Zeit administrativ umzusetzen. Die Effizienz der Ministerialbürokratie lässt sich an folgendem Zeitablauf sehr eindrucksvoll illustrieren:

Am 4. Oktober 2006 fand das entscheidende Treffen des Koalitionsausschusses statt, bei dem die zentralen Punkte entschieden wurden. Nur eine Woche später, am 11. Oktober 2006, verschickte das BMG einen über 500 Seiten umfassenden Referentenentwurf. Weitere fünf Tage später führte das BMG bereits die Verbändeanhörung durch. Ebenfalls noch im Oktober 2006, am 25., beschloss das Bundeskabinett den Gesetzentwurf, zwei Tage später, am 27. Oktober 2006, fand bereits die Erste Lesung des Gesetzentwurfs statt.

6. Die Implementation des Gesundheitsfonds

Damit der Gesundheitsfonds tatsächlich wie von der Großen Koalition intendiert und im GKV-Wettbewerbsstärkungsgesetz (GKV-WSG) geregelt mit Wirkung zum 1. Januar 2009 starten konnte, waren hierfür noch einige Voraussetzungen zu schaffen. Insbesondere folgende fünf „Hürden" galt es noch zu nehmen: (1.) Entschuldung aller Krankenkassen, (2.) Regelung der Zuweisungen aus dem Gesundheitsfonds, d. h. vor allem Ausgestaltung und Umsetzung des morbiditätsorientierten Risikostrukturausgleichs (3.) Umsetzung der Konvergenzregelung, die die Mittelabflüsse aus bestimmten Ländern begrenzen sollte, (4.) Ausgestaltung der Insolvenzfähigkeit aller Krankenkassen einschließlich der Enthaftung der Länder und (5.) Festlegung des für alle gesetzlichen Krankenkassen einheitlichen Beitragssatzes mit Wirkung ab 1. Januar 2009.

Wie es der Großen Koalition gelang, diese Voraussetzungen zu meistern, ist Gegenstand dieses Kapitels.[185]

6.1. Die Regelung der Zuweisungen aus dem Gesundheitsfonds

Die Zuweisungen aus dem Gesundheitsfonds legen fest, wie das Geld aus dem Gesundheitsfonds, der vom Bundesversicherungsamt (BVA) administrierten „Geldsammelstelle" (Interview 27), auf die einzelnen Krankenkassen verteilt wird. Der durch das GKV-WSG neugefasste § 266 SGB V „Zuweisungen aus dem Gesundheitsfonds (Risikostrukturausgleich)" unterscheidet folgende Arten von Zuweisungen aus dem Gesundheitsfonds: eine Grundpauschale, alters-, geschlechts- und risikoadjustierte Zu- und Abschläge zum Ausgleich der unterschiedlichen Versicherten- bzw. Risikostrukturen („Morbi-RSA") und sonstige

---

[185] Auf eine Darstellung des (erfolgreichen) Entschuldungsprozesses bei den von einer Verschuldung betroffenen Krankenkassen wird aus folgenden zwei Gründen verzichtet: Zum Einen waren diese Entschuldungsprozesse eher betriebswirtschaftliche als politische Prozesse und insofern für diese Arbeit weniger relevant und zum Zweiten liegen dem Verfasser die zur Analyse notwendigen Finanzkennzahlen der einzelnen Krankenkassen nicht vor (Betriebs- und Geschäftsgeheimnisse).

Zuweisungen.[186] Die Grundpauschale sowie die alters-, geschlechts- und risikoadjustierten Zu- und Abschläge dienen der Deckung der standardisierten Leistungsausgaben der Versicherten (§ 266 Abs.2).[187] Im Startjahr des Gesundheitsfonds und somit auch des morbiditätsorientierten Risikostrukturausgleichs entfielen rund 94 % aller Zuweisungen des Fonds auf die risikoadjustierten Zuweisungen; den sonstigen Zuweisungen (insbesondere zur Deckung der Verwaltungskosten) kommt entsprechend mit einem prozentualen Anteil von 5,4 % an den Gesamtzuweisungen eine vergleichsweise geringe Bedeutung zu (BVA 2010 PM vom 16.11.2010). Aus diesem Grund bezieht sich die nachfolgende Rekonstruktion des Prozesses des Verfahrens der Ermittlung der Zuweisungen überwiegend auf den Aspekt der risikoadjustierten Zuweisungen bzw. die Implementation des morbiditätsorientierten Risikostrukturausgleichs („Morbi-RSA"). Auf die Festlegung des Verfahrens der Zuweisungen für Verwaltungskosten wird am Ende dieses Abschnittes eingegangen.

6.1.1 Der morbiditätsorientierte Risikostrukturausgleich

Bezüglich der Ermittlung sowohl des Verfahrens als auch der Höhe der alters-, geschlechts- und risikoadjustierten Zu- und Abschläge kommt dem Bundesversicherungsamt (BVA) eine bzw. die Schlüsselstellung zu. Mit dem GKV-WSG regelte die Große Koalition, dass das BVA die Höhe der Zuweisungen ermittelt und den Krankenkassen die entsprechenden Mittel zuweist (§ 266 Abs. 4 SGB V). Eine Hauptaufgabe des BVA ist die Auswahl der Krankheiten, für die die Krankenkassen gesonderte Zuweisungen erhalten sowie die Auswahl eines Versichertenklassifikationsmodells, mit dem die Höhe der jeweiligen Zuschläge bestimmt wird sowie dessen Anpassung an die Gegebenheiten der GKV (§ 31 RSAV).[188] Der Prozess der Auswahl der zuweisungsrelevanten Krankheiten sowie die Auswahl und Anpassung des Klassifikationsmodells war ein politisch höchst umstrittenes und umkämpftes Geschehen, da unterschiedliche Interessen vor allem seitens der einzelnen Kassenarten bzw. Krankenkassen, aber auch

---

[186] Unter „Sonstige Zuweisungen" werden standardisierte Zuweisungen für Verwaltungskosten, für Satzungs- und Ermessensleistungen sowie eine sog. „Managementpauschale" für in Disease Management Programme (DMP) eingeschriebene Versicherte) subsumiert (vgl. § 270 SGB V).
[187] Mit dem Wort „standardisiert" ist gemeint, dass nicht die tatsächlichen bei einer Krankenkasse anfallenden Kosten ausgeglichen werden, sondern GKV-weite Durchschnittskosten. Die Grundpauschale mit ihren alters-, geschlechts- und risikoadjustierten Zu- und Abschlägen dient der Deckung der Pflichtleistungen einer Krankenkasse.
[188] Die Risikostruktur-Ausgleichsverordnung (RSAV) wurde vom Gesetzgeber als Artikel 38 des GKV-WSG entsprechend geändert.

weiterer Akteure, wie Parteien, Patientenvertreter, Selbsthilfegruppen etc. im Spiel waren.[189] Dies überrascht nicht, denn schließlich geht es bei den Zuweisungen um sehr viel Geld und auch um die relative Wettbewerbssituation der einzelnen Krankenkassen. Dieser Entwicklungsgang der Auswahl der für die Zuweisungen relevanten Krankheiten sowie die Interessen der beteiligten Akteure werden nachfolgend rekonstruiert und erklärt.

Benennung eines Wissenschaftlichen Beirates und Erstellung eines Gutachtens

Im Rahmen des GKV-Wettbewerbsstärkungsgesetzes entschied die Große Koalition, dass nicht die Politik, sondern das BVA, eine Bundesoberhörde, die Entscheidung über die Auswahl der relevanten Krankheiten trifft.[190] Zur fachlichen Vorbereitung und Unterstützung der Entscheidung des BVA bestellte das BMG nach Anhörung der Spitzenverbände auf Grundlage eines Errichtungserlasses vom 3. Mai 2007 einen interdisziplinär besetzten „Wissenschaftlichen Beirat beim BVA" (Busse et al. 2007:2). Die Benennung eines wissenschaftlichen Beirates war keine freiwillige, eigenmächtige Entscheidung des BMG, sondern ergibt sich aus einer rechtlich normierten Verpflichtung (§ 31 Abs. 2 RSAV).[191] Dieser Beirat wählte in seiner konstituierenden Sitzung am 29. Mai 2007 Herrn Prof. Dr. Gerd Glaeske zu seinem Vorsitzenden (BVA 2007, PM vom 12.07.2007).[192] Zu den Hauptaufgaben des Beirates gehörte die Beratung des BVA bei der Auswahl, Anpassung und Pflege eines Versichertenklassifikationsmodells für die Bildung der Morbiditätsgruppen sowie die Erarbeitung eines Vorschlages für die Auswahl der gesetzlich festgelegten 50 bis 80 Krankheiten

---

[189] Der Vorsitzende des „Wissenschaftlicher Beirat beim Bundesversicherungsamt", Prof. Dr. Gerd Glaeske, berichtete in einem Experteninterview mit dem Verfasser von immensem Druck, der auf den Beirat ausgeübt wurde: Er sei schon in vielen Beiräten bzw. Räten gewesen, aber nie sei es solch einem starken Druck ausgesetzt gewesen, wie während seiner Zeit als Vorsitzender des Wissenschaftlichen Beirates (Interview 44). Dieser Druck kam von mehreren Seiten: Von Krankenkassen, von Selbsthilfegruppen und Patientenorganisationen sowie von einzelnen Bundestagsabgeordneten (Interview 44).
[190] Die Rechtsgrundlagen für die Kompetenz des BVA ergeben sich aus den §§ 266, 268 SGB V sowie § 31 RSAV. Die Entscheidung der Großen Koalition, diese Auswahl dem BVA zu überlassen, lag im Wesentlichen daran, dass sich die Politik hiervon einen geräuschloseren Prozess versprach als wenn sie selbst die Entscheidung hätte treffen müssen.
[191] In der Verordnung sind auch die Anforderungen an die zu bestellenden Personen beschrieben: Diese müssen über „einen besonderen Sachverstand in Bezug auf die mit der Klassifikation von Versicherten zusammenhängenden medizinischen, pharmazeutischen, pharmakologischen, klinischen oder statistischen Fragen (…) verfügen" (§ 31 Abs. 3 RSAV).
[192] Prof. Dr. Gerd Glaeske war zu diesem Zeitpunkt Mitglied des Sachverständigenrates zur Begutachtung der Entwicklung im Gesundheitswesen und hauptberuflich Professor am Zentrum für Sozialpolitik (ZeS) der Universität Bremen.

(BVA 2007 PM vom 12.07.2007, vgl. auch § 31 Abs. 3 RSAV sowie Glaseke 2008:40 - 43). Der Vorschlag der Krankheiten hatte nach den Bestimmungen der Risikostruktur-Änderungsverordnung (RSAV) in Form eines Gutachtens zu verfolgen; dieses musste nach den Bestimmungen der RSAV bis zum 31. Oktober 2007 dem BVA vorliegen (§ 31 Abs. 2 RSAV). Zur Unterstützung der Arbeit des wissenschaftlichen Beirates wurde beim BVA eine Geschäftsstelle eingerichtet. Der Beirat tagte nach der Bestellung in einem monatlichen Turnus; Vertreter des BMG und des BVA nahmen regelmäßig an den Sitzungen teil und waren insofern ständig über den Stand der Beratungen informiert (Interview 44, vgl. auch Busse et al. 2007:2 sowie Glaeske 2008:41). Der Wissenschaftliche Beirat war bei der Erarbeitung seiner Vorschlagsliste an die Vorgaben der von der Politik formulierten rechtlichen Vorgaben gebunden. Diese Vorgaben finden sich in der im Rahmen des GKV-WSG geänderten RSAV. Demnach hatte die Auswahl des Versichertenklassifikationsmodells und seine Anpassung an die spezifischen Gegebenheiten der GKV so zu erfolgen, dass es keine Anreize für medizinisch nicht gerechtfertigte Leistungsausweitungen gibt und Anreize zur Risikoselektion vermieden werden (§ 31 Abs. 1 RSAV). Hinsichtlich der Auswahl der gesetzlich vorgegebenen 50 bis 80 Krankheiten beinhaltet die RSAV folgende Vorgaben:

„Bei der Auswahl der (...) genannten Krankheiten sollen insbesondere Krankheiten mit schwerwiegendem Verlauf und kostenintensive Krankheiten, bei denen die durchschnittlichen Leistungsausgaben je Versicherten die durchschnittlichen Leistungsausgaben aller Versicherten um mindestens 50 vom Hundert übersteigen, berücksichtigt werden." (§ 31 Abs. 1 RSAV).

Dem Wissenschaftlichen Beirat wurde vom BVA ein Datensatz gemäß § 30 RSAV zur Verfügung gestellt. Dieser Datensatz umfasste versichertenbezogen und pseudonymisiert zahlreiche Angaben, wie beispielsweise Versichertenstammdaten (Alter und Geschlecht der Versicherten), abgerechnete Arzneimittel, abrechnungsrelevante Haupt- und Nebendiagnosen der Krankenhausversorgung, Diagnosen der ambulanten ärztlichen Versorgung und personenbezogene berücksichtigungsfähige Leistungsausgaben, wie Krankengeld etc. (ausführlich bei Busse et al. 2007:4). Die Methodik der Krankheitsauswahl ist in dem Gutachten sehr ausführlich beschrieben (Busse et al. 2007:10 - 37). Da es sich dabei um überwiegend „technische" Gesichtspunkte handelt, wird darauf in dieser Arbeit im Einzelnen nicht näher eingegangen. Dessen ungeachtet soll bereits an dieser Stelle ein Aspekt explizit erwähnt werden, da dieser zu heftigen Reaktionen zahlreicher Akteure (Krankenkassen, Verbände, BMG etc.) und letztlich

sogar zum Rücktritt des Wissenschaftlichen Beirates führte: die Frage der Gewichtung der Prävalenz der Krankheiten. Hinter diesem zunächst rein methodisch anmutenden Aspekt verbirgt sich folgendes Dilemma:
Der Wissenschaftliche Beirat war in der schwierigen Lage, dass der Gesetzgeber in der RSAV einerseits und dem GKV-WSG andererseits unterschiedliche Vorgaben hinsichtlich der Berücksichtigung der Prävalenz (Häufigkeit) von Krankheiten machte: In der RSAV ist die bereits erwähnte Vorgabe enthalten, wonach es nur für die Krankheiten gesonderte Zuweisungen geben darf, deren Durchschnittskosten mindestens 50 % über den Durchschnittskosten aller Krankheiten liegen (§ 31 Abs. 1 RSAV). Daraus ergibt sich, dass auf die Höhe der Kosten der Krankheit im Einzelfall unabhängig von deren Prävalenz abzustellen ist. In der offiziellen Begründung zum GKV-WSG (Deutscher Bundestag 2006f:204) hingegen findet sich allerdings ein Hinweis, dass der Gesetzgeber nicht nur auf eine rein fallbezogene Kostenbetrachtung Wert legt, sondern auch die Kostenbelastung, die einer Krankenkasse insgesamt entsteht, also unter Berücksichtigung der Häufigkeit (Prävalenz) der entsprechenden Krankheit.[193]
Der Wissenschaftliche Beirat hatte dieses Dilemma - hohe Kosten bei eher seltenen Krankheiten versus weniger hohe Kosten bei hoher Prävalenz - erkannt. Er ersuchte es dadurch zu lösen, indem er - zur Abschwächung des Einflusses der Krankheitshäufigkeit - die diagnosebezogene Kosten nicht linear, sondern logarithmisch mit der Prävalenz gewichtet hat (Busse et al. 2007:25, vgl. auch Glaeske 2008:46f).[194]

Anfang Januar 2008 wurde das Gutachten des Wissenschaftlichen Beirates vorgelegt (Busse et al. 2007). In diesem sind exakt 80 Krankheiten aufgeführt; somit schöpfte der Wissenschaftliche Beirat den gesetzliche vorgegebene Rahmen, d. h. die Bandbreite von 50 bis 80 Krankheiten, voll aus. Mit dem Vorschlag des Wissenschaftlichen Beirates hätte es für 23 % der Versicherten risikoadjustierte Zuschläge gegeben (Glaeske 2008:48). Aus Anlass der Vorlage des Gutachtens veröffentlichte das BVA am 10. Januar 2008 eine Pressemitteilung, in der sich der damalige Präsident des Amtes, Dr. Rainer Daubenbüchel, mit folgenden Worten zitieren ließ: „Mit der Vorlage des Gutachtens (...) ist ein wichtiges Etappenziel auf dem Weg zum Gesundheitsfonds erreicht. Mein Dank gilt den Mitgliedern des Beirates für ihre umfangreiche Arbeit." (BVA 2008a, PM vom 10.01.2008). Auch das BMG reagierte an diesem Tag mit einer Pressemitteilung auf die Vorlage des Gutachtens, in der sich das Ministerium nahezu

---

[193] Wörtlich heißt es an dieser Stelle der Gesetzesbegründung: „Krankheiten, die einen wesentlichen Einfluss auf das Kostengeschehen der Krankenkassen (...) haben" (Deutscher Bundestag 2006f:204).
[194] Bei der Logarithmusfunktion wird das Kostenkriterium weniger stark mit der Prävalenz verknüpft als dies bei Potenz- bzw. Wurzelfunktionen der Fall wäre (Busse et al. 2007:25).

identisch wie das BVA positionierte: Mit dem Gutachten sei „ein weiterer, wichtiger Schritt auf dem Weg zum Gesundheitsfonds im Jahr 2009 gemacht." (BMG 2008a, PM vom 10.01.2008). Sowohl das BVA als auch das BMG betonten in ihren jeweiligen Pressemitteilungen den Empfehlungscharakter des Gutachtens; die endgültige Entscheidung über die Krankheitsauswahl sowie das darauf basierende Klassifikationsmodell würde das BVA nach Anhörung der Spitzenverbände der Krankenkassen bis zum 1. Juli 2008 treffen.[195]

Reaktionen auf das Gutachten

Das Gutachten des Wissenschaftlichen Beirates fand eine breite Resonanz nicht nur in der Fachöffentlichkeit sowie bei den gesundheitspolitisch betroffenen Akteuren, sondern auch bei den Printmedien, der so genannten „Publikumspresse"; nahezu alle relevanten Tageszeitungen berichteten am 11. Januar 2008 ausführlich über das vorgelegte Gutachten.[196] Naturgemäß mit noch größerem Interesse als die Journalisten warteten freilich die Experten der Krankenkassen und die von deren Verbänden auf das Gutachten - schließlich war das Gutachten die Basis für die Entscheidung des BVA hinsichtlich der Krankheitsauswahl. Diese wiederum hatte und hat ganz erhebliche Auswirkungen auf die Finanzausstattung einer Krankenkasse und somit auf deren relative Wettbewerbsposition. Auch Vertreter von Selbsthilfegruppen nahmen das Gutachten des Wissenschaftlichen Beirates sehr interessiert zur Kenntnis, um zu eruieren, ob „ihre" Krankheit in der Liste der 80 Krankheiten enthalten ist. Dieses Interesse ist eine Folge der Hoffnung, dass Betroffene von einer der ausgewählten Krankheiten künftig besser versorgt werden, da für deren Versorgung in der neuen Welt des morbiditätsorientierten Risikostrukturausgleichs mehr Geld zur Verfügung steht. Umgekehrt hatten Selbsthilfegruppen die Sorge, dass sich die Versorgung von Menschen, die das Pech haben an einer „falschen", das heißt einer nicht auf der Liste enthaltenen, Krankheit zu leiden, künftig schlechter versorgt werden. Wie nicht anders zu erwarten, unterschieden sich die Einschätzungen und die daraus resultierenden öffentlichen Statements der einzelnen Akteure ganz erheblich; den einen ging die Liste und somit auch das damit zusammenhängende Umverteilungsvolumen zwischen den einzelnen Kassenarten bzw. Krankenkassen viel zu weit, den anderen nicht weit genug. Vereinfachend, aber im Kern zutreffend,

---

[195] Das Klassifikationsmodell dient der Berechnung der jeweiligen Morbiditätszuschläge.
[196] Folgende Beispiele geben einen Eindruck von dem Presseecho auf die Vorlage des Gutachtens: „Kasseneinnahmen werden neu verteilt" (Financial Times Deutschland, 11.01.2008), „Von Alkoholismus bis Schlaganfall" (Frankfurter Rundschau, 11.01.2008), „Kassentransfer geprüft" (FAZ, 11.01.2008), „Teure Versicherte bringen mehr" (Süddeutsche Zeitung, 11.01.2008).

kann man folgenden Zusammenhang herstellen: Je besser, das heißt je gesünder, die Risikostruktur einer Krankenkasse ist, desto höher das Interesse an einer geringen Umverteilung und somit einer „schlanken" Liste. Im anderen Fall hatten Krankenkassen mit einer ungünstigeren Versichertenstruktur naheliegender Weise Interesse an einer vergleichsweise umfassenden Umverteilung und somit einer breiten Liste.[197] In Bezug auf den bereits erwähnten Aspekt der Prävalenz ergibt sich aus dieser Interessenkonstellation folgender Zusammenhang: Kassen mit einer guten Versichertenstruktur hatten und haben Interesse an keiner oder allenfalls einer geringen Berücksichtigung der Prävalenz („Lieber teure, aber selten vorkommende Krankheiten"), während im anderen Fall Kassen mit eher ungünstigen Versichertenstrukturen aus betriebswirtschaftlichen und wettbewerbspolitischen Gründen ein hohes Interesse an der Berücksichtigung der Krankheitshäufigkeit hatten bzw. haben („Möglichst Berücksichtigung von Krankheiten, an denen viele meiner Versicherten leiden"). An folgenden Zitaten kann man die jeweiligen Interessen und daraus abgeleiteter Positionen gut erkennen:

Der damalige Vorstandsvorsitzende des BKK-Bundesverbandes, ein Verband mit vielen Mitgliedskassen mit einer günstigen Versichertenstruktur, Wolfgang Schmeinck, warb Ende Januar 2008 in einer Pressemitteilung für einen „einfachen Finanzausgleich", der Vorschlag der Gutachter sei „intransparent und manipulationsanfällig"; sein Fazit: „Mit dem von den Gutachtern vorgeschlagenen Weg können nur Theoretiker zufrieden sein." (zitiert nach BKK-Bundesverband 2008, PM vom 31.10.2008). Eine diametral entgegengesetzte Position vertrat der (damalige) Vorstandsvorsitzende der Barmer Ersatzkasse, Dr. Johannes Vöcking:[198]

„Der Expertenvorschlag zur Krankheitsauswahl ist ein sinnvoller Ansatz und wichtiger Etappenschritt zur Ausgestaltung des Risikostrukturausgleichs. (…) Allerdings muss an einigen Stellen methodisch nachgebessert werden, um die Ziele des Gesetzgebers zu erreichen. Insbesondere müssen die Gesamtfallzahlen einer Erkrankung statistisch stärker zu Buche schlagen. Die Häufigkeit gerade von chronischen Volks-

---

[197] Beispiele für solche Krankenkassen sind die so genannten „Versorgerkassen" wie AOKs, die Barmer Ersatzkasse (heute BARMER/GEK) oder die DAK, aber auch einige ältere Betriebskrankenkassen.
[198] Weitere Statements namhafter Vertreter von Krankenkassen können in „Highlights – Das Onlinemagazin zur Gesundheitspolitik", Ausgabe 5/08 vom 21.02.2008 sowie in „Gesellschaftspolitische Kommentare", Nr. 7/08, Juli 2008 nachgelesen werden. Auch dort finden sich völlig konträre Beurteilungen des Vorschlages des Wissenschaftlichen Beirates; so führt nach Ansicht eines leitenden Vertreters der Techniker Krankenkasse der „Morbi-RSA" zu Fehlanreizen (Meusch 2008), während er aus der Perspektive eines AOK-Repräsentanten eine „notwendige Funktionsbedingung für sinnvollen Wettbewerb innerhalb der GKV" (Schneider 2008:30) darstellt.

krankheiten wird bislang zu wenig berücksichtigt. (...) Hier ist eine Nachjustierung notwendig." (Dr. Johannes Vöcking, zitiert nach BARMER 2008a, PM vom 22.01.2008)

Nicht nur Vertreter von Krankenkassen, sondern auch aus der Wissenschaft und Politik meldeten sich öffentlich zu Wort. So bezeichnete beispielsweise der Gesundheitsökonom Prof. Dr. Jürgen Wasem den Vorschlag des Wissenschaftlichen Beirates als „problematischen Ansatz" (zitiert nach Highlights 2008a:28). Ähnlich wie der Vorstandsvorsitzende der Barmer Ersatzkasse und Vertreter des AOK-Systems (vgl. z. B. Jacobs 2008 sowie Schneider 2008) kritisierte Wasem die unzureichende Berücksichtigung der Prävalenz von Krankheiten:

„Der Wissenschaftliche Beirat beim Bundesversicherungsamt hat eine Liste vorgelegt, bei der aufgrund der gewählten Methodik Krankheiten im Vordergrund stehen, die im Einzelfall sehr teuer sind, auch wenn ihre Prävalenz in der Bevölkerung eher gering ist. Dies führt dazu, dass Krankheiten, die sehr häufig sind, im Einzelfall aber nicht ganz so teuer, in vielen Fällen nicht berücksichtigt werden. Ich halte das für einen problematischen Ansatz. Der Gesundheitsfonds sollte die Mittel so verteilen, dass die Krankenkassen, die insgesamt eine hohe Krankheitslast bei ihren Versicherten haben, auch entsprechend hohe Zuweisungen aus dem Fonds bekommen; sonst müssen diese Kassen eine Zusatzprämie wegen der hohen Krankheitslast ihrer Versicherten erheben. (...) Der RSA muss in erster Linie für gleich lange Spieße im Kassenwettbewerb sorgen. (Prof. Jürgen Wasem, zitiert aus Highlights 2008a:28f)

Auch die Reaktionen seitens der Politik auf das Gutachten des Wissenschaftlichen Beirates waren sehr unterschiedlich: Während beispielsweise die Gesundheitsministerin von Rheinland-Pfalz, Malu Dreyer (SPD), die Weiterentwicklung des Risikostrukturausgleichs (RSA) zum Morbi-RSA lobte, da er eine „faire Grundlage für Wettbewerb" (zitiert nach Highlights 2008b:8) biete und auch den Gutachtervorschlag positiv beurteilte, allerdings eine stärkere Berücksichtigung der Prävalenz forderte (Highlights 2008b:9), kam die damalige Sozialministerin von Baden-Württemberg, Dr. Monika Stolz (CDU) zu einer völlig anderen Beurteilung:[199]

---

[199] Die unterschiedliche Bewertung der beiden Landesministerinnen ist auch vor dem Hintergrund zu sehen, dass Baden-Württemberg schon immer gegen einen bundesweiten Risikostrukturausgleich war und deswegen vor einigen Jahren auch (erfolglos) gegen ihn Klage beim Bundesverfassungsgericht eingereicht hatte. Außerdem ist in Baden-Württemberg der Gesundheitszustand der Bevölke-

„Ich denke, dass damit der Bogen weit überspannt wird. Gemessen an der Zielgröße eines einfachen, transparenten und berechenbaren Verfahrens bekommen wir mit dem neuen Morbi-RSA (…) das genaue Gegenteil. Es wird ein großer bürokratischer Apparat im BVA und bei den Krankenkassen aufgebaut werden müssen. Die Finanzströme werden intransparent und die Kassen werden kaum im Stande sein, ihre Einnahmen (…) im Vorfeld solide berechnen zu können. Ich bedauere sehr, dass der Morbi-RSA somit insgesamt in die falsche Richtung geht." (Dr. Monika Stolz, zitiert aus Highlights 2008b:19f)

Neben dem Aspekt der aus Sicht einiger Akteure ungenügenden Berücksichtigung der Prävalenz der jeweiligen Krankheiten und Partikularinteressen bestimmter Selbsthilfegruppen und medizinischen Fachgesellschaften gab es einen weiteren zentralen Kritikpunkt an dem Gutachten des Wissenschaftlichen Beirates: Dessen Entscheidung, Krankheiten deren Entstehen durch Primär- oder Sekundärprävention vermieden werden kann, im RSA nur teilweise auszugleichen, um auf diese Weise das Interesse an Präventionsmaßnahmen nicht zu konterkarieren (Glaeske 2008:46; vgl. zur Begründung des Beirates Busse et al 21007:65).[200]

Der Rücktritt des Wissenschaftlichen Beirates und die vorläufige Krankheitsauswahl des BVA

Ende März 2008 trat der Wissenschaftliche Beirat geschlossen zurück. Was genau zu dem Rücktritt geführt hat, lässt sich nicht mit Gewissheit feststellen; die Aussagen hierzu variieren (Interviews 5 und 44). Der im BVA für die Weiterentwicklung des Risikostrukturausgleichs zuständige Referatsleiter, Dr. Dirk Göpffarth, sprach von einer „Gemengelage von Gründen" und davon, dass er den Rücktritt des Beirats nicht so richtig verstanden habe (Interview 5). Nach Einschätzung des Referatsleiters hing der Rücktritt auch damit zusammen, dass das BVA es „sich erlaubt hat", von den Empfehlungen des Beirates an einigen Stellen abzuweichen; möglicherweise sei auch eine „Portion gekränkter Eitel-

---

rung besser und die Lebenserwartung höher als in anderen Bundesländern. Daher war die Annahme, Baden-Württemberg würde zu den „Verlierern" des Morbi-RSA gehören, naheliegend.

[200] Man kann aber nicht behaupten, der Beirat wollte Präventionsmaßnahmen nicht finanziell honorieren. Im Gegenteil: Der Wissenschaftliche Beirat sprach sich explizit für eine finanzielle Honorierung für das Erreichen definierter Präventionsziele aus, dies aber nicht im Rahmen des „Morbi-RSA" sondern auf anderen Wegen; entweder getrennt vom RSA oder als gesonderter Tatbestand innerhalb des RSA (ausführlich inklusive Begründung bei Busse et al 2007:65).

keit" mit im Spiel gewesen (Interview 5). Jedenfalls habe das BVA mehrere Versuche unternommen, mit dem Beirat einen Konsens zu erzielen. Dies sei aber leider nicht möglich gewesen, da der Beirat auf seiner Liste bestand und in keiner Weise kompromissbereit gewesen wäre. Das BVA habe die Empfehlungen des Beirates nicht vollständig übernehmen können, da die von den Wissenschaftlern vorgelegte Liste der 80 Krankheiten auf Grund der nur geringen Berücksichtigung der Prävalenz nicht der Intention des Gesetzgebers entsprochen habe (Interview 5). Der Vorsitzende des Wissenschaftlichen Beirates hat eine andere Sicht der Dinge: In einem Experteninterview mit dem Verfasser (Interview 44) begründete der frühere Vorsitzende des Wissenschaftlichen Beirates, Prof. Gerd Glaeske, den kollektiven Rücktritt des Beratergremiums im Wesentlichen mit den massiven und wiederholten Versuchen der Beeinflussung und Bevormundung des Beirates durch das Bundesministerium für Gesundheit (BMG). Diese Einflussnahme seitens des Ministeriums ging nach Aussagen des zurückgetretenen Vorsitzenden des Beirates weniger von der Leitungsebene des BMG, als vielmehr von dem zuständigen Fachreferat aus (Interview 44).[201] Das Ministerium verfolgte nach den Aussagen des Wissenschaftlers insbesondere folgende zwei Ziele: Zum Einen drängten die Mitarbeiterinnen und Mitarbeiter des BMG auf eine Einbeziehung der „Volkskrankheiten" für die es die sog. „Strukturierten Behandlungsprogramme" („Disease Management Programme - DMPs) gibt. Hintergrund hierfür war die Einschätzung des BMG, man könne es sich politisch nicht leisten, auf eine Berücksichtigung dieser Krankheiten zu verzichten. Zweitens wollte nach Einschätzung von Herrn Prof. Dr. Glaeske das BMG die so genannten „Versorgerkassen", also die Kassen mit vielen chronisch kranken Versicherten, durch eine Berücksichtigung der weit verbreiteten Krankheiten begünstigen; dies sei der erklärte Wille des Gesetzgebers und ergebe sich aus der Gesetzesbegründung zu § 268 Abs. 1 SGB V und § 31 Abs. RSAV.[202]

Sowohl das BMG und das BVA einerseits und der Wissenschaftliche Beirat andererseits begründeten ihre jeweiligen Positionen mit rechtlichen Argumenten: BMG und BVA betonten, sie hätten wegen der Intention des Gesetzgebers, die sich aus der Gesetzesbegründung ergebe, die Vorschlagsliste des Beirates nicht vollständig übernehmen können, weil der Beirat den Aspekt der Prävalenz der einzelnen Krankheiten und somit die einer Kasse entstehende Gesamtbelastung nicht ausreichend berücksichtigt hätte. Der Beirat hingegen betonte, er hätte sich strikt an die Buchstaben des Gesetzes gehalten; dort (§ 268 Abs. 1

---

[201] Freilich ist möglich, dass das Fachreferat auf Weisung der Leitungsebene handelte.
[202] In einer Publikation umschrieb Herr Prof. Dr. Glaeske diesen Sachverhalt mit der Formulierung das im Gesetz genannte Kriterium „kostenintensive Krankheit" wurde in Richtung „Anzahl der Kranken" entwickelt (Glaeske 2008:48).

SGB V und § 31 Abs. 1 RSAV) sei explizit von kostenintensiven Krankheiten, deren Durchschnittskosten mindestens 50 % über den Durchschnittskosten aller Krankheiten liegen, und von eng abgrenzbaren Krankheiten die Rede. Der Hinweis auf die Berücksichtigung auch der Prävalenz stehe nur in der Gesetzesbegründung. Eine Begründung eines Gesetzes sei rechtlich aber weniger relevant als der Wortlaut des eigentlichen Gesetzes. Der Beirat habe zu dieser Frage der Gewichtung von Gesetzesbegründung einerseits und Gesetzeswortlaut andererseits extra eine rechtliche Expertise eingeholt; das Ergebnis sei eindeutig gewesen (Interview 44). Ungeachtet dieser unterschiedlichen rechtlichen Einschätzung begann das BVA auf Basis der Empfehlungen des Beirates und der dazu eingegangen Stellungnahmen der Spitzenverbände der Krankenkassen, einzelner Krankenkassen sowie weiterer Interessenvertreter (z. B. Selbsthilfegruppen) mit der Ausarbeitung einer eigenen Krankheitsliste. Dessen Existenz - insbesondere die darin enthaltenen Abweichungen von dem ursprünglichen Vorschlag des Wissenschaftlichen Beirates - führte schließlich am 26. März 2008 zum Rücktritt des Beratergremiums.

Die parlamentarische Opposition nahm den Rücktritt des Wissenschaftlichen Beirates zum Anlass, den massiven Staatseinfluss auf die Finanzausstattung der GKV im Allgemeinen und der einzelnen Kassen im Speziellen erneut zu geißeln und noch einmal den Stopp des Gesundheitsfonds zu fordern. Nach Auffassung des damaligen gesundheitspolitischen Sprechers der FDP-Bundestagsfraktion, Daniel Bahr, würde der Rücktritt des Wissenschaftlichen Beirats zeigen, dass der Gesundheitsfonds eine „politisch beeinflusste Geldumverteilungsbehörde" (FDP-Bundestagsfraktion 2008, PM vom 27.03.2008) ist. Auch die Fraktion BÜNDNIS 90/Die Grünen forderte erneut den Verzicht auf den Fonds (BÜNDNIS 90/Die Grünen 2008, PM vom 27.03.2008). Das BMG und das BVA hingegen versuchten den Eindruck zu erwecken, als sei der Rücktritt des Beirats nicht weiter schlimm, denn die Vorarbeiten zur Auswahl der Krankheitsliste seien inzwischen bereits weit fortgeschritten. Entsprechend reagierte das für die Umsetzung des Morbi-RSA zuständige BVA sehr schnell auf den Rücktritt des Beirates, indem es noch am Tag von dessen Rücktritt unter der Überschrift „Morbiditätsorientiertet Risikostrukturausgleich kommt zeitgerecht" eine Pressemitteilung veröffentlichte (BVA 2008b, PM vom 27.03.2008). In dieser Pressemitteilung ging das BVA nur am Rande auf den Rücktritt des Beirates ein; die Vizepräsidentin der Bundesoberbehörde dankte dem Beirat für die geleistete Arbeit, „die wesentliche Grundlage für die uns vom Gesetzgeber übertragene Entscheidungsfindung ist" (BVA 2008b, PM vom 27.03..2008). Der Rücktritt des Beirates sei bedauerlich, aus rechtlichen Gründen sei es dem BVA allerdings nicht möglich gewesen, den Vorschlägen in allen Punkten zu folgen. Maßstab für die Entscheidung des BVA, eine eigene Krankheitsauswahl zu treffen, sei das Ziel des Gesetzgebers zu verhindern, dass eine Konzentration chronisch kranker Versicherten bei bestimmten Krankenkassen für diese mit erheblichen Wettbewerbsnachteilen verbunden ist: „Ein fairer Wettbewerb soll auch gegenüber Kassen mit günstiger Versichertenstruktur stattfinden können." (BVA 2008b, PM vom 27.03.2008). Ziel dieser Pressemitteilung war es allerdings weniger, dem Wissenschaftlichen Beirat zu danken, sondern primär zur Beruhigung der Situation beizutragen. Entsprechend beginnt die Pressemitteilung mit einem in die Zukunft gerichteten Satz:

„Das Bundesversicherungsamt (BVA) hat heute die nächste Stufe der Anhörung zur Festlegung der im morbiditätsorientierten Risikostrukturausgleich zu berücksichtigenden Krankheiten eingeleitet. Auf der Grundlage des Gutachtens, das der Wissenschaftliche Beirat beim BVA, ein Beratergremium, erstellt hat und der dazu eingegangenen Stellungnahmen (…) hat das BVA, wie gesetzlich vorgesehen, eine Bewertung vorgenommen, eine Krankheitsauswahl getroffen und an die Beteiligten zur Stellungnahme gegeben." (BVA 2008b; PM vom 27.03.2008)

Außer der parlamentarischen Opposition positionierten sich auch einzelne Krankenkassen bzw. deren Verbände öffentlich in Form von Pressemitteilungen. So unterstützte beispielsweise der damalige Vorstandsvorsitzende der BARMER, Dr. Johannes Vöcking, öffentlich das BVA: Der Rücktritt des Wissenschaftlichen Beirates sei zwar bedauerlich, aber schließlich „geht es nicht um die Ehre von Wissenschaftlern, sondern um den Willen des Gesetzgebers", so Dr. Johannes Vöcking, Vorstandsvorsitzender der BAMER." (BARMER 2008b, PM vom 28.03.2008). In dieser Pressemitteilung unterstrich die BARMER außerdem, dass die fristgemäße Einführung eines "zielgenauen Morbi-RSA" eine zwingende Voraussetzung für den Start des Gesundheitsfonds ist. Sinngemäß positionierte sich auch der AOK-Bundesverband (AOK Bundesverband 2008a, PM vom 27.03.2008).[203]

Der vom BVA erstellte neue Entwurf der Krankheitsliste ergänzte die Liste des Beirats um die Krankheiten für die es strukturierte Behandlungsprogramme gibt (sog. „DMP-Krankheiten") sowie um Rheuma, Demenz und Depressionen.[204] Erreicht wurde dies dadurch, dass für die Auswahl der Krankheiten statt

---

[203] Weitere Positionierungen finden sich in „Highlights" 2008c, Ausgabe Nr. 11/08 vom 15.4.2008.
[204] Die Liste des Wissenschaftlichen Beirates sah nur schwere Depressionen und Diabetes nur in Verbindung mit Komplikationen vor.

dem Ansatz des Beirates, der einen Logarithmus benutzte, eine Wurzelfunktion zugrunde gelegt wurde. Nach der Liste des BVA erhalten die Krankenkassen für ca. 39,5 % ihrer Versicherten Zuweisungen aus dem Morbi-RSA; nach den Vorstellungen des Gutachtens des Beirates wären es lediglich 23,2 % gewesen (Glaeske 2008:49). Der zurückgetretene frühere Vorsitzende des Wissenschaftlichen Beirates beim BVA erklärt diese Veränderungen im Wesentlichen mit den erfolgreichen Lobbyaktivitäten insbesondere des AOK-Systems (Interview 44). Aus einer theoretischen Perspektive kann man den Erfolg des AOK-Systems, aber auch anderer großer „Versorgerkassen", wie der BARMER, hinsichtlich der Ausgestaltung des morbiditätsorientierten Risikostrukturausgleichs mit der Tauschtheorie erklären: Die Bundesregierung im Allgemeinen und das BMG im Speziellen hatte im Vorfeld der Bundestagswahl 2009 großes Interesse an einer Beruhigung und Versachlichung der öffentlichen Diskussion über die Gesundheitsfonds. Außerdem konnte insbesondere das SPD-geführte BMG kein Interesse daran haben, dass bereits im ersten Jahr des Gesundheitsfonds, der im Jahr einer Bundestagswahl starten sollte, die ersten Krankenkassen einen bei den Wählern unpopulären Zusatzbeitrag erheben müssen. Der Tausch sah daher wie folgt aus: Die AOKs sowie einige Ersatzkassen, die im Jahr 2006 während der Formulierung des Gesundheitsfonds zu dessen stärksten Kritikern gehörten, wurden mit einer für sie vergleichsweise günstigen Ausgestaltung des Morbi-RSA, dem zentralen Verteilungsinstrument des Fonds, „beschwichtigt". Im Gegenzug reduzierten diesen Kassen ihren Widerstand gegen die Einführung des Gesundheitsfonds. Dieses Kalkül des BMG ging auf: Als im April 2008 die Diskussion über die finanziellen Auswirkungen des Gesundheitsfonds bezogen auf einzelne Bundesländer im Zuge eines Gutachtens zur Umsetzung der sog."Konvergenzklausel" neu entflammte, machte sich ausgerechnet der AOK-Bundesverband zu einem Fürsprecher des Fonds: Während der Diskussion über die (fehlende) Umsetzbarkeit der Konvergenzklausel veröffentlichte der AOK-Bundesverband eine Pressemitteilung mit der Überschrift „AOK: Der Gesundheitsfonds kann starten" (AOK-Bundesverband 2008b, PM vom 11.04.2008).[205]

Das Bundesversicherungsamt (BVA) als politischer Akteur

Die im Zuge der Einführung des Gesundheitsfonds und dem damit untrennbar verbundenen morbiditätsorientierten Risikostrukturausgleich deutlich gestiegene Bedeutung des BVA auch als *politisch* bedeutsamen Akteur wird durch eine

---

[205] Vertreter des AOK-Systems berichteten in Interviews mit dem Verfasser von einem Strategiewechsel der AOK nach der Verabschiedung des GKV-WSG im Februar 2007. Nunmehr bestand das Hauptinteresse des AOK-Systems nicht mehr in der Verhinderung des (ungeliebten) Fonds, sondern in der Einflussnahme auf dessen *Ausgestaltung* (Interviews 14 und 33).

Anfang Mai 2008 veröffentlichten Personalie deutlich: der Ernennung des neuen Präsidenten des Bundesversicherungsamtes. Am 5. Mai 2008 trat der frühere Sozialminister des Saarlandes, Josef Hecken, seinen Dienst als Präsident des BVA an (BVA 2008c).[206] In einem Interview mit dem Verfasser bestätigte Herr Hecken den Einfluss der Kanzlerin auf seine Ernennung („Ja, letztlich war es schon so.", Interview 10) und hob explizit den neuen Aspekt der politischen Bedeutung des Amtes des BVA-Präsidenten hervor:

> Ich will Ihnen erzählen, wie das Verfahren der Ernennung in der Vergangenheit ablief und was in meinem Fall anders war: In der Vergangenheit hatte sich das BMAS und das BMG auf einen verdienten Beamten geeinigt, dem man in der Endphase seiner Karriere etwas Gutes tun wollte. In der Vergangenheit - damit meine ich die Zeit vor Einführung des Gesundheitsfonds und des Morbi-RSAs - war die Tätigkeit des BVA rein administrativ, ein eher technisch-reaktives Vorgehen. Entsprechend war auch das Anforderungsprofil des Präsidenten. Seit dem Gesundheitsfonds und dem Morbi-RSA ist das deutlich anders (…): Es ging im Vorfeld des Gesundheitsfonds um das Ausfüllen und die Umsetzung der gesetzlichen Vorgaben zum Morbi-RSA; die gesetzlichen Vorgaben waren ja nicht unbedingt präzise - sie konnten unterschiedlich interpretiert werden. (…) Für diese neue Herausforderung braucht man eine politisch denkende und handelnde Person - keine parteipolitisch denkende und handelnde. (…) Die Minister Olaf Scholz und Ulla Schmidt einigten sich sehr schnell mit Zustimmung der Kanzlerin auf mich. Das Gespräch mit Herrn Minister Scholz und Frau Ministerin Schmidt fand im April 2008 statt und dauerte gerade mal 20 Minuten. Das Bundeskabinett musste noch formal zustimmen, aber das war keine große Sache." (Interview 10)

Bereits wenige Tage nach Amtsbeginn gab der neue BVA-Präsident am 13. Mai 2008 bekannt, welche Krankheiten ab 1. Januar 2009 im morbiditätsorientierten Risikostrukturausgleich berücksichtigt werden (BVA 2008d, PM vom 13.05.2008). Gegenüber der Entwurfsfassung von Ende März 2008 gab es einige Veränderungen, die allerdings eher unerheblicher Art und vergleichsweise unumstritten waren.[207]

---

[206] Josef Hecken war und ist in der Gesundheitspolitik kein Unbekannter: Er war im Mitglied der Bund-Länder-Arbeitsgruppe, die wesentliche Vorarbeit zum späteren GKV-WSG leistete und gilt seit dieser Zeit als enger Vertrauter von Bundeskanzlerin Dr. Angela Merkel. Mit Bildung der christlich-liberalen Bundesregierung im Oktober 2009 wurde Josef Hecken Staatssekretär im Bundesministerium für Familie, Senioren, Frauen und Jugend (BMFSJ). Ab Juli 2012 ist Hecken Unparteiischer Vorsitzender des einflussreichen Gemeinsamen Bundesausschusses.

[207] Die Veränderungen gegenüber dem Entwurf vom 27.03.2008 sowie die Auswirkungen der vom BVA vorgenommenen Anpassungen sind in der Dokumentation des Festlegungsprozesses beschrieben. Insgesamt wurden fünf Krankheiten ausgetauscht. Die Tatsache, dass immerhin 5 von 80

Zu diesem Zeitpunkt war noch offen, wie hoch die Zuweisungen für die einzelnen Krankheiten sein werden. Dies konnte erst nach Festlegung der weiteren Details des Berechnungsverfahrens, insbesondere des sog. „Versichertenklassifikationssystems" ermittelt werden.[208] Von besonderer Bedeutung in diesem Zusammenhang sind die so genannten „Aufgreifkriterien", die definieren, ab wann eine Krankheit im neuen Ausgleichsverfahren berücksichtigungsfähig sind (BVA 2008d, PM vom 13.05.2008).[209] Zwei Wochen nach Bekanntgabe der ausgewählten 80 Krankheiten kam das BVA Ende Mai 2008 seiner Verpflichtung nach § 31 Abs.4 RSAV nach, indem es den Spitzenverbänden der Krankenkassen seine Vorstellungen zur Berechnung der Höhe der jeweiligen Zuweisungen zur Kenntnis - verbunden mit der Gelegenheit zur Stellungnahme - gab (BVA 2008e, PM vom 30.05.2008). Die Verbände der Krankenkassen erhielten drei Wochen Zeit, um sich zu dem Entwurf des BVA zu äußern. Am 1. Juli 2008 und somit innerhalb des vom Gesetzgeber vorgegebenen Zeitplans wollte das BVA die endgültigen Festlegungen treffen (BVA 2008e, PM vom 30.05.2008).

Nach Anhörung der Spitzenverbände der Krankenkassen, die erwartungsgemäß - je nach Interessenlage bzw. Versichertenstruktur - zu unterschiedlichen Bewertungen kamen, gab das BVA Anfang Juli 2008 das Klassifikationsmodell und somit das Berechnungsverfahren für die Höhe der jeweiligen Zuweisungen aus dem Gesundheitsfonds endgültig bekannt (BVA 2008f, PM vom 03.07.2008). Dieses Berechnungsverfahren bildet die Grundlage für die Verteilung der Finanzmittel aus dem Gesundheitsfonds. Zu diesem Meilenstein der Einführung des Gesundheitsfonds führte Josef Hecken Folgendes aus:

„Mit dieser Festlegung steht das Gerüst für den morbiditätsorientierten Risikostrukturausgleich. (…) Für das zweite Halbjahr bleibt zwar noch einiges zu tun. Ich bin jedoch sicher: Der Gesundheitsfonds kann pünktlich zum 1. Januar 2009 starten." (Josef Hecken, zitiert aus BVA 2008f, PM vom 03.07.2008).

Krankheiten ersetzt wurden, zeigt, dass das Anhörungsverfahren keine reine Alibiveranstaltung war, sondern vom BVA durchaus ernst genommen wurde.

[208] Das Klassifikationssystem ist entscheidend für die Zuordnung der Versicherten zu bestimmten Risikogruppen und somit für die Ermittlung der entsprechenden Zuweisungen aus dem Gesundheitsfonds.

[209] Das vom BVA angekündigte Versprechen eines transparenten Verfahrens wurde eingehalten. Auf der Homepage des BVA wurde eine umfangreiche Dokumentation des Verfahrens der Festlegung der Krankheitsauswahl einschließlich der Dokumentation der Berechnungsschritte und -ergebnisse veröffentlicht.

Auseinandersetzungen zwischen den Krankenkassen

Nach der endgültigen Bekanntgabe der 80 Krankheiten sowie des Klassifikationsverfahrens konnten die einzelnen Krankenkassen zumindest annäherungsweise abschätzen, wer ab Januar 2009 tendenziell zu den „Gewinnern" und wer zu den „Verlierern" des „Morbi-RSA" gehören wird. Entsprechend heftig waren die auch medial ausgetragenen Auseinandersetzungen zwischen den Krankenkassen. Dabei bildeten sich - vereinfachend - zwei Koalitionen heraus:[210] Auf der einen Seite standen die so genannten „Versorgerkassen", also die Krankenkassen, die auf Grund der Risikostrukturen ihrer Versicherten eine hohe Versorgungslast zu tragen hatten, auf der anderen Seite Kassen mit eher günstigen Versichertenstrukturen wie beispielsweise die Techniker Krankenkasse und viele Betriebskrankenkassen. Entsprechend bezeichneten beispielsweise Vertreter des AOK-Bundesverbandes den „Morbi-RSA" als „notwendige Funktionsbedingungen für sinnvollen Wettbewerb innerhalb der GKV" (Schneider 2008:10), während führende Repräsentanten des BKK-Lagers und der Techniker Krankenkasse von „Fehlanreizen" (Meusch 2008).[211] Eskaliert ist der Streit zwischen den Kassen Anfang August 2008: In einem Gespräch mit dem „Handelsblatt" sprach der Vorstandsvorsitzende der Siemens Betriebskrankenkasse, Hans Unterhuber, von erheblichen finanziellen Verwerfungen zu Lasten der Betriebskrankenkassen:

„Wenn das, was das Bundesversicherungsamt derzeit plant, auch umgesetzt wird, werden heute noch gesunde und wirtschaftlich arbeitende Krankenkassen insgesamt Milliarden Euro verlieren, ohne dass es dafür eine medizinische oder versorgungspolitische Rechtfertigung gibt." (Hans Unterhuber, zitiert aus Handelsblatt vom 08.08.2008)

Nach öffentlich geäußerter Einschätzung des BKK-Chefs würden die AOKen mit rund 2 Mrd. Euro vom neuen Finanzausgleich profitieren. Unterstützung erhielt der BKK-Vorstandsvorsitzende von dem früheren Vorsitzenden des

---

[210] Vereinfachend insofern, weil beispielsweise die AOKen hinsichtlich ihrer Versichertenstrukturen kein homogenes Gebilde darstellen; so verfügt beispielsweise die AOK Baden-Württemberg über eine deutlich „bessere" Versichertenstruktur" als die AOK Mecklenburg-Vorpommern, die einen wesentlich höheren Rentneranteil hat. Auch zwischen den einzelnen Betriebs- und Ersatzkassen gibt es in Bezug auf die jeweilige Versichertenstruktur erhebliche Unterschiede.
[211] Ähnlich wie der AOK-BV positionierte sich auch der damalige Vorstandsvorsitzende der BARMER, Dr. Johannes Vöcking (Vöcking 2008).

zwischenzeitlich zurückgetretenen Wissenschaftlichen Beirates: Herr Prof. Dr. Glaeske warnte davor, dass mit dem neuen „Morbi-RSA" die frühere „Jagd der Kassen nach gesunden Versicherten nun durch eine „Jagd nach chronisch Kranken abgelöst" (zitiert nach Handelsblatt, 08.08.2008) wird. Mit dem neuen Finanzausgleich würde „die Gesundheitsministerin die Weichen zu einer Pathologisierung der gesamten gesetzlichen Krankenversicherung" stellen, so Glaeske dem „Handelsblatt" gegenüber. Die Reaktion auf diese massiven Angriffe gegen den „Morbi-RSA" dauerte nicht lange: Noch am Tage des Erscheinens dieser Ausgabe des „Handelsblatt" reagierte der AOK-Bundesverband mit einer Presseinformation, in der der damalige Vorstandsvorsitzende des AOK-Bundesverbandes dem Vorstandsvorsitzenden der Siemens-BKK vorwarf, sich nicht dem Wettbewerb um die gute Behandlung kranker Versicherter stellen zu wollen AOK-Bundesverband 2008c, PM vom 08.08.2008). Außerdem bezeichnete der AOK-Repräsentant Äußerungen des BKK-Vorstandschef, wonach nur Kranke „gute Versicherte" seien als „Versuch, die Öffentlichkeit über die Wirkungen des künftigen Ausgleichs (…) unzutreffend zu informieren" (zitiert nach AOK-Bundesverband 2008c, PM vom 08.08.2008).[212]

Dieser öffentlich ausgetragene Schlagabtausch zwischen vermeintlichen „Verlierern" und „Gewinnern" des „Morbi-RSAs" hatte in Bezug auf dessen Ausgestaltung keine Konsequenzen; es blieb bei den im Juli 2008 getroffenen Festlegungen. Zumindest mittelbar hatte die Kritik der vermeintlichen „Verliererkassen" an einer finanziellen „Überausstattung" der AOKen zum Start des Gesundheitsfonds jedoch Einfluss auf das Verfahren zur Berechnung der Verwaltungskostenzuweisung aus dem Fonds. Diese Auseinandersetzung wird im nächsten Abschnitt geschildert.

---

[212] Wenn man die Funktionsweise des neuen Risikostrukturausgleichs kennt, was man bei einem Vorstandsvorsitzenden einer Krankenkasse eigentlich annehmen sollte, dann muss man objektivermaßen feststellen, dass die Aussage, nur Kranke seien gute Versicherte" aus folgendem Grund nicht haltbar ist: In dem „Morbi-RSA" werden nur die statistisch ermittelten durchschnittlich entstehenden Folgekosten einer Krankheit ausgeglichen. Ein kranker Versicherter ist also nur dann ein „gutes Risiko", wenn es einer Kasse durch intelligente Vertragsgestaltung bzw. effektives Versorgungs- und Kostenmanagement gelingt, dass die bei ihr anfallenden tatsächlichen Folgekosten unter der erhaltenen am GKV-Durchschnitt bemessenen Zuweisung liegt. Ein kranker Versicherter ist also nicht per se ein „guter Versicherter", sondern nur dann wenn die tatsächlichen Kosten unterhalb der Durchschnittskosten liegen. Auch die Aussage, kranke Versicherte seien für Krankenkassen unter den Bedingungen des Morbi-RSA attraktiver als kranke Versicherte, ist nicht zutreffend. Gesunde Versicherte sind versicherungsmathematisch immer gute „Risiken", denn bei ihnen entstehen keine Ausgaben. Zwar erhalten Krankenkassen für gesunde Versicherte aus dem Gesundheitsfonds nur vergleichsweise geringe Zuweisungen, diese sind aber immer noch höher als die zu vernachlässigenden Ausgaben, die Gesunde verursachen. Ob ein kranker Versicherter ein „guter Versicherter" ist, hängt von der Differenz der tatsächlich entstehenden Kosten und den am GKV-Durchschnitt orientierten Zuweisungen ab.

6.1.2 Zuweisungen für sonstige Ausgaben

Das GKV-WSG regelte neben dem Verfahren der Umsetzung des morbiditätsorientierten Risikostrukturausgleichs auch das Verfahren der Ermittlung der „Zuweisungen aus dem Gesundheitsfonds für sonstige Ausgaben" (§ 270 SGB V). Der Gesetzgeber unterscheidet bei den Zuweisungen aus dem Gesundheitsfonds für sonstige Ausgaben drei unterschiedliche Fallkonstellationen: (1.) Zuweisungen zur Deckung der standardisierten Verwaltungskosten, (2.) Zuweisungen zur Deckung der standardisierten Aufwendungen für Satzungs- und Mehrleistungen und (3.) Zuweisungen zur Deckung der standardisierten Kosten, die auf Grund der Entwicklung und Durchführung von strukturierten Behandlungsprogrammen („Disease Management Programme", sog. „DMP-Pauschale) entstehen (§ 270 Abs. 1 SGB V in der Fassung des GKV-WSG).[213] Hinsichtlich ihrer finanziellen Bedeutung für die Krankenkassen sind von diesen drei Zuweisungstypen für „sonstige Ausgaben" die Zuweisungen zur Deckung der standardisierten Verwaltungskosten die bedeutsamsten.

Die politische Auseinandersetzung sowohl innerhalb der Großen Koalition als auch zwischen den einzelnen Krankenkassen bzw. deren Verbände in Zusammenhang mit dem Verfahren der Standardisierung der Verwaltungskosten konzentrierte sich auf die Frage der relativen Gewichtung der beiden Kriterien „Beitragsbedarf/Morbidität" einerseits und „Versichertenzahl" anderseits: Der im SPD-geführten BMG Ende April 2008 vorgelegte Referentenentwurf des „GKV-OrgWG" sah hierfür eine Aufteilung zu 70 % am Beitragsbedarf, d. h. der Versichertenstruktur einer Krankenkasse, und zu 30 % an der Versichertenzahl orientiert vor (BMG 2008). Diese Aufteilung berücksichtigt, dass die Verwaltungskosten einer Krankenkasse in erheblichem Umfang von der Versichertenstruktur und somit dem Ausmaß der Inanspruchnahme von Leistungen abhängen.[214] Die AG Gesundheit der CDU/CSU-Bundestagsfraktion war mit dieser vom BMG vorgesehenen 70:30-Regelung nicht einverstanden, ihr ging die damit verbundene Umverteilung zu weit. Die Union befürchtete, dass die sog. „Versorgerkassen" nach der für diese vergleichsweise günstigen Ausgestaltung des morbiditätsorientierten Risikostrukturausgleichs durch die vorgesehene 70:30-Regelung im Vergleich zu anderen Krankenkassen mit gesünderen Versi-

---

[213] Mit dem Wort „standardisiert" ist gemeint, dass nur GKV-Durchschnittswerte (sog. „Norm-Kosten") zugewiesen werden, also nicht die tatsächlich anfallenden Aufwendungen einer Krankenkasse (sog. „Ist-Kosten").

[214] Beispiele für den erhöhten Aufwand sind: Beratung der Versicherten, Prüfung und Abrechnung der erbrachten Leistung, Versorgungsmanagement etc..

cherten bevorzugt werden könnten. In dieser Auffassung wurde die Union durch der Lobbyarbeit von Krankenkassen mit vergleichsweise günstiger Versichertenstruktur bestärkt; entsprechend konzentrierte beispielsweise die Techniker Krankenkasse (TK) ihre Lobbyaktivitäten nach eigenen Aussagen in Richtung der Union (Interview 34). Auf massiven Druck der Union kam es daher in der Kabinettsfassung des Gesetzentwurfs hinsichtlich der Aufteilung der beiden Kriterien „Beitragsbedarf" und „Versichertenzahl" zu einer entscheidenden Veränderung: aus der bisherigen 70:30-Regelung wurde eine 50:50-Gewichtung. Diese geänderte Fassung wurde am 21. Mai 2008 vom Bundeskabinett beschlossen (Bundesregierung 2008a).

Bei der ersten Lesung des Gesetzentwurfs der Bundesregierung im Deutschen Bundestag am 19. Juni 2008 wurden die unterschiedlichen Auffassungen der beiden Fraktionen CDU/CSU einerseits, SPD andererseits hinsichtlich der jeweiligen Gewichtung von Beitragsbedarf und Versichertenzahl sehr deutlich (Deutscher Bundestag 2008a). Während die damalige gesundheitspolitische Sprecherin der CDU/CSU-Bundestagsfraktion, Annette Widmann-Mauz, im Deutschen Bundestag vor einer (weiteren) Umverteilung zu Gunsten der sog. „Versorgerkassen" warnte, machte die gesundheitspolitische Sprecherin der SPD-Bundestagsfraktion, Dr. Carola Reimann, deutlich, dass sie die auf Initiative der Union nunmehr im Gesetzentwurf der Bundesregierung enthaltene 50:50-Regelung weder für gerecht noch für sachgerecht halten, da diese die Krankenkassen benachteiligt, die deshalb höhere Verwaltungskosten haben, weil sie sich kränkere Versicherte und ein dichteres Geschäftsstellennetz haben. Die unterschiedlichen Positionen der Koalitionspartner kann man sehr gut anhand folgender Redepassagen der jeweiligen gesundheitspolitischen Sprecherinnen der beiden Bundestagsfraktionen illustrieren: „Eine 70 zu 30 Regelung würde diejenigen Kassen finanziell bevorzugen, die schon über den morbiditätsorientierten Risikostrukturausgleich deutlich höhere Zuweisungen erhalten." (Annette Widmann-Mauz, CDU/CSU-Bundestagsfraktion, zitiert nach Deutscher Bundestag 2008a:17911) Ganz anders lautete der Redebeitrag der SPD-Sprecherin:

„Eine Internetkasse ohne Geschäftsstellen und mit weitgehend gesunden Versicherten braucht nun einmal weniger Verwaltung als eine Versorgerkasse mit Mitgliederservice und Geschäftsstellen vor Ort [...] Die nun vorgeschlagene 50:50-Aufteilung benachteiligt vor allem die Krankenkassen, die nur deswegen höhere Verwaltungskosten haben, weil sie sich intensiver um ihre kranken Versicherten kümmern und dazu z. B. ein flächendeckendes Geschäftsstellennetz vorhalten. Eine 50:50-Aufteilung schafft deshalb [...] falsche Anreize. Wir plädieren deshalb für eine stärkere Berücksichtigung der Morbidität (...). Das in der Pflegeversicherung bewährte Verhältnis von 70 zu 30 ist unserer Meinung nach das richtige Maß." (Dr. Carola Reimann, zitiert nach Deutscher Bundestag 2008a:17913)

Bereits einen Tag vor der ersten Lesung des Gesetzentwurfs im Bundestag sprach sich der Gesundheitsausschuss des Bundesrates mehrheitlich für eine 70:30-Regelung aus (Gesundheitsausschuss Bundesrat 2008). Diesem Votum folgte das Plenum des Bundesrates in seiner Sitzung am 4. Juli 2008 und forderte die Bundesregierung daher auf, wieder zu der bereits im Referentenentwurf enthaltenen Regelung zurückzukehren (Bundesrat 2008).[215] In ihrer Gegenäußerung zur Stellungnahme des Bundesrates lehnte die Bundesregierung diesen Änderungswunsch der Länderkammer ab (Bundesregierung 2008b). Da das „GKV-OrgWG" zustimmungsfrei konzipiert ist und letztlich auch die SPD-Bundestagsfraktion in der entscheidenden 2./3. Lesung des Deutschen Bundestages am 17. Oktober 2008 - trotz Bedenken - nicht gegen der Gesetzentwurf der eigenen Bundesregierung stimmen wollte, blieb es bei der Aufteilungsquote von 50 zu 50 Prozent.

Auch das Verfahren der Zuweisungen für Satzungs- und Ermessensleistungen wurde im Rahmen des „GKV-OrgWG" geregelt . Für diese Aufwendungen gibt es eine vom BVA ermittelte einheitliche Pauschale je Versicherten; Aufwendungen für kassenindividuelle Wahltarife werden dabei nicht berücksichtigt (§ 37 Abs. 4 RSAV). Die Höhe der standardisierten Zuweisungen für Aufwendungen der Krankenkassen im Rahmen der Entwicklung und Durchführung von strukturierten Behandlungsprogrammen (Disease Management Programme), die sog. „DMP-Pauschale", wurde im September 2008 vom Vorstand des GKV-Spitzenverbandes nach Anhörung der Spitzenverbände der Krankenkassen beschlossen. Nach endgültiger Verabschiedung des GKV-OrgWG, dem Beschluss des GKV-Spitzenverbandes hinsichtlich der Höhe der DMP-Pauschale sowie den Beschlüssen des BVA in Bezug auf die Umsetzung des morbiditätsorientierten Risikostrukturausgleichs stand im November 2008 fest, wie die Gelder aus dem Gesundheitsfonds an die Kassen verteilt wurden.

Parallel zu dem Verteilungsaspekt galt es in Bezug auf die Umsetzung des Gesundheitsfonds zum 1. Januar 2009 noch folgende drei Voraussetzungen zu schaffen: Erstens musste eine Lösung für die zum Zeitpunkt der Verabschiedung des GKV-WSG noch offene Frage der Umsetzung der insbesondere auf Druck von Bayern in das GKV-WSG aufgenommenen „Konvergenzklausel" gefunden werden. Zweitens musste die Regelung des GKV-WSG, wonach das

---

[215] Die Entscheidung im Bundesrat - und auch bereits in dessen zuständigen Ausschuss - fiel mehrheitlich, nicht einstimmig. Es gab in der Länderkammer auch unionsgeführte Bundesländer, die für eine stärkere Berücksichtigung des Beitragsbedarfs einer Krankenkasse stimmten. Vermutlich hängt dieses im Gegensatz zur CDU/CSU-Bundestagsfraktion stehende Abstimmungsverhalten einiger unionsgeführter Landesregierungen mit der Nähe der Länder zu den von ihnen beaufsichtigten landesunmittelbaren Krankenkassen, insbesondere den AOKen und deren Interessen, zusammen.

Nähere der Einführung der Insolvenzfähigkeit aller Krankenkassen bei gleichzeitiger Enthaftung der Länder in einem separaten Gesetz zu regeln ist, umgesetzt werden. Drittens galt es, bis zum 1. November 2008 den mit Wirkung ab 1. Januar 2009 für alle Krankenkassen identischen Beitragssatz festzulegen.

6.2 Die Änderung der Übergangsregelung zur Einführung des Gesundheitsfonds (sog. „Konvergenzregelung")

Während des Gesetzgebungsprozesses zum GKV-WSG war die Frage der finanziellen Auswirkungen der Einführung des Gesundheitsfonds bezogen auf die einzelnen Bundesländer einer der zentralen Streitpunkte (vgl. Abschnitt 5.2). Daher wurde mit dem § 272 SGB V („Übergangsregelungen zur Einführung des Gesundheitsfonds", sog. „Konvergenzklausel") eine Vorschrift in das Sozialgesetzbuch aufgenommen, die den zusätzlichen Mittelabfluss eines Bundeslandes auf maximal 100 Mio. Euro p. a. begrenzen soll. Diese Regelung zielt darauf ab, die fortgeschriebenen Beitragseinnahmen der Krankenkassen eines Bundeslandes des Jahres 2008 jeweils den Zuweisungen der Krankenkassen in diesem Bundesland im Jahr 2009 gegenüberzustellen. Sofern die fortgeschriebenen Beitragseinnahmen um mehr als 100 Mio. Euro über den Zuweisungen aus dem Fonds liegen, sollten zur Kompensation des Mittelabflusses weitere Zuweisungen an diese Krankenkassen fließen. Nach dem Wortlaut des § 272 SGB V in der Fassung des GKV-WSG werden diese zusätzlichen Zuweisungen durch entsprechende Kürzungen der Zuweisungen an Krankenkassen in anderen Ländern, deren Beitragssätze vor Einführung des Gesundheitsfonds unterhalb des Bundesschnittes lagen und die somit von durch den bundeseinheitlichen Beitragssatz höhere Einnahmen bzw. Zuweisungen erhalten, gegenfinanziert.

Im Rahmen der Anhörung zum Entwurf des GKV-WSG äußerten Experten des BVA wiederholt Zweifel an der Umsetzbarkeit der insbesondere auf Druck des damaligen Ministerpräsidenten des Freistaates Bayern, Dr. Edmund Stoiber, zu Stande gekommenen Konvergenzregelung. Bundesgesundheitsministerin Ulla Schmidt entschloss sich daher, ein Gutachten zur Umsetzbarkeit der Konvergenzklausel in Auftrag zu geben. Auftragnehmer war ein Team von drei Wissenschaftlern, zu denen u. a. die Herren Prof. Dr. Eberhard Wille und Dr. Jürgen Wasem gehörten.[216] Das Gutachtertrio legte im April 2008 ihr Gutachten „Umsetzung und empirische Abschätzung der Übergangsregelungen zur Einfüh-

---

[216] Beide Herren waren bereits bei den im Januar 2007 vorgelegten Gutachten zu den finanziellen Auswirkungen der Einführung des Gesundheitsfonds maßgeblich beteiligt (Rürup/Wille 2007, Wasem et al. 2007; vgl. auch Abschnitt 5.2).

rung des Gesundheitsfonds (§ 272 SGB V) vor (Wasem/Buchner/Wille 2008). Dessen zentrales Ergebnis lautet: „Wenn die Intention des Gesetzgebers (...) auch grundsätzlich erkennbar ist, ist die gesetzliche Regelung zugleich dennoch in hohem Maße unvollständig und inkonsistent und lässt sich bei einer wörtlichen Auslegung nicht umsetzen." (Wasem/Buchner/Wille 2008:4). Da die zu diesem Zeitpunkt vorgesehene Regelung des § 272 SGB V nicht wörtlich umsetzbar war, entwickelten die Gutachter einen Vorschlag, wie das vom Gesetzgeber Gewollte technisch umgesetzt werden könnte (Wasem/Buchner/Wille 2008:19ff). Nach der auf dieser Basis durchgeführten Modellrechnung gehören Baden-Württemberg, Bayern, Berlin, Hessen, Rheinland-Pfalz und Schleswig-Holstein zu den Ländern, die Anspruch auf zusätzliche Zuweisungen haben (Wasem/Buchner/Wille 2008:9). Aufgebracht müssten diese Finanzmittel nach den Berechnungen der drei Gutachter von den Ländern Nordrhein-Westfalen, Thüringen und vor allem Sachsen (Wasem/Buchner/Wille 2008:9). Das Fazit der Gutachter lautet daher wie folgt: „Unter interregionalen bzw. länderspezifischen Verteilungsaspekten stellt der § 272 SGB V einen in verschiedener Hinsicht methodisch problematischen Ansatz dar. Von einer politischen Umsetzung (...), ist daher abzuraten." (Wasem/Buchner/Wille 2008:11). Die Vorlage des Gutachtens führte zu heftigen Reaktionen, naturgemäß insbesondere aus Sachsen. Einige Wochen nach Bekanntwerden des Gutachtens forderte das CDU-geführte Sachsen in der Sitzung des Gesundheitsausschusses des Bundesrates am 18. Juni 2008 - unter Berufung auf das Gutachten - die Aufhebung des § 272 SGB V (Gesundheitsausschuss Bundesrat 2008:48). Dieser Antrag fand allerdings in der keine Mehrheit (Gesundheitsausschuss Bundesrat 2008:49).

Im Rahmen der am Tag nach der Sitzung des Gesundheitsausschusses des Bundesrates stattfindenden ersten Lesung des Gesetzes zur Weiterentwicklung der Organisationsstrukturen in der GKV (GKV-OrgWG) kündigte Bundesgesundheitsministerin Ulla Schmidt zeitnah umsetzbare Vorschläge zur Umsetzung der Konvergenzklausel an (Deutscher Bundestag 2008a:17907). Die Lösung konnte bereits zwei Wochen später gefunden werden. Sie sah folgendermaßen aus: An der Regelung, wonach Länder, deren rechnerischer zusätzlicher Mittelabfluss als Folge der Einführung der Einführung des Gesundheitsfonds die 100 Mio. Euro-Grenze übersteigt, zur Kompensation gesonderte Zuweisungen erhalten, blieb es. Neu war, woher das Geld für diese Zuweisungen kommen soll: Diese Zuweisungen sollten nun nicht mehr durch Kürzungen der Zuweisungen bei Ländern wie Sachsen gegenfinanziert werden, sondern aus der Liquiditätsreserve des Gesundheitsfonds erfolgen. Diese Regelung geht nach Angaben der Landesregierung von Baden-Württemberg auf eine Absprache der Bundeskanzlerin mit den Ministerpräsidenten der unionsgeführten Länder vom 3. Juli 2008 zurück (Landtag von Baden-Württemberg 2008:4). Nachdem durch diese Einigung der Widerstand von Ländern wie Sachsen eingestellt wurde, konnte die Konvergenzklausel entsprechend modifiziert werden. Dies geschah in Form von Änderungsanträgen, die Anfang Oktober 2008 im Rahmen des „GKV-OrgWG" von den Regierungsfraktionen eingebracht wurden. Am 17. Oktober 2008 wurde das „GKV-OrgWG" vom Deutschen Bundestag in 2./3. Lesung endgültig beschlossen. Die geänderte Konvergenzklausel konnte somit zum 1. Januar 2009 in Kraft treten. Eine weitere Hürde auf dem Weg zum pünktlichen Start des Gesundheitsfonds war übersprungen.

6.3 Das Nähere zur Insolvenzfähigkeit aller Krankenkassen

Zum Zeitpunkt der Verabschiedung des GKV-WSG im Februar 2007 waren nicht alle gesetzlichen Krankenkassen insolvenzfähig: Während für bundesunmittelbare Krankenkassen (insbesondere Ersatzkassen sowie viele Betriebskrankenkassen) die Insolvenzordnung schon lange galt, existierte für landesunmittelbare Kassen eine abweichenden Regelung: sie waren vor Insolvenz geschützt; für sie hätten im Falle einer Insolvenz die Länder haften müssen.[217]

Akteurkonstellation und Interessen vor Entstehung des „GKV-OrgWG"

Das größte Interesse an einem raschen Zustandekommen eines die offenen Fragen rund um das Thema „Insolvenzfähigkeit aller Krankenkassen" regelnden Gesetzes hatten die Bundesländer; ihr wesentliches Interesse galt dem Wegfall ihrer sich aus § 12 Insolvenzordnung ergebenden Haftungsverpflichtung im Falle einer Insolvenz einer ihr aufsichtsrechtlich unterstellten landesunmittelbaren Krankenkasse. Dieses Interesse hatte vor allem zwei Gründe: Zum Einen

---

[217] Nach § 12 Abs. 2 der Insolvenzordnung (InsO) konnte ein Land Insolvenzverfahren für juristische Personen für unzulässig erklären. Von dieser Regelung hatten die Bundesländer in Bezug auf landesunmittelbare Krankenkassen wegen der dort beschäftigten sog. "DO-Angestellten", einem beamtenähnlichen Beschäftigungsverhältnis, Gebrauch gemacht. DO-Angestellte" sind Angestellte, die einer „Dienstordnung"(DO) unterliegen. Diese beamtenähnliche Beschäftigtengruppe gibt es aus historischen Gründen, die bis in das Jahr 1911, dem Zeitpunkt der Verabschiedung der „Reichsversicherungsordnung" (RVO), zurückgehen, nur bei den früheren sog. „Primärkassen (Orts- sowie Betriebs- und Innungskrankenkassen). Durch das 1992 verabschiedete GSG die frühere Unterscheidung in Primär- und Ersatzkassen beendet. Somit werden seit diesem Zeitpunkt keine neuen Beschäftigungsverhältnisse in Form von „DO-Verträgen" geschlossen. Dessen ungeachtet gibt es noch immer aktive „DO-Angestellten" sowie zahlreiche „DO-Angestellte" im Ruhestand, die über entsprechende Versorgungszusagen verfügen.

beliefen sich die möglichen Haftungsansprüche im Bereich von Milliarden Euro und somit in einer Größenordnung, die die Finanzkraft der ohnehin klammen Länder bei weitem übersteigt, und zum Zweiten haben die Länderaufsichtsbehörden mit Wirkung Januar 2009 aufgrund der Systematik des Gesundheitsfonds, das heißt insbesondere wegen des bundeseinheitlichen Beitragssatzes kaum Einfluss auf die Finanzsituation "ihrer" landesunmittelbaren Kassen. Der Bund hatte nur mittelbar Interesse an diesem Gesetz: In finanzieller Hinsicht war für ihn das Risiko einer Insolvenz einer landesunmittelbaren Krankenkasse sehr begrenzt; der Insolvenzfall einer landesunmittelbaren Kasse hätte allenfalls mittelbar dem Image der gesetzlichen Krankenversicherung insgesamt geschadet. Das Hauptinteresse des Bundes lag daher weniger in materiellen Aspekten begründet, sondern schlicht daran, dass im Februar 2007 sowohl im Sozialgesetzbuch V als auch in Entschließungen sowohl des Deutschen Bundestages als auch des Bundesrates explizit die Insolvenzfähigkeit aller Krankenkassen und die Enthaftung der Länder im Falle der Insolvenz einer landesunmittelbaren Krankenkasse als Bedingungen für den Start des Gesundheitsfonds benannt wurden. Während es den Ländern also primär um materielle Aspekte ging, hatte der Bund - nicht nur das BMG, sondern auch das Bundeskanzleramt sowie die Große Koalition insgesamt - Interesse an dem Zustandekommen, um sich nicht ausgerechnet im Jahr der Bundestagswahl 2009 die Blöße der Nichteinführung des Gesundheitsfonds, eines ihrer wichtigsten Projekte, geben zu müssen. Bei den einzelnen Krankenkassen bzw. deren Verbände war die Motivlage sehr unterschiedlich: Die schon vor dem GKV-WSG insolvenzfähigen bundesunmittelbaren Krankenkassen hatten mit der anstehenden Einführung der Insolvenzfähigkeit aller Krankenkassen kein Problem. Im Gegenteil: Für sie war die Existenz gleicher rechtlicher Rahmenbedingungen ein wesentliches Element gleicher Startchancen zu Beginn des Gesundheitsfonds.[218] Ganz anders sah die Interessenlage bei den landesunmittelbaren Krankenkassen aus; insbesondere die Krankenkassen mit vielen sog. „DO-Angestellten", einer Beschäftigtengruppe mit beamtenähnlichen Versorgungsansprüchen, war die vorgesehene Einführung auch ihrer Insolvenzfähigkeit gerade in der neuen Welt des Gesundheitsfonds eine immense Herausforderung. Dies insbesondere aus folgendem Grund: Für Rückstellungen für die Verpflichtungen aus Versorgungszusagen sieht der Gesundheitsfonds keine gesonderten Zuweisungen vor. Gelingt es einer Krankenkasse nicht, diese Rückstellungen aus den standardisierten Zuweisungen des Gesundheitsfonds für Verwaltungskosten zu finanzieren, muss sie für die Bil-

---

[218] Die bundesunmittelbaren Krankenkassen sahen sich insofern im Wettbewerbsnachteil, als sie - im Gegensatz zu den landesunmittelbaren Krankenkassen - wegen ihrer Insolvenzfähigkeit Umlagepflichten nach dem SGB III (Arbeitsförderung) und für die Insolvenzsicherung von Altersversorgungsverpflichtungen zu tragen hatten.

dung der Rückstellungen für die Versorgungsansprüche ihrer DO-Angestellten von ihren Mitgliedern Zusatzbeiträge verlangen. Dies wäre im Wettbewerb der Krankenkassen ein erheblicher Wettbewerbsnachteil. Die Krankenkassen mit einem hohen Anteil an DO-Angestellten hatten daher insbesondere aus Wettbewerbsgründen ein hohes Interesse an einem möglichst langen Zeitraum zur Bildung des Deckungskapitals für die erworbenen Versorgungsansprüche.

Die Genese des „Gesetz zur Weiterentwicklung der Organisationstrukturen in der gesetzlichen Krankenversicherung (GKV-OrgWG)"

Im Oktober 2007 nahm auf Wunsch der Länder eine - ausschließlich aus Vertretern der Ministerialbürokratie bestehende - "Bund-Länder-AG" ihre Arbeit auf. Die erste Sitzung dauerte allerdings nicht lange und endete abrupt. Warum? Das von den Vertretern des BMG vorgelegte Arbeitspapier sah als Zeitpunkt der Enthaftung der Länder das Jahr 2040 vor.[219] Diese vom BMG vorgesehene Regelstand stand somit im Widerspruch zur Regelung des § 171d SGB V und den beiden Entschließungen des Bundestages und Bundesrates, die jeweils den Wegfall der Länderhaftung zum Zeitpunkt des Starts des Gesundheitsfonds, also zum 01.01.2009, vorsahen. Die damalige Vorsitzende der Gesundheitsministerkonferenz, einem Koordinierungsgremium der Gesundheitsminister der Länder, die baden-württembergische Ministerin Dr. Monika Stolz (CDU), reklamierte diesen Sachverhalt in einem Schreiben an das BMG. Gleichzeitig brachte sie in diesem Schreiben aber das große Interesse der Länder an einer Lösung und somit an einer Fortsetzung der Bund-Länder-Gespräche zum Ausdruck. Ein Folgetreffen der Bund-Länder-AG im November 2007 blieb ebenfalls ohne Erfolg, zumal an diesem nur die SPD-geführten Länder teilnahmen (Interview 19; vgl. auch Ausschuss für Gesundheit des Deutschen Bundestages 2007:32). Das Hauptproblem bei den Bund-Länder-Gesprächen war der Sachverhalt, dass die im Rahmen des GKV-WSG formulierte Rechtsnorm des § 171b SGB V an einer Stelle unvollständig war: Diese Vorschrift regelte zwar die Enthaftung der Länder zum Zeitpunkt des Starts des Gesundheitsfonds, ließ aber offen, auf wen die Haftung übergeht.

Nach mehreren Verhandlungsrunden der Bund-Länder-Arbeitsgruppe im Zeitraum Dezember 2007 bis Februar 2008 legte das BMG im April 2008 „Eckpunkte für ein Gesetz zur Herstellung der Insolvenzfähigkeit aller Krankenkas-

---

[219] Das Jahr 2040 wurde vom BMG deswegen gewählt, weil alle Krankenkassen im Jahr 2010 insolvenzfähig werden sollten und für die Bildung eines Kapitalstocks für die Versorgungsansprüche ihrer Beschäftigten nach den zu diesem Zeitpunkt im BMG existierenden Plänen 30 Jahre Zeit bekommen sollten.

sen" vor. Dieses mit den Ländervertretern abgestimmte Eckpunktepapier beinhaltet neben der von den Ländern geforderten Enthaftung der Länder zum Zeitpunkt des Inkrafttretens des Gesundheitsfonds, d. h. zum 1. Januar 2009, u. a. Regelungen zur Herstellung der Insolvenzfähigkeit aller Krankenkassen ab dem 1. Januar 2010, zur Definition des Sicherungsgegenstandes bzw. Haftungsziels, des Haftungsträgers im Falle der Insolvenz einer Krankenkasse sowie Maßnahmen zur Vermeidung von Insolvenz vor. Da es die politische Vorgabe gab, den Gesetzentwurf noch vor der parlamentarischen Sommerpause im Bundestag und Bundesrat zu behandeln, musste der Kabinettentwurf spätestens Ende Mai 2008 erfolgen Nach Anhörung der Verbände erfolgte am 21. Mai 2008 im Bundeskabinett die Beschlussfassung. Noch am Tage der Verabschiedung des Gesetzentwurfs im Kabinett veröffentlichte das BMG eine Pressemitteilung, in der das Ministerium die Verabschiedung des Gesetzes „ als „nächsten Schritt zur Einführung des Gesundheitsfonds" (BMG 2008, PM vom 21.05.2008) bezeichnete. Der Gesetzentwurf der Bundesregierung „Gesetz zur Weiterentwicklung der Organisationsstrukturen in der gesetzlichen Krankenversicherung (GKV-OrgWG)" wurde vom Deutschen Bundestag endgültig am 17. Oktober 2008 beschlossen.

Die wesentlichen Regelungen des „GKV-OrgWG" zum Themenkomplex „Einführung der Insolvenzfähigkeit aller Kassen"

Das Ziel und die wesentlichen Regelungen in Bezug auf die Einführung der Insolvenzfähigkeit aller Krankenkassen lassen sich wie folgt zusammenfassen (vgl. Deutscher Bundestag 2008b): Das Ziel des GKV-OrgWG ist es, durch die Herstellung der Insolvenzfähigkeit aller Krankenkassen gleiche Rahmenbedingungen für die Kassen zu schaffen, die Transparenz in Bezug auf die tatsächliche Finanzsituation der einzelnen Kasse zu erhöhen und eine Überschuldung auszuschließen. Die wesentliche Bestimmung besteht in der Herstellung der Insolvenzfähigkeit aller Kassen zum 1. Januar 2010. Die Regelung in der Insolvenzordnung, die es den Ländern in der Vergangenheit ermöglichte, landesunmittelbare Kassen von der Insolvenzfähigkeit auszunehmen, trat mit Wirkung zum 01.01.2009, also parallel zum Start des Gesundheitsfonds, außer Kraft. Entsprechend wurde die Haftungsverpflichtung der Länder aufgehoben (§ 171c SGB V). Den Wegfall der Haftungsverpflichtung der Länder zum 1. Januar 2009, das zentrale politische Ziel der Länder und deren Bedingung für den pünktlichen Start des Gesundheitsfonds, begründet die Bundesregierung mit der durch das GKV-WSG eingeführten einheitlichen Beitragssatz sowie dem daraus resultierenden fehlenden Einfluss der Länder auf die Finanzausstattung der ihnen aufsichtsrechtlich unterstehenden landesunmittelbaren Krankenkassen (Bundesregierung 2008:29). Die Krankenkassen erhielten über einen Zeitraum von 40 Jahren Gelegenheit ein ausreichendes Deckungskapital für die Versorgungsverpflichtungen ihrer Beschäftigten zu bilden (§ 171e SGB V).[220] Aufgrund des besonderen Status der gesetzlichen Krankenkassen als Körperschaften des öffentlichen Rechts beinhaltet das "OrgWG" einige Sonderregelungen sowohl in Bezug auf die Verpflichtungen aus Versorgungszusagen als auch hinsichtlich der Ansprüche von Versicherten und Leistungserbringern. Der Gesetzgeber beschloss daher, dass es sowohl hinsichtlich der Ansprüche der Versorgungsempfänger als auch der Ansprüche der Leistungserbringer (Ärzte, Physiotherapeuten etc.) im Falle einer Insolvenz einer Krankenkasse Ausnahmen von den Regelungen der Insolvenzordnung gibt. Für diese PersonenGruppen gilt die Insolvenzquote nicht. Daher muss es für diese Verpflichtungen einen Haftungsträger geben. Hier unterscheidet der Gesetzgeber zwei Fallkonstellationen (vgl. § 171d SGB V): Für die nach dem 1. Januar 2010, der Einführung der Insolvenzfähigkeit aller Krankenkassen, entstehenden Ansprüche, haftet der Pensionssicherungsverein (PSV), bei dem alle Krankenkassen Mitglied werden müssen. Für die vor diesem Zeitpunkt entstandenen Ansprüche haftet der Spitzenverband Bund der Krankenkassen (GKV-Spitzenverband), dieser refinanziert seine Aufwendungen bei den einzelnen Krankenkassen. Diese Refinanzierung findet in einer ersten Stufe nur bei den Krankenkassen der von der Insolvenz betroffenen Kassenart statt; um eine finanzielle Überforderung dieser Kassenart und sich daraus möglicherweise ergebender Anschlussinsolvenzen („Insolvenz mit Dominosteineffekt") zu vermeiden, ist die Haftung innerhalb einer Kassenart auf einen Schwellenwert begrenzt.[221] Für die darüber hinaus gehenden Ansprüche haften in einer zweiten Stufe die Krankenkassen der anderen Kassenarten (sog. „zweistufige Haftungskaskade).

Eine nicht mehr leistungsfähige Krankenkasse kann nun auf zweierlei Weise "abgewickelt" werden: durch Schließung oder durch Insolvenz. Vorrang hat dabei das von der Aufsichtsbehörde durchzuführende Schließungsverfahren (Bundesregierung 2008a:21).[222] Das „GKV-OrgWG" beinhaltet auch einige

---

[220] Da das „GKV-OrgWG" 2009 in Kraft trat, erstreckt sich der Zeitraum bis zum Jahr 2049. Ursprünglich war ein deutlich kürzerer Zeitraum zur Bildung des Deckungskapitals vorgesehen. Den landesunmittelbaren Krankenkassen (insbesondere den AOKen sowie dem AOK-Bundesverband) gelang es aber, den Gesetzgeber von einem längeren Zeitraum zu überzeugen (Interviews 14 und 33.)
[221] Dieser Schwellenwert liegt bei einem Prozent der jährlichen Zuweisungen aus dem Gesundheitsfonds an diese Krankenkassen.
[222] Ende Juni 2011 wurde mit der „City BKK" eine Krankenkasse wegen fehlender Leistungsfähigkeit geschlossen. Dies ist der erste Fall einer Kassenschließung seit Einführung des Gesundheits-

Regelungen, die im Sinne eines präventiven Haftungsmanagements, den Eintritt einer drohenden Schließung bzw. Insolvenz vermeiden sollen. So wurden die Informationspflichten der Krankenkassen hinsichtlich ihrer Finanzsituation gegenüber dem Spitzenverband Bund der Krankenkassen (GKV-Spitzenverband) und den Aufsichtsbehörden verschärft. Entsprechend wurden die Kontrollrechte sowohl des Spitzenverbandes als auch der Aufsichtsbehörden verändert (§ 172 Abs. 2 SGB V). In der Satzung des Spitzenverbandes Bund sind Regelungen zur Gewährung finanzieller Hilfen zur Vermeidung der Schließung oder Insolvenz einer Krankenkasse vorzusehen (§ 265a SGB V). Vorrang haben allerdings, im Sinne des Subsidiaritätsprinzips, kassenarteninterne Hilfen (§ 265b SGB V). Anspruch auf kassenartenübergreifende Finanzhilfen durch den Spitzenverband Bund haben nur die Krankenkassen, die zunächst Unterstützung "in ausreichender Höhe" (§ 265a Abs. 1, Satz 3 SGB V) innerhalb ihrer Kassenart erhalten haben. Näheres über Voraussetzungen, Umfang und Durchführung der Finanzhilfen hatte der Spitzenverband Bund der Krankenkassen in seiner Satzung zu regeln. Die zuständige Aufsichtsbehörde kann seit 2009 im Benehmen mit dem Spitzenverband Bund eine Krankenkasse, die in finanzieller Hinsicht nicht mehr leistungsfähig ist, mit einer anderen aufnahmebereiten Kasse vereinigen; der Spitzenverband Bund kann Vorschläge für eine Vereinigung vorlegen (§ 172 Abs. 3 SGB V).

Die Transparenz hinsichtlich der Finanzsituation der Krankenkassen soll dadurch verbessert werden, indem diese verpflichtet wurden, bei Vorliegen von Anhaltspunkten für eine Überschuldung eine Sonderbilanz vorzulegen. Die Krankenkassen wurden durch das „GKV-OrgWG" außerdem verpflichtet, bei ihrer Buchführung und Bilanzierung die wesentlichen Bestimmungen des Handelsgesetzbuches (HGB) zu beachten (§ 77 SGB IV).[223] Hierdurch soll nach dem Willen der damaligen Bundesregierung die Transparenz in Bezug auf die tatsächliche finanzielle Situation einer Krankenkasse verbessert werden (Bundesregierung 2008a:37). Hintergrund dieser Änderungen sind die Erfahrungen der Politik mit der Verschuldungssituation der Krankenkassen im Zeitraum 2003 bis 2006, als sich die Politik hinsichtlich des Ausmaßes der tatsächlichen Verschuldung von einzelnen Krankenkassen bzw. deren Verbände getäuscht fühlte (Interview 14).

---

fonds. Zum Ende des Jahres 2011 wurde mit der „BKK für Heilberufe" eine weitere Betriebskrankenkasse wegen fehlender wirtschaftlicher Leistungsfähigkeit vom BVA geschlossen.
[223] Zur Sicherstellung dieser Vorgabe wurden sowohl § 77 SGB IV als auch die „Sozialversicherungs-Rechungsverordnung" (SVRH) entsprechend geändert. Durch eine Änderung des § 77 SGB IV und § 12 SVRV wurden die wesentlichen handelsrechtlichen Bewertungsgrundsätze, insbesondere das „Prinzip der periodengerechten Abgrenzung" und das „Vorsichtsprinzip" auf die gesetzlichen Krankenkassen übertragen.

Analysiert man die Genese und die Inhalte des „GKV-OrgWG" aus einer politikwissenschaftlichen Perspektive, so sind folgende drei Aspekte auffällig und bemerkenswert:

1. Wie bereits im Jahr 2006 das GKV-WSG wurden auch die diversen Regelungen rund um den Themenkomplex „Insolvenzfähigkeit" weitgehend am Parlament und selbst am fachlich zuständigen Ausschuss für Gesundheit vorbei entwickelt und formuliert.
2. Im Unterschied zum GKV-WSG wurden beim GKV-OrgWG die wesentlichen Regelungen nicht im Kreise der Spitzenpolitiker (Koalitionsausschuss bzw. Parteivorsitzende), sondern auf Ebene der Ministerialbürokratie formuliert.
3. Vergleicht man die im „4. Arbeitsentwurf" des GKV-WSG vom Oktober 2006 enthaltene Regelung mit der im Oktober 2008 vom Deutschen Bundestag endgültig beschlossenen Formulierung, so liegen dazwischen Welten: Im Oktober 2006 sah es noch so aus, als würden landesunmittelbare Krankenkassen mit Inkrafttreten des GKV-WSG im April 2007 insolvenzfähig; für die Bildung des Deckungskapitals für die Versorgungszusagen für die sog. „DO-Angestellten" waren keinerlei Übergangszeiträume vorgesehen. Im Oktober 2008 sah die Welt ganz anders aus: Die Insolvenzfähigkeit aller Krankenkassen trat erst im Januar 2010 in Kraft und zweitens - dies ist der eigentliche Unterschied - steht den Krankenkassen für die Bildung des Deckungskapitals für die Versorgungsansprüche ihrer Beschäftigten nun ein langer Zeitraum von 40 Jahren zur Verfügung.

Wie ist dieser Unterschied zu erklären? Einen wertvollen Beitrag hierzu kann - wie auch bereits bei der Erklärung der Ausgestaltung des morbiditätsorientierten Risikostrukturausgleichs die Tauschtheorie leisten: Mehrere Interviewpartner berichteten dem Verfasser von einem intensiven fachlichen Dialog zwischen Repräsentanten des AOK-Systems mit Vertretern der Ministerialbürokratie des BMG und der Länder (Interviews 14, 19 und 33). Die Ministerialbürokratie sowohl des Bundes als auch der Länder war an einem fachlichen Austausch mit Vertretern der AOK rund um die Themen „Insolvenz" und „HGB-Bilanzierung" äußert interessiert, da zu diesen komplizierten und für Gesundheits- und Sozialministerien fachfremden Fragestellungen in den Ministerien kaum fachliche Expertise vorlag (Interviews 14, 19 und 33). Der Tausch bestand also in „Zugang zu Entscheidern" gegen „Fachliche Expertise". Diesen Zugang zur Ministerialbürokratie hatten die AOK-Vertreter in der emotional sehr erhitzten Phase während der Formulierung des GKV-WSG im Spätsommer 2006 nicht. Hinzu kommen zwei weitere Aspekte: (1.) Bei der Formulierung der Regelungen rund um den Themenkomplex „Insolvenzfähigkeit" hatte die Fachebene des BMG und der Länder einen viel größeren Einfluss als im Jahr 2006, als die zentrale Fragen auf politischer Ebene entschieden wurden.[224] (2.) Die Politik hatte ein Interesse, dass nicht gleich zu Beginn des Gesundheitsfonds - ausgerechnet im Jahr einer Bundestagswahl - eine Krankenkasse wegen einer unausgereiften Insolvenzregelung insolvent wird. Dies würde das Vertrauen in die GKV nachhaltig erschüttern und die Chancen auf eine Wiederwahl der Regierungsparteien, insbesondere der Partei, die die Gesundheitsministerin stellte, entsprechend mindern.

6.4 Die erstmalige Festsetzung des einheitlichen Beitragssatzes

Die letzte Voraussetzung für den pünktlichen Start des Gesundheitsfonds war die Festlegung des für alle Krankenkassen identischen Beitragssatzes mit Wirkung zum 1. Januar 2009 durch die Bundesregierung. Der rechtliche Rahmen der Beitragssatzfestlegung wird durch den § 241 SGB V („Allgemeiner Beitragssatz") abgesteckt: Demnach legt die Bundesregierung bis zum 1. November eines Jahres, erstmalig spätestens bis zum 1. November 2008, nach Auswertung der Ergebnisse eines beim Bundesversicherungsamt (BVA) zu bildenden Schätzerkreises die Höhe des Beitragssatzes durch Rechtsverordnung ohne Zustimmung des Bundesrates fest. Ein förmliches Gesetz ist für die Beitragssatzfestlegung somit nicht notwendig.[225] Allerdings hat die Bundesregierung mindestens drei Wochen vor der beabsichtigten Beschlussfassung einer entsprechenden Rechtsverordnung den Deutschen Bundestag zu unterrichten, damit dieser sich mit der Festsetzung des Beitragssatzes befassen kann (§ 241 Abs. 3 und 4 SGB V). In Bezug auf die erstmalige Festlegung des Beitragssatzes spätestens zum 1. November 2008 ist neben dem § 241 SGB V („Allgemeiner Beitragssatz") auch die Regelung des § 220 SGB V („Grundsatz der Aufbringung der Mittel") zu beachten. In dieser Rechtsnorm ist explizit geregelt, dass der Beitragssatz bei der erstmaligen Festsetzung so zu bemessen ist, dass die vo-

---

[224] Die völlig unterschiedliche Ausgangslage kann man sehr gut an der personellen Zusammensetzung der beiden Bund-Länder-Arbeitsgruppen der Jahre 2006 einerseits und Ende 2007/2008 anderseits festmachen: Während 2006 Politiker im Vergleich zur Ministerialbürokratie deutlich in der Mehrzahl waren und entsprechend politische Vorgaben formuliert wurden, die die Ministerialbürokratie umzusetzen hatte, waren in der Bund-Länder-AG zum späteren „GKV-OrgWG" überhaupt keine Politiker vertreten.

[225] In der Begründung zu § 241 SGB V wird hierzu ausgeführt, dass auf ein förmliches Gesetz verzichte wird, da dessen Zustandekommen zu Verzögerungen im Zeitablauf führen würde (Deutscher Bundestag 2006f:469).

raussichtlichen Beitragseinnahmen zusammen mit den Steuerzuschüssen die voraussichtlichen Ausgaben der Krankenkassen sowie den gesetzlich vorgeschriebenen Aufbau der Liquiditätsreserve des Fonds nach § 271 SGB V zu 100 % decken (§ 220 Abs. 1 SGB V).[226]

Dem Wortlaut des § 241 SGB V ist zu entnehmen, dass die Bundesregierung den Beitragssatz auf Basis von Empfehlungen eines beim BVA zu bildenden Schätzerkreises festlegt. Somit kommt diesem Schätzerkreis bei der Beitragssatzfestsetzung eine zentrale Rolle zu. Insofern ist es wichtig zu wissen, wer sich hinter diesem Gremium verbirgt bzw. aus wem der Schätzerkreis besteht. Auskunft darüber gibt die Begründung zu § 241 SGB V: Demnach besteht der Schätzerkreis aus Experten des BMG, des BVA sowie des durch das GKV-WSG neu gegründeten Spitzenverbandes Bund der Krankenkassen (bis zu dessen Bildung Fachleute der „alten" Spitzenverbände der Kassenarten); weitere Experten können hinzugezogen werden (Deutscher Bundestag 2006f:469). Die Aufgabe des GKV-Schätzerkreises besteht im Wesentlichen darin, auf Basis amtlicher Statistiken die Einnahmen- und Ausgabenentwicklung der GKV des laufenden Jahres zu bewerten und auf dieser Grundlage eine Prognose über den voraussichtlich erforderlichen Beitragsbedarf des jeweiligen Folgejahres zu treffen (Deutscher Bundestag 2006f:469).[227] Nach den Buchstaben des Gesetzes ist die Bundesregierung zwar nicht an die Empfehlungen des Schätzerkreises gebunden, aber eine Abweichung von dessen Votum ist der Öffentlichkeit nur schwer zu vermitteln, da in diesem Falle der Eindruck entstünde, der Beitragssatz sei rein aus politischen Gründen in einer bestimmten Höhe festgelegt worden. Entsprechend äußerte sich im Vorfeld der erstmaligen Beitragssatzfestlegung auch die damalige Gesundheitsministerin Ulla Schmidt: „Ich rate sehr, die Berechnungen des Schätzerkreises zur Grundlage zu nehmen." (zitiert nach FAZ 2008, 27.09.2008).

Die entscheidende Sitzung des Schätzerkreises fand im Zeitraum 29. September 2008 bis 2. Oktober 2008 in Bonn statt (BVA, PM vom 02.10.2008). Im Vorfeld dieser Sitzung positionierten sich die einzelnen Interessenvertreter, um Druck auf den Schätzerkreis aufzubauen und ihn dadurch zu bewegen, im Sinne

---

[226] Die Vorgabe, den Gesundheitsfonds für das Startjahr mit einer voraussichtlichen Deckungsquote von 100 % auszustatten, ist auch in der Begründung zu § 241 SGB V enthalten. Vermutlich hängt diese Vorgabe auch mit der in diesem Jahr stattfindenden Bundestagswahl zusammen; die Regierungsparteien konnten kein Interesse daran gehabt haben, dass es bereits im Vorfeld der Bundestagswahl 2009 die bei der Bevölkerung - sprich Wählerschaft - ungeliebten Zusatzbeiträge gab. Im zweiten Absatz des § 220 SGB ist geregelt, dass der allgemeine Beitragssatz erst dann wieder von der Bundesregierung zu erhöhen ist, wenn die Deckungsquote des Gesundheitsfonds zwei Jahre hintereinander weniger als 95 % beträgt.

[227] Eine Beschreibung der Aufgaben und der Zusammensetzung des GKV-Schätzerkreises sowie dessen Schätztableaus finden sich auch auf der Homepage des BVA; vgl. auch Müller/Maaz (2010).

des jeweiligen politischen Ziels zu entscheiden. So warnte beispielsweise wenige Tage vor der Entscheidung des Schätzerkreises der Präsident der Bundesvereinigung der Arbeitgeberverbände, Dieter Hundt, in einem Gespräch mit dem „Handelsblatt" vor einem „zu hohen Beitragssatz"; der einheitliche Beitragssatz müsse „so niedrig wie möglich festgelegt werden" (zitiert nach Handelsblatt 2008a, 30.09.2008).

Spannender und interessanter als die wenig überraschende Positionierung des BDA-Präsidenten ist das Verhalten des paritätisch besetzten Verwaltungsrates des mit Wirkung zum 1. Juli 2008 neu gebildeten Spitzenverbandes Bund der Krankenkassen („GKV-Spitzenverband" - GKV-SV).[228] Dort kam es bereits in einer der ersten Sitzungen des neuen Gremiums insofern zu einem „Eklat", als es im Nachgang zu der Sitzung des Verwaltungsrates am 19. September 2008 zwei verschiedene Pressemitteilungen der Versichertenvertreter zum Einen und der Arbeitgebervertreter zum Anderen gab (GKV-Spitzenverband 2008a, b, PM vom 19.09.2008). Das Bemerkenswerte daran besteht darin, dass sich die Vertreter der Arbeitgeber innerhalb des Verwaltungsrates des GKV-Spitzenverbandes „ausdrücklich und nachdrücklich" (GKV-SV 2008b) von der Erklärung der Versichertenvertreter distanzierten. Diese schriftlich formulierte Distanzierung der Arbeitgebervertreter hat folgenden Hintergrund: In der auf eine Initiative der Versichertenvertreter des AOK-Systems zustande gekommenen und veröffentlichten Presseerklärung der Versichertenvertreter des GKV-SV (Interview 43) forderten diese die Bundesregierung ausdrücklich auf, den Beitragssatz so festzusetzen, dass er die voraussichtlichen Ausgaben des Jahres 2009 „in vollem Umfang" (GKV-SV 2008a) abdeckt. Der Gesundheitsfonds müsse finanziell so ausgestaltet sein, „dass keine Zusatzbeiträge zu Lasten der Versicherten erforderlich werden" (GKV-SV 2008a).[229] In dieser Presseerklä-

---

[228] Im Rahmen des „GKV-WSG" verloren die sieben Bundesverbände der Kassenarten ihren Status als Körperschaften des öffentlichen Rechts; an ihre Stelle trat der mit Wirkung zum 01.07.2008 errichtete - kassenartenübergreifende - „Spitzenverband Bund der Krankenkassen". Dieser bezeichnet sich selbst als „GKV-Spitzenverband" (vgl. www.gkv-spitzenverband.de). Der Prozess der Entmachtung der „alten" Spitzenverbände sowie die Bildung des neuen Spitzenverbandes wird von Pressel (2009, 2010a) dargestellt.

[229] Der Hinweis, dass die Initiative von Seiten der AOK-Vertreter kam, ist deshalb erwähnenswert, weil nur diese eine doppelte Motivlage hatten: eine sozialpolitische und eine unternehmenspolitische. Das sozialpolitische Interesse der AOK-Versichertenvertreter im Verwaltungsrat an einem auskömmlichen Beitragssatz bestand in der Vermeidung eines nur von den Versicherten zu tragenden Zusatzbeitrages. Hinsichtlich dieses Motivs gab es keinen Unterschied zwischen den Motiven der Versichertenvertreter des AOK-Systems und den der anderen Kassenarten. Bei den Vertretern des AOK-System kam aber noch ein zweites Motiv, ein unternehmenspolitisches, hinzu: Einige AOKen waren im Vorfeld des Starts des Gesundheitsfonds in einer finanziell sehr schwierigen Lage: Sie mussten die gesetzliche Vorgabe zur Entschuldung erfüllen und hatten insofern - im Gegensatz zu einigen Krankenkassen anderer Kassenarten - kaum Finanzreserven. Dies führte bei

rung verweisen die Versichertenvertreter ausdrücklich auf die von der Politik verursachten Ausgabensteigerungen insbesondere in den Bereichen Ärztevergütung und Krankenhäuser (GKV SV2008a). Die Motivlage der Arbeitgebervertreter des GKV-Spitzenverbandes entsprach der bereits genannten des BDA-Präsidenten Dr. Dieter Hundt; höchste Priorität habe die Beitragssatzstabilität.

Bei der Sitzung des GKV-Schätzerkreises Anfang Oktober 2008 konnte nach übereinstimmenden Angaben des BVA und des GKV-SV zwischen den Beteiligten ein Konsens hinsichtlich der im Jahr 2009 zu erwartenden Einnahmen erzielt werden (BVA 2008g, PM vom 02.10.2008 und GKV-SV, PM vom 03.10.2008). Anders sah es bei der Einschätzung der voraussichtlichen Ausgaben aus: Die Vertreter des GKV-SV schätzten die voraussichtlichen Ausgaben des Jahres 2009 um insgesamt 2,6 Mrd. Euro bzw. ca. 0,3 Beitragssatzpunkte höher ein als die Vertreter des BMG und des BVA.[230] Aus diesen unterschiedlichen Einschätzungen der Ausgabenentwicklung des Jahres 2009 resultierten die divergierenden Beitragssatzempfehlungen: Während die Vertreter des BMG und des BVA jeweils für 15,5 % votierten, sprachen sich die Repräsentanten des GKV-SV für einen Beitragssatz in Höhe von 15,8 % aus (BVA 2008g, PM vom 02.10.2008, GKV-SV 2008c, PM vom 03.10.2008). Ein am 4. Oktober 2008 in der „Frankfurter Allgemeine Zeitung" (FAZ) veröffentlichter Kommentar von Andreas Mihm zu dem Ergebnis des GKV-Schätzerkreises führte hierzu - zu Recht - Folgendes aus:

> „Wenn noch ein Zweifel an der Politisierung der Krankenversicherung bestand, so ist der nun ausgeräumt. Die Bundesregierung ist mit der Maßgabe 15,5 Prozent für den Einheitsbeitrag der gesetzlichen Krankenversicherung in die Gespräche mit den Kassen marschiert - und wieder herausgekommen." (Alexander Mihm in FAZ vom 04.10.2008)

Wenige Tage nach der Sitzung des GKV-Schätzerkreises verabschiedete das Bundeskabinett den Entwurf einer Rechtsverordnung. Demnach sollte der der für alle Krankenkassen identische Beitragssatz ab dem 1. Januar bei 15,5 %, bestehend aus einem allgemeinen Beitragssatz in Höhe von 14,6 % und einem zusätzlich von den Mitgliedern zu entrichtenden Sonderbeitragssatz von 0,9 %, liegen (BMG 2008b; PM vom 07.10.2008). Der Kabinettentwurf beruft sich dabei auf die „Mehrheitsmeinung" (Bundesregierung 2008c) im GKV-

---

den AOK-Vertretern zu der Sorge, die AOK müsse bei einem vergleichsweise niedrig angesetzten Beitragssatz als erste Kassenart einen Zusatzbeitrag verlangen, und daher zu einem besonders stark ausgeprägten Interesse an einem vergleichsweise hohen Beitragssatz (Interview 43).

[230] Hauptsächlich für die unterschiedliche Einschätzung waren die jeweiligen Schätzungen der Entwicklung insbesondere der Krankenhausausgaben, diese wurden vom GKV-SV um 1,1 Mrd. Euro höher geschätzt als von den Vertretern der beiden anderen Institutionen BMG und BVA.

Schätzerkreis. Gemäß der Bestimmung des § 241 Abs. 3 SGB V leitete die Bundesregierung diese Rechtsverordnung dem Deutschen Bundestag zu (Deutscher Bundestag 2008c), so dass dieser die gesetzlich vorgeschriebenen drei Wochen Zeit hatte, sich mit der von der Bundesregierung vorgesehenen Höhe des Beitragssatzes zu beschäftigen (§ 241 Abs. 3 SGB V).[231]

Widerstand von dem „Bündnis für finanzielle Stabilität im Gesundheitswesen"

Am 16. Oktober 2008, einen Tag vor der Debatte im Deutschen Bundestag über den Entwurf der Beitragssatzverordnung der Bundesregierung, veröffentlichte ein „Bündnis für finanzielle Stabilität im Gesundheitswesen - ein kurzfristig via Telefon und E-Mail zusammengefundener informeller Kreis von Wissenschaftlern sowie Vertretern aus Politik, Wissenschaft, Verbänden, Krankenkassen, Ärzteschaft und Kliniken - einen „Offenen Brief" an die Abgeordneten des Deutschen Bundestag.[232] In diesem Schreiben, das sowohl den Mitgliedern des Bundestages zuging als auch in mehreren großen deutschen Tageszeitungen veröffentlicht wurde, forderten die ca. 60 Unterzeichner die Bundestagsabgeordneten angesichts der Finanzkrise sowie der daraus resultierenden Gefahr von Zusatzbeiträgen bereits zur Jahresmitte 2009 zu einer Formulierung einer Entschließung des Deutschen Bundestages auf, die den Verzicht auf einen Einheitsbeitragssatz sowie die Beibehaltung von kassenindividuellen Beitragssätzen zum Gegenstand haben sollte.[233]

Noch am Tage der Veröffentlichung dieses Briefes reagierte das Bundesgesundheitsministerium mit einem an alle Mitglieder der Regierungskoalition verteilten Brief. In diesem Schreiben verwies die damalige Ministerin Ulla Schmidt auf zahlreiche Falschbehauptungen der Unterzeichner; so sei beispielsweise deren Behauptung, der Beitragssatzkalkulation der Bundesregierung bzw. des Schätzerkreises habe eine Wachstumsprognose für das Jahr 2009 in Höhe von 1,2 % zu Grunde gelegen, objektiv falsch . Sowohl der Schätzerkreis als auch die Vertreter der Bundesregierung bzw. des BMG gingen von einem

---

[231] Nach dem Wortlaut des Gesetzes darf der Deutsche Bundestag sich mit diesem Entwurf allerdings nur „befassen", (§ 241 Abs.3 in der Fassung des GKV-WSG), nicht darüber entscheiden.
[232] Zu den Initiatoren dieses Briefes gehörte der DAK-Vorstandsvorsitzende, Prof. Dr. Herbert Rebscher. Insgesamt unterzeichneten ca. 60 Personen, darunter u. a. der frühere Sozialminister Norbert Blüm (CDU) sowie der frühere Sozialexperte der SPD-Bundestagsfraktion Rudolf Dreßler.
[233] Die Forderung nach kassenindividuellen Beitragssätzen führte dazu, dass die damalige Bundesgesundheitsministerin Ulla Schmidt wenige Tage später einigen Kassenvertretern vorwarf, sie wollten „weiterhin selbstherrlich Beiträge anheben können" (zitiert nach Frankfurter Rundschau 2008b).

Wirtschaftswachstum nahe Null aus.[234] Auch die Behauptung der Unterzeichner, es käme zur Jahresmitte 2009 als Folge der Finanzkrise flächendeckend zu Zusatzbeiträgen, sei objektiv falsch, da das Einnahmerisiko während eines Kalenderjahres beim Gesundheitsfonds und nicht bei den Krankenkassen liegt; sofern die Beitragseinnahmen hinter den Erwartungen zurückblieben, würde der Bund mit einem Darlehen an den Fonds einspringen. Auch das BVA reagierte auf den „Offenen Brief". In einer Pressemitteilung vom 17. Oktober 2008 mit der Überschrift „Bundesversicherungsamt: Gesundheitsfonds garantiert stabile Einnahmen der Krankenkassen" kritisierte der Präsident der Bundesbehörde die Unterzeichner des Briefes scharf (BVA2008h, PM vom 17.10.2008). Inhaltlich argumentierte der BVA-Präsident ganz ähnlich wie bereits am Vortag die Bundesgesundheitsministerin:

„Es ist schon erstaunlich, wer diesen Aufruf alles unterzeichnet hat, ohne sich bewusst zu sein, welche haltlosen Behauptungen hier aufgestellt wurden. (…) Selbst wenn die Einnahmen als Folge der Finanzkrise niedriger als erwartet ausfallen sollten, garantiert gerade der Gesundheitsfonds den Krankenkassen für das nächste Jahr stabile Einnahmen. Denn der Gesundheitsfonds zahlt den Krankenkassen zur Finanzierung ihrer Ausgaben unabhängig von den Beitragseinnahmen eine Zuweisung aus. (…) Der Gesundheitsfonds ist gesetzlich so konstruiert, dass seine Liquidität durch den Bund sichergestellt wird. Damit wird Planungssicherheit hergestellt. Die Aussage in dem offenen Brief, geringere Einnahmen hätten flächendeckende Zusatzbeiträge zur Folge ist falsch und zeigt, dass gerade diese wichtige Eigenschaft des Gesundheitsfonds den Unterzeichnern dieses Aufrufs offenbar nicht bekannt ist." (Hecken, zitiert nach BVA 2008h, PM vom 17.10.2008)

Die Hoffnung der Unterzeichner, die Abgeordneten des Deutschen Bundestages würden die gewünschte Entschließung tatsächlich fassen, ging nicht in Erfüllung. Nach Ablauf der gesetzlich vorgegebenen Frist beschloss das Bundeskabinett den einheitlichen Beitragssatz in Höhe von 15,5 % mit Wirkung zum 01.01.2009 endgültig. In einer aus diesem Anlass der erstellten Pressemitteilung des BMG betonte die Ministerin, dass nun einer „der letzten Schritte zur Umsetzung des Gesundheitsfonds (zitiert nach BMG 2008c PM vom 29.10.2008) getan sei.[235] Die Ministerin nutzte diese Pressemitteilung auch dazu, um mit Bezug auf die insbesondere während des Jahres 2006 geführten Auseinandersetzungen mit den Krankenkassen und deren Verbänden „Kassen-Schelte" zu betreiben:

---

[234] An dieser Stelle ist der „Offene Brief" tatsächlich falsch. Aus diesem Grund verzichteten zahlreiche Krankenkassen auf die Mitzeichnung, so auch sämtliche AOKen sowie die BARMER und TK.
[235] Die allerletzten Schritte waren eher „technischer" Natur und wurden vom BVA beschritten. Dabei ging es im Wesentlichen um die Bekanntgabe der Zuweisungen an die einzelnen Kassen.

„Die Zeit des Jammerns und Wehklagens auf Seiten mancher Kassenfunktionäre muss nun vorbei sein. Die Krankenkassen starten schuldenfrei in eine neue Ära, viele haben wieder gute Rücklagen aufgebaut. Sie erhalten zu 100 Prozent die Mittel, die sie 2009 benötigen, um alle Kassenleistungen zu bezahlen. Ich erwarte, dass die Krankenkassen nun ihre Arbeit machen und endlich Leistung zeigen." (Ulla Schmidt, zitiert nach BMG 2008c, PM vom 29.10.2008)

6.5 Die letzen Wochen vor Start des Gesundheitsfonds

Parallel zum Prozess der Beitragssatzfestsetzung durch die Bundesregierung gingen die politischen Auseinandersetzungen innerhalb und außerhalb des Parlamentes weiter. Sowohl die parlamentarischen Bemühungen als auch die außerparlamentarischen Lobbyaktivitäten waren allerdings ohne Aussicht auf Erfolg; die Entscheidung zur Einführung des Gesundheitsfonds war schon längst gefallen und die zu dessen Implementation erforderlichen Schritte erfolgreich umgesetzt. Die Gegner des Fonds hatten angesichts der überwältigenden Mehrheit der Großen Koalition nicht die zu dessen Verhinderung erforderlichen Machtressourcen. Der Ausschuss für Gesundheit des Deutschen Bundestages lehnte in seiner Sitzung am 26. November 2008 vier Anträge der Oppositionsfraktionen, die die Einführung des Gesundheitsfonds stoppen wollten, ab und empfahl in seinen Beschlussempfehlungen dem Plenum des Deutschen Bundestages, diese Anträge endgültig abzulehnen (Ausschuss für Gesundheit 2008a, b, c). Der Deutsche Bundestag folgte erwartungsgemäß diesen Beschlussempfehlungen und lehnte daher in seiner Sitzung am 18. Dezember 2008 mit den Stimmen der Regierungsfraktionen diese vier Anträge ebenfalls ab. Somit waren die auf das Ziel der Verhinderung der Implementation des Fonds ausgerichteten Bemühungen der parlamentarischen Opposition endgültig gescheitert.

Die letzten Schritte vor dem Start des Gesundheitsfonds pünktlich zum 1. Januar 2009 waren die Bekanntgabe der Zuweisungen an die Krankenkassen sowie „technische" Informationen des BVA, beispielsweise über das Verfahren der Abschlagszahlungen. Die sog. „Erste Bekanntmachung zum Gesundheitsfonds" des BVA erfolgte Mitte November 2008; in dieser Bekanntmachung gab das BVA die bundesweit einheitlichen Rechengrößen für die Zuweisungen bekannt. Gleichzeitig teilte das BVA den Krankenkassen die Höhe der auf sie entfallenden Zuweisungen mit; nach Ansicht des BVA-Präsidenten Josef Hecken „können die Kassen damit verlässlich planen" (zitiert nach Ärzte Zeitung 2008b). Anfang Dezember 2008 informierte das BVA die Krankenkassen über das genaue Verfahren der monatlichen Abschlagszahlungen (BVA 2008b).

Mitte Dezember 2008 sorgte eine Auseinandersetzung zwischen dem BMG und der „Bild-Zeitung" für große mediale Beachtung. Dabei ging es um Folgendes: Zur Steigerung der Akzeptanz der gesetzlichen Krankenversicherung im Allgemeinen und des Gesundheitsfonds im Speziellen ließ das BMG einen rund 400.000 Euro teuren Kino-Werbefilm produzieren und ließ diesen in rund 500 Kinos laufen (Ärzte Zeitung 2008c, FAZ 2008d). Die „Bild-Zeitung" kritisierte diese Maßnahme und überschrieb daher einen entsprechenden Artikel mit der Überschrift „Kranker Gesundheitsspot im Kino" (zitiert nach Frankfurter Rundschau 2008c). Daraufhin stornierte das BMG eine geplante Anzeige in der „Bild-Zeitung" in der Größenordnung von über 60.000 Euro und drohte damit, künftig keine Anzeigen mehr in dieser Zeitung zu schalten (Frankfurter Rundschau 2008c, FAZ 2008d).[236] Der damalige BMG-Pressesprecher Klaus Vater gab der „Bild-Zeitung" die Schuld: „Hätte die Bild-Zeitung nicht immer wieder polemisch auf die Gesundheitspolitik eingeschlagen, hätten wir jetzt nicht das Problem, derart intensiv für die Leistungsfähigkeit des Gesundheitswesens werben zu müssen." (Klaus Vater, zitiert nach Frankfurter Rundschau 2008c, Ausgabe vom 19.12.2008.) Das BMG erkannte den medialen „Super-GAU" und ruderte entsprechend zurück: Gesundheitsministerin Ulla Schmidt bekannte sich in einer Pressemitteilung ihres Ministeriums ausdrücklich zur Pressefreiheit, diese sei „für sie persönlich und für alle Mitarbeiterinnen und Mitarbeiter des Bundesgesundheitsministeriums ein hohes Gut" (BMG 2008d, PM vom 19.12.2008); daher hätte sie veranlasst, dass sich ihr Pressesprecher persönlich bei der „Bild Zeitung" entschuldigt (BMG 2008d, PM vom 19.12.2008). Die ursprünglich geplante Anzeige erschien trotzdem nicht.[237]

Ende des Jahres 2008 trübte sich die wirtschaftliche Situation vor dem Hintergrund der Finanzkrise immer weiter ein. Der „GKV-Schätzerkreis" korrigierte in seiner turnusmäßigen, vierteljährlich stattfindenden, Sitzung am 9. Dezember 2008 auf Basis einer Prognose der Deutschen Bundesbank vom 5. Dezember 2008 seine Schätzung in Bezug auf die voraussichtlichen Einnahmen der GKV im Jahr 2009 deutlich nach unten. Gegenüber der letzten Sitzung wurden die voraussichtlichen Einnahmen der GKV um rund 440 Mio. Euro geringer ausfallen (Schätzerkreis beim BVA, PM vom 10.12.2008). Vor diesem Hintergrund

---

[236] Der Präsident des Deutschen Journalistenverbandes, Michael Konken, bemerkte zu diesem Vorgang, das BMG wolle „kritische Berichterstattung mit Anzeigenentzug bestrafen"; dies sei „unglaublich und verstößt gegen alle Regeln des freien und kritischen Journalismus" (zitiert nach FAZ 2008d, vgl. auch FR 2008d).

[237] In einem Interview mit dem Verfasser wurde berichtet, dass das BMG kritischen Journalisten nicht nur mit Anzeigenentzug drohte, sondern auf Kritik auch mit dem Entzug von Informationen reagierten; so erhielten Journalisten, die sich negativ über die Gesundheitsreform bzw. den Gesundheitsfonds geäußert hatten, beispielsweise anschließend keine Einladungen mehr zu Hintergrundgesprächen (Interview 34).

flammte Ende Dezember 2008 die bereits im Jahr 2006 geführte Diskussion über höhere Steuerzuschüsse an die GKV wieder auf: Sowohl der damalige Bundeswirtschaftsminister Michael Glos (CSU) als auch Vertreter von SPD und CDU sowie der Krankenkassen regten an, den im „GKV-WSG" ohnehin - allerdings zu einem späteren Zeitpunkt - vorgesehenen Steuerzuschuss an die GKV in Höhe von max. 14 Mrd. Euro vorzuziehen (Handelsblatt 2008b, FAZ 2008e).

Mit Wirkung zum 1. Januar 2009 startete der Gesundheitsfonds mit einem Steuerzuschuss in Höhe von vier Milliarden Euro und einem Beitragssatz von 15,5 % und somit mit einem Beitragssatz in bisher noch nie dagewesener Höhe. Verantwortlich für diesen „Rekordbeitragssatz" (Soziale Selbstverwaltung 2008:90) ist allerdings nicht der Gesundheitsfonds, sondern der Gesetzgeber durch die politisch motivierten Mehrausgaben insbesondere für die Vergütung der ambulant tätigen Ärzte und für die Krankenhäuser: Für das Jahr 2009, dem Jahr der Bundestagswahl, wurden den niedergelassenen Ärzten rund 2,5 Mrd. Euro versprochen, den Krankenhäusern sogar rund 3,5 Mrd. Euro (Soziale Selbstverwaltung 2008:90). Ungeachtet aller Widerstände konnte der Gesundheitsfonds somit wie im „GKV-Wettbewerbsstärkungsgesetz" geregelt pünktlich zum 1. Januar 2009 starten.

7. Der Gesundheitsfonds in der Praxis: Das erste Jahr

Die Tage und Wochen nach dem Start des Gesundheitsfonds waren nicht von der Frage nach dessen Funktionsfähigkeit geprägt - zumal es keine nennenswerten Hinweise auf irgendwelche Defizite gab. Vielmehr wurde eine öffentliche Diskussion über mögliche Entlastungen der Beitragszahler und somit auch über die Höhe des Beitragssatzes zur GKV geführt. Im Folgenden wird rekonstruiert, wie es nur wenige Wochen nach der erstmaligen staatlichen Beitragssatzfestlegung tatsächlich zu einer Senkung des Beitragssatzes zur GKV mit Wirkung ab 1. Juli 2009 kam. Bereits an dieser Stelle kann festgestellt werden, dass allein durch die Tatsache, dass von Seiten der Politik intensiv über eine Anpassung des Beitragssatzes gesprochen wurde, die neue *politische* Dimension des Beitragssatzes deutlich wird.

7.1 Senkung des Beitragssatzes im Rahmen des „Konjunkturpaket II"

Bereits Ende des Jahres 2008 wurde angesichts des sich abzeichnenden immensen Ausmaßes der Finanz- und Wirtschaftskrise intensiv über Optionen zur Stärkung des Vertrauens der Bevölkerung in die Leistungsfähigkeit der deutschen Volkswirtschaft und auch über den Aspekt der Stimulierung der Nachfrage nachgedacht. In diesem Kontext gab es - innerhalb und außerhalb der Großen Koalition - Stimmen, die sich für ein Vorziehen des vollen Umfangs des Steuerzuschusses an die GKV bei gleichzeitiger Absenkung des Beitragssatzes aussprachen. Offizielle Beschlüsse von Parteigremien oder staatlichen Organen gab es allerdings zu diesem Zeitpunkt noch nicht. Dies sollte sich bereits in den ersten Tagen des Jahres 2009 ändern. Zu Beginn des Jahres 2009 verstärkten sich innerhalb der SPD die Stimmen, die eine Senkung der Sozialabgaben forderten: Neben der stellvertretenden Fraktionsvorsitzenden Elke Ferner forderte auch die damalige Gesundheitsministerin Ulla Schmidt, den Sonderbeitragssatz in Höhe von 0,9 % nicht mehr nur von den Beschäftigten und Rentnern bezahlen lassen, sondern künftig aus Steuermitteln zu finanzieren (Süddeutsche Zeitung 2009a, 02.01.2009). Bei der Union stieß dieses Ansinnen auf ein geteiltes Echo; während der Vorsitzende der Christlich Demokratischen Arbeitnehmerschaft (CDA), der damalige nordrhein-westfälische Sozialminister Karl-Josef

Laumann, sich aufgeschlossen zeigte, lehnte der Vorsitzende der CDU/CSU-Bundestagsfraktion, Volker Kauder, diesen Vorschlag ab. Nach Kauders Vorstellungen müssten auch die Arbeitgeber von einem Vorziehen des erhöhten Steuerzuschusses profitieren, da es um den „Erhalt von Arbeitsplätzen" (zitiert nach Süddeutsche Zeitung 2009a, 02.01.2009) gehe.

Anfang Januar 2009 beschloss die SPD ihr Programm „Gemeinsam Handeln - Deutschland moderner und menschlicher machen. Unser Wachstums- und Stabilitätsprogramm für Deutschland" (SPD 2009). Bestandteil dieses Programms ist auch die Forderung nach einer Übernahme des Sonderbeitragssatzes durch den Bund. Von einer Entlastung auch der Arbeitgeber in Bezug auf den GKV-Beitragssatz ist in diesem Programm nicht die Rede. Kurz nach der SPD beschloss auch der Bundesvorstand der CDU anlässlich einer Klausurtagung in Erfurt am 9./10. Januar 2009 ein Programm mit Antworten auf die sich verschärfende Finanz- und Wirtschaftskrise. In dieser „Erfurter Erklärung" (CDU 2009), plädiert der Bundesvorstand der CDU u. a. für eine finanzielle Entlastung sowohl der Arbeitnehmer und Rentner als auch der Arbeitgeber durch eine Senkung des Beitragssatzes für die gesetzliche Krankenversicherung. Ausgehend von diesen beiden Programmen war es offensichtlich, dass der Beitragssatz zur gesetzlichen Krankenversicherung gesenkt werden sollte, die Frage war nur, zu wessen Gunsten. Die Entscheidung hierüber sollte im Koalitionsausschuss fallen: Der Koalitionsausschuss verständigte sich im Rahmen seiner Sitzung am 12. Januar 2009 auf Eckpunkte zu einem zweiten Konjunkturprogramm. [238] Bestandteil dieses „Konjunkturpaket II" - die offizielle Bezeichnung lautet „Gesetz zur Sicherung von Beschäftigung und Stabilität in Deutschland" - ist u. a. eine Senkung des Beitragssatzes zur GKV um 0,6 Beitragssatzpunkte mit Wirkung zum 1. Juli 2009 bei gleichzeitiger Erhöhung des Steuerzuschusses an den Gesundheitsfonds. Die Koalitionsspitzen einigten sich darauf, dass von der Beitragssatzsenkung die GKV-Mitglieder und Arbeitgeber in gleicher Höhe, also mit jeweils 0,3 Beitragssatzpunkten, profitieren sollten. Die SPD konnte sich somit mit ihrer Forderung nach einer Abschaffung des Sonderbeitragssatzes und dadurch einer Wiederherstellung der paritätischen Finanzierung in der GKV nicht durchsetzen. Der GKV-Spitzenverband begrüßte in einer Pressemitteilung die angekündigte Entlastung der Beitragszahler; gleichzeitig betonte er, dass sich die Finanzsituation für die einzelne Krankenkasse dadurch nicht ändert, da die Zuweisungen aus dem Gesundheitsfonds in ihrer Höhe garantiert sind und unabhängig davon erfolgen, ob der Fonds seine Mittel aus Beiträgen oder Steuermitteln erhält (GKV-Spitzenverband 2009, PM vom 13.01.2009).

---

[238] Bereits im November 2008 gab es schon einmal ein Konjunkturprogramm der Großen Koalition.

Bundeskanzlerin Dr. Angela Merkel gab am 14. Januar 2009 im Deutschen Bundestag eine Regierungserklärung zu den Eckpunkten des zweiten Konjunkturpaketes ab. Dabei ging sie u. a. auch auf die vereinbarte Beitragssatzsenkung zum 1. Juli 2009 ein: Diese sei eine Maßnahme, um Vertrauen in die Leistungsfähigkeit der sozialen Sicherungssysteme zu schaffen und gleichzeitig zur Ankurbelung des Konsums, da einer Familie mit einem Durchschnittseinkommen durch diese Beitragssatzsenkung im Jahr ca. 300 Euro mehr zur Verfügung stünden (Deutscher Bundestag 2009). Redner der Opposition kamen zu einer ganz anderen Beurteilung: Sie bezeichneten die Senkung des Beitragssatzes - mit Blick auf die Bundestagswahl im September 2009 - als vorgezogenes Wahlgeschenk.

Nach Formulierung und Verabschiedung der Eckpunkte im Koalitionsausschuss ging der eigentliche Gesetzgebungsprozess ganz schnell: Während normalerweise zwischen einem Kabinettbeschluss und dem abschließenden zweiten Durchgang im Bundesrat durchschnittlich zwischen sechs und sieben Monate liegen (Manow/Burkhart 2009), betrug der Zeitraum im Falle des „Gesetz zur Sicherung von Beschäftigung von Stabilität in Deutschland" („Konjunkturpaket II") weniger als vier Wochen[239] Das Gesetz (Bundesrat 2009a) enthält in Bezug auf das Gesundheitswesen drei Regelungen, von denen zwei die beiden erstgenannten den Gesundheitsfonds betreffen:[240]

1. Mit Wirkung zum 1. Juli 2009 wurde der allgemeine Beitragssatz um 0,6 Beitragssatzpunkte abgesenkt; jeweils 0,3 Beitragssatzpunkte entfielen dabei auf Arbeitgeber und GKV-Mitglieder. Zur Kompensation erhält der Gesundheitsfonds zusätzliche Steuermittel zur pauschalen Abgeltung versicherungsfremder Leistungen. Für die zweite Jahreshälfte 2009 waren dies zusätzliche 3,2 Mrd. Euro, für das Jahr 2010 zusätzliche 6,3 Mrd. Euro.[241] Somit lag nach Verabschiedung des zweiten Konjunkturpaktes in Verbindung mit den Regelungen des GKV-WSG aus dem Jahr 2007 der Steuerzuschuss an den Gesundheitsfonds Ende

---

[239] Der Kabinettbeschluss erfolgte am 27.01.2009, die 2./3. Lesung im Deutschen Bundestag war am 13.02.2009 und der zweite Durchgang im Bundesrat bereits am 20.02.2009.
[240] Anlässlich der Verabschiedung des Gesetzentwurfs im Bundeskabinett am 27.01.2009 veröffentlichte das BMG eine Pressemitteilung mit der Überschrift „Maßnahmenpaket der Regierung stabilisiert den Gesundheitssektor in schwierigen Zeiten" (BMG 2009, Pressemitteilung vom 27.01.2009).
[241] Genau genommen handelt es sich dabei nicht um zusätzliche Steuermittel, sondern um die *vorgezogene* Auszahlung von Steuergeldern- Das GKV-WSG sieht vor, dass beginnend mit dem Jahr 2009 der Steuerzuschuss an die GKV im Sinne einer pauschalen Abgeltung der Aufwendungen der GKV für versicherungsfremde Leistungen jährlich um 1,5 Mrd. Euro bis zu einer Grenze von 14 Mrd. Euro steigt.

des Jahres 2009 bei 7,2 Mrd. Euro und im Jahr 2010 bei 11,8 Mrd. Euro.[242]

2. Die Bestimmung des GKV-WSG, wonach ein etwaiges Darlehen des Bundes an den Gesundheitsfonds im Jahr 2009 spätestens am Ende des Jahres 2010 zurückgezahlt werden muss, wurde dahingehend geändert, dass der Rückzahlungstermin um ein Jahr auf spätestens Ende 2011 verschoben wurde.
3. Zur Unterstützung insbesondere der Baubranche wurde ein Programm zur Unterstützung von Investitionen in Krankenhäusern aufgelegt.

Die Senkung des Beitragssatzes zur gesetzlichen Krankenversicherung im Rahmen eines staatlichen Konjunkturprogrammes zeigt sehr deutlich, dass bei der staatlichen Festsetzung des Beitragssatzes zur GKV nicht nur gesundheitspolitische Überlegungen, das heißt Fragen der Finanzierung der gesundheitlichen Versorgung, eine Rolle spielen. Ebenso kommen wirtschafts- und arbeitsmarktpolitische Aspekte zum Tragen. Vor Verabschiedung des GKV-WSG im Februar 2007 hätte eine Bundesregierung die Option, den Beitragssatz zur GKV als konjunkturpolitisches Instrument zu nutzen, nicht zur Verfügung gehabt.[243]

7.2 Der Gesundheitsfonds als „Schutzschirm" bei einer sich weiter eintrübenden Wirtschaftslage

Im ersten Quartal des Jahres 2009 verschlechterten sich die ökonomischen Daten zunehmend; drei Monate nach Start des Gesundheitsfonds fürchteten Vorstände der Krankenkassen ein Milliardenloch im Gesundheitsfonds (Ärzte Zeitung 2009a).[244] Diese Befürchtungen bestätigten sich Ende April 2009 mit der Vorlage der neuen Daten des GKV-Schätzerkreises. In ihrer turnusmäßigen Sitzung am 30. April 2009 kamen die Mitglieder des Schätzerkreises auf Basis neuer volkswirtschaftlicher Eckwerte der Bundesregierung übereinstimmend zu der Einschätzung, dass sich die Einnahmen des Gesundheitsfonds gegenüber der

---

[242] Die 11,8 Mrd. Euro setzen sich wie folgt zusammen: 4 Mrd. Euro plus weitere 1,5 Mrd. Euro als Folge der Bestimmungen des GKV-WSG plus weitere 6,3 Mrd. Euro als Folge des „Konjunkturpaket II".
[243] Bundeskanzlerin Dr. Angela Merkel bezeichnete den Gesundheitsfonds im Sommer 2009 als „Teil unseres Konjunkturprogramms" (zitiert nach Apotheken Umschau 2009:9).
[244] Die Auswirkungen der Finanzmarktkrise auf die sozialen Sicherungssysteme werden von Botsch (2009) sowie Döring et al. (2009) aufgezeigt. Die Dimensionen der Auswirkungen auf die deutsche Volkswirtschaft werden in den beiden Jahresgutachten 2008/2009 sowie 2009/2010 des „Sachverständigenrat zur Begutachtung der gesamtwirtschaftlichen Entwicklung" (Sachverständigenrat Wirtschaft) beschrieben und analysiert (Sachverständigenrat Wirtschaft 2008 und 2009).

Schätzung von Anfang Oktober 2008 als Folge des konjunkturellen Einbruchs im Jahr 2009 und der damit verbundenen Verringerung der Zahl der sozialversicherungspflichtig Beschäftigten sowie des Lohn- und Gehaltsniveaus deutlich ungünstiger entwickeln würden. Konkret bezifferte der Schätzerkreis die Mindereinnahmen im Vergleich zur Herbst-Sitzung auf 2,9 Mrd. Euro (Schätzerkreis 2009, PM vom 30.04.2009). In einer aus Anlass dieser Sitzung veröffentlichten Pressemitteilung wies der Schätzerkreis darauf hin, dass unabhängig von diesen Mindereinnahmen der Gesundheitsfonds die Ende 2008 zugesagten Zuweisungen in voller Höhe leistet und er damit die Finanzsituation der gesetzlichen Krankenkassen stabilisiert (Schätzerkreis 2009, PM vom 30.04.2009). Ergänzend zu dieser Pressemitteilung des beim BVA angesiedelten Schätzerkreises veröffentlich - am selben Tag - auch das BVA selbst eine eigene Pressemitteilung (BVA 2009a, PM vom 30.04.2009). Dessen Hauptaussage besteht in der politischen Botschaft des damaligen BVA-Präsidenten, Josef Hecken, der Gesundheitsfonds würde sich durch seine garantierten Zuweisungen gerade in wirtschaftlich schwierigen Zeiten als „Schutzschirm" für die Krankenkassen erweisen.[245] Wörtlich führte das BVA Folgendes aus:

> „Damit stabilisiert der von vielen so heftig kritisierte Gesundheitsfonds schon im Jahr seiner Einführung nachhaltig die Einnahmesituation der Krankenkassen und erweist sich als „Schutzschirm". Im „alten System" hätten sie ihre Beiträge dramatisch erhöhen müssen. (…) Angesichts dieser Fakten erscheint an manchen Stellen mehr Sachlichkeit als Populismus angezeigt! Mit Blick auf die trotz des konjunkturellen Einbruchs garantierten stabilen Einnahmen von über 167 Mrd. Euro haben die Krankenkassen nicht nur die Möglichkeit, sondern sogar die Pflicht, sich um die optimale Versorgung der Versicherten zu kümmern." (Josef Hecken, zitiert nach BVA 2009a, PM vom 30.04.2009)

Auch einige Krankenkassen erkannte diese „Schutzschirm-Funktion" des Fonds öffentlich an: Im Geschäftsbericht 2009 der BARMER wird die positive Wirkung des Gesundheitsfonds explizit erwähnt: „Bereits im Startjahr hat sich der Gesundheitsfonds bewährt, da er die Einnahmerückgänge aufgrund der Finanzmarktkrise getragen hat und alle Kassen insofern keine Ergebnisbelastungen zu verkraften hatten (BARMER 2009:2) Ähnlich positiv äußerte sich der Vorstandsvorsitzende der AOK Rheinland-Hamburg, Winfried Jacobs: Der „Ärzte Zeitung" gegenüber sagte Jacobs, der „Gesundheitsfonds wirkt wie ein Schutz-

---

[245] Das Bild vom Gesundheitsfonds als „Schutzschirm" wurde bereits in einer anlässlich der Verabschiedung des zweiten Konjunkturprogramms im Bundeskabinett am 27. Januar 2009 veröffentlichten Pressemitteilung des BMG verwendet (vgl. BMG 2009, PM vom 27.01.2009). Die Metapher „Schutzschirm" wurde vermutlich in Anlehnung an die Begrifflichkeit „Rettungsschirm", einem während der Banken- und Finanzkrise sehr oft benutzten Begriff, gewählt.

schirm" (zitiert nach Ärzte Zeitung, 14. April 2009). Auch Vertreter der Betriebskrankenkassen (BKKen), die vor Einführung des Gesundheitsfonds zu dessen schärfsten Kritikern gehörten, weil der mit dem Fonds einhergehende Einheitsbeitragssatz bei der meisten BKKen zu einem deutlichen Anstieg der zuvor vergleichsweise niedrigen Beitragssätzen und somit zu einer Verschlechterung ihrer relativen Wettbewerbssituation führte, waren wenige Monate nach Einführung des Fonds plötzlich voll des Lobes über den zuvor ungeliebten Gesundheitsfonds. Vertreter eines großen BKK-Landesverbandes formulierten dies in einem Experteninterview mit dem Verfasser wie folgt:

„Der BKK-Verband und auch die meisten Mitgliedskassen waren 2007 zunächst sehr unzufrieden mit dem Gesundheitsfonds, vor allem mit dem Morbi-RSA, da dieser sie finanziell deutlich belastet. Mittlerweile *(Anmerkung H. Pressel: Das Interview fand am 07.07.2009 statt)* hat sich die Bewertung insofern deutlich verändert, als gerade die von der Wirtschaftskrise besonders betroffenen Betriebskrankenkassen mit Trägerbezug (z. B. Bosch BKK) die Vorzüge des Fonds, konkret die Sicherstellung der Liqiuidität, sehr schätzen. Gäbe es den Fonds nicht, hätten sie in Zeiten sinkender Beitragseinnahmen vermutlich ihren Beitragssatz anheben müssen, was ja gerade in diesen Zeiten dem Trägerunternehmen gegenüber ausgesprochen unpopulär gewesen wäre." (Interview 36)

Selbst die Bundeskanzlerin nahm öffentlich zu der Funktionsweise und Sinnhaftigkeit des Gesundheitsfonds in Zeiten einer Wirtschaftskrise Stellung. Dabei äußerte sie sich nahezu identisch wie das BMG, der BVA-Präsident und die erwähnten Kassenvertreter. In einem im August 2009 geführten Interview mit der vielgelesenen „Apotheken Umschau" antwortete die Kanzlerin auf die Frage, welche „Lebenserwartung" sie dem Gesundheitsfonds gibt wie folgt:

„Eine lange! Er bewährt sich gerade jetzt in der Krise, denn ohne den Fonds würde eine Vielzahl von Kassen jetzt ihre Beiträge erhöhen. Das wäre für die Konjunktur in der Rezession absolutes Gift. Heute können wir, falls es notwendig wird, Darlehen an den Gesundheitsfonds geben, er ist damit sozusagen Teil unseres Konjunkturprogramms." (Dr. Angela Merkel, zitiert nach Apotheken Umschau, 01.09.2009)

Einige Monate nach Einführung des Gesundheitsfonds zogen der damalige Präsident des BVA, Josef Hecken, und der für die Einführung des Gesundheitsfonds einschließlich des morbiditätsorientierten Risikostrukturausgleichs zuständige Referatsleiter, Dr. Dirk Göpffarth, im Rahmen von Vorträgen, Interviews und Publikationen etc. ein sehr positives Zwischenfazit über die Einführung des Gesundheitsfonds (vgl. BVA 2009b, Hecken 2009a, b, Highlights 2009). Die Repräsentanten des BVA konnten zeigen, dass - mit einer Ausnahme, auf die nachfolgend gesondert eingegangen wird - sich sämtliche Ängste und negative Prophezeiungen im Vorfeld der Einführung des Gesundheitsfonds sich als unbegründet bzw. falsch erwiesen hätten. So konterte Hecken beispielsweise die insbesondere im Jahr 2006 behauptete Prophezeiung, der Gesundheitsfonds würde sich als ein bürokratisches Monstrum entpuppen, mit Verweis auf die geringe Mitarbeiterzahl (rund 20 Personen), die den Gesundheitsfonds einschließlich des morbiditätsorientierten Risikostrukturausgleichs organisiert und verwaltet (Hecken 2009a). Nicht negieren konnten die BVA-Repräsentanten jedoch ein Problem, das schon seit Monaten durch die Presse ging: Der Versuch einiger Krankenkassen, durch unterschiedliche, teilweise illegale, Maßnahmen Einfluss auf die ärztlichen Diagnosen bzw. das Kodierverhalten der Ärzteschaft zu nehmen und somit mehr Mittel aus dem Gesundheitsfonds bzw. „Morbi-RSA" zu erhalten. Auf diesen Aspekt wird im nächsten Abschnitt gesondert eingegangen.

7.3 Diskussion um „Upcoding" und weitere Stärkung der Rolle des Bundesversicherungsamtes (BVA)

Bereits vor dem Start des Gesundheitsfonds gab es Befürchtungen, der morbiditätsorientierte Risikostrukturausgleich („Morbi-RSA") könne zu Fehlanreizen führen. Es bestand die Sorge, Krankenkassen hätten Interesse an einer Dokumentation von möglichst viel Krankheit, um dadurch entsprechend hohe Zuweisungen aus dem Fonds zu bekommen.[246] Schon bald sollte sich herausstellen, dass diese Sorge nicht unbegründet war: Mehrere Krankenkassen versuchten mit unterschiedlichen Instrumenten und Methoden Einfluss auf die Diagnosestellung und insbesondere das Kodieren der ambulant tätigen Ärzte zu nehmen. So wurden Anfang des Jahres 2009 mehrere Fälle publik, bei denen Krankenkassen - teilweise gegen Geldzahlungen - Ärzte aufforderten, bei ihren Versicherten die Diagnosen und entsprechende Kodierungen zu überprüfen und ggf. zu korrigieren.[247] In einem Interview mit der „Financial Times Deutschland" (FTD) im Januar 2009 warnte der Vorstandsvorsitzende der Techniker Krankenkasse, Dr. Norbert Klusen, vor der Gefahr der Manipulation und machte kein Hehl daraus, dass Krankenkassen versuchen, möglichst viel Geld aus dem Gesundheitsfonds zu schöpfen:

---

[246] Wenige Tage vor dem Inkrafttreten des Gesundheitsfonds und somit auch des Morbi-RSA titelte die „Süddeutsche Zeitung": „Land der Kranken. Warum der Gesundheitsfonds aus gesunden Deutschen malade Deutsche macht" (Süddeutsche Zeitung 2008b); vgl. hierzu auch Glaeske (2008) und die Beiträge in Göpffarth et al. (2010).
[247] Einen Überblick hierzu liefern Göpffarth/Siebert (2009); vgl. auch FTD 2009e.

„Unternehmenspolitisch lautet die zentrale Frage: Wie verhalte ich mich clever, um möglichst viel Geld aus dem Gesundheitsfonds zu bekommen? Das Management einer Kasse wird nun ganz wesentlich auf solche Fragen gelenkt." (Dr. Norbert Klusen, zitiert nach FTD 2009c, 23.01.2009).

Die damalige Bundesgesundheitsministerin Ulla Schmidt reagierte mit deutlichen Worten. „Wer betrügerisch Patienten mit dem Ziel höherer Zuweisungen aus dem Fonds kränker mache", und somit „Upcoding" betreibe „der muss mit dem Staatsanwalt rechnen" (zitiert nach FTD 2009d, sinngemäß auch Ärzte Zeitung 2009b). Vertreter von Krankenkassen, die sich angesprochen fühlten, verwiesen auf die betriebswirtschaftliche Notwendigkeit der Überprüfung des Kodierverhaltens der Ärzte; diese Überprüfung sei kein „Upcoding", sondern die Sicherstellung von „Rightcoding". Achim Kolanski, der Vorstandsvorsitzende der „Deutsche BKK" führte in diesem Zusammenhang Folgendes aus: „Das Überleben einer Krankenkasse hängt heute davon ab, dass die Diagnosen stimmen." (Achim Kolanski, zitiert nach Ärzte Zeitung 2009c). Die zuständige Aufsichtsbehörde, das Bundesversicherungsamt (BVA), stoppte eine Briefaktion dieser Krankenkasse, mit der diese Ärzte angeschrieben hatte und um Überprüfung und ggf. Neukodierung der Diagnosen der von ihr versicherten Patienten bat (Ärzte Zeitung 2009d).[248] Die genannte Betriebskrankenkasse war freilich nicht die einzige Kasse, die Aktivitäten mit dem Ziel der Veränderung der Kodierung unternahm. Auch Kassen, die aufgrund ihrer regionalen Ausrichtung nicht dem BVA, sondern einer Landesaufsichtsbehörde unterstehen, führten vergleichbare Aktionen durch.[249] Die jeweiligen Reaktionen der einzelnen Aufsichtsbehörden - für bundesweit geöffnete Kassen ist das BVA zuständig, für die landesunmittelbaren Kassen das jeweilige Landessozialministerium - waren unterschiedlich: Während einige Aufsichten vergleichsweise viel tolerierten, nahmen andere Aufsichtsbehörden, insbesondere das BVA, die ihnen unterstehenden Krankenkassen an die „kurze Leine". Aus dieser Ungleichbehandlung resultierten für die Krankenkassen ungleiche Wettbewerbsbedingungen; Kassen mit einer Aufsicht im Rücken, die nicht so genau hinschaute, waren gegenüber Kassen mit einer anderen Aufsicht, die weniger tolerant war, im Nachteil. Der

---

[248] Diesem Schreiben war auch eine Liste mit Namen von Patienten und eine Auswahlliste häufiger Diagnosen, die die Ärzte nur noch ankreuzen sollten und dann an die Deutsche BKK zurückfaxen sollten, beigefügt (Ärzte Zeitung 2009e vom 5. März 2009).
[249] In Bayern gab es eine „strategische Allianz" zwischen dem dortigen Hausärzteverband und der dortigen AOK, der „Deal" funktionierte so: Die Krankenkasse zahlte dem Hausärzteverband überdurchschnittlich hohe Vergütungen und im Gegenzug bat der damalige Vorsitzende des bayerischen Hausärzteverbandes die Mitglieder seines Verbandes bei Versicherten der AOK Bayern anders zu kodieren als bei Versicherten von Krankenkassen, mit denen der Verband keinen vergleichbaren Hausärztevertrag abgeschlossen hatte.

Gesetzgeber erkannte dieses Problem und reagierte darauf: Im Mai 2009 brachten die Koalitionsfraktionen auf Basis einer im BMG erstellten Formulierungshilfe einen Änderungsantrag mit der Bezeichnung „Sicherstellung der Datengrundlagen für den Risikostrukturausgleich" (§ 273 SGB V) zu einem sich bereits im parlamentarischen Verfahren befindenden Gesetzentwurf, dem „Gesetz zur Änderung arzneimittelrechtlicher und anderer Vorschriften" (Bundesrat 2009b) ein. Inhalt und Ziel dieses Antrags war es, dem BAV zum Einen mehr Prüfrechte zu geben und zum Zweiten seine Prüfkompetenz auch auf landesunmittelbare Krankenkassen auszudehnen. Mit den Stimmen der Regierungsmehrheit wurde der Gesetzentwurf inklusive des genannten Änderungsantrages angenommen. Somit kann das BVA Zuweisungen an Krankenkassen kürzen, wenn sie Hinweise auf Auffälligkeiten bei den Datenmeldungen findet und diese von der entsprechenden Krankenkasse nicht plausibel und überzeugend erläutert und begründet werden können (§ 273 SGB V). Die Rolle und Kompetenz des BVA wurde somit weiter gestärkt.[1] Der GKV-Spitzenverband begrüßte diese Regelung; ein Sprecher des Verbandes sagte der „Financial Times Deutschland" gegenüber, es sei „vernünftig, dass das Bundesversicherungsamt künftig die Daten alle Kassen gleichermaßen auf eventuelle Auffälligkeiten hin prüfen kann" (zitiert nach FTD 2009e).

7.4 Finanzergebnisse 2009

Das Bundesministerium für Gesundheit (BMG) veröffentlichte die Finanzergebnisse KV 45 für das I. bis IV. Quartal 2009 am 10. März 2010 (BMG 2010b, PM vom 10.03.2010). Nach diesen Daten hatten die gesetzlichen Krankenkassen im Haushaltsjahr 2009, dem ersten Jahr des Gesundheitsfonds, einen Überschuss in Höhe von rund 1,1 Mrd. Euro gemacht. Den Einnahmen der Krankenkassen in Höhe von rund 171,9 Mrd. Euro standen Ausgaben in Höhe von rund 170,8 Mrd. Euro gegenüber (BMG 2010, PM vom 10.03.2010). Die im Jahr 2007 im Rahmen des „GKV-WSG" beschlossene Regelung, wonach der Gesundheitsfonds mit einem Beitragssatz startet, der so angesetzt ist, dass der Gesundheitsfonds im Startjahr mit 100 % ausgestattet ist, wurde somit erfüllt. Entsprechend kamen im Startjahr des Gesundheitsfonds - bis auf eine Ausnahme - alle Krankenkassen ohne Zusatzbeitrag aus. Drei Krankenkassen konnten im Jahr 2009 Zusatzprämien an ihre Mitglieder ausschütten.

Differenziert man den GKV-Überschuss nach den Finanzergebnissen der einzelnen Kassenarten, so zeigt sich, dass auf die AOK-Gemeinschaft mit einem positiven Finanzergebnis in Höhe von rund 770 Mio. Euro der mit Abstand größte Überschuss entfällt. Die einzige Kassenart mit einem im Jahr 2009 negativen Finanzergebnis waren die Ersatzkassen; diese verzeichneten für das Rechnungsjahr 2009 insgesamt ein Defizit von rund 157 Mio. Euro (alle Zahlen nach BMG 2010, PM vom 10.03.2010). Eine genauere Analyse der Ersatzkassen-Ergebnisse auf Ebene der einzelnen Krankenkassen zeigt allerdings ein sehr differenziertes Bild: Während einige Ersatzkassen im Jahr 2009 hohe Defizite aufwiesen, insbesondere die DAK mit einem ausgewiesenen Defizit in Höhe von rund 245 Mio. Euro (DAK 2010), gab es auch Ersatzkassen mit einem sehr guten Ergebnis: Die Techniker Krankenkasse (TK) weist in ihrem Geschäftsbericht 2009 einen Überschuss in Höhe von rund 223 Mio. Euro aus (TK 2010). Angesichts dieses Überschusses kann keine Rede davon sein, dass eine Krankenkasse mit einer vergleichsweise guten Risikostruktur unter der Einführung des Gesundheitsfonds bzw. des morbiditätsorientierten Risikostrukturausgleichs gelitten hat.

Im Gegensatz zu den gesetzlichen Krankenkassen machte der Gesundheitsfonds auf Grund der konjunkturbedingten Einnahmeausfälle im Jahr 2009 einen erheblichen Verlust.[250] Dieser belief sich auf knapp 2,5 Mrd. Euro (BMG 2010b, PM vom 10.03.2010). Ein im November 2009 vom Gesundheitsfonds aufgenommenes Darlehen zur Sicherstellung der Liquidität konnte bereits im Dezember 2009 an den Bund zurückgezahlt werden.[251]

---

[250] Die Krankenkassen waren von dem Konjunktureinbruch nicht betroffen, da sie aus dem Gesundheitsfonds garantierte monatliche Zuweisungen erhielten (vgl. Abschnitt 7.2).
[251] Diese Beitragsmehreinnahmen zum Jahresende sind primär eine Folge des Weihnachtsgeldes bzw. des 13. Monatsgehaltes.

8. Die Weiterentwicklung des Gesundheitsfonds ab 2011

Die Bundestagswahl 2009 führte zu einem Ende der Großen Koalition. Diese wurde durch eine christlich-liberale Bundesregierung abgelöst. Zum ersten Mal in der Geschichte der Bundesrepublik Deutschland wurde mit Dr. Philipp Rösler ein Mitglied der FDP Bundesminister für Gesundheit. In ihrem Koalitionsvertrag einigte sich die neue Bundesregierung unter der Überschrift „Finanzierung des Krankenversicherungsschutzes" auf folgende inhaltlichen Festlegungen:

"Wir wollen einen Einstieg in ein gerechtes, transparentes Finanzierungssystem. Der morbiditätsorientierte Risikostrukturausgleich wird auf das notwendige Maß reduziert, vereinfacht sowie unbürokratisch und unauffällig für Manipulationen gestaltet. Die derzeitige Situation ist gekennzeichnet durch ein prognostiziertes Defizit, das sich sowohl aus krisenbedingten Beitragsausfällen als auch aus gesundheitssystemimmanten Ausgabensteigerungen (…) zusammensetzt. (…) Langfristig wird das bestehende Ausgleichssystem überführt in eine Ordnung mit mehr Beitragsautonomie, regionalen Differenzierungsmöglichkeiten und einkommensunabhängigen Arbeitnehmerbeiträgen, die sozial ausgeglichen werden. Weil wir eine weitgehende Entkoppelung der Gesundheitskosten von den Lohnzusatzkosten wollen, bleibt der Arbeitgeberanteil fest. Zu Beginn der Legislaturperiode wird eine Regierungskommission eingesetzt, die die dazu notwendigen Schritte festlegt" (Koalitionsvertrag 2009:86)

Die neue Bundesregierung sah sich zu Beginn ihrer Regierungstätigkeit mit dem Problem eines voraussichtlichen Defizits der GKV im Jahr 2010 konfrontiert. Der GKV-Schätzerkreis beim Bundesversicherungsamt (BVA) bezifferte dieses voraussichtliche Defizit in seiner Herbstsitzung auf eine Größenordnung von ca. 7,8 Mrd. EUR (BVA 2009d, PM vom 06.12.2009). Dieses Defizit war eine Folge von einerseits rückläufigen Beitragseinnahmen als Folge der damaligen Finanz- und Wirtschaftskrise sowie andererseits steigenden Leistungsausgaben. Als eine ihrer ersten Maßnahmen beschloss diese Bundesregierung daher das "Gesetz zur Stabilisierung der Sozialversicherung" (ausführlich bei Pressel 2010b).[252] Durch dieses Gesetz wurde der Steuerzuschuss an die GKV im Jahr

---

[252] Dieses Gesetz beinhaltet - vor dem Hintergrund der damaligen Finanz- und Wirtschaftskrise - eine Reihe von Sofortmaßnahmen, um krisenbedingte Einnahmeausfälle in den Systemen der Sozi-

2010 einmalig um 3,9 Mrd. EUR erhöht. Dieser betrug im Jahr 2010 15,7 Mrd. EUR und lag somit bei ca. 9 % der Gesamteinnahmen des Gesundheitsfonds.[253]

Deutlich schwieriger als diese kurzfristig wirkende Maßnahme gestaltete sich die Umsetzung der im Koalitionsvertrag der christlich-liberalen Bundesregierung angekündigten langfristigen grundlegenden Umgestaltung der Finanzierungsordnung. Besonders problematisch dabei war die Tatsache, dass die entsprechende Passage des Koalitionsvertrages von den einzelnen Partnern der Bundesregierung völlig unterschiedlich interpretiert wurde. Insbesondere die CSU, aber auch Teile der CDU lehnten den von der FDP angestrebten Umstieg auf ein einkommensunabhängiges Prämienmodell ab

Auf ihrer Kabinettsklausur Mitte November 2009 in Meseberg wurde die Einsetzung einer interministeriellen Arbeitsgruppe unter der Leitung des neuen Gesundheitsministers Philip Rösler (FDP) vereinbart. Wenige Wochen später, am 1. Februar 2010, ernannte der Deutsche Gewerkschaftsbund (DGB) eine eigene Kommission „Solidarisches Gesundheitssystem mit Zukunft" (DGB 2010a, PM vom 01.02.2010). Gemeinsam mit Vertretern von Sozial- und Wohlfahrtsverbänden und unter Beteiligung von Wissenschaftlern kündigte der DGB bis Herbst 2010 eigene Vorschläge zur Weiterentwicklung des Gesundheitswesens an. Diese Kommission verstand sich explizit als „gesellschaftliches Gegenbild zur Hinterzimmerpolitik der Bundesregierung, die mit einer interministeriellen Arbeitsgruppe einen Systemwechsel in der Gesetzlichen Krankenversicherung einleiten will" (DGB 2010a, PM vom 01.02.2010).

Für Aufregung sorgte eine Personalentscheidung Röslers: Dieser holte zu Beginn seiner Amtszeit das FDP-Mitglied Christian Weber, zuvor Vizedirektor des PKV-Verbandes, als Abteilungsleiter zu sich ins Ministerium. Von Vertretern der parlamentarischen Opposition und den gesetzlichen Krankenkassen wurde diese Personalie als Indiz für eine PKV-freundliche Ausrichtung des Bundesgesundheitsministeriums betrachtet.

In den Medien erschienen im Frühjahr 2010 mehrere Artikel, wonach Gesundheitsminister Rösler eine „kleine Pauschale" in der Größenordnung von durchschnittlich ca. 29 bis 50 Euro pro Monat plane (SZ 2010a, 13. 02.2010 und FTD 2010a, 16.03.2010). Zur Vermeidung einer finanziellen Überforderung der Versicherten soll es nach den Vorstellungen des Bundesgesundheitsministeri-

---

alversicherung, insbesondere der Arbeitslosen- und Krankenversicherung, aufzufangen sowie im Rahmen der Grundsicherung für Arbeitssuchende (SGB II) die Betroffenen im Falle des Arbeitsplatzverlustes besser zu schützen. Neben den Inhalten, die die Sozialversicherung sowie die Bezieher des Arbeitslosengeldes II betreffen, beinhaltet das Gesetz auch Maßnahmen für Milchviehhalter.
[253] In einem Interview mit der „Frankfurter Allgemeine Sonntagszeitung" machte Finanzminister Schäuble Ende 2009 allerdings deutlich, dass sich die Bundesregierung „mittelfristig (…) diese starke Steuerfinanzierung des Gesundheitswesens nicht leisten" kann (zitiert nach FAZ 2009c, 28.12.2009).

ums einen steuerfinanzierten Sozialausgleich geben. Hinsichtlich dessen Größenordnung besteht folgender Zusammenhang: Je höher die Pauschale, desto höher der zur Kompensation erforderliche Sozialausgleich. Weil der Bund allerdings ab dem Haushaltsjahr 2011 kräftig sparen musste, machte Bundesfinanzminister Dr. Wolfgang Schäuble (CDU) mehrfach deutlich, dass er keine zusätzlichen Steuermittel zur Verfügung stellen kann (SZ 2010a).

Die „Regierungskommission zur nachhaltigen und sozial ausgewogenen Finanzierung des Gesundheitswesens"

Ende Februar 2010 beschloss das Bundeskabinett die Einsetzung einer Regierungskommission. Der „Regierungskommission zur nachhaltigen und sozial ausgewogenen Finanzierung des Gesundheitswesens" unter der Leitung des Gesundheitsministers Dr. Philipp Rösler gehörten neben dem BMG sieben weitere Bundesministerien an: Das Innen-, Justiz-, Finanz-, Wirtschafts-, Arbeits-, Verbraucher- und Familienministerium (BMG 2010a, PM vom 24.02.2010). Die Bundestagsfraktionen von CDU/CSU und FDP durften jeweils zwei Vertreter mit Beobachterstatus entsenden (FAZ 2010a, 25.02.2010*)*. Anders als im Jahr 2006 bei der Arbeitsgruppe der Großen Koalition sah diese Kommission keine regelmäßige Beteiligung von Vertretern der Bundesländer vor. Diese sollten nur situativ an den Sitzungen der Regierungskommission teilnehmen. Gleiches galt für die Frage der Beteiligung von Wissenschaftlern bzw. weiteren Sachverständigen. Die Hauptaufgabe der Kommission war es eine Lösung für die zwar im Koalitionsvertrag angekündigte, innerhalb der Bundesregierung aber höchst umstrittene langfristige Umstellung von einkommensabhängigen Beiträgen auf einkommensunabhängige Beiträge sowie eine geeignete Konstruktion für den geplanten Sozialausgleich zu finden (BMG 2010a, PM vom 24.02.2010, vgl. auch FAZ 2010a).

Insbesondere aus den Reihen der CSU wurden wiederholt deutliche Vorbehalte gegen eine „Kopfpauschale" erhoben. Bereits vor dem offiziellen Start der Regierungskommission bezeichnete der damalige Gesundheitsminister des Freistaates Bayern, Markus Söder (CSU), die Regierungskommission als „sinnlos" (zitiert nach Ärzte Zeitung 2010a, 02.03.2010) und sagte ihr eine kurze Dauer voraus. Auch der CSU-Parteivorsitzende, Horst Seehofer, kündigte mehrfach sein Veto gegen eine „Kopfpauschale" an (Ärzte Zeitung 2010a).[254]

---

[254] Der gesundheitspolitische Sprecher der CDU/CSU-Bundestagsfraktion, Jens Spahn (CDU), kritisierte die „ständigen Belehrungen" (zitiert nach FAZ 2010a) der Schwesterpartei aus München.

Die parlamentarische Opposition reagierte mit viel Häme auf die Einsetzung der Kommission: Die Vorsitzende des Gesundheitsausschusses des Deutschen Bundestages, die SPD-Abgeordnete Dr. Carola Reimann, äußerte in einer Pressemitteilung, dass die Regierungskommission nur einen konkreten Auftrag hätte: „Stillhalten bis zur Landtagswahl in Nordrhein-Westfalen" (Reimann, PM vom 24.02.2010). Nach Auffassung der Fraktion „DIE LINKE" sei die Kommission nur eine Show (DIE LINKE 2010, PM vom 24.02.2010). Unterdessen startete die SPD eine Unterschriftenaktion gegen die geplante Kopfpauschale. Anlässlich der Vorstellung der bundesweiten Unterschriftenaktion sagte der SPD-Parteivorsitzende, Sigmar Gabriel, er wolle die Landtagswahl am 9. Mai 2010 in Nordrhein-Westfalen auch zu einer Abstimmung über die von der Bundesregierung geplanten „Kopfpauschale" machen (Ärzte Zeitung 2010a).[255]

Eine Woche nach dem Start der DGB-Kommission fand am 17. März 2011 die konstituierende Sitzung der Regierungskommission statt. Zur Unterstützung der Arbeit der Regierungskommission wurde im BMG eine aus drei Personen bestehende Geschäftsstelle eingerichtet (Interview 45). Neben dieser offiziellen Geschäftsstelle der Regierungskommission wurde innerhalb des Ministeriums eine Projektgruppe unter der Leitung des damaligen Amtschefs des Ministeriums, Staatssekretär Stefan Kapferer, eingerichtet (Interview 45). Im Rahmen dieser Auftaktsitzung ging es primär darum, sich einen Überblick über die aktuelle Finanzlage und Finanzierungsstruktur der GKV zu verschaffen. Zur fachlichen Unterstützung der Ministerinnen und Minister nahmen auch der Präsident des BVAs, Dr. Maximilian Gaßner, sowie der Vorsitzende des Sachverständigenrates für die Begutachtung der Entwicklung im Gesundheitswesen, Prof. Dr. Eberhard Wille, an der Auftaktsitzung der Regierungskommission teil (BMG 2010c, PM vom 17.03.2010).[256] Abgesehen von Terminvereinbarungen gab es bei diesem Treffen erwartungsgemäß noch keine konkreten Ergebnisse. Bundesgesundheitsminister Dr. Philipp Rösler kündigte in einer Pressemitteilung des Gesundheitsministeriums die Einführung eines Systems mit prämienfinanziertem Anteil und Sozialausgleich sowie Änderungen auf der Ausgabenseite, insbesondere bei den Arzneimitteln an (BMG 2010c). Die beiden Sozialpartner reagierten ganz unterschiedlich auf diese Auftaktsitzung: Während der Präsident der Bundesvereinigung der Deutschen Arbeitgeberverbände (BDA), Dr. Dieter Hundt, erneut öffentlich für eine Entkopplung der Gesundheitskosten vom Arbeitsverhältnis warb (BDA 2010, PM vom 17.03.2010), warnte der DGB, eben-

---

[255] Parallel brachte die SPD-Bundestagsfraktion im Deutschen Bundestag einen Antrag ein, der die Rückkehr zur paritätischen Finanzierung der GKV, d. h. die Abschaffung des Sonderbeitragssatzes sowie die Abschaffung der Zusatzbeiträge zum Ziel hatte (Deutscher Bundestag 2010a).
[256] Dr. Maximilian Gaßner wurde im März 2010 Präsident des BVA und somit Nachfolger von Josef Hecken. Zuvor war Dr. Gaßner Abteilungsleiter im bayerischen Staatsministerium für Soziales.

falls in einer Pressemitteilung, vor einer „kopflosen Politik gegen das Volk (DGB 2010b, PM vom 17.03.2010). Im April 2010 tagten die beiden Kommissionen zum zweiten Mal. Konkrete Ergebnisse wurden noch nicht bekannt. Dass die Regierungskommission noch nichts veröffentlichte, dürfte auch mit der auf den 9. Mai 2010 terminierten Landtagswahl in Nordrhein-Westfalen gelegen haben. Ebenfalls im April 2010 wurde ein Gutachten des „Wissenschaftlicher Beirat beim Bundesministerium für Wirtschaft und Technologie" mit dem Titel „Zur Reform der Finanzierung der GKV" fertiggestellt (Wissenschaftlicher Beirat BMWT). Insbesondere folgende zwei Botschaften waren dabei für die laufende Arbeit vor allem der Regierungskommission relevant: Die Gutachter rieten explizit von einem Umstieg auf eine „kleine Gesundheitsprämie" oder „Mischlösungen" ab (Wissenschaftlicher Beirat BMWT 2010:3). Diese Position wurde insbesondere mit dem damit verbundenen administrativen Aufwand begründet (Wissenschaftlicher Beirat BMWT 2010:20). Allerdings sprachen sich die Wissenschaftler - wie auch zahlreiche andere Akteure bereits im Jahr 2006 - klar für eine Abschaffung der von der Großen Koalition beschlossenen Begrenzung des Zusatzbeitrages auf ein Prozent der beitragspflichtigen Einnahmen aus ((Wissenschaftlicher Beirat BMWT 2010:16).

Die dritte Sitzung der Regierungskommission fand am 12. Mai 2010 statt. Bei dieser Zusammenkunft wurden mehrere Prämienmodelle vorgestellt und erörtert. Wenige Tage vor der geplanten vierten Sitzung der Regierungskommission am 20. Mai 2010 wurde diese abgesagt. Die offizielle Begründung hierfür lautete, die Eckpunkte des BMG seien schon so konkret, dass der Minister zunächst die Partei- und Fraktionsvorsitzenden informieren möchte, bevor er wieder die Regierungskommission einberufen werde. Die Regierungskommission kam allerdings nie wieder zusammen. Die Arbeit der Regierungskommission ging zu Ende bevor sie richtig begann. Was war passiert? Den Beteiligten, vor allem seitens des BMG, wurde schnell klar, dass man sich innerhalb der Kommission nicht auf ein konsentiertes Modell einigen werde. Dies lag primär daran, weil die Bundesministerin für Verbraucherschutz, Ilse Aigner (CSU), die Vetospielerrolle der CSU verkörperte und weil generell mehrere Mitglieder der Kommission sich aufgrund „fehlender Prokura" (Interview 45) seitens der jeweiligen Parteivorsitzenden nicht trauten, verbindliche Entscheidungen zu treffen. Die Verantwortlichen im BMG erkannten aus den genannten Gründen, dass es wenig sinnvoll ist, diese Sitzungen fortzusetzen. Für zielführender erachteten sie die direkte Information von und Abstimmung mit der Ebene der Partei- und Fraktionsvorsitzenden (Interview 44). Im BMG wurde daher entschieden, zur Vorbereitung dieser Gespräche mit den Partei- und Fraktionsführungen ein von der Regierungskommission unabhängiges Finanzierungsmodell zu erarbeiten.

Ebenfalls im Mai 2010 fand im Deutschen Bundestag die erste Lesung des "Gesetz zur Änderung krankenversicherungsrechtlicher und anderer Vorschriften (GKV-Änderungsgesetz)" statt, mit dem u. a. kurzfristig wirksame Einsparungen im Bereich der Arzneimittel realisiert werden sollen.[257]

Das Modell einer Gesundheitsprämie mit sozial gestaffelten Beitragssätzen

Nach Information der Vorsitzenden der Regierungsparteien, allerdings ohne deren Zustimmung, verschickte der damalige Bundesgesundheitsminister Dr. Philipp Rösler am 2. Juni 2010 ein im BMG erstelltes „Modell einer Gesundheitsprämie mit sozial gestaffelten Beitragssätzen" (BMG 2010d) an die Abgeordneten der Regierungsfraktionen. Dieses Modell basiert auf einer Kombination von einer einkommensunabhängigen Prämie, die im Durchschnitt bei rund 30 Euro liegen sollte, sowie einkommensabhängigen Beitragssätzen. Der Sozialausgleich sollte bei den Krankenkassen angesiedelt sein und durch eine gestaffelte Absenkung des Beitragssatzes erfolgen. Mitglieder mit niedrigem Einkommen erhalten nach diesem Modell eine hohe Absenkung des von ihnen zu zahlenden Beitragssatzes. Das Modell sieht hierfür bis zu sechs Beitragssatzklassen vor. Das BMG-Modell sah zwei Umsetzungsschritte vor: Im ersten Jahr sollte der Sozialausgleich automatisch anhand der vorliegenden Informationen über die sozialversicherungspflichtigen Einkommen erfolgen, ab dem zweiten Jahr war die Berücksichtigung der gesamten Einkommenssituation geplant (BMG 2010d:3). Für die Startphase des Modells war kein steuerfinanzierter Sozialausgleich vorgesehen; der Ausgleich sollte ausschließlich innerhalb des GKV-Systems erfolgen. Durch die Berücksichtigung auch der beschäftigungsunabhängigen Einkommen, also Mieteinahmen, Dividenden etc., sollte ein Mehr an Gerechtigkeit verwirklicht werden (BMG 2010d:5). Den Autoren des Modells zufolge sollte mittel- bis langfristig der dann steigende Bedarf an Mitteln für den Sozialausgleich auch mit Steuergeldern finanziert werden.

Das Bekanntwerden des BMG-Modells führte sofort zu heftigen Reaktionen. Diese kamen nicht nur von der parlamentarischen Opposition - so bezeichnete beispielsweise der Sprecher der „AG Gesundheit" der SPD, Prof. Dr. Karl Lauterbach, das Konzept als „absurdes Modell", das nach seinen Worten vor allem

---

[257] Durch dieses im Juli 2010 endgültig beschlossene Gesetz wurde der Herstellerabschlag für den Zeitraum 01.08.2010 bis 31.12.2013 für alle verschreibungspflichtigen Arzneimittel, die zu Lasten der GKV abgegeben werden und für die kein Festbetrag gilt, von 6 % auf 16 % erhöht sowie ein Preismoratorium für bestimmte Arzneimittel beschlossen. Nach Angaben des BMG soll die GKV durch diese Maßnahmen jährlich um über 1,1 Mrd. EUR entlastet werden. Die wesentlichen Inhalte des GKV-Änderungsgesetzes werden von Pressel (2010c) beschrieben und erläutert.

die Bezieher mittlerer Einkommen belaste (AG Gesundheit 2010, PM vom 02.06.2010) - sondern auch von der CSU: Diese kritisierte, das BMG-Modell würde vor allem die Mittelschicht belasten und Millionen Menschen zu Bittstellern machen; außerdem sei es kaum umsetzbar und der bürokratische Aufwand unverhältnismäßig (CSU 2010, PM vom 02.06.2010). Auch von Seiten der Sozialpartner kam heftige Kritik: Der DGB bezeichnete das Modell als „vergiftetes Angebot" (DGB 2010c, PM vom 02.06.2010). Nach Medienberichten opponierten auch die Arbeitgeberverbände und die Wirtschaft gegen das Modell (Handelsblatt 2010a, 03.06.2010). Etwas differenzierter äußerte sich die Vorstandsvorsitzende des GKV-Spitzenverbandes, Dr. Doris Pfeiffer: Sie bezeichnete das BMG-Modell in einem Statement als ein „interessantes Modell" (Pfeiffer 2010)[258]. Unterstützung für dieses Modell kam nur von Seiten der FDP-Bundestagsfraktion: Sowohl die damalige gesundheitspolitische Sprecherin, Ulrike Flach, als auch der damalige FDP-Generalsekretär, Christian Lindner, verteidigten das BMG-Modell und kritisierten gleichzeitig öffentlich in Form von Pressemitteilungen den eigenen Koalitionspartner CSU.[259] Während Ulrike Flach davon sprach, die Behauptungen der CSU würden jeder Grundlage entbehren (Flach 2010, PM vom 02.06.2010), forderte Christian Lindner die CSU öffentlich auf, „Verantwortung über Regionalinteressen hinaus" zu übernehmen (Lindner 2010, PM vom 02.10.2010).

Nur einen Tag nach Versand dieses Konzeptes an die Bundestagsabgeordneten von CDU/CSU und FDP war das BMG-Modell schon wieder Geschichte: Es wurde von Kanzlerin Dr. Angela Merkel (CDU) nach Gesprächen mit den (damaligen) Parteivorsitzenden Horst Seehofer (CSU) und Guido Westerwelle (FDP), insbesondere wegen der sehr deutlich artikulierten Veto-Position von Seiten der CSU, gestoppt.[260] Die drei (damaligen) Parteivorsitzenden vereinbarten am 3. Juni 2010 hinsichtlich des Umgangs mit dem voraussichtlichen Defizit der GKV im Jahr 2011 in der Größenordnung von ca. zehn bis elf Milliarden Euro folgende drei Eckpunkte: Vorrang haben Einsparungen, der Arbeitgeberbeitragssatz soll eingefroren und der Zusatzbeitrag weiterentwickelt werden; hierfür solle Minister Rösler bis zur Sommerpause ein neues Konzept vorlegen (FAZ 2010c, 05.06.2010). Am 4. Juni 2010 trat Minister Rösler vor die Presse,

---

[258] Als positiv vermerkte sie insbesondere den Aspekt, den Sozialausgleich „in den bewährten Händen der gesetzlichen Krankenversicherung" zu belassen (Pfeiffer 2010). Frau Dr. Pfeiffer forderte in ihrem Statement die Bundesregierung auf, ihre Einsparbemühungen zu intensivieren.

[259] Ulrike Flach wurde nach dem Wechsel von Dr. Philipp Rösler an die Spitze des Bundeswirtschaftsministeriums im Mai 2011 parlamentarische Staatssekretärin im BMG und somit Nachfolger von Daniel Bahr, der Bundesgesundheitsminister wurde. Christian Lindner trat im Dezember 2010 als Generalsekretär der FDP zurück.

[260] Hierüber berichteten alle relevanten Tageszeitungen; vgl. beispielsweise (Handelsblatt 2010a, 03.06.2010, SZ 2010b, 04.06.2010b und FAZ 2010b, 04.06.2010, FR 2010a, 05.06.2010).

um den anwesenden Journalisten die Gründe für das Scheitern seines Modells zu erklären. Die Schuld hierfür gab er insbesondere der CSU (FAZ 2010c, FR 2010a). Auf die Frage eines Journalisten, ob er angesichts des Verhaltens der CSU „beleidigt" sei, antwortete Rösler, er sei nicht beleidigt, er sei „empört, dass sich die CSU nicht der Verantwortung stellt"; immer „nur Nein zu sagen, geht nicht." (zitiert nach FR 2010a, 05.0.2010, sinngemäß auch FAZ 2010c).

Für das sehr rasche Aus des eigentlich interessanten BMG-Modells sind im Wesentlichen zwei Gründe ausschlaggebend: Es gab zum Einen Vetospieler innerhalb der Regierung und zum Anderen einen prozessualen Fehler seitens der Amtsspitze des BMG: Zu diesen beiden Punkten im Einzelnen: Der zentrale Vetospieler innerhalb der Bundesregierung war die CSU. Diese lehnte das Modell ab, das der prämienfinanzierte Anteil aus ihrer Sicht den Einstieg in eine unsolidarische Finanzierung der gesetzlichen Krankenversicherung dargestellte (CSU 2010, PM vom 02.06.12010, SZ 2010b, 04.06.2010). Der Parteivorsitzende, Horst Seehofer, blieb sich dabei insofern seiner grundsätzlichen Positionen treu, die er bereits im Jahr 2003 im Kontext der Beschlüsse der Beschlüsse des CDU-Parteitages in Leipzig sehr deutlich formuliert hatte (vgl. Kapitel 4). Personifiziert wurde das Veto der CSU allerdings weniger durch den Parteivorsitzenden, sondern insbesondere durch den damaligen Gesundheitsminister des Freistaates Bayern, Markus Söder.[261] Mit Worten, wie sie eigentlich nur von der Opposition gewählt werden, sprach Söder mit Bezug auf das BMG-Modell von „Pfusch", „nicht praxistauglich und absolut nicht zukunftsfest"; das Modell sei daher „systematisch und sozial der falsche Weg" (zitiert nach SZ 2010b). Söder, der sich Anfang Juni 2010 häufig in Berlin aufhielt, sprach von „echten Schicksalstagen für die Koalition"; nach Söders Worten hätte in Deutschland selbst die Kernkraft eine höhere Akzeptanz als die Kopfpauschale (SZ 2010b).[262] Das Verhalten der CSU, auch und gerade die Wortwahl Söders, stieß innerhalb der Regierungskoalition auf große Verärgerung. Der gesundheitspolitische Sprecher der Schwesterpartei CDU, Jens Spahn, forderte die CSU öffentlich auf, konstruktive Gegenvorschläge vorzulegen statt destruktive Oppositionsrhetorik zu verbreiten. Ähnlich wie Spahn äußerte sich Anfang Juni 2010 auch der damalige parlamentarische Staatssekretär im BMG, Daniel Bahr (FDP): Die CSU habe „nur ein aus vier Buchstaben bestehendes Konzept" und das hieße „Nein" (zitiert nach SZ 2010b). Neben der CSU gab es innerhalb der Bundesregierung allerdings noch einen weiteren Vetospieler: den Bundesfinanzminister.[263] Ange-

---

[261] Markus Söder ist seit 2011 bayerischer Finanzminister.
[262] Die „Süddeutsche Zeitung" überschrieb Anfang Juni 2010 einen ihren Artikel über das Verhalten der CSU mit der treffenden Überschrift „Pauschal dagegen" (SZ 2010b, 02.06.2010).
[263] So auch die Einschätzung in einem Kommentar von Andreas Mihm in der FAZ vom 4. Juni 2010 (FAZ 2010b).

sichts der damaligen Finanzkrise war er nicht gewillt, zusätzliche Milliarden für die mittelfristig vorgesehene ergänzende Steuerfinanzierung des Sozialausgleichs bereitzustellen.

Neben diesen beiden Vetospielern innerhalb der eigenen Regierung gab es, auch nach rückschauender Einschätzung innerhalb des BMG, einen schweren prozessualen Fehler von Seiten der Ministerialbürokratie und der damaligen Amtsspitze des Bundesgesundheitsministeriums: die zu späte und ungenügende Einbindung der Koalitionspartner und des Bundeskanzleramtes bei der Erstellung des BMG-Modells (Interview 45).

Die Eckpunkte der Finanzreform

Mitte Juni 2010 kamen Experten des BMG mit ausgewählten Gesundheitspolitikern der Regierungskoalition zu einer Klausurtagung zusammen. Entscheidungen über die Ausgestaltung der Finanzierungsreform kamen nicht zustande. Zwar näherten sich die Beteiligten hinsichtlich der Begrenzung der Ausgaben an, diese Annäherung gab es allerdings nicht in puncto Neugestaltung der Einnahmeseite. Bundeskanzlerin Dr. Angela Merkel machte daher die Finanzreform, wie bereits während der Großen Koalition im Jahr 2006, erneut zur „Chefsache": Die Kanzlerin lud die Partei- und Fraktionsvorsitzenden zu einem weiteren Spitzengespräch ein (Handelsblatt 2010. Dieses fand am 1. Juli 2010 statt. Nur einen Tag später sickerten erste Gesprächsergebnisse durch: Demnach einigten sich die Partei- und Fraktionsvorsitzenden u. a. auf eine paritätisch getragene Erhöhung des Beitragssatzes um jeweils 0,3 Beitragssatzpunkte. Der DGB begrüßte einerseits diese vorläufige, informelle Einigung - es sei „zu begrüßen, wenn die Koalition tatsächlich zu der Einsicht kommen sollte, dass auch die Arbeitgeber ihren Beitrag zur Deckung des Defizits der GKV leisten müssen" - kritisierte andererseits aber den Fortbestand der Zusatzbeiträge (DGB 2010d, PM vom 02.07.2010). Offiziell wurden die Eckpunkte am 6. Juli 2010 von Gesundheitsminister Dr. Philipp Rösler vorgestellt. Nach seinen Ausführungen einigte sich die christlich-liberale Koalition Anfang Juli 2010 auf ein umfassendes Maßnahmenpaket zur Weiterentwicklung der Finanzierung der GKV. Im Kern bestand diese Maßnahmenpaket aus vier Elementen: einer Begrenzung der Ausgaben, einer Erhöhung des paritätisch finanzierten Beitragssatzes um jeweils 0,3 Beitragssatzpunkte, einer Weiterentwicklung des Zusatzbeitrages sowie der Einführung eines Sozialausgleichs zum Schutz vor Überforderung (BMG 2010e, PM vom 06.07.2010). Einzelheiten teilte der damalige Bundesminister für Gesundheit den Abgeordneten der Regierungsfraktionen wenige Tage später in einem sechsseitigen Argumentationspapier mit. Demnach werde das BMG zusammen mit den Regierungsfraktionen bis nach der Sommerpause auf Basis der Eckpunkte einen Gesetzentwurf vorlegen (BMG 2010f:6). Erwartungsgemäß führte die Vorstellung der Eckpunkte zu zahlreichen Reaktionen von Verbänden und Politikern: Neben der bereits erwähnten Pressemitteilung des DGB äußerten sich beispielsweise auch die Bundesvereinigung Deutscher Arbeitgeberverbände, der GKV-Spitzenverband sowie die Vorsitzende des Gesundheitsausschusses des Deutschen Bundestages, Dr. Carola Reimann (SPD). Ausdrückliche Zustimmung zu den Eckpunkten gab es dabei von keiner Seite. Arbeitgeberpräsident Dr. Dieter Hundt kritisierte insbesondere das Fehlen der im Koalitionsvertrag genannten Entkopplung der Krankheitskosten von den Löhnen und Gehältern sowie den Anstieg der Lohnzusatzkosten; die Maßnahmen seien daher „enttäuschend" (BDA 2010b, PM vom 06.07.2010). Nach Ansicht des GKV-Spitzenverbandes sei es zwar erfreulich, dass durch die vorgesehenen Maßnahmen die Finanzlage der GKV stabilisiert werde, allerdings gebe es eine „Schieflage" bei der Lastenverteilung: Die Beitragszahler würden einen höheren Beitrag zur Deckung des Defizits leisten als die Leistungserbringer (GKV-SV 2010b, PM vom 06.07.2010). Am deutlichsten wurde die Vorsitzende des Gesundheitsausschusses des Deutschen Bundestages, Dr. Carola Reimann (SPD): Nach ihren Worten sei dies die „schlechteste Gesundheitsreform aller Zeiten"; die Eckpunkte würden nicht dazu dienen, die Finanzlage der GKV nachhaltig weiterzuentwickeln, sondern ausschließlich dazu, die „abgewirtschaftete Bundesregierung am Leben zu erhalten" (Reimann 2010b, PM vom 06.07.2010). Und die CSU? Unmittelbar nach Vorlage der Eckpunkte reagierte sie öffentlich zunächst gar nicht. Eine Woche später nahm der der damalige bayerische Gesundheitsminister, Markus Söder, in einem „SPIEGEL"-Interview Stellung: Der gefundene Kompromiss sei „tragbar"; der CSU sei es gelungen, „die Kopfpauschale zu verhindern" und die Zusatzbeiträge zu begrenzen (zitiert nach Der SPIEGEL 2010, 12.07.2010)

Die Umsetzung der Eckpunkte durch das „Gesetz zur Stärkung der Finanzierungsgrundlagen der GKV (GKV-Finanzierungsgesetz)"

Auf Basis eines Mitte August 2010 erstellten sog. „Diskussionsentwurfs" und des Ende August 2010 vorgelegten Referentenentwurfs beschloss das Bundeskabinett am 22. September 2010 den Entwurf des „Gesetz zur Stärkung der Finanzierungsgrundlagen der GKV (GKV-Finanzierungsgesetz)". Dieser konkretisierte die Vereinbarungen von Anfang Juli und kleidete diese in Gesetzesform. Grundsätzliche Änderungen an den Stellschrauben der Finanzreform enthielt dieser Kabinettentwurf erwartungsgemäß nicht. Allerdings beinhaltete sowohl der Diskussions- als auch der Referenten- und Kabinettentwurf Regelungen, die über die Eckpunkte hinausgehen: So sahen die Entwürfe - in Übereinstimmung mit dem Koalitionsvertrag von 2009 - eine Erleichterung der Wechselmöglichkeit von der GKV in die PKV vor: Die von der Großen Koalition 2007 beschlossene Regelung, wonach vor einem Wechsel von der GKV in die PKV drei Jahre hintereinander die Versicherungspflichtgrenze überschritten werden muss, sollte rückgängig gemacht werden.[264]

Hinsichtlich der hier besonders interessierenden Einnahmeseite sah der Kabinettentwurf folgende Regelungen vor: Der Beitragssatz in der GKV sollte zum 1. Januar 2011 um 0,6 Prozentpunkte auf 15,5 Prozent des Bruttoeinkommens steigen. Der Beitragsanteil der Arbeitgeber sollte dauerhaft auf 7,3 Prozent, der Anteil der GKV-Mitglieder auf 8,2 Prozent eingefroren werden. Künftige Ausgabensteigerungen werden über Zusatzbeiträge finanziert werden, die die GKV-Mitglieder alleine zu tragen haben. Kann eine Kasse ihre Kosten nicht mit den Zuweisungen aus dem Gesundheitsfonds decken, muss sie - wie bereits von der Großen Koalition beschlossen - einen Zusatzbeitrag erheben. Die Höhe des künftig ausschließlich einkommensunabhängigen Zusatzbeitrages ist künftig allerdings nicht mehr limitiert. Die 2007 eingeführte Überforderungsklausel bei Zusatzbeiträgen sollte ebenso gestrichen werden, wie die Option prozentuale Zusatzbeiträge zu erheben. Durch die Streichung der auf ein Prozent der beitragspflichtigen Einkommen gedeckelten Überforderungsklausel muss keine Krankenkasse mehr befürchten, notwendige Finanzmittel nicht über Zusatzbeiträge realisieren zu können.[265] Auch die von der Großen Koalition 2007 beschlossene Regelung, wonach der Beitragssatz dann von der Bundesregierung angehoben werden muss, wenn die Beitragseinnahmen zwei Jahre lang weniger als 95 % der Ausgaben decken, wird in der Fassung des Kabinettentwurfs gestrichen. Zur Vermeidung von finanzieller Überforderung sieht der Kabinettentwurf einen Sozialausgleich vor. Übersteigt der GKV-durchschnittliche, nicht

---

[264] Vor der Änderung durch die Große Koalition genügte es, wenn man ein Jahr lang diese Grenze überschritt. Die Fraktion „DIE LINKE" fragte in einer „Kleine Anfrage"(Deutscher Bundestag 2010b) explizit nach den finanziellen Auswirkungen dieser von der christlich-liberalen Bundesregierung intendierten „Beschleunigung der Wechselmöglichkeit" in die PKV. In ihrer Antwort bezifferte die Bundesregierung die Beitragsmindereinnahmen des Gesundheitsfonds als Folge des zusätzlichen Wechsels von Personen in die PKV für das Jahr 2011 auf rund 300 Mio. Euro (Deutscher Bundestag 2010c).

[265] Diese von der Großen Koalition beschlossene Begrenzung wurde bereits im Jahr 2006 insbesondere von Wissenschaftlern, aber auch von Seiten der Union wiederholt kritisiert (ausführlich in Kapitel 5). In einem im November 2010 publizierten Aufsatz begrüßte daher Prof. Dr. Wolfram F. Richter, der „geistige Vater" des Gesundheitsfonds, die Streichung der Ein-Prozent-Begrenzung des Zusatzbeitrages (Richter 2010).

der kassenindividuelle, Zusatzbeitrag zwei Prozent des individuellen Bruttoeinkommens, erfolgt der Sozialausgleich. Dieser orientiert sich am vom GKV-Schätzerkreis im Herbst eines Jahres prospektiv festgelegten durchschnittlichen Zusatzbeitrag des Folgejahres.[266], also nicht am tatsächlich von einer Krankenkasse erhobenen Zusatzbeitrag. Es kann also sein, dass ein Mitglied auch dann einen Sozialausgleich bekommt, wenn er gar keinen Zusatzbeitrag zahlt. Diese im BMG entwickelte Ausgestaltung des Sozialausgleichs war selbst innerhalb der Regierungskoalition umstritten; insbesondere Vertreter der Union meinten, sie sei nur sehr schwer kommunizierbar. (Interview 45). Der Grund für diese Ausgestaltung des Sozialausgleichs hat nach Angaben eines an dessen Entwicklung Beteiligten etwas mit Anreizen zu tun: Durch diese Regelung hätten bzw. haben *alle* GKV-Mitglieder einen Anreiz, zu einer günstigen Krankenkasse zu wechseln. Erhielten nur diejenigen GKV-Mitglieder einen Sozialausgleich, die bei einer Krankenkasse mit einem entsprechend hohen Zusatzbeitrag versichert sind, könnte dies zu der ökonomisch unsinnigen Folge führen, dass Versicherte nur deswegen zu einer teuren Kasse wechseln, um einen Sozialausgleich zu erhalten (Interview 45). Der Sozialausgleich wird für Beschäftigte und Rentner direkt vom Arbeitgeber bzw. Rentenversicherungsträger durchgeführt, indem der einkommensabhängige Krankenversicherungsbeitrag um den durchschnittlichen Zusatzbeitrag reduziert wird. Der Sozialausgleich soll somit automatisiert im Rahmen der EDV-gestützten Abrechnung von Löhnen und Gehältern bzw. Renten erfolgen. Der Sozialausgleich soll nach den Vorstellungen des Kabinettentwurfs bis 2014 aus der Liquiditätsreserve des Gesundheitsfonds, anschließend aus dem Steueraufkommen finanziert werden.

Auch der Kabinettentwurf, der eine Woche später von den Regierungsfraktionen gleichlautend beschlossen wurde und von diesen als gemeinsamer Fraktionsantrag in den Deutschen Bundestag eingebracht wurde (Deutscher Bundestag 2010), rief die beiden Sozialpartner auf den Plan: Bereits am 21. September 2010 meldete sich die DGB-Kommission „Für ein solidarisches Gesundheitssystem mit Zukunft" kritisch zu Wort: Nach ihrer Ansicht bricht das geplante „Einfrieren" der Arbeitgeberbeiträge mit der mehr als 125 Jahre bewährten gemeinsamen Verantwortung von Arbeitgebern und Arbeitnehmern für die Finanzierung und Steuerung der gesetzlichen Krankenversicherung (DGB 2010e, PM vom 21.09.2010.) Auch der Präsident der BDA, Dr. Dieter Hundt, äußerte sich öffentlich. In einer Pressemitteilung des von ihm geleiteten Verbandes kritisierte er insbesondere die paritätisch finanzierte Beitragssatzanhebung; diese sei „der falsche Weg" (BDA 2010c, PM vom 22.09.2010). Die erste

---

[266] Der GKV-Schätzerkreis schätzt im Herbst eines Jahres die voraussichtlichen Einnahmen und Ausgaben der GKV für das Folgejahr. Der durchschnittliche Zusatzbeitrag ergibt sich rechnerisch aus dem Finanzbedarf, der nicht durch Beitragseinnahmen und Steuergelder gedeckt ist.

Lesung des Gesetzentwurfs der Regierungsfraktionen fand am 30. September 2010 statt; der Gesetzentwurf wurde zur weiteren Beratung in die Ausschüsse überwiesen.

Die Anhörung im Ausschuss für Gesundheit des Deutschen Bundestages wurde am 25. Oktober 2010 durchgeführt. Die Anhörung wurde in zwei Blöcke unterteilt; im ersten Block wurden die Themen „Finanzierung", „Beitragssatz", „Zusatzbeiträge" und „Sozialausgleich", im zweiten Abschnitt die Ausgabenseite behandelt (Ausschuss für Gesundheit 2010). Sowohl von Seiten der Abgeordneten als auch von den anwesenden Vertretern der Verbände sowie der Einzelsachverständigen wurden die aus den diversen Pressemitteilungen hinreichend bekannten Positionen wiederholt. Neue Argumente gab es während der Anhörung nicht; von Seiten der Gewerkschaften wurde der „Ausstieg aus der paritätischen Finanzierung" kritisiert, von der Arbeitgeberseite, die unzureichende Entkopplung der Krankheitskosten von den Löhnen und Gehältern sowie die vorgesehene Beitragssatzanhebung und die aus ihrer Sicht zu bürokratische Durchführung des Sozialausgleichs moniert. Die Vertreterin des GKV-Spitzenverbandes, Dr. Doris Pfeiffer, lobte zwar dass es gelungen sei, das voraussichtliche Defizit der GKV im Jahr 2011 abzuwenden, kritisierte aber die aus ihrer Sicht ungleiche Verteilung der Lasten zwischen einerseits den Beitragszahlern, insbesondere den Versicherten, und andererseits den Leistungserbringern (Ausschuss für Gesundheit 2010).

Das GKV-Finanzierungsgesetz wurde vom Deutschen Bundestag endgültig in 2./3. Lesung am 12. November 2010 nach hitziger Debatte mit der Mehrheit der Regierungskoalition gegen die Stimmen der Opposition verabschiedet. Inhaltlich gab es hinsichtlich der Finanzierungsseite keine nennenswerten Veränderungen im Vergleich zu der beschriebenen Fassung des Kabinettentwurfs. Sowohl von Seiten der Regierungsfraktionen als auch der Opposition wurde der Gesetzentwurf als „deutliche Zäsur in der deutschen Gesundheitspolitik" (Ulrike Flach, FDP, zitiert nach Deutscher Bundestag 2010:7848) beschrieben.[267] Mit diesem Gesetz sei der „Einstieg (…) in die strukturelle Umstellung auf eine einkommensunabhängige und damit natürlich konjunkturunabhängige Finanzierung des Gesundheitssystems" (Flach, zitiert nach Deutscher Bundestag 2010:7848) geschafft worden; das Einfrieren des Arbeitgeberbeitrages sichere Beschäftigung. Von Seiten der parlamentarischen Opposition wurden neben der „Kopfpauschale" insbesondere die erleichterte Wechselmöglichkeit von der GKV in die PKV kritisiert. Hierzu führte die stellvertretende Vorsitzende der

---

[267] Auf diese Formulierung von Ulrike Flach, der damaligen gesundheitspolitischen Sprecherin der FDP-Bundestagsfraktion, reagierten Vertreter der Opposition mit Zurufen; Andrea Nahles (SPD) sagte: „Allerdings! Das kann man wohl sagen!" (zitiert nach Deutscher Bundestag 2010:7848). Sinngemäß äußerten sich auch Vertreter der Fraktion „DIE LINKE".

SPD-Bundestagsfraktion, Elke Ferner, Folgendes aus: „Sie machen noch eine Frischzellenkur für die PKV, indem Sie den Gut- und Besserverdienenden einen Turbowechsel in die PKV (...) ermöglichen wollen." (zitiert nach Ausschuss für Gesundheit 2010: 7861).

Der Bundesrat ließ in seiner Sitzung am 17. Dezember 2010 den Gesetzesantrag passieren. Ein Antrag mehrerer SPD-geführter Länder mit dem Ziel der Anrufung des Vermittlungsausschusses wurde abgelehnt. Das „GKV-Finanzierungsgesetz" trat zum 1. Januar 2011 in Kraft. Der Beitragssatz in der GKV stieg zum 1. Januar 2011 um 0,6 Prozentpunkte auf 15,5 Prozent des Bruttoeinkommens. Der Beitragsanteil der Arbeitgeber wurde dauerhaft auf 7,3 Prozent eingefroren, der Anteil der GKV-Mitglieder auf 8,2 Prozent. Künftige Ausgabensteigerungen werden über Zusatzbeiträge finanziert werden, die die GKV-Mitglieder alleine zu tragen haben. Die Höhe des Zusatzbeitrages ist seit Inkrafttreten des GKV-Finanzierungsgesetzes nicht mehr limitiert; die 2007 eingeführte Überforderungsklausel bei Zusatzbeiträgen wurde gestrichen. Stattdessen wurde ein Sozialausgleich eingeführt. Übersteigt der GKV-durchschnittliche Zusatzbeitrag zwei Prozent des individuellen Bruttoeinkommens, erfolgt der Sozialausgleich.

Innerhalb von nur drei Jahren gab es somit zwei Paradigmenwechsel: Nach einem ersten Paradigmenwechsel durch die Beschlüsse der Großen Koalition im Jahr 2007, konkret insbesondere dem Verlust der Beitragssatzautonomie der Krankenkassen, gab es durch das „GKV-Finanzierungsgesetz" einen weiteren Paradigmenwechsel: Das endgültige Ende der paritätischen Finanzierung der gesetzlichen Krankenversicherung.

9. Der Beitrag des theoretischen Bezugrahmens zur Erklärung der Entstehung, Einführung und Weiterentwicklung des Gesundheitsfonds

Nach der detaillierten Rekonstruktion des Entstehungs-, Einführungs- und Weiterentwicklungsprozesses des Gesundheitsfonds erfolgt in diesem Kapitel eine Reflektion über das Ausmaß des Beitrags des theoretischen Bezugsrahmens zur Erklärung des Policy-Prozesses. Ausgehend von der Untersuchungsmethode „systematic process analysis" nach Peter Hall (vgl. Kap. 3) stellt dieser Schritt die letzte Phase einer nach wissenschaftlichen Kriterien durchgeführten Prozessanalyse dar. In dieser letzten Phase muss der Forscher das relative Gewicht der einzelnen Theorien bzw. Theoriemodule in Bezug auf ihren Beitrag zur Erklärung des Zustandekommens der abhängigen Variablen jeweils abwägen.

Der analytische Rahmen der Arbeit, der „Akteurzentrierte Institutionalismus", konnte einen wertvollen Beitrag leisten, um die Prozesse der Entstehung, Einführung und Weiterentwicklung des Gesundheitsfonds zu rekonstruieren. Die Grundannahme des Akteurzentrierten Institutionalismus, dass soziale bzw. politische Phänomene das Ergebnis der Interaktionen zwischen intentional handelnden Akteuren sind, hat sich auch bei dieser Untersuchung bestätigt. Sowohl hinsichtlich der Entstehung und Einführung des Gesundheitsfonds während der Großen Koalition als auch bei dessen Weiterentwicklung durch die christlich-liberale Bundesregierung war die dominante Interaktionsform der Interaktionstyp „Verhandlung". Andere grundsätzlich denkbare Interaktionsformen, wie beispielsweise hierarchische Steuerung in Form einer Ausübung der Richtlinienkompetenz der Bundeskanzlerin, konnten in beiden Koalitionsregierungen kaum festgestellt werden. Die für die Formulierung und Weiterentwicklung des Gesundheitsfonds relevanten Entscheidungen mussten bei beiden Regierungen stets im Konsens getroffen werden. Hervorzuheben ist der stark informelle Charakter der Verhandlungen. Die relevanten Entscheidungen wurden alle außerhalb des Parlaments auf der Ebene des Koalitionsausschusses bzw. von den Parteivorsitzenden getroffen. Ausgehend von der Unterscheidung von Fritz W. Scharpf in bestimmte Ausprägungen von Akteurkonstellationen kann man die in Bezug auf den Formulierungsprozess des Gesundheitsfonds im Jahr 2006 vorherrschende Akteurkonstellation als eine Mischung aus den beiden Formen „Wettbewerb" und „Feindschaft" beschreiben.[268] Auffallend war die dominante Rolle der Partei- bzw. Fraktionsführungen: Insbesondere bei der SPD-Bundestagsfraktion wurden die Entscheidungen von der Fraktionsführung gegen das explizite Votum mehrerer Mitglieder der „AG Gesundheit" der Fraktion getroffen.

Neben einem analytischen Rahmen beinhaltet der theoretische Bezugsrahmen der Untersuchung auch einzelne Theorien. Welchen Beitrag können bzw. konnten diese zur Erklärung der Entstehung, Einführung und Weiterentwicklung des Gesundheitsfonds leisten? Nach dem empirischen Teil der Untersuchung kann bzw. muss man eindeutig feststellen, dass nur eine Kombination mehrerer Theoriemodule sowohl die Genese als auch die Implementation und Weiterentwicklung des Gesundheitsfonds überzeugend und umfassend erklärt. Diese zentrale These wird nachfolgend begründet.

Phase der Problemdefinition

Die aus der „Theorie der sozio-ökonomischen Determination" abgeleitete Annahme, wonach Veränderungen in den sozio-ökonomischen Rahmenbedingungen, insbesondere die Diskussion um den „Standort Deutschland" sowie die Wachstumsschwäche der Einnahmebasis der GKV, zur Thematisierung der Frage der Neuordnung der Finanzierung der GKV führten, hat sich bestätigt. Sowohl der Anstieg des Beitragssatzes zur GKV als auch des Gesamtsozialversicherungsbeitrages insbesondere seit den 90er Jahren führte dazu, dass sich die Politik seit der zweiten Hälfte der 90er Jahre Gedanken über eine Neuordnung der Einnahmeseite gemacht haben. Beschleunigt wurde dieser Prozess durch die Zunahme der Globalisierung sowie die damit in Zusammenhang stehende Intensivierung der Diskussion über die negativen Folgen hoher Lohnnebenkosten für die Wettbewerbsfähigkeit der deutschen Wirtschaft. Die beiden Parteien SPD und CDU fassten vor dem Hintergrund des erkannten Handlungsbedarfs im Jahr 2003 entsprechende Parteitagsbeschlüsse. Bemerkenswert ist folgender Sachverhalt: Sowohl die SPD als auch die Union erkannten einen mit der „Theorie der sozio-ökonomischen Determination" erklärbaren Handlungsdruck, unterschieden sich aber dennoch hinsichtlich ihrer Problemwahrnehmung und somit

---

[268] Fritz W. Scharpf unterscheidet „Individualismus", „Solidarität", „Wettbewerb", „Altruismus" und „Feindschaft" (Scharpf 2000:148ff). Sehr schön beschreibt den Zustand zwischen „Wettbewerb" und „Feindschaft" ein Zitat eines Verhandlungsteilnehmers, der sich an sich an den „Kalten Krieg" lange vor dem Mauerfall erinnerte: Der CDU-Bundestagsabgeordnete Jens Spahn sagte in Bezug auf das Verhandlungsklima, es sei „wie bei den Verhandlungen zwischen NATO und Warschauer Pakt" (…) „es fehlen nur noch die Fähnchen" (zitiert nach Feldenkirchen 2006:36). Ähnlich äußerten sich weitere Personen, die an den Verhandlungen teilnahmen (Interviews 15, 22, 24).

auch hinsichtlich ihrer „Therapievorschläge". Für die SPD resultierte die Handlungsnotwendigkeit primär aus der Erosion der Einnahmeseite. Die Union identifizierte eine andere Ursache für die Handlungsnotwendigkeit: die Kopplung der Gesundheitsausgaben an die Lohnkosten. Auch im Koalitionsvertrag vom 11. November 2005 finden sich Indizien für die Annahme, dass sich die Koalitionäre einem aus veränderten sozio-ökonomischen Veränderungen resultierendem Handlungsdruck ausgesetzt fühlten. Dies wird in folgender Passage des Koalitionsvertrages sehr deutlich:

"Eine hochwertige medizinische Versorgung hat bereits heute ihren Preis. Hinzu kommen weiter steigende Kosten durch den medizinischen Fortschritt und die demographische Entwicklung. Dieser Herausforderung kann unser Gesundheitswesen nur dann gerecht werden, wenn seine Finanzierungsbasis durch wirtschaftliches Wachstum und insbesondere den Erhalt und die Schaffung von sozialversicherungspflichtigen Arbeitsplätzen gestärkt wird. (...) Darüber hinaus sieht die Koalition eine ihrer großen Herausforderungen darin, die dauerhafte Leistungsfähigkeit unseres Gesundheitswesens durch stabile Finanzstrukturen zu sichern. (…) Erforderlich ist ein Konzept, das dauerhaft die Grundlagen für ein leistungsfähiges, solidarisches und demografiefestes Gesundheitswesen sichert." (Auszug Koalitionsvertrag vom 11.11.2005)

Die „Theorie der sozio-ökonomischen Determination" leistet somit einen Beitrag zur Beantwortung der Frage, *warum* die Neuordnung der Finanzierung der GKV auf die politische Agenda kam, sie erklärt aber nicht, warum gerade die Idee eines Gesundheitsfonds.

Phase des Agenda Settings

Mit Blick auf die Phase des Agenda-Settings wurden mehrere rivalisierende Theorien getestet: der „Multiple Streams-Ansatz", die „Punctuated Equilibrium-Theorie" und „Lesson Drawing". Die Genese des Gesundheitsfonds war - in Übereinstimmung mit den Grundannahmen des „Multiple Streams-Ansatzes"- in der Tat kein rein völlig rationaler Prozess. Insbesondere zu Beginn der Entstehung des Gesundheitsfonds war - auch nach Aussagen eines damaligen Abteilungsleiters des Bundesministeriums für Gesundheit - eine gewisse „Portion Zufall" im Spiel (Interview 38). Der Vorschlag, einen Gesundheitsfonds zu errichten, wurde außerhalb des Entscheidungssystems von einem Wissenschaftler, Herrn Prof. Dr. Wolfram Richter, entwickelt und von diesem sowie dem „Wissenschaftlichen Beirat beim Bundesministerium für Finanzen (BMF)", dem Herr Richter angehörte, als mögliches Konsensmodell in das Entscheidungssystem eingespeist. „Politische Entrepreneurs" im Sinne des „Multiple Streams-Ansatzes" waren neben Herrn Prof. Dr. Richter und dem „Wissenschaftlichen Beirat beim BMF" insbesondere auch der Vorsitzende der CDU/CSU-Bundestagsfraktion, Volker Kauder. Dieser erkannte neben dem Konsenscharakter des Fondsmodells dessen eigentlichen „Charme": seine Anschlussfähigkeit. Kauder war klar, dass die Union nach einer gewonnenen Bundestagswahl 2009 den Fonds in Richtung Prämienfinanzierung weiterentwickeln könnte. Das Zeitfenster, das „window of opportunity", für die Annahme des Richter-Modells durch die Bundesregierung war insofern gegeben, als die Koalitionäre unbedingt - sowohl aus Gründen der Gesichtswahrung als auch des Machterhalts - eine Lösung brauchten. Der Multiple-Streams-Ansatz kann also einen Beitrag zur Erklärung insbesondere des Agenda-Settings bzw. eines frühen Stadiums des Formulierungsprozesses leisten. Grenzen hat dieser Ansatz allerdings bei dem Versuch einer überzeugenden Erklärung der Feinheiten der Policy-Formulierung. Die zentrale Botschaft des Multiple-Streams-Ansatzes, Policies wären das Ergebnis von anarchischen Prozessen lässt sich nach Durchführung der Experteninterviews nicht vollständig aufrechterhalten. Hinsichtlich des Agenda-Settings des späteren Gesundheitsfonds war zwar eine gewisse Form von Zufall im Spiel, die konkrete Formulierung des Fonds, beispielsweise die Ausgestaltung des morbiditätsorientierten Risikostrukturausgleichs, ist jedoch in mindestens ebenso hohem Maß das Ergebnis von Verhandlungen wie von Zufall.

Ausgehend von der „Punctuated Equilibrium-Theory" lautete eine Vermutung: „Die für deutsche Verhältnisse völlig neue Idee eines Gesundheitsfonds wurde auf die Agenda gesetzt, weil sich Personen von außerhalb des Subsystems „Gesundheitspolitik" mit der Frage der Neuordnung der Finanzierung der GKV beschäftigten." Im empirischen Teil der Arbeit wurde deutlich, dass die wesentlichen Entscheidungen über die Ausgestaltung der Neuordnung der Finanzierung der GKV tatsächlich weder im Plenum des Deutschen Bundestages noch im fachlich zuständigen Ausschuss für Gesundheit des Deutschen Bundestages getroffen wurden. Nicht einmal die Anfang 2006 zur Vorbereitung der Gesundheitsreform eingesetzte „Bund-Länder-Arbeitsgruppe" entschied über die Neuordnung der Finanzierung der GKV. Vielmehr wurde im Juli 2006 über die Idee eines Gesundheitsfonds auf der Ebene des Koalitionsausschusses entschieden. Die zu diesem Zeitpunkt von den Spitzen der Koalition getroffene Entscheidung zu Gunsten der Einführung eines Gesundheitsfonds ähnelte der bereits im April 2006 vom Vorsitzenden der CDU/CSU-Bundestagsfraktion, Volker Kauder, in einem Interview mit der Zeitschrift „Stern" geäußerten Idee eines „Fonds" sehr. Das wesentliche Motiv Kauders, sich überhaupt um die Gesundheitspolitik zu kümmern, waren nach Aussagen mehrerer Interviewpartner seine Zweifel, ob die Fachpolitiker in der Lage sind, eine für alle Koalitionspartner zufriedenstellende und nachhaltige Lösung zu finden (Interviews 15 und 31). Das Interview im „Stern" gab Kauder, um den Fachpolitiker Druck zu machen. Neben dem Fraktionsvorsitzenden der Union spielten in dieser Frühphase der Formulierung des Gesundheitsfonds auch das Bundeskanzleramt sowie der damalige Vorsitzende der SPD-Bundestagsfraktion, Peter Struck, und der damalige Parteivorsitzende Kurt Beck eine treibende Rolle. Deren Motive, sich in die Gesundheitspolitik einzuschalten, lagen nicht nur in dem Anliegen, eine Lösung für das Finanzierungsproblem zu finden, ihnen ging es auch stark darum, *überhaupt* eine Lösung zu finden. Eine Lösung nicht nur, um den Fortbestand der GKV zu sichern, sondern auch das Überleben der Koalition zu ermöglichen. Die Hypothese, die besagt, dass die für deutsche Verhältnisse völlig neue Idee eines „Gesundheitsfonds" auf die Agenda gesetzt wurde, weil sich Personen von außerhalb des Subsystems „Gesundheitspolitik" mit der Frage der Neuordnung der Finanzierung der GKV beschäftigt haben, kann somit bestätigt werden.

Anders als der erwähnte „Multiple Streams-Ansatz" impliziert die Theorie des „Lesson Drawings" einen völlig rationalen Prozess des Agenda-Settings. Im Koalitionsvertrag vom 11. November 2005 findet sich ein Hinweis darauf, dass es tatsächlich so etwas wie „Lesson Drawing" gegeben haben könnte: „Wir werden (…) Erfahrungen anderer Länder und wissenschaftliche Konzepte vorurteilsfrei prüfen." (Koalitionsvertrag 2005). Diese Formulierung impliziert die Bereitschaft, sich Finanzierungssysteme anderer Nationen anzuschauen und diese bzw. Elemente daraus zu übernehmen. Im empirischen Teil der Untersuchung wurde deutlich, dass die im Ausland bereits existierenden Finanzierungsmodelle für die Diskussion in Deutschland zwar schon eine gewisse, allerdings eher untergeordnete Rolle spielten.[269] Insbesondere das in den Niederlanden existierende Fondsmodell wurde vom BMG vor allem zur Erhöhung der Akzeptanz des Modells des in Deutschland von Herrn Prof. Dr. Richter entwickelten Fondsmodells benutzt. Von einem „Lesson Drawing" im Sinne von „Wir schauen uns mal im Ausland um, was es so alles gibt und daran orientieren wir uns dann", kann daher nur bedingt eine Rede sein. Der Bezug auf das niederländische Finanzierungsmodell diente primär der Flankierung der Durchsetzung des in Deutschland entwickelten Fondsmodells. Insofern wurde das niederländische Fondsmodell eher instrumentalisiert als dass man von einem „Lesson Drawing" im engeren Sinne sprechen kann. Betrachtet man den „Multiple Streams-Ansatz" und „Lesson Drawing" als rivalisierende Theorien, so leistet in

---

[269] So auch die Einschätzung von Simone Leiber, Stefan Greß und Maral-Sonja Manouguian (Leiber/Greß/Manouguian 2010)

diesem Fall der „Multiple Streams-Ansatz" einen besseren Beitrag zur Erklärung des Agenda Settings des Gesundheitsfonds als die Theorie „Lesson Drawing".

Phase der Politikformulierung

Der empirische Teil der Untersuchung zeigte, dass man die Formulierung des Fonds überzeugend nur mit einer Kombination von drei Theorien erklären kann: der „Vetospieler-Theorie", der „Theorie institutionellen Wandels" und der „Punctuated Equilibrium-Theorie". Da während der Großen Koalition beide Koalitionspartner faktisch gleich stark waren, konnte ein Koalitionspartner auf Grund der Stärke des jeweils anderen Koalitionspartners bzw. Vetospielers seine eigentliche Maximalvorstellung „Bürgerversicherung" einerseits bzw. „Prämienmodell" andererseits nicht durchsetzen. Den Gesundheitsfonds markiert die Schnittmenge, auf die sich die beiden Vetospieler „SPD/BMG" bzw. „Union/Kanzleramt" einigen konnten. Entsprechend kann der Gesundheitsfonds in der Terminologie der „Vetospieler-Theorie" als „Winset" bezeichnet werden. Der Gesundheitsfonds hat insofern etwas von einem „Kompromiss". Er ist aber mehr als nur ein Kompromiss; er wurde vom Gesetzgeber auch wegen seiner Anschlussfähigkeit beschlossen. Sein Zustandekommen ist aus theoretischer Hinsicht insofern auch mit „Pfadabhängigkeit" zu erklären und zwar in - Anlehnung an die Formulierung von Uwe Schimank (2007:170) - in doppelter Hinsicht: Pfadabhängigkeit „von hinten" und „nach vorne": Der Gesundheitsfonds knüpft insofern an das vor seiner Einführung bestehende Finanzierungssystem an, als sich - abgesehen von der Beitragssatzfestsetzung durch die Bundesregierung - grundsätzlich an der Finanzierung der GKV wenig geändert hat: Diese erfolgt auch nach Einführung des Fonds weitgehend aus beitragspflichtigen Beiträgen auf Einkommen aus abhängiger Beschäftigung bei Beibehaltung des segmentierten Krankenversicherungsmarktes (Wirkung der „Pfadabhängigkeit von hinten").[270] Aufgrund der Kombination von starken Vetospielern innerhalb der Großen Koalition und bestehenden Pfadabhängigkeiten - ein Beispiel hierfür ist die von der Koalition zunächst geplante, dann aber gescheiterte Verlagerung des Beitragseinzugs (ausführlich in Kapitel 5) - war nur eine modulare Weiterentwicklung des Finanzierungssystems in Form von „Institutional Layering" (Thelen 2009) möglich. Diese modulare Weiterentwicklung des Finanzierungssystems der GKV besteht im Kern aus drei neu eingefügten Systemelementen:

---

[270] In einem Aufsatz über das „GKV-Wettbewerbsstärkungsgesetz" wird die 2009 in Kraft getretene Reform der Finanzierung daher als „ausgefallene Reform" bezeichnet (Jacobs 2009).

Dem staatlich festgelegten einheitlichen Beitragssatz, dem Element der Zusatzbeiträgen bzw. -prämien und der Einführung des morbiditätsorientierten Risikostrukturausgleichs. Vom Gesetzgeber wurde mit dem Gesundheitsfonds jedoch auch ein Pfad in die Zukunft, das heißt die Zeit nach der Bundestagswahl 2009, gelegt. Dieser Aspekt entspricht dem bereits erwähnten Punkt „Anschlussfähigkeit"(„Pfadabhängigkeit nach vorne"). Der Gesundheitsfonds ermöglichte der Union, gemeinsam mit der FDP, nach der Bundestagswahl 2009 modular in Richtung einer zunehmenden Bedeutung des Anteils einkommensunabhängiger Finanzierungselemente weiterzuentwickeln. Wäre die Bundestagswahl im Jahr 2009 anders ausgegangen, hätte die SPD durch Einbeziehung der PKV in den Gesundheitsfonds die Chance einer Weiterentwicklung des Fonds in Richtung einer „Bürgerversicherung" gehabt.

Aus dezidiert theoretischer Perspektive ist folgender Befund interessant: Die Theorie des „Punctuated Equilibrium" und die des „Institutional Layering" schließen sich (doch) nicht aus.[271] Eine der zentralen Annahmen der Theorie des „Punctuated Equilibriums", die Behauptung der Existenz langer Phasen von weitgehendem Stillstand bzw. Stasis, trifft mit Blick auf die Geschichte der Finanzierung der GKV tatsächlich zu. Vom Beginn der GKV Ende des 19. Jahrhunderts bis zu Beginn des 21. Jahrhunderts änderte sich an der Finanzierung der GKV substantiell kaum etwas. Diese erfolgte über 120 Jahre lang ausschließlich durch einkommensabhängige Beiträge. Erst zu Beginn des 21. Jahrhunderts, konkret durch die im Jahr 2003 beschlossene komplementäre, vergleichsweise bescheidene, Steuerfinanzierung sowie der Einführung eines Sonderbeitragssatzes für GKV-Mitglieder mit Wirkung ab Juli 2005 begann sich auf der Einnahmeseite der GKV etwas zu bewegen. Eine deutlich größere Veränderung, ein durchbrochenes Gleichgewicht („Punctuated Equilibrium") erfolgte in den Jahren 2006/2007 mit der Formulierung des Gesundheitsfonds: Zum ersten Mal in ihrer rund 125-jährigen Geschichte verloren die gesetzlichen Krankenkassen mit Wirkung ab Januar 2009 ihre Beitragssatzautonomie.. Obwohl diese Veränderung die Bezeichnung „Durchbrochenes Gleichgewicht" bzw. „Punctuated Equilibrium" rechtfertigt, erfolgte die konkrete Ausgestaltung des neuen Finanzierungsmodells in Form von „Institutional Layering": Im Rahmen der Politikformulierung wurde vom Gesetzgeber kein völlig neues Finanzierungssystem beschlossen, sondern eine modulare Veränderung des bestehenden;

---

[271] Diese Erkenntnis ist insofern sehr bemerkenswert, als namhafte Vertreter bzw. Vertreterinnen des „Historischen Institutionalismus", z. B. Kathleen Thelen, sich wiederholt skeptisch über zentrale Annahmen der „Punctuated Equilibrium Theory", insbesondere deren Behauptung von wegen langer Phasen von „Stasis", äußerten (Thelen 2002) Dieser Befund der Vereinbarkeit von „Punctuated Equilibrium" und „Institutional Layering" wurde jüngst auch von Paula Feder-Bubis und David Chinitz aufgedeckt (Feder-Bubis/Chinitz 2010).

allerdings mit langfristig erheblichen Veränderungen. Dass es nicht zu noch größeren Veränderungen kam, ist mit der jeweiligen Stärke der beiden gleich starken Koalitionspartner bzw. Vetospieler zu erklären. Deren jeweilige Stärke verhinderten noch weitergehende Veränderungen des Finanzierungssystems der GKV: Die von der SPD beabsichtigte Einführung einer „Bürgerversicherung" scheiterte genauso am Veto des Koalitionspartners wie der von der Union intendierte Umstieg auf ein einkommensunabhängiges Prämienmodell. Daher war in der Terminologie von Kathleen Thelen kein völliges „Displacement" des bestehenden Krankenversicherungssytems möglich, sondern „nur" eine modulare Weiterentwicklung im Sinne eines „Institutional Layering". Aus theoretischer Perspektive bedeutet dieser Befund Folgendes: Es ist machbar, das Zustandekommen eines bestimmten Policy-Outputs sowohl mit der „Punctuated-Equilibrium-Theory" als auch mit der aus dem Historischen Institutionalismus stammenden Theorie des institutionellen Wandels zu erklären. Somit konnte nachgewiesen werden, dass man die beiden als „unversöhnlich" geltenden Theorien „Punctuated Equilibrium-Theory" und „Institutional Change" sinnvoll kombinieren kann. Bezogen auf die Formulierung des Gesundheitsfonds heißt dies in prozessualer Hinsicht Folgendes: Erst kam - durch die Beteiligung der Spitzenpolitiker - der „Durchbruch des Gleichgewichts" („Punctuated Equilibrium"), dann entstand das Neue in Form von „Institutional Layering".

Phase der Implementation

Zur Erklärung der Phase der Implementation des Gesundheitsfonds können zwei Theorien einen Beitrag leisten: die „Theorie der Machtressourcen" und die „Tauschtheorie". Im empirischen Teil der Untersuchung konnte gezeigt werden, dass zwar ein ungewöhnlich breiter Widerstand gegen die Formulierung und Implementation des Gesundheitsfonds bestand, dieser jedoch angesichts der sehr unterschiedlich verteilten Machtressourcen ohne jede Erfolgschance war: Angesichts der breiten Mehrheit der Großen Koalition sowohl im Deutschen Bundestag als auch im Bundesrat fehlte den Gegnern des Gesundheitsfonds - insbesondere den Krankenkassen und ihren Verbänden, aber auch den Sozialpartnern und den Verbänden der Leistungserbringer, die den Gesundheitsfonds aus Angst vor „Staatsmedizin" ebenfalls nicht wollten - ein durchsetzungsstarker Partner aus dem politischen Entscheidungssystem.[272] Die parlamentarische Opposition war zwar, aus unterschiedlichen Gründen und mit unterschiedlichen Argumen-

---

[272] Unabhängig von der besondere Situation der Existenz einer Großen Koalition kommt ein zweiter Aspekt hinzu: In der Sozialpolitik ist seit einigen Jahren ein gewisser Bedeutungsverlust der Sozialpartner zu konstatieren (Trampusch 2009, Busemeyer/Trampusch 2011).

ten, ebenfalls gegen den Gesundheitsfonds, konnte diesen aber angesichts der Mehrheitsverhältnisse bzw. bestehenden Machtressourcen nicht verhindern. Die „Tauschtheorie" leistet einen Beitrag zum besseren Verständnis der konkreten Ausgestaltung des Fonds. Es konnte gezeigt werden, dass die Krankenkassen und deren Verbände nach Verabschiedung des GKV-WSG erkannten, dass sie die Einführung des Gesundheitsfonds nicht verhindern werden können. Daher vollzogen sie einen Strategiewechsel: Nicht mehr die Verhinderung des Fonds stand im Vordergrund, sondern der Versuch der Einflussnahme auf dessen konkrete *Ausgestaltung*. In finanzieller Hinsicht und somit auch in Bezug auf die relative Wettbewerbssituation der einzelnen Krankenkassen war dabei insbesondere die Frage der Ausgestaltung der Zuweisungen aus dem Gesundheitsfonds, d. h. vor allem die Ausgestaltung des morbiditätsorientierten Risikostrukturausgleichs („Morbi-RSA") von hohem Interesse. Da es von Seiten der Regierung ein hohes Interesse an einem reibungslosen Start des Gesundheitsfonds - gerade im Jahr einer Bundestagswahl - gab, erhielten Verbände und Krankenkassen zumindest partiell Möglichkeiten der Einflussnahme auf die Ausgestaltung der Zuweisungen. Zwar bestimmte offiziell das BVA die 80 Krankheiten für die es spezielle Zuweisungen aus dem Gesundheitsfonds gibt, faktisch gelang es allerdings den Krankenkassen mit vielen kranken Versicherten zumindest mittelbar Einfluss auf die Auswahl der Krankheiten zu nehmen (Kapitel 6.1). Der Tausch bestand in dem Verzicht auf Widerstand gegen den Gesundheitsfonds im Wahljahr gegen eine vergleichsweise gute Finanzausstattung durch eine entsprechende Ausgestaltung des morbiditätsorientierten Risikostrukturausgleichs. Ein weiteres Beispiel für die tauschtheoretisch zu erklärende Beteiligung von Krankenkassen und deren Bundesverbände kann man bei der konkreten Ausgestaltung der Insolvenzfähigkeit aller Krankenkassen finden (ausführlich in Kapitel 6.3). Die Ministerialbürokratie sowohl des Bundes als auch der Länder war an einem fachlichen Austausch mit Vertretern der AOK rund um die Themen „Insolvenz" sehr interessiert, da zu dieser komplizierten und für Gesundheits- und Sozialministerien fachfremden Rechtsmaterie kaum fachliche Expertise vorlag. Der Tausch bestand also in „Zugang zu Entscheidern" gegen „Fachliche Expertise". Diesen Zugang zur Ministerialbürokratie hatten die Kassen während der Formulierung des GKV-WSG im Herbst 2006 nicht. Hinzu kommt ein weiterer Aspekt: Die Politik hatte ein großes Interesse, dass nicht gleich zu Beginn des Gesundheitsfonds eine große Krankenkasse wegen einer unausgereiften Insolvenzregelung insolvent wird. Dies würde das Vertrauen in die GKV nachhaltig erschüttern und dadurch die Chancen auf eine Wiederwahl insbesondere der Partei, die die Gesundheitsministerin stellte, entsprechend reduziert.

Phase der Weiterentwicklung

Die beschriebene Weiterentwicklung des Gesundheitsfonds durch die christlich-liberale Bundesregierung mit Wirkung ab 1. Januar 2011 kann im intertemporalen Vergleich zur Vorgängerregierung mit der Parteiendifferenztheorie erklärt werden. Bereits im Koalitionsvertrag von 2009 wurden die Parteidifferenzen zwischen der neuen und der Vorgängerregierung, der Großen Koalition, deutlich. Diese Differenzen, insbesondere die Nichtbeteiligung der SPD an der seit Herbst 2009 regierenden Bundesregierung, kann man gut an folgenden drei Passagen des Koalitionsvertrages der christlich-liberalen Bundesregierung festmachen: Die Zielsetzung der Schaffung eines einkommensunabhängigen Arbeitnehmeranteils, die Festschreibung des Arbeitgeberbeitragssatzes sowie die Erleichterung des Wechsels von der GKV in die PKV. All diese drei im Koalitionsvertrag von 2009 genannten Ziele wurden mit dem GKV-Finanzierungsgesetz tatsächlich realisiert. Das Zustandekommen des GKV-Finanzierungsgesetzes selbst, kann am besten mit einer Kombination aus der „Vetospieler-Theorie" und der „Theorie des institutionellen Wandels" erklärt werden. Innerhalb der Bundesregierung war die CSU der zentrale Vetospieler, der einen noch weitreichenderen Ein- bzw. Umstieg in eine einkommensunabhängige Pauschale („Kopfpauschale") verhinderte. In abgeschwächter Form war auch der Bundesfinanzminister insofern ein Vetospieler, als er sich weigerte, in einem größeren Umfang Gelder für einen steuerfinanzierten Sozialausgleich bereitzustellen. Wegen der Existenz eines bzw. sogar zweier Vetospieler innerhalb der Bundesregierung war kein „Displacement" des seit 2009 bestehenden Finanzierungssystems möglich, sondern nur dessen modulare Weiterentwicklung im Sinne von „Institutional Layering" möglich. Im Grundsatz bleibt es hinsichtlich der Finanzierung der gesetzlichen Krankenversicherung bei der Dominanz des Anteils einkommensabhängiger Beiträge; die neuen Module sind die Kappung der Begrenzung des Zusatzbeitrags auf ein Prozent des beitragspflichtigen Einkommens, die Festschreibung des Beitragssatzes sowie die Einführung des kassenartenübergreifenden Sozialausgleichs. Da allerdings künftige Ausgabensteigerungen ausschließlich von Versicherten finanziert werden, kann diese auf den ersten Blick vergleichsweise eher unspektakuläre modulare Weiterentwicklung des Gesundheitsfonds durch die christlich-liberale Bundesregierung langfristig ganz erhebliche Auswirkungen haben. Man sollte das Ausmaß der Veränderung daher nicht unterschätzen.[273]

---

[273] Wenngleich durchaus denkbar ist, dass nach der Bundestagswahl 2013 Veränderungen an der seit 2011 geltenden Rechtslage vorgenommen werden.

10. Auswirkungen des Gesundheitsfonds: Eine Zwischenbilanz

Nach einer Darstellung und Erklärung der Entstehung, Einführung und Weiterentwicklung des Gesundheitsfonds werden in diesem Kapitel dessen Auswirkungen beschrieben. Folgende Fragen sollen beantwortet werden:

- Wurde die Intention des Gesetzgebers, durch die Einführung des Gesundheitsfonds mehr Wettbewerb zwischen den Krankenkassen zu realisieren, erreicht?
- Wie hat sich die 2009 in Kraft getretene Weiterentwicklung des „alten" Risikostrukturausgleichs zum morbiditätsorientierten Risikostrukturausgleich ausgewirkt? Kam es zu einem medizinisch nicht gerechtfertigten Anstieg der dokumentierten Krankheiten und wurden die Präventionsmaßnahmen wegen des „Morbi-RSAs" reduziert?
- Waren die landesbezogenen Umverteilungen wirklich so stark wie vor Einführung des Gesundheitsfonds insbesondere von Bayern befürchtet?
- Hat sich die Finanzsituation des Gesundheitsfonds ähnlich entwickelt wie die der gesetzlichen Krankenkassen?
- Welche Auswirkungen hat der Gesundheitsfonds auf das Akteurgefüge und wie hat sich die Governanceform seit seiner Einführung verändert?

Der Untersuchungszeitraum erstreckt sich dabei auf die ersten drei Jahre nach Start des Gesundheitsfonds, also den Zeitraum Januar 2009 bis Anfang 2012.

Deutliche Intensivierung des Wettbewerbs seit Erhebung von Zusatzbeiträgen

Der Wettbewerb zwischen den Krankenkassen kam Anfang 2010 richtig in Schwung. Ab Februar 2010 begannen die ersten größeren Krankenkassen damit, einen Zusatzbeitrag zu erheben. Zur Mitte des Jahres 2010 mussten 16 Krankenkassen einen Zusatzbeitrag erheben (dfg 2010, Ausgabe vom 05.08.2010).[274]

---

[274] Die Kassen wollten den Zeitpunkt der Erhebung möglichst lange hinauszögern. Das Motto lautete: „Wer sich zuerst bewegt, verliert."

Zum Stichtag 01.01.2011 erhoben nach Angaben der Bundesregierung 14 von den damals rund 160 Krankenkassen einen Zusatzbeitrag von in der Regel acht Euro; betroffen davon waren rund 8,1 Mio. Mitglieder (Deutscher Bundestag 2011a). Unter den Krankenkassen mit Zusatzbeitrag befinden sich große und kleine Kassen unterschiedlicher Kassenarten; insbesondere Betriebskranken- und Ersatzkassen; die größte und bekannteste unter ihnen ist die „DAK", eine der drei größten gesetzlichen Krankenkassen.[275] Zu Beginn des Jahres 2011 schütteten sechs kleinere Krankenkassen mit insgesamt rund 0,4 Mio. Mitgliedern eine Zusatzprämie von maximal sechs Euro pro Monat aus (Deutscher Bundestag 2011a).

Die Annahme und Zielsetzung des Gesetzgebers, die mit den Systemelementen „Zusatzbeitrag" und "Zusatzprämie" verbundene erhöhte Transparenz hinsichtlich des Preises einer Krankenkasse würde zu deutlichen Mitgliederbewegungen führen, hat sich eindrucksvoll bestätigt: Viele Kassen mit Zusatzbeitrag verlieren dramatisch Mitglieder; Mitgliederverluste in der Größenordnung von über zehn Prozent sind keine Seltenheit.[276] Mitgliederwanderungen in diesen Dimensionen gab es in der Zeit vor Einführung des Gesundheitsfonds nicht. Insgesamt machten im Jahr 2010 rund 600.000 Mitglieder von Krankenkassen, die einen Zusatzbeitrag verlangten, von ihrem Sonderkündigungsrecht Gebrauch (WIdO monitor 2011).

Unterscheidet man die Mitgliederwanderungen nach Kassenarten, so ist die „BKK-Gemeinschaft" die Kassenart, die seit Einführung des Gesundheitsfonds mit großem Abstand am meisten Mitglieder verloren hat. Vergleicht man den Mitgliederbestand der BKKs zum Stichtag 01.07.2011 mit dem zum Stichtag 01.01.2009, dem Zeitpunkt der Einführung des Gesundheitsfonds, so verlor die BKK-Gemeinschaft in diesem Zeitraum mehr als 610.000 Mitglieder (dfg 2011a, 11. August 2011). Zu Beginn des Jahres 2012 hatte das BKK-System im Vergleich zum 01.01.2009 als Folge von Mitgliederwanderungen und kassenartenübergreifender Fusionen mehr als 1,3 Mio. Mitglieder verloren und wurde somit auf den Mitgliederstand des Jahres 2001 „zurückgeworfen" (Zahlen bei dfg 2012, Ausgabe vom 09.02.2012).[277] Eine wesentliche Ursache für diese

---

[275] Die DAK verlor allein im ersten Halbjahr 2010 über 240.000 Mitglieder (dfg 2010, Ausgabe vom 5. August 2010). Diese Entwicklung hielt auch im Jahr 2011 an; auch im ersten Halbjahr 2011 verlor die DAK saldiert mehr als 110.000 Mitglieder (dfg 2011b, Ausgabe vom 18. August 2011). Die DAK beabsichtigt, ab April 2012 keinen Zusatzbeitrag zu erheben.
[276] Am schlimmsten erwischte es die „BKK für Heilberufe", die im Zeitraum 01.01.2010 bis 01.07.2010 fast 40 Prozent ihrer Mitglieder verlor (dfg 2010a, 31-10). Ähnlich dramatisch verlief die Mitgliederentwicklung bei der „BKK Gesundheit"; deren Mitgliederbestand sank im ersten Halbjahr 2010 um fast 20 Prozent (dfg 2010a, 31-10). Die BKK Hoesch verlor im ersten Halbjahr 2011 mehr als 32 % ihrer Mitglieder (dfg 2011b).
[277] Freilich gab und gibt es auch Betriebskrankenkassen, die in diesem Zeitraum gewachsen sind.

Entwicklung besteht darin, dass die Betriebskrankenkassen seit Einführung des einheitlichen Beitragssatzes nicht mehr, wie noch in Zeiten vor Einführung des Gesundheitsfonds, mit dem Argument ihrer niedrigen Beitragssätze werben können. Gewinner waren vor allem die Techniker Krankenkasse, und die AOKen.

Die deutliche Zunahme der Mitgliederwanderungen spricht eindeutig dafür, dass die Intention des Gesetzgebers, den Wettbewerb durch das Systemelement „Zusatzbeitrag", der direkt von der Krankenkasse eingefordert wird und nicht über das vergleichsweise weniger transparente Lohnabzugsverfahren organisiert ist, zu stärken, voll aufgegangen ist. Das „GKV-Wettbewerbsstärkungsgesetz" trägt insofern seinen Namen zu Recht.

Rückgang der Anzahl der Krankenkassen

Die Intensivierung des Wettbewerbes sowie die mit dem Gesundheitsfonds bzw. präziser dem morbiditätsorientierten Risikostrukturausgleich deutlich gestiegenen Anforderungen an die Managementkompetenz bei der Führung von Krankenkassen führte zu einem deutlichen Rückgang der Anzahl an Krankenkassen: Gab es zum Start des Gesundheitsfonds im Jahr 2009 noch 202 gesetzliche Krankenkassen, so liegt deren Anzahl zum Stichtag 01.01.2012 bei 146.[278] Die Anzahl der gesetzlichen Krankenkassen hat sich somit binnen drei Jahre um rund 28 Prozent reduziert. Überwiegend erfolgte dieser Rückgang in Form von Fusionen. Allerdings gab es im Jahr 2011 auch erste Schließungen von Krankenkassen: Mit der „City BKK" und der „BKK für die Heilberufe" musste das BVA zwei Betriebskrankenkassen wegen fehlender wirtschaftlicher Leistungsfähigkeit schließen.

Vor allem im Umgang mit den (damaligen) Versicherten der City BKK, die sich wegen deren Schließung eine neue Krankenkasse suchen mussten, gab es sehr unschöne Szenen: mehrere Krankenkassen versuchten Versicherte von der City BKK „abzuwimmeln", da es sich dabei zumeist um „schlechte Risiken", d. h. alte und kranke Versicherte, handelte.[279] Nach Ansicht sowohl der SPD-Bundestagsfraktion (Deutscher Bundestag 2011b) als auch des Präsidenten des Bundesversicherungsamtes, Dr. Maximilian Gaßner, war das Bestreben von

---

[278] Die jeweils aktuelle Zahl an Krankenkassen kann der Homepage des GKV-Spitzenverbandes entnommen werden.
[279] Auf Antrag der Fraktion „DIE LINKE" gab es hierzu am 26. Mai 2011 im Deutschen Bundestag eine Aktuelle Stunde „Pleiten von gesetzlichen Krankenkassen und die Folgen für Versicherte". Die SPD-Bundestagsfraktion brachte Anfang Juli 2011 einen Antrag „Folgen von Kassenschließungen - Versicherte und Beschäftigte schützen, Wettbewerb stärken, Zusatzbeiträge abschaffen" ein.

Krankenkassen, möglichst keine (kranken) Versicherte der City BKK aufzunehmen, vor allem eine Folge der unzureichenden Ausgestaltung des morbiditätsorientierten Risikostrukturausgleichs, d. h. von dessen Begrenzung auf 50 bis 80 Krankheiten. In seinem Vorwort zum Tätigkeitsbericht 2010 der Bonner Behörde führte der BVA-Präsident hierzu Folgendes aus:

„Das Drama der Diskriminierung der City BKK-Mitglieder hat aber auch gezeigt, dass die Zuweisungen aus dem Fondssystem für chronisch Kranke zu verbessern sind. Die ökonomischen Anreize gegen eine Risikoselektion müssen verbessert werden. Es geht hier nicht um die ideologische Frage der Umverteilung (...) sondern es geht allein um die technische Verbesserung der Zielgenauigkeit der Zuweisungen aus dem Gesundheitsfonds." (Dr. Maximilian Gaßner, zitiert aus BVA 2011c)

Verbesserung der Zielgenauigkeit durch den morbiditätsorientierten Risikostrukturausgleichs bei Fortbestand von Handlungsbedarf

Die Einführung des morbiditätsorientierten Risikostrukturausgleichs („Morbi-RSA) war im Vorfeld der Einführung des Gesundheitsfonds ein ganz zentraler Streitpunkt sowohl innerhalb der Großen Koalition als auch zwischen den Kassenarten bzw. den einzelnen Krankenkassen (vgl. insbesondere Kapitel 6.1). Auch für die seit Oktober 2009 regierenden christlich-liberale Bundesregierung war bzw. ist der „Morbi-RSA" gesundheitspolitisch ein zentrales Thema. In ihrem Koalitionsvertrag legte sich die christlich-liberale Bundesregierung auf eine Reduzierung des morbiditätsorientierten Risikostrukturausgleichs auf „das notwendige Maß" (Koalitionsvertrag 2009:86) fest. Vor der geplanten Reduzierung des Morbi-RSA beauftragte die Bundesregierung im Herbst 2010 den Wissenschaftlichen Beirat des Bundesversicherungsamtes mit der Erstellung eines Evaluationsberichtes zu den Wirkungen des morbiditätsorientierten Risikostrukturausgleichs im Jahr 2009, dem ersten Jahr seines Bestehens. Dieser Evaluierungsbericht wurde im Juni 2011 fertiggestellt.

Das BMG veröffentlichte diesen von den Krankenkassen mit großer Spannung erwarteten Bericht erst auf Drängen von Seiten mehrerer Krankenkassen: Nachdem Anfang Juli 2011 Teile des Evaluationsberichtes publik wurden - so berichtete sowohl die „Süddeutsche Zeitung" als auch die „Rheinische Post" über Auszüge - forderten mehrere große Krankenkassen von unterschiedlichen Kassenarten Gesundheitsminister Daniel Bahr (FDP) in einem gemeinsamen Schreiben mit Datum 21.07.2011 auf, das Gutachten endlich zu veröffentlichen, um Spekulationen über den dessen Inhalt zu beenden (AOK Bundesverband et al. 2011).[280] Erst Ende September 2011 wurde das Gutachten, auch aufgrund weiteren politischen Drucks, dann tatsächlich vom BMG auf dessen Homepage veröffentlicht.[281] Über die Gründe, warum der Evaluationsbericht so spät veröffentlicht wurde, kann man nur spekulieren. Eine Vermutung liegt sehr nahe: Die Ergebnisse des Berichtes passen überhaupt nicht zu der im Koalitionsvertrag 2009 formulierten Absicht, den Morbi-RSA zu reduzieren.

Das zentrale zusammenfassende Ergebnis des fast 400 Seiten umfassenden Evaluationsberichts lautet: Mit dem morbiditätsorientrierten Risikostrukturausgleich wird die unterschiedliche Morbiditätslast der jeweiligen Krankenkassen deutlich besser abgebildet als im „alten" Risikostrukturausgleich, ohne dass es dabei zu einem „Übersteuern" kommt (Drösler et al. 2011:87). In den Worten der Gutachter:

„Auf Krankenkassenebene ist vor allem festzustellen, dass durch Einführung des morbiditätsorientierten Risikostrukturausgleichs die Benachteiligung von Krankenkassen mit überdurchschnittlicher Morbidität abgenommen hat. Der mittlere absolute prozentuale Fehler der Zuweisungen fällt von 4,4 % beim Alt-RSA auf 2,8 %. Gleichwohl gilt nach wie vor, dass Krankenkassen mit überdurchschnittlicher Morbidität weiterhin tendenziell häufiger Unterdeckung aufweisen." (Drösler et al. 2011:89)

Auf die Ebene von Versichertengruppen bezogen, stellen auch nach Einführung des morbiditätsorientierten Risikostrukturausgleichs Gesunde weiterhin die „beste" Versichertengruppe dar: Bei der Gruppe der Versicherten ohne Krankheit liegen die Zuweisungen um rund zehn Prozent über den Ausgaben dieses Kollektivs; konkret gibt es für diese Gruppe eine Deckungsquote von 110,2 % (Drösler et al. 2011:57). Anders sieht es bei den kranken Versicherten aus. Dabei besteht folgender Zusammenhang: Je höher die Anzahl der Krankheiten, desto höher die Unterdeckung. Nach den Berechnungen der Wissenschaftler liegt die Deckungsquote bei Versicherten mit Zuschlägen für mindestens vier Krankheiten bei 94,4 % (Drösler et al 2011:57). Handlungsbedarf besteht nach Auffassung der Wissenschaftler insbesondere bei den Zuweisungen für Versicherte, die in einem Berichtsjahr verstorben sind, da das gegenwärtige Verfahren dazu führt, dass „die Ausgaben Verstorbener den Risikogruppen nur unvoll-

---

[280] Im Einzelnen wurde dieses Schreiben von folgenden Kassen bzw. Verbänden unterzeichnet: AOK-Bundesverband, BARMER/GEK, DAK, BKK Gesundheit, Bahn BKK, Deutsche BKK und Knappschaft. Das BMG wurde in dieser Sache auch von einer SPD-Bundestagsabgeordneten angeschrieben.
[281] So veröffentlichte beispielsweise die „Deutsche BKK", eine der größten Betriebskrankenkassen, am 16. September 2011 eine Pressemitteilung, in der sie den Bundesgesundheitsminister aufforderte, das Gutachten „unverzüglich zu veröffentlichen" (Deutsche BKK 2011, PM vom 16.09.2011).

ständig zugerechnet werden und die ermittelten standardisierten Leistungsausgaben insbesondere in Risikogruppen, die eine hohe Mortalität aufweisen, systematisch zu niedrig ausfallen." (Drösler et al. 2011:5). Die Folge dieses Methodenfehlers ist, dass Krankheiten mit hoher Mortalität, beispielsweise bösartige Neubildungen, systematische Unterdeckungen aufweisen.[282]

Die Gutachter untersuchten auch die Auswirkungen der im Koalitionsvertrag genannten Reduzierung der Anzahl der berücksichtigungsfähigen Krankheiten auf 50 oder 30. Nach Durchführung der empirischen Analyse bewerten die Wissenschaftler diese Überlegung als „nicht zielführend" (Drösler et al. 2011:4), da dadurch die ohnehin bereits bestehende Überdeckung bei gesunden Versicherten und die Unterdeckung insbesondere bei multimorbiden Versicherten verstärkt werden würden (Drösler et al. 2011:4, ausführlich auf den Seiten 101 bis 112). Wohl aus diesem Grund hielt das BMG den Evaluationsbericht so lange unter Verschluss und veröffentlichte ihn erst nach Drängen zahlreicher Akteure.

Forderungen nach Beseitigung des oben genannten Methodenfehlers bei Krankheiten mit hoher Mortalität hat die christlich-liberale Bundesregierung zumindest bisher nicht aufgegriffen. Auf eine Anfang Januar 2012 von der SPD-Abgeordneten Bärbel Bas gestellten Frage an das Bundesgesundheitsministerium, wie die Bundesregierung mit diesem von den Wissenschaftlern festgestellten Methodenfehler umzugehen gedenke, antwortete die Parlamentarische Staatssekretärin des BMG, Ulrike Flach (FDP), „dass der bestehende morbiditätsorientierte Risikostrukturausgleich bereits zielgerichteter als der bis 2008 geltende RSA wirkt" (…) und daher „wesentliche Änderungen des Morbi-RSA derzeit nicht vorzunehmen sind" (Flach, zitiert nach Deutscher Bundestag 2012:9). Die christlich-liberale Bundesregierung hat sich insofern allerdings als „lernfähig" erwiesen, als sie zwischenzeitlich von ihrer im Koalitionsvertrag angekündigten Reduzierung der Anzahl der im „Morbi-RSA" berücksichtigungsfähigen Krankheiten Abstand genommen hat.

Kein überproportionaler Anstieg der Diagnosezahlen und kein Rückgang der Ausgaben für Prävention

Neben der Frage der Anzahl der berücksichtigungsfähigen Krankheit hatte im Vorfeld und zu Beginn der Einführung des Gesundheitsfonds die Sorge bestanden, der „Morbi-RSA" könne zu einem nicht gerechtfertigten Anstieg der Diag-

---

[282] Die Thematik „Annualisierung der Ausgaben Verstorbener" wird im Evaluationsbericht ausführlich auf den Seiten 142 bis 150 diskutiert. Die Annualisierung der Ausgaben für Verstorbene wäre im Jahr 2009 nach Berechnungen des BVA mit einem Umverteilungsvolumen von rund 400 Mio. Euro verbunden (Deutscher Bundestag 2012).

nosezahlen (Stichwort Upcoding, vgl. Kapitel 7.3) und zu einem Rückgang von Präventionsmaßnahmen führen Zur Frage, ob die Diagnosezahlen nach Einführung des morbiditätsorientierten Risikostrukturausgleichs angestiegen sind, gibt es neben dem erwähnten Evaluationsbericht des Wissenschaftlichen Beirates (Drösler et al. 2011) auch einen bereits Ende 2010 veröffentlichten Aufsatz des BVA-Präsidenten, Dr. Maximilian Gaßner, und Fachleuten der Bonner Bundesbehörde (Gaßner et al. 2010). Das zentrale Ergebnis beider Publikationen lautet: Ja, seit Einführung des Gesundheitsfonds ist ein Anstieg der Diagnosezahlen zu verzeichnen. Dies deutet - zumindest auf den ersten Blick - darauf hin, dass es tatsächlich so etwas wie „Upcoding" gibt. Allerdings - und dies ist der entscheidende Punkt - sind die Diagnosezahlen auch bereits vor Einführung des Gesundheitsfonds angestiegen und zwar sogar noch stärker als nach Einführung des Fonds (Drösler et al. 2011:7, Gaßner et al. 2010:11).[283] Das Fazit sowohl des Wissenschaftlichen Beirates als auch des BVA-Präsidenten und seiner Ko-Autoren lautet: Es gibt bislang „keinen Hinweis, dass der Anstieg der Diagnosen sachlich oder zeitlich mit der Einführung des morbiditätsorientierten RSA zu tun hat." (Gaßner et al 2010:18; sinngemäß auch Drösler et al. 2011:7).

Auch die Annahme, die Einführung des „Morbi-RSA" würde zu einem Rückgang der Präventionsbemühungen der Krankenkassen führen, da diese Interesse an möglichst vielen Kranken hätten, hat sich empirisch nicht bestätigt. Im Gegenteil: Seit Einführung des Gesundheitsfonds sind die Ausgaben für Prävention sogar gestiegen (Gaßner et al. 2011).

Geringere landesspezifische Verteilungswirkungen als angenommen

Die landesspezifischen Verteilungswirkungen des Gesundheitsfonds waren deutlich geringer als in den Jahren 2006 bis 2008 angenommen. Im Herbst 2008 ging das BVA in diesem Zusammenhang von einer Gesamtbelastung der Liquiditätsreserve in Höhe von rund 780 Mio. Euro aus (BVA 2009e, PM vom 13.11.2009). Im November 2009 stellte sich der Sachverhalt völlig anders dar: Statt den ein Jahr zuvor erwarteten 760 Mio. Euro zur Kompensation der lan-

---

[283] Auf Basis von existierender Literatur sowie eigener Überlegungen führen die Autoren als mögliche Gründe für den Anstieg der Diagnosezahlen folgende vier Aspekte an (Gaßner et al. 2010:14): Änderungen in der Versichertenstruktur, d.h. Folgen der demographischen Veränderung, Änderungen aufgrund des medizinisch-technischen Fortschrittes, Änderungen im Kodierverhalten der Ärzte und Änderungen bei der datentechnischen Erfassung der Diagnosen. Nach empirischer Überprüfung der Hypothesen zeigte sich, dass sich der Diagnoseanstieg seit Einführung des Gesundheitsfonds mit verbesserter Diagnostik, verfeinerten Kodiervorgaben, größerer Sorgfalt der Ärzte bei der Kodierung und einer umfassenderen Erfassung der Diagnosen erklären lässt (Gaßner et al 2010:18).

desspezifischen Belastungen, ermittelte das BVA nun einen Betrag von „nur" noch 130 Mio. Euro (BVA 2009e, PM vom 13.11.2009).[284]

Die im Vergleich zu den Annahmen vom Herbst 2008 deutlich geringeren landesspezifischen Verteilungswirkungen des Gesundheitsfonds führten dazu, dass Krankenkassen in Bayern und Baden-Württemberg im Haushaltsjahr 2010 mit der Rückzahlung von für das Jahr 2009 zu viel erhaltenen Zuweisungen belastet wurden. Einige Krankenkassen haben gegen den Schlussausgleich 2009 des Gesundheitsfonds Klage beim zuständigen Landessozialgericht Nordrhein-Westfalen (LSG NRW) eingereicht.[285] Im Januar 2011 wies das LSG NRW den Antrag der AOK Bayern auf einstweiligen Rechtsschutz wegen fehlender Erfolgsaussichten der Klage zurück. In seiner Begründung bezeichnete das LSG NRW die Annahme der AOK Bayern, sie müsse die empfangenen Zuweisungen nach § 272 SGB V nicht zurückzahlen, als „abwegig und nicht nachzuvollziehen" (zitiert nach BVA 2011a; PM vom 04.01.2011).

Im Haushaltsjahr 2010 sind nach Angaben des BVA die landesspezifischen Umverteilungswirkungen des Gesundheitsfonds so gering ausgefallen, dass es keine Zuweisungen aufgrund der Konvergenzklausel gab (BVA 2011c, PM vom 22.11.2011).

Unterschiedliche Finanzergebnisse von Gesundheitsfonds und Krankenkassen

Die Finanzergebnisse des Gesundheitsfonds einerseits und der gesetzlichen Krankenkassen anderseits fielen in den drei Jahren seines Bestehens jeweils deutlich unterschiedlich aus: Im Haushaltsjahr 2009, dem Startjahr des Gesundheitsfonds, wies der Fonds ein Defizit in Höhe von rund 2,5 Mrd. Euro und die Krankenkassen einen Einnahmeüberschuss von rund 1,4 Mrd. Euro aus. Im Folgejahr war es umgekehrt. Während im Haushaltsjahr 2010 der Gesundheitsfonds einen Überschuss in Höhe von rund 4,2 Mrd. Euro auswies, erwirtschafteten die Kassen saldiert einen Fehlbetrag von rund 0,4 Mrd. Euro. Auch im

---

[284] In dieser knapp gehaltenen Pressemitteilung der Bonner Behörde vom 13.11.201009 sind keinerlei Angaben zu den Gründen für diesen deutlichen Rückgang der landesspezifischen Zuweisungen enthalten. Mehr Aufschluss gibt ein Papier des BVA mit Stand 17.11.2009: Dieses Papier führt als Begründung für den deutlichen Rückgang des Konvergenzvolumens im Wesentlichen folgende drei Gründe an: (1.) Eine Aktualisierung der länderbezogenen Einnahmen, (2.) die Neuordnung der Zuweisungen für Zahnarztbehandlungen und (3.) den höheren Steuerzuschuss seit Juli 2009, der zu einer Absenkung des Vergleichsniveaus führte (BVA 2009f).

[285] Im Kern stützen sich diese Klagen auf das Argument „Vertrauensschutz"; man hätte die zusätzlichen landesspezifischen Zuweisungen bereits im Januar 2009 erhalten und erst im November 2009 erfahren, dass man die Gelder möglicherweise zurückzahlen müsse; zwischenzeitlich seien sie aber längst ausgegeben worden.

Haushaltsjahr 2011 stellte sich das Finanzergebnis des Gesundheitsfonds mit einem Überschuss von rund 5,3 Mrd. Euro deutlich besser dar als das Ergebnis der Krankenkassen, die das Haushaltsjahr 2011 mit einem Überschuss von rund 4 Mrd. Euro abgeschlossen haben. Dabei profitierte der Fonds insbesondere von der gute Lage auf dem Arbeitsmarkt sowie der Ende 2010 im Rahmen des GKV-Finanzierungsgesetzes beschlossenen Beitragssatzanhebung. Das gute Ergebnis der Kassen ist insbesondere mit den hohen Zuweisungen sowie dem zum 1. Januar 2011 in Kraft getretenen Arzneimittelmarkt-Neuordnungsgesetz, das im Jahr 2011 zu einem Rückgang der Arzneimittelausgaben um vier Prozent führte, zu erklären. Anfang 2012 beträgt die Liquiditätsreserve des Gesundheitsfonds rund 9,5 Mrd. Euro. Davon ist rund ein Drittel, 3,1 Mrd. Euro, durch die gesetzlich vorzuhaltende Mindestreserve in Höhe von 20 % einer durchschnittlichen Monatsausgabe zweckgebunden. Zwei Milliarden aus dem 2011 geflossenen zusätzlichen Bundeszuschuss sind für den künftigen Sozialausgleich und die Finanzierung der Zusatzbeiträge von Arbeitslosengeld II-Empfängern vorgesehen Nicht nur der Gesundheitsfonds, sondern auch die Mehrzahl der gesetzlichen Krankenkassen verfügen Anfang 2012 über - teilweise ganz erhebliche - Rücklagen. Insgesamt weisen die Krankenkassen Anfang 2012 Finanzreserven von rund 10 Milliarden Euro auf (alle Zahlen aus BMG 2012, PM vom 07.03.2012).

Angesichts der erheblichen Rücklagen sowohl des Gesundheitsfonds als auch der Krankenkassen begann Ende 2011 eine Diskussion über eine Senkung des allgemeinen GKV-Beitragssatzes. Bundesgesundheitsminister Daniel Bahr lehnte die insbesondere von Arbeitgebervertretern erhobene Forderung nach Absenkung des paritätisch finanzierten allgemeinen Beitragssatzes mit Verweis auf die unsichere Wirtschaftsentwicklung ab. Allerdings forderte zu Beginn des Jahres 2012 sowohl Daniel Bahr als auch Jens Spahn, der gesundheitspolitische Sprecher der CDU/CSU-Bundestagsfraktion, die Krankenkassen, die es sich leisten können, auf, ihren Mitgliedern Prämien auszuzahlen (FTD, 2012, SZ 2012a, Handelsblatt 2012, SZ 2012c). Die entsprechenden Kassen weigerten sich mit einer ähnlichen Argumentation wie der Gesundheitsminister dies in Bezug auf den Beitragssatz tat: Der Vorstandsvorsitzende des AOK-Bundesverbandes, Jürgen Graalmann, warnte vor einem „Prämienjojo" (AOK BV 2012, PM vom 22.02.2012). Ein Sprecher des GKV-Spitzenverbandes verbat sich die Einmischung der Politik; es brauche „keine Ermahnungen der Politik" (zitiert nach FTD 2012).

Die gut gefüllte Rücklage des Gesundheitsfonds weckte auch die Begehrlichkeiten des Bundesfinanzministers: In einem Mitte Februar 2012 mit dem Magazin „SPIEGEL" geführten Interview dachte Bundesfinanzminister Dr. Wolfgang Schäuble öffentlich darüber nach, den gesetzlich vereinbarten Steuerzuschuss an die GKV um jährlich mindestens zwei Milliarden Euro zu senken; man würde die Gelder eher für den Rettungsschirm für die Finanzmärkte oder für die Konsolidierung des Bundeshaushaltes als für den Gesundheitsfonds benötigen. Diese Forderung wiederholten im März 2012 neben dem Bundesfinanzminister auch Haushaltsexperten der Union (SZ 2012c). Diese Forderung wurde - erwartungsgemäß - umgehend von Vertretern des Bundesgesundheitsministeriums, Gesundheitspolitikern aller Parteien und der Kassen abgelehnt (AOK-BV 2012, PM vom 22.02.2012, SZ 2012a, b, c). Auch der Präsident des Bundessozialgerichts, Peter Masuch, lehnte Ende Februar 2012 die Pläne des Bundesfinanzministers ab (Masuch 2012).

Im März 2012 intensivierte sich die Diskussion um eine Senkung des GKV-Beitragssatzes erneut. Der Fraktionsvorsitzende der CDU/CSU-Bundestagsfraktion, Volker Kauder, brachte eine Senkung auf 15,4 % ins Spiel (SZ 2012d, 09.93.2012).

Veränderung von Governance im Gesundheitswesen

Aus einer Governance-Perspektive lassen sich folgende Aspekte festhalten: Neben der durch die Kompetenz der Festlegung des GKV-Beitragssatz deutlich gestärkten Rolle der Bundesregierung gibt es seit Einführung des Gesundheitsfonds mit dem Bundesversicherungsamt einen neuen, mit erheblichen Kompetenzen ausgestatteten gesundheitspolitischen Akteur. Ebenfalls zugenommen hat - wegen der erhöhten Steuerfinanzierung der GKV - die Bedeutung des Akteurs „Bundesfinanzministerium".

Aus einer internationalen Perspektive lässt sich - in Anlehnung an die Unterscheidung von Esping-Andersen in bestimmte Typen von Wohlfahrtsstaaten bzw. die Unterscheidung in bestimmte Gesundheitssystemtypen - eine gewisse Niveau-Verschiebung weg von dem konservativen Typ bzw. Bismarck-System hin zu einem stärker sozialdemokratischen bzw. staatsnäheren Typ identifizieren. Von einer eindeutigen Abkehr vom „Bismarck-Typ" sollte man allerdings mit Blick auf das deutsche Gesundheitswesen nicht sprechen. Eher handelt es sich bei diesem um eine Hybrid-Form. Auch nach Einführung des Gesundheitsfonds gibt es im deutschen Gesundheitswesen trotz starkem Bedeutungszugewinn insbesondere der Akteure „Bundesregierung" „Bundesversicherungsamt" und „Bundesfinanzministerium" weiterhin Selbstverwaltung und noch immer dominiert die Finanzierung über einkommensabhängige Beiträge.[286]

---

[286] Im Jahr 2011 lag der relative Anteil der Beitragseinnahmen gemessen an den Gesamteinnahmen der GKV bei über 90 Prozent. Die Rolle der Selbstverwaltung in puncto Finanzierungsaspekt liegt nunmehr auf den neuen Finanzierungsinstrumenten „Zusatzbeitrag" und „Zusatzprämie".

11. Konklusion

Die Diskussion über die Finanzierung und Finanzierbarkeit der GKV ist nicht neu; sie intensivierte sich bereits in der zweiten Hälfte der 70er Jahre des vergangenen Jahrhunderts. Im Mittelpunkt der damaligen Suche nach politischen Lösungen stand zu diesem Zeitpunkt die Ausgabenseite. Der Gesetzgeber reagierte auf steigende Beitragssätz mit zahlreichen Gesetzen, die alle das Ziel einer Begrenzung der Kosten zum Inhalt hatten. Über fundamentale Veränderungen bei den Einnahmen der GKV wurde bis Mitte der 90er Jahre des vergangenen Jahrhunderts kaum diskutiert. Die Finanzierungsdiskussion änderte sich erst mit der Intensivierung der Globalisierung: Wegen des sich verschärfenden Standortwettbewerbs gewann in der zweiten Hälfte der 90er Jahre die Frage der Lohnnebenkosten und somit auch die nach der Höhe des Beitragssatzes zur GKV an politischer Relevanz. In diesem Kontext verstärkten sich zu Beginn des neuen Jahrhunderts die Bedenken, ob eine Einnahmebasis, die sich nahezu ausschließlich an Einkommen aus abhängiger Beschäftigung bzw. daraus abgeleiteter Rente orientiert, zukunftstauglich ist.

Die Partner der im Jahr 2005 gebildeten Großen Koalition unterschieden sich sowohl hinsichtlich der Problemwahrnehmung als auch in Bezug auf die jeweiligen Antworten ganz erheblich: Während die SPD als Problemursache insbesondere die Erosion der Einnahmebasis als Folge einer sinkenden Lohnquote sowie der Abwanderung von gutverdienenden GKV-Mitgliedern in die PKV identifizierte, lag nach Auffassung der Union das Problem in der Kopplung der Gesundheitsausgaben an die Arbeitskosten. So wie sich die Koalitionspartner bei ihrer Problemwahrnehmung unterschieden, so differierten auch ihre jeweiligen Lösungsvorschläge: Die SPD wollte das Einnahmeproblem der GKV durch Einbeziehung weiterer Einkommensarten und weiterer Personen im Rahmen einer „Bürgerversicherung" lösen; die Union hingegen sah den Ausweg in einkommensunabhängigen Gesundheitsprämien.

Die Genese des Gesundheitsfonds war kein rein völlig rationaler Prozess. Insbesondere zu Beginn der Formulierung des Gesundheitsfonds war eine gewisse „Portion Zufall" im Spiel. Der Vorschlag, einen Gesundheitsfonds zu errichten, wurde außerhalb des Entscheidungssystems von einem Wissenschaftler, Herrn Prof. Dr. Wolfram Richter, entwickelt und von diesem als mögliches Konsensmodell in das Entscheidungssystem eingespeist. Das Zeitfenster, das

„window of opportunity", für die Annahme des Richter-Modells durch die Bundesregierung war insofern gegeben, als die Koalitionäre unbedingt - sowohl aus Gründen der Gesichtswahrung als auch des Machterhalts - eine Lösung für die Finanzierungsfrage benötigten.

Die wesentlichen Entscheidungen über die Ausgestaltung der Neuordnung der Finanzierung der GKV wurden weder im Plenum des Deutschen Bundestages noch im fachlich zuständigen Ausschuss für Gesundheit des Bundestages getroffen. Nicht einmal die Anfang 2006 zur Vorbereitung der Gesundheitsreform eingesetzte „Bund-Länder-Arbeitsgruppe" entschied über die Neuordnung der Finanzierung der GKV. Vielmehr wurde über die Idee eines Gesundheitsfonds auf der Ebene des Koalitionsausschusses entschieden. Auch bei der Weiterentwicklung des Gesundheitsfonds durch die christlich-liberale Bundesregierung wurden die wesentlichen Entscheidungen von den Partei- und Fraktionsvorsitzenden getroffen.

Mit dem Beschluss der Großen Koalition, einen Gesundheitsfonds einzuführen, wurde ein neuer Pfad gelegt. Die im September 2009 gewählte christlich-liberale Bundesregierung hat an dem Gesundheitsfonds grundsätzlich festgehalten, obwohl die FDP ihn vor der Wahl abschaffen wollte. Die seit Oktober 2009 regierende Bundesregierung hat den Gesundheitsfonds mit dem Ende 2010 beschlossenen „GKV-Finanzierungsgesetz" modular weiterentwickelt. Die wesentlichen Elemente der Weiterentwicklung bestehen in dem dauerhaften Einfrieren des Beitragssatzes sowie der Streichung der bisherigen Begrenzung des Zusatzbeitrages auf ein Prozent des beitragspflichtigen Einkommens. Künftige Ausgabensteigerungen sind somit ausschließlich durch die Mitglieder in Form steigender Zusatzbeiträge zu finanzieren. Zur Vermeidung sozialer Härten wurde von der christlich-liberalen Bundesregierung ein Sozialausgleich beschlossen. Der mit Wirkung ab 2004 eingeführte und seit Juli 2009 deutlich erhöhte Steuerzuschuss an die GKV hat sich als wenig zuverlässig erwiesen.

Bestätigt hat sich die zentrale Annahme der Parteiendifferenztheorie, wonach es einen Unterschied macht, welche Parteien regieren. Dies sieht man insbesondere an der Festschreibung des Arbeitgeberbeitragssatzes und der Erleichterung der Wechselmöglichkeit von der GKV in die PKV seit der Weiterentwicklung des Gesundheitsfonds durch die christlich-liberale Bundesregierung.

Nach der Bundestagswahl 2013 ist mit einer erneuten Weiterentwicklung des Gesundheitsfonds zu rechnen. Vermutlich wird auch diese im Sinne eines „Institutional Layering" ausfallen. In Abhängigkeit vom Wahlausgang kann das Ausmaß der Veränderung jedoch auch größer ausfallen.

Literaturverzeichnis

Agasi, S. (2008): Die Krankenversicherung zwei Jahre nach der Reform. Finanzentwicklung und Markttrends. In: Zeitschrift für Sozialreform (ZSR), 54. Jg., Heft 3. 279 - 303.
Alber, J. (1982): Vom Armenhaus zum Wohlfahrtsstaat. Analysen zur Entwicklung der Sozialversicherung in Westeuropa. Frankfurt a. M./New York: Campus.
Alber, J. (1988): Die Gesundheitssysteme der OECD-Länder im Vergleich. In: Schmidt, M. G. (Hrsg.), Staatstätigkeit. International und historisch vergleichende Analysen. Politische Vierteljahresschrift, Sonderheft 19/1988, Opladen: Westdeutscher Verlag. 116 - 150.
Alber, J. (1989): Der Sozialstaat in der Bundesrepublik Deutschland 1950 - 1983. Frankfurt/New York: Campus.
Alber, J. (1992): Das Gesundheitswesen der Bundesrepublik Deutschland. Entwicklung, Struktur und Funktionsweise. Frankfurt/New York: Campus.
AOK Bundesverband (2006): Die Wirkungen der Härteregelung beim Zusatzbeitrag im Fondskonzept der Bundesregierung. Eine statistische Simulationsanalyse. Bonn: Kompart.
Bahr, D. (2007): Eine Reform mit Langzeitwirkung: Plädoyer für das Prinzip Eigenverantwortung im Gesundheitswesen. In: Oberender, P./Straub, C. (Hrsg.), Auf der Suche nach der besseren Lösung. Festschrift zum 60. Geburtstag von Norbert Klusen. Baden-Baden: Nomos: 41 - 50.
Bandelow, N.C. (1998): Gesundheitspolitik. Der Staat in der Hand einzelner Interessengruppen? Opladen: Leske + Budrich.
Bandelow, N. C. (2006): Gesundheitspolitik: Zielkonflikte und Politikwechsel trotz Blockaden. In: Schmidt, M. G./Zohlnhöfer, R. (Hrsg.), Regieren in der Bundesrepublik Deutschland. Wiesbaden: VS Verlag für Sozialwissenschaften. 159 - 176.
Bandelow, N. C./Hartmann, A. (2007): Weder rot noch grün. Machterosion und Interessenfragmentierung bei Staat und Verbänden in der Gesundheitspolitik. In: Egle, C./Zohlnhöfer, R. (Hrsg.), Ende des rot-grünen Projektes. Wiesbaden: VS Verlag für Sozialwissenschaften. 334 - 354.
Bandelow, N. C. (2003): Policy Lernen und politische Veränderungen. In: Schubert, K./Bandelow, N. C. (Hrsg.), Lehrbuch der Politikfeldanalyse. München: Oldenbourg. 289 - 331.
Bandelow, N. C. /Schade, M. (2009): Konsens im Dissens? Konflikte in der Gesundheitsreform der Großen Koalition. In: Schroeder, W./Paquet, R. (Hrsg.): Gesundheitsreform 2007. Nach der Reform ist vor der Reform. Wiesbaden: VS Verlag für Sozialwissenschaften. 58 - 76.
Bartels, M./Paquet, R. (2009): Chronik der Gesundheitsreform 2007: In. Schroeder, W./Paquet, R. (Hrsg.), Gesundheitsreform 2007. Nach der Reform ist vor der Reform. Wiesbaden: VS Verlag für Sozialwissenschaften. 277 - 301.
Baumgartner, F. R./Jones, B. D. (1991): Agenda Dynamics and Policy Subsystems. In: Journal of Politics, 53. 1044 - 1074.
Benz, A (Hrsg). (2004): Governance - Regieren in komplexen Regelsystemen. Wiesbaden: VS Verlag für Sozialwissenschaften
Benz, A. et al. (Hrsg.) (2007): Handbuch Governance. Theoretische Grundlagen und empirische Anwendungsfelder. Wiesbaden: VS Verlag für Sozialwissenschaften.
Beyer, J. (2008): Wann, wenn nicht jetzt? Konzeptionelle Grundlagen für die Analyse der Sequenzierung politischer Reformen. Erschienen in der Reihe „Zukunft Regieren. Beiträge für eine gestaltungsfähige Politik 2/2008. Gütersloh: Bertelsmann Stiftung.

Blatter, J. K./Janning, F./Wagemann, C. (2007): Qualitative Politikanalyse. Eine Einführung in Forschungsansätze und Methoden. Wiesbaden: VS Verlag für Sozialwissenschaften.
Blum, S./Schubert, K. (2009): Politikfeldanalyse. Wiesbaden: VS Verlag für Sozialwissenschaften.
Böcken, J./Braun, B./Amhof, R. (Hrsg.) (2008): Gesundheitsmonitor 2008. Gesundheitsversorgung und Gestaltungsoptionen aus der Perspektive der Bevölkerung. Gütersloh: Bertelsmann-Stiftung. 270 - 292.
Botsch, A. (2009): Auswirkungen der finanz- und realmarktwirtschaftlichen Entwicklung auf die sozialen Sicherungssysteme. Friedrich Ebert-Stiftung (Hrsg.), WiSo-Diskurs Juni 2009. Bonn.
Brady, H. E./Collier, D. (Eds.) (2004): Rethinking Social Inquiry. Diverse Tools, Shared Standards. Lanham et el.: Rowman & Littlefield.
Braun, B./Marstedt, G. (2010): Mythen zur Gesundheitspolitik: Auch gebildete Bürger irren. Gesundheitsmonitor 2/2010. Bertelsmann Stiftung. Gütersloh.
Breyer, F./Zweifel, P./Kifmann, M. (2004): Gesundheitsökonomik. Berlin et al.: Springer.
Bundesministerium für Gesundheit und Soziale Sicherung (BMGS) und Bundesarchiv (Hrsg.) 2002: Geschichte der Sozialpolitik in Deutschland seit 1945. Band 7, 1982 - 1989. Bundesrepublik Deutschland - Finanzielle Konsolidierung und institutionelle Reform. Baden-Baden: Nomos
Bundesministerium für Gesundheit (BMG) (2009): Daten des Gesundheitswesens 2009. Berlin.
Bundesministerium für Gesundheit (BMG) (2010): Daten des Gesundheitswesens 2010. Berlin.
Braun, B./Gerlinger, T. (2008): Erwartungen der GKV-Versicherten an die Zukunft des Gesundheitswesens 2001 - 2008. Trends, politische und soziale Einflussfaktoren. In: .
Bunge, M. (2007): Im kleinsten Kreise... In: Highlights: Fakten und Hintergründe - Das Onlinemagazin zur Gesundheitspolitik. Ausgabe 3/07 vom 28.01.2007. S. 5. Bonn.
Busemeyer, M./Trampusch, C. (2011): Liberalization by Exhausation: Transformative Change in the German Welfare State and Vocational Training System. Paper presented at the annual conference of the council of European Studies. Barcelona. 2011.
Busse, R. (2004): Welche Lösungen findet man bei unseren Nachbarn - welchen Rahmen setzt die EU? In: Lange, J. (Hrsg.), Selbstverwaltung oder Selbstbedienung? Die Zukunft des Gesundheitswesens zwischen Korporatismus, Wettbewerb und staatlicher Regulierung. Rehburg-Loccum. 103 - 124.
Busse, R./Drösler, S./Glaeske, G./Greiner, W./Schäfer, T./Schrappe M (2007): Wissenschaftliches Gutachten für die Auswahl von 50 bis 80 Krankheiten zur Berücksichtigung im morbiditätsorientierten Risikostrukturausgleich. Berlin.
Campbell, D. T. (1966): Pattern Matching as an Essential in Distal Knowing. In: Hammond, K. R. (Ed.), The psychology of Egon Brunswick. New York: Holt, Rinehardt & Winston. 81 - 106.
Checkel, J. (2008). Process Tracing. In: Klotz, A./Prakash, D. (Eds.), Qualitative methods in international research. A pluralist guide. New York: Palgrave Macmillian. 114 - 129.
Cohen, M. D./March, J.G./Olsen, J. P.(1972): A Garbage Can Model of Organizational Choice. In: Administrative Science Quartaly, 17 (1). 1 - 25.
Coleman, J. S. (1991): Grundlagen der Sozialtheorie. Band 1. Handlungen und Handlungssysteme. München: Oldenbourg.
Dean, J. P./Whyte, W. F. (1970/1958): How Do You Know If The Informant Is Telling the Truth?. In: Dexter, L. A., Elite and specialized interviewing. Evanton: Nortwestern University Press. 119 - 131 (Wiederabdruck eines bereits 1958 in "Human Organization, Vol. XVII, No.2 publizierten Aufsatzes).
Dehlinger, E. (2007): Viele Anträge, wenig Änderungen! In: Highlights: Fakten und Hintergründe - Das Onlinemagazin zur Gesundheitspolitik. Ausgabe 3/07 vom 28.01.2007. S. 11. Bonn.
Döhler, M. (1990): Gesundheitspolitik nach der „Wende". Berlin: Edition Sigma.
Döhler, M./Manow-Borgwardt, P. (1991). Korporatisierung als gesundheitspolitische Strategie. Max-Planck-Institut für Gesellschaftsforschung, MPIfG Discussion Paper 91/9. Köln.

Döhler, M./Manow, P. (1997): Strukturbildung von Politikfeldern. Das Beispiel bundesdeutscher Gesundheitspolitik seit den fünfziger Jahren. Opladen: Leske + Budrich.

Döring, D./Greß,S./Logeay, C./Zwiener, R. (2009): Kurzfristige Auswirkungen der Finanzmarktkrise auf die sozialen Sicherungssysteme und mittelfristiger Handlungsbedarf. Expertise im Auftrag der Friedrich Ebert-Stiftung und der Hans Böckler-Stiftung. Friedrich Ebert-Stiftung, WiSo-Diskurs, September 2009. Bonn.

Drösler, S. et al. (2011): Evaluationsbericht zum Jahresausgleich 2009 im Risikostrukturausgleich. Endfassung. 22.06.2011. Ohne Angaben zum Ort.

Dürr, A. (2007). Einige Anregungen zur Auswahl zwischen konkurrierenden Erklärungsansätzen in Y-zentrierter Forschung. In. Gschwend, T./Schimmelfennig, F. (Hrsg). Forschungsdesign in der Politikwissenschaft. Probleme - Strategien - Anwendungen. Frankfurt/New York: Campus. 281 - 303.

Dul, J./Hak, T. (2008): Case Study Methodology in Business Research. Oxford: Butterworth-Heinemann.

Ebsen, I. (2009): Die gesetzliche Krankenversicherung auf dem Pfad der Marktorientierung. In: Gellner, W./Schmöller, M. (Hrsg.), Solidarität und Wettbewerb. Gesetzliche Krankenversicherungen auf dem Weg zu profitorientierten Versicherungsunternehmen - Zukunftsoptionen und Probleme. Nomos: Baden-Baden: 75 - 98.

Eckstein, H. (1975). Case study and theory in political science. In: Greenstein, F. I./Polsby, N. W. (Eds.), Handbook of political science. Vol. 7. Reading, MA: Addison-Wesley. 94 - 137.

Eckstein, H. (1992): Case study and theory in political science. In: Eckstein, H., Regarding Politics. Essays on Political Theory, Stability, and Change. Berkely: University of California Press. 117 - 176.

Egle, C./Zohlnhöfer, R. (Hrsg.) (2007). Ende des rot-grünen Projektes. Eine Bilanz der Regierung Schröder 2002 - 2005. Wiesbaden: VS Verlag für Sozialwissenschaften.

Eldredge, N./Gould, S. J. (1972): Punctuated Equilbrium: An Alternative to Phyletic Gradualism. In: Schopf, T. M. J. (Ed.), Models in Paleobiology. San Francisco: Freeman Cooper. 82 - 115.

Enquete-Kommission "Strukturreform der gesetzlichen Krankenversicherung" des Deutschen Bundestages (1990): Endbericht. Bundestagsdrucksache 11/6380 vom 12.02.1990.

Esping-Andersen, G. (1990): The Three Worlds of Welfare Capitalism. Princeton/New York: Princeton University Press.

Esping-Andersen, G. 1999: Social Foundations of Postindustrial Economies. Oxford: Oxford University Press.

Falleti, T. G./Lynch, J. F. (2009): Context and Causal Mechanisms in Political Analysis. In: Comparative Political Studies, September 2009, Vol. 42, No. 9. 1143 - 1162.

Feder-Bubis, P./Chinitz, D. (2010): Punctuated Equilibrium and Path Dependence in Coexistence: The Israeli Health System and Theories of Change. In: In: Journal of Health Politics, Policy and Law. Vol. 35, No. 4, August 2010. 595 - 614.

Feldenkirchen, M. (2006): Eins plus eins = null. In. DER SPIEGEL, 38. 28 - 42.

Fiedler, E. 1990: Organisationsreform: Stärkung von Pluralität und Wettbewerb. In: Sozialer Fortschritt. 39. Jahrgang, Heft 3 - 4/1990. 77 - 79.

Fiedler, E. (2006): Stellungnahme zu Fragen über Auswirkungen der Überforderungsregelung. Köln. 29.09.2006.

Frerich, J./Frey, M. (1993a): Handbuch der Geschichte der Sozialpolitik in Deutschland. Band 1: Von der vorindustriellen Zeit bis zum Ende des Dritten Reiches. München/Wien: Oldenbourg Verlag.

Frerich, J./Frey, M. (1993b): Handbuch der Geschichte der Sozialpolitik in Deutschland. Band 3: Sozialpolitik in der Bundesrepublik Deutschland bis zur Herstellung der Deutschen Einheit. München/Wien: Oldenbourg Verlag.

Gaßner, M./Arndt, V./Fischer, L./Göpffarth, D. (2010): Sind die Diagnosezahlen nach Einführung des morbiditätsorientierten Risikostrukturausgleichs angestiegen? In: Gesundheits- und Sozialpolitik, 65. Jg,, Heft 6/2010. 11 - 19.

Gaßner, M./Treusch, C./Göpffarth, D. (2011). Prävention lohnt sich - nach wie vor. In: Die BKK, 99. Jg., Heft 4/2011. 222 - 224.

George, A. L./Bennett, A. (2005): Case Studies and Theory Development in the Social Sciences. Cambridge/Mass: MIT Press.

Gerlinger, T. (2002): Vom korporatistischen zum wettbewerblichen Ordnungsmodell? Über Kontinuität und Wandel politischer Steuerung im Gesundheitswesen. In: Gellner, U./Schön, M. (Hrsg.), Paradigmenwechsel in der Gesundheitspolitik? Baden-Baden: Nomos. 123 - 151.

Gerlinger, T. (2003): Rot-grüne Gesundheitspolitik 1998 - 2003. In: Aus Politik und Zeitgeschichte, B 33-34. 6 - 13.

Gerlinger, T. (2009a): Ökonomisierung und korporatistische Regulierung in der gesetzlichen Krankenversicherung. In: Gesundheits- und Sozialpolitik, 63. Jg., Heft 3 + 4.. 12 - 17. Baden-Baden: Nomos.

Gerlinger, T. (2009b): Wettbewerb und Patientenorientierung in der gesetzlichen Krankenversicherung. In. Böckmann, P. (Hrsg.), Gesundheitsversorgung zwischen Solidarität und Wettbewerb. Wiesbaden: VS Verlag für Sozialwissenschaften. 19 - 41.

Gerlinger, T./Mosebach, K./Schmucker, R. (2009): Die Gesundheitspolitik der Großen Koalition. In: Eicker-Wolf, K. et al. (Hrsg.), In gemeinsamer Verantwortung. Die Sozial- und Wirtschaftspolitik der Großen Koalition. 2005 - 2009. Marburg: Metropolis. 143 - 180.

Gerring, J. (2001): Social Science Methodology. Cambridge: Cambridge University Press.

Gerring, J. (2004): What is a Case Study and what is it good for? In: American Science Review, Vol. 98, No.2. May 2004. 341 - 354.

Gerring, J. (2005): Causation: A Unified Framework for the Social Science. In: Journal of Theoretical Politics, 17. 163 - 198.

Gerring, J. (2006): Single-Outcome Studies. A methodological primer. In: International Sociology, Vo. 21 (5). 707 - 729.

Gerring, J. (2007): Case Study Resarch. Principles and Practices. Cambridge, UK: Cambridge University Press.

Gerring, J. (2010): Causal Mechanisms: Yes, But... In: Comparative Political Studies 43 (11). 1499 - 1526.

Giaimo, S. (2002): Markets and Medicine. The Politics of Health Care Reform in Britain, Germany, and the United States. Ann Arbor: The University of Michigan Press.

Giaimo, S./Manow, P. (1999): Adapting The Welfare State. The Case of Health Care Reform in Britain, Germany, and the United States. In. Comparative Political Studies, Vol. 32 No. 8, December 1999. 997 - 1000.

Ginneken, v. E./Busse, R./Gericke, C. (2006): Das neue Krankenversicherungssystem in den Niederlanden: erste Erfahrungen mit der Mischung aus Kopfpauschalen, Bürgerversicherung und einem zentralen Fonds. In: Gesundheits- und Sozialpolitik, 7-8/2006. 10 - 18.

Gläser, J./Laudel, G. (2004): Experteninterviews und qualitative Inhaltsanalyse als Instrumente rekonstruierender Untersuchungen. Wiesbaden: VS Verlag für Sozialwissenschaften.

Glaeske, G. (2008): Der morbiditätsorientierte Risikostrukturausgleich ab 2009. Mehr Rationalität im Wettbewerb der Kassen untereinander? In. Repschläger, U. (Hrsg.), BARMER Gesundheitswesen aktuell 2008. Beiträge und Analysen zu Auswirkungen der Gesundheitsreform ab 2009. Barmer Ersatzkasse. Wuppertal. 34 - 57.

Göpffarth, D./Sichert, M. (2009): Morbi-RSA und Einfluss auf ärztliches Kodierverhalten. In: Die Krankenversicherung, 58. Jg, Heft 1. 186 - 191.

Göpffarth, D./Greß, S./Jacobs, K./Wasem, J. (Hrsg.) (2010): Jahrbuch Risikostrukturausgleich 2009/2010. Von der Selektion zur Manipulation? Heidelberg: medhochzwei.

Goodin, R. E./Tilly, C. (Eds.) (2006): The Oxford Handbook of Contextual Political Analysis. Oxford: Oxford University Press.
Gould, S. J. (1989): Wonderful Life: The Burgess Shale and the Nature of History. New York: W. W. Norton.
Gould, S. J./Eldridge, N. (1993): Punctuated Equilibrium comes to Age. In: Nature 223, 18. November 1993. 225 - 227.
Greß, S. (2005): Gesundheitspolitik im internationalen Vergleich. Reformmodelle und Reformerfahrungen in den Niederlanden. Vortrag bei der gesundheitspolitischen Tagung der Konrad-Adenauer-Stiftung „Wie viel Staat braucht das Gesundheitswesen?" am 21.04.2005 in Köln.
Greß, S./Groenewegen, P./Hoeppner, K. (2005): Die Reform-Mühle. In: Gesundheit und Gesellschaft (G + G), 2/05, 8. Jahrgang. 20 - 25.
Greß, S./Manouguian, M./Wasem, J. (2006a): Lernen vom Nachbarn? Deutsche und niederländische Krankenversicherungsreform im Vergleich. In: Soziale Sicherheit, 55. Jg, Heft 12. 412 - 417.
Greß, S./Manouguian, M./Wasem, J. (2006b): Krankenversicherungsreform in den Niederlanden. Vorbild für einen Kompromiss zwischen Bürgerversicherung und Pauschalprämie in Deutschland? Diskussionsbeitrag Nr. 150. Fachbereich Wirtschaftswissenschaften der Universität Duisburg-Essen. Essen.
Greß, S./Manougian, M. (2007): Der Gesundheitsfonds - Erfahrungen in den Niederlanden. In: Göpffarth, D. et al. (Hrsg.), Jahrbuch Risikostrukturausgleich 2007. St. Augustin: Asgard. 231 - 247.
Greß, S./Manouguian, M./Wasem, J. (2007): Niederlande: Anatomie einer Reform. In: G+G, Gesundheit und Gesellschaft, Heft 1/2007, 36 - 40. Berlin: Kompart.
Grimmeisen, S./Wendt, C. (2010): Die Gesundheitspolitik der Großen Koalition. In: Bukow, S./Seemann, W. (Hrsg.), Die Große Koalition: Regierung - Politik - Parteien. 2005 - 2009. Wiesbaden: VS Verlag für Sozialwissenschaften. 159 - 172.
Gschwend, T./Schimmelfennig, F. (2007): Forschungsdesign in der Politikwissenschaft: Ein Dialog zwischen Theorie und Daten. In: Gschwend, T./Schimmelfennig, F. (Hrsg. Forschungsdesign in der Politikwissenschaft. Probleme - Strategien - Anwendungen. Frankfurt/New York: Campus. 13 - 35.
Hak, T./Dul, J. (2010): Pattern matching. In: Mills, A. J./Eurepos, G./Wiebe, E. (Eds.), Encyclopedia of Case Study Research. Thousand Oaks/London/New Dehli: Sage. 663 - 665.
Hall, P. A. (2003): Aligning Ontology and Methodology in Comparative Politics. In: Mahoney, J./Rueschemeyer, D. (Eds.), Comparative Historical Analysis in the Social Science. Cambridge: Cambridge University Press. 373 - 404.
Hall, P. A. (2006): Systematic process analysis. When and how to use it. In: European Management Review 3. Jg., Heft 1. 24 - 31.
Hall, P. A. (2007): Systematic process analysis. When and how to use it. In: European Political Science 2007. 1 - 14. (Wiederabdruck des 2006 veröffentlichten Aufsatzes).
Hall, P. A./Taylor, R. C. R. (1996): Political Science and the Three New Institutionalisms. MPIfG Discussion Paper 96/6. Köln: Max-Planck-Institut für Gesellschaftsforschung.
Hartmann, A. (2003): Patientennah, leistungsstark, finanzbewusst? In: Egle, C./Ostheim, T./Zohlnhöfer, R.(Hrsg.), Das rot-grüne Projekt. Wiesbaden. VS Verlag für Sozialwissenschaften. 259 - 287.
Hartmann, A. (2006): Gesundheitspolitik: Mehr Probleme als Lösungen? In: Sturm, R./Pehle, H. (Hrsg.), Wege aus der Krise? Die Agenda der zweiten Großen Koalition. Opladen & Farmington Hills: Barbara Budrich. 59 - 75.
Hartmann, A. (2010): Die Gesundheitsreform der Großen Koalition: kleinster gemeinsamer Nenner oder offenes Hintertürchen? In: Egle, C/Zohlnöfer, R. (Hrsg.), Die zweite Große Koalition. Eine Bilanz der Regierung Merkel. Wiesbaden: VS Verlag für Sozialwissenschaften. 327 - 349.

Hay, C. (2006): Political Ontology. In: Goodin, R. E./Tilly, C. (Eds.), The Oxford Handbook of Contextual Political Analysis. Oxford: Oxford University Press. 78 - 96.
Henke, K.-D. (2007): Der Gesundheitsfonds: Politökonomische Aspekte und seine Rolle als Wettbewerbsinstrument. In: Göpffarth, D. et al. (Hrsg.), Jahrbuch Risikostrukturausgleich 2007. St. Augustin: Asgard. 45 - 69.
Hermann, C. (1990): Die Kassenorganisationsreform zwischen Politikberatung und Politikdominanz. In: Arbeit und Sozialpolitik 44. Jg., Heft 2. 60 - 66.
Hermann, C./Pressel, H. (2010): Das Gesundheitswesen als "komplexes adaptives System" - Implikationen für die Gestaltung der Gesundheitsversorgung. In: Monitor Versorgungsforschung 05/10. 42 - 46.
Hockerts, H. G. (1980): Sozialpolitische Entscheidungen im Nachkriegsdeutschland. Alliierte und deutsche Sozialversicherungspolitik 1945 bis 1957. Stuttgart: Klett-Cotta.
Hockerts, H. G./Süß, W. (2006): Gesamtbetrachtung: Die sozialpolitische Bilanz der Reformära. In: Bundesministerium für Arbeit und Soziales und Bundesarchiv (Hrsg.), Geschichte der Sozialpolitik in Deutschland seit 1945, Band 5, 1966 - 1974 Bundesrepublik Deutschland - Eine Zeit vielfältigen Aufbruchs. Bandherausgeber: H. G. Hockerts. Baden-Baden: Nomos: 945 - 962.
Höppner, K./Greß, S./Rothgang, H./Wasem, J./Braun, B./Buitkamp, M. (2005): Grenzen und Dysfunktionalitäten des Kassenwettbewerbs in der GKV: Theorie und Empirie der Risikoselektion in Deutschland. ZeS-Arbeitspapier Nr. 4/2005. Zentrum für Sozialpolitik Universität Bremen.
Höppner, K. (2008): Niederlande. In: Menzel, K. Hrsg.), Markt und Verbraucherschutz im Gesundheitswesen: Erfahrungen europäischer Nachbarländer und Lehren für Deutschland. Saarbrücken. Vdm Verlag. 137 - 186.
Holzinger, K./Jörgens, H./Knill, C. (Hrsg.) (2007): Transfer, Diffusion und Konvergenz von Politiken. PVS-Sonderheft 38, Wiesbaden.
IGES/BASYS (2004): Belastung der Arbeitgeber in Deutschland durch gesundheitssystembedingte Kosten im internationalen Vergleich. Berlin/Augsburg.
IGES/Cassel, D./Wasem, J. (2001): Zur Wirkung des Risikostrukturausgleichs in der gesetzlichen Krankenversicherung. Eine Untersuchung im Auftrag des Bundesministeriums für Gesundheit. Endbericht. 15. Februar 2001. Berlin/Duisburg/Greifswald.
IGES/Cassel, D./Wasem, J./Lauterbach, K./Wille, E. (IGES et al.) (2001): Konsenspapier IGES/Cassel/Wasem und Lauterbach/Wille. Berlin/Köln/Duisburg/Mannheim.
IGSF (2004): Zu Lasten der gesetzlichen Krankenversicherung. Politische Entscheidungen 1977 - 2004 und andere Tatbestände. Band 101 der Schriftenreihe des Fritz Beske Instituts für Gesundheits-System-Forschung. Kiel.
Institut für Mikrodaten-Analyse (IfMDA) 2006: Ökonomische Auswirkungen der Gesundheitsreform auf die Bundesländer. Kiel.
Jacobs, K. (1992): Strukturreform oder Zerfall der solidarischen Krankenversicherung? In: Bieback, K.-J. (Hrsg.), Das Gesundheits-Reformgesetz - Eine gescheiterte Reform der gesetzlichen Krankenversicherung? Sankt Augustin: Asgard. 171 - 182.
Jacobs, K. (2004): Kein Beschluss aus einem Guss. In: Gesundheit und Gesellschaft (G+G), 7. Jg., Heft 1. 32 - 38.
Jacobs, K. (2009): Ring frei zur nächsten Runde - Eine „echte" GKV-Finanzierungsreform ist weiter überfällig. In: G+G Wissenschaft, 9. Jg.. Heft 3. 13 - 22.
Jacobs, K./Schulze, S. (2004): Systemwettbewerb zwischen gesetzlicher und privater Krankenversicherung: Idealbild oder Schimäre? In: G+G Wissenschaft, 4. Jg., Heft 1. 7 - 18.
Jacobs, K. (2008): Ordnungspolitischer Blindflug. In: Highlights - Das Onlinemagazin zur Gesundheitspolitik", Ausgabe 5/08 vom 21.02.2008. 25 - 28.
Jahn, R./Staudt, S./Wasem, J. (2009): Verbesserung des Risikostrukturausgleichs als Instrument zur Sicherung der Balance zwischen Solidarität und Wettbewerb. In: Böckmann, R. (Hrsg.),

Gesundheitsversorgung zwischen Solidarität und Wettbewerb. Wiesbaden. VS Verlag für Sozialwissenschaften. 43 - 61.
Jann,W./Wegrich, K. (2003): Phasenmodelle und Politikprozesse. Der Policy Cycle. In: Schubert, K./Bandelow, N. C. (Hrsg.), Lehrbuch der Politikfeldanalyse. München: Oldenbourg. 71 - 104.
Jones, B. D. (1994): Reconceiving Decision-Making in Democratic Politics. Attention, Choice, and Public Policy. Chicago: Chicago University Press.
Kania, H./Blanke, B. (2000): Von der „Korporatisierung" zum „Wettbewerb". Gesundheitspolitische Kurswechsel in den Neunzigerjahren. In: Czada, R./Wollmann, H. (Hrsg.), Von der Bonner zur Berliner Republik. 10 Jahre Deutsche Einheit. Wiesbaden: Westdeutscher Verlag.
Kingdon, J. W. (1984): Agendas, Alternatives, and Public Policies. Boston: Little & Brown.
Kingdon, J. W. (1994): Agendas, Ideas, and Policy Change. In. Dodd, L. C./Jillson, C. (Eds.), New Perspectives on American Politics. University Park: Pennsylvania State University. 73 - 89.
Kingdon, J. W. (2003): Agendas, Alternatives, and Public Policies. Second Edition. New York et al.: Longmann.
Knieps, F. (2007): Der Gesundheitsfonds aus Sicht der Politik. In: Göpffarth, D. et al. (Hrsg.), Jahrbuch Risikostrukturausgleich 2007. St. Augustin: Asgard. 9 - 26.
Köppke, S./Starke, P./Leibfried, S. (2008): Sozialpolitik. Konzepte, Theorien und Wirkungen. ZeS-Arbeitspapier Nr. 06/2008. Zentrum für Sozialpolitik, Universität Bremen.
Korpi, W. (1980): Social Policy and Distributional Conflict in Capitalist Democracies. A Premilary Comparative Framework. In. West European Politics, Vol 3. 296 - 316.
Korpi, W. (1983): The Democratic Class Struggle. London: Routledge & Kegan Paul.
Kürschners Volkshandbuch (2006): Deutscher Bundestag. 16. Wahlperiode. Rheinbratbach: NDV Neue Darmstädter Verlagsanstalt.
Lahnstein, M. (2006): Die gefesselte Kanzlerin. Wie sich die Große Koalition selbst blockiert. Bergisch Gladbach: Gustav Lübbe.
Lauterbach, K. (2005): Verteilungswirkungen im Vergleich: Gesundheitsprämie versus Bürgerversicherung. In: Soziale Sicherheit, Ausgabe 6/2005. 190 - 196.
Lauterbach, K. (2009): Gesund im kranken System. Ein Wegweiser. Berlin: Rowohlt.
Lauterbach, K./Wille, E. 2001: Modell eines fairen Wettbewerbs durch den Risikostrukturausgleich. Sofortprogramm "Wechselkomponente und solidarische Rückversicherung" unter Berücksichtigung der Morbidität. Abschlussbericht. Gutachten im Auftrag des Verbandes der Angestellten-Krankenkassen e. V. (VdAK), des Arbeiter-Ersatzkassen-Verbandes e. v. (AEV), des AOK-Bundesverbandes (AOK-BV) und des IKK-Bundesverbandes (IKK-BV). Köln/Mannheim.
Lauterbach, K./Lüngen, M./Stollenwerk, B./Gerber, A./Klever-Deckert, G. (2006): Einbeziehung der PKV in den Risikostrukturausgleich der Krankenversicherung. Studie des Institutes für Gesundheitsökonomie und Klinische Epidemiologie (IGKE) der Universität zu Köln. Köln.
Lauterbach, K. W./Stock, S./Brunner, H. (Hrsg.) (2009): Gesundheitsökonomie. Lehrbuch für Mediziner und andere Gesundheitsberufe. 2. vollständig überarbeitete Auflage. Bern: Hans Huber.
Lehnert, M./Miller, B./Wonka, A. (2007): Na und? Überlegungen zur gesellschaftlichen und theoretischen Relevanz in der Politikwissenschaft. In: Gschwend, T./Schimmelfennig, F. (Hrsg.), Forschungsdesign in der Politikwissenschaft. Probleme - Strategien - Anwendungen. Frankfurt/New York: Campus. 39 - 61.
Lehr, A./Visarius, J. (2009): Gesundheitspolitik und neue kommunikativ-mediale Entwicklungsmuster. In: Schroeder, W./Paquet, R. (Hrsg.), Gesundheitsreform 2007. Nach der Reform ist vor der Reform. Wiesbaden: VS Verlag für Sozialwissenschaften. 237 - 246.
Leiber, S. (2007): Paradigmatic Change in Social Insurance Countries? Assessing Recent Health Care Reforms in Germany, the Netherlands and Austria. Paper presented at the ESPAnet Conference. Helsinki, September 18 - 20.

Leiber, S./Greß, S./Manouguian, M.-S. (2010):Health Care System Change and the Cross-border Transfer of Ideas: Influence of the Dutch Model on the Health Reform 2007. In: Journal of Health Politics, Policy and Law, Vol. 35 (4). August 2010. 539 - 568.

Leibfried, S. 1992: Towards a European Welfare State? In: On Integrating Poverty Regimes into the European Community. In Ferge, Z. (Eds.), Social Policy in a changing Europe. Frankfurt a. M et al. 245 - 279.

Leibfried, S./Wagschal, U. (2000). Der deutsche Sozialstaat: Bilanzen - Reformen - Perspektiven. In: Leibfreid, S./Wagschal, U. (Hrsg.). Der deutsche Sozialstaat: Bilanzen - Reformen - Perspektiven. Frankfurt/New York: Campus. 8 - 50.

Leienbach, V. (2005): Reformkonzept der privaten Krankenversicherer: Bestehendes System reformieren, nicht zerschlagen! In: Brennpunkt Gesundheitswesen, Ausgabe 7/2005. Berlin. 14 - 22.

Lijhart, A. (1971): Comparative Politics and the Comparative Method. In: The American Political Science Review, Vol. 65, No. 3. 682 - 693.

Lijphart, A. (1975): The comparable cases strategy in comparative research. In: Comparative Political Studies, 8. 157 - 177.

Lohse, E./Wehner, M. (2009): Rosenkrieg. Die große Koalition 2005 - 2009. Köln: Fackelträger.

Mahoney, J. (2000a): Path dependence in historical sociology. In: Theory and Society, 29. 507 - 548.

Mahoney, J. (2000b): Rational Choice Theory and the Comparative Method: An Emerging Synthesis? In: American Journal of Sociology 104/4. 1154 - 1196.

Mahoney, J. (2007): Qualitative Methodology and Comparative Politics. In: Comparative Political Studies, 40 (2). 122 - 144.

Mahoney, J./Thelen, K. (2010): A Theory of Gradual Institutional Change. In: Mahoney, J./Thelen, K. (Eds.), Explaining Institutional Change. Ambiguity, Agency, and Power. New York: Cambridge University Press. 1 - 37.

Manouguian, M.-S./Greß, S:/Wasem, J. (2006): Die niederländische Krankenversicherungsreform - ein Vorbild für das deutsche GKV-WSG? In: Gesundheits- und Sozialpolitik, 60. Jg, Heft 11-12- 30 - 34.

Manow, P. (1994): Strukturinduzierte Politikgleichgewichte. Das Gesundheitsstrukturgesetz und seine Vorgänger. MPIfG Discussion Paper 94/5. Köln: Max Planck-Institut für Gesellschaftsforschung.

Manow, P. (2002): The Good, the Bad, and the Ugly: Espings-Andersen´s Regime Typology and the Religious Roots of the Western Welfare States. In: Kölner Zeitschrift für Soziologie und Sozialpsychologie 54 Jg. Heft 2. 203 - 225.

Manow, P. (2008): Religion und Sozialstaat. Die konfessionellen Grundlagen europäischer Wohlfahrtsstaatsregime. Frankfurt/New York.

Manow-Borgwardt, P. (1992): Gesundheitspolitische Steuerung mit Verbänden oder gegen sie? In: Zeitschrift für Sozialreform 38 Jg., Heft Nr. 7. 398 - 417.

Manow, P./Ganghof, S. (2005): Mechanismen deutscher Politik. In: Ganghof, S./Manow, P. (Hrsg.), Mechanismen der Politik. Strategische Interaktion im deutschen Regierungssystem. Frankfurt a. M.: Campus. 9 - 34.

Manow, P./Burkhart, S. (2009): Die Dauer der Gesetzgebungstätigkeit und die Herrschaft über den parlamentarischen Zeitplan - eine empirische Untersuchung des Legislativprozesses in Deutschland. In: Ganghof, S. /Hönnige, C./Stecker, C. (Hrsg.), Parlamente, Agendasetzung und Vetospieler. Festschrift für Herbert Döring. Wiesbaden: VS Verlag für Sozialwissenschaften. 53 - 67.

Mayntz, R. (2002): Zur Theoriefähigkeit makro-sozialer Analysen. In: Mayntz, R. (Hrsg.), Akteure - Mechanismen - Modelle. Zur Theoriefähigkeit makro-sozialer Analysen. Frankfurt a. M./New York: Campus. 11 - 44.

Mayntz, R. (2009a). Über Governance. Institutionen und Prozesse politischer Regulierung. Frankfurt: Campus.

Mayntz, R. (2009b): Kausale Rekonstruktion: Theoretische Aussagen im akteurzentrierten Institutionalismus. In: Mayntz, R., Sozialwissenschaftliches Erklären. Probleme der Theoriebildung und Methodologie. Schriften aus dem Max-Planck-Institut für Gesellschaftsforschung. Köln. Band 63. Frankfurt/New York: Campus. 83 . 96.

Mayntz, R./Scharpf, F. W. (1995): Der Ansatz des akteurzentrierten Institutionalismus. In: Mayntz, R./Scharpf, F. W. (Hrsg.), Gesellschaftliche Selbstregulierung und politische Steuerung. Frankfurt a. M./New York: Campus. 39 - 72.

Meusch, A. (2008): Gesundheitsfonds und morbiditätsorientierter RSA - Fehlanreize?! In: Gesellschaftspolitische Kommentare Nr. 7/08, Juli 2008. 26 - 28.

Meuser, M./Nagel, U. (2002): ExpertInneninterviews – vielfach erprobt, wenig bedacht. Ein Beitrag zur qualitativen Methodendiskussion. In: Bogner, A./Littig, B./Menz, W. (Hrsg.), Das Experteninterview. Theorie, Methode, Anwendung. Opladen: Leske + Budrich. 71 - 93.

Meyer, H./Schubert, K. (2007): Vom nationalen Wohlfahrtsstaat zum europäischen Sozialmodell? In: Bandelow, N. C./Bleek, W. (Hrsg.), Einzelinteressen und kollektives Handeln in modernen Demokratien. Festschrift für Ulrich Widmaier. Wiesbaden: VS Verlag für Sozialwissenschaften. 29 - 42.

Mommsen, W. J. (2002): Sozialpolitik im Deutschen Kaiserreich. In. Woelk, W./Vögele, J. (Hrsg.), Geschichte der Gesundheitspolitik in Deutschland. Von der Weimarer Republik bis zur Frühgeschichte der „doppelten Staatsgründung". Berlin: Duncker & Humblot. 51 - 66.

Müller, J./Maaz, W. (2010): Der Schätzerkreis in der gesetzlichen Krankenversicherung - Expertengremium zur Prognose der Einnahmen- und Ausgabenentwicklung. In: Gesundheits- und Sozialpolitik, 64. Jg., Heft 6. 20 - 25.

Muno, W. (2009): Fallstudien und die vergleichende Methode. In: Pickel, S./Pickel, G./Lauth, H.-J./Jahn, D. (Hrsg.), Methoden der vergleichenden Politik- und Sozialwissenschaft. Neue Entwicklungen und Anwendungen. Wiesbaden: VS Verlag für Sozialwissenschaften. 113 - 131.

Neubacher, A./Palmer, H. (2003): Reformen: Krawatte gegen Fliege. In: DER SPIEGEL 32/2003, 4. August 2003. 24 - 26.

Neumann, A. (2009): Die Union zwischen Gesundheitsfonds und Rettung der PKV. In: Schroeder, W./Paquet, R. (Hrsg.), Gesundheitsreform 2007. Nach der Reform ist vor der Reform. Wiesbaden: VS Verlag für Sozialwissenschaften. 89 - 102.

Niejahr, E. (2006): Erste Hilfe aus Den Haag. Gesundheit: In Holland funktioniert die Mischung aus Kopfpauschale und Bürgerversicherung. In: Die Zeit, 14/2006. 30.03.2006.

Nullmeier, F. (2008): Die Agenda 2010: Ein Reformpaket und sein kommunikatives Versagen. In. Fischer, T. et al. (Hrsg.), Politische Reformprozesse in der Analyse. Untersuchungssystematik und Fallbeispiele. Gütersloh: Bertelsmann Stiftung. 145 - 190.

Nullmeier, F./Pritzlaff, T./Wiesner, A. (2003): Mikro-Policy-Analyse. Ethnographische Politikforschung am Beispiel Hochschulpolitik. Frankfurt a. M./New York: Campus.

OECD (2009): Health at a Glance: OECD Indicators. Paris.

Oliver, A./Mossialos, E. (2005): European Health Systems Reforms: Looking Backward to See Forward?. In: Journal of Health Politics, Policy, and Law. Vol. 30. No. 1-2. Februray - April 2005. 7 - 28.

Olson, M. (2004): Die Logik kollektiven Handelns. Kollektivgüter und die Theorie der Gruppen. 4. Auflage. Tübingen: Mohr Siebeck. Original: The Logic of Collective Action: Public Goods and the Theory of Groups. 1965.

Orlowski, U./Wasem, J. (2003): Gesundheitsreform 2004. GKV-Modernisierungsgesetz (GMG). Heidelberg: Economica Verlag.

Ostheim, T./Schmidt, M. G. (2007): Die Machtressourcentheorie. In: Schmidt, M. G. et al. (Hrsg.), Der Wohlfahrtsstaat. Eine Einführung in den historischen und internationalen Vergleich. Wiesbaden: VS Verlag für Sozialwissenschaften. 40 - 50.

Paquet, R./Schroeder, W. (2009a): Gesundheitsreform 2007 - Akteure, Interesse und Prozesse. In: Schroeder, W./Paquet, R. (Hrsg.) (2009): Gesundheitsreform 2007. Nach der Reform ist vor der Reform. Wiesbaden: VS Verlag für Sozialwissenschaften. 11 - 29.

Paquet, R. (2009b): Motor der Reform und Schaltzentrale: Die Rolle des Bundesministeriums für Gesundheit in der Gesundheitsreform 2007. In: Schroeder, W./Paquet, R. (Hrsg.), Gesundheitsreform 2007. Nach der Reform ist vor der Reform. Wiesbaden. VS Verlag für Sozialwissenschaften. 32 - 49.

Paquet, R. (2009c): Gesundheitsreform 2007: Die Kassen unter Druck. In: Schroeder, W./Paquet, R. (Hrsg.), Gesundheitsreform 2007. Nach der Reform ist vor der Reform. Wiesbaden. VS Verlag für Sozialwissenschaften. 126 - 135.

Perschke-Hartmann, C. (1992): Geschichte des Auseinandersetzungsprozesses um das GRG. In: Bieback, K.-J. (Hrsg.), Das Gesundheits-Reformgesetz - Eine gescheiterte Reform der gesetzlichen Krankenversicherung? Sankt Augustin: Asgard. 37 - 54.

Perschke-Hartmann, C. (1993): Das Gesundheitsstrukturgesetz von 1992 – zur Selbstevaluation staatlicher Politik. In: Leviathan, 21. Jg.,. 564 - 583.

Pickel, G./Pickel, S. (2009): Qualitative Interviews als Verfahren des Ländervergleichs. In: Pickel, S./Pickel, G./Lauth, H.-J./Jahn, D. (Hrsg.), Methoden der vergleichenden Politik- und Sozialwissenschaft. Neuere Entwicklungen und Anwendungen. Wiesbaden: VS Verlag für Sozialwissenschaften. 441 - 464.

Pierson, P. (2000a): Increasing Returns, Path Dependence, and the Study of Politics. In: American Political Science Review 94. 251 - 268.

Pierson, P. (2000b): Not just what, but when: Timing and Sequence in Political Processes. In: Studies in American Political Development 14. 72 - 92.

Pierson, P. (2003): Big, slow-moving, and ...invisible. Macrosocial Processes in the study of comperative politics. In: Mahoney, J./Rueschemeyer, D. (Hrsg.), Comparative Historical Analysis in the Social Science. Cambridge: Cambridge University Press. 177 - 207.

Pierson, P. (2004): Politics in Time. Princeton, New Jersey: Princeton University Press.

Pressel, H. (2009): Von den Verbänden der Kassenarten zum dem Spitzenverband Bund der Krankenkassen. In: Gesundheits- und Sozialpolitik, 64. Jg., Heft 6. 43 - 51.

Pressel, H. (2010a): Die Veränderung des Organisationsrechts der gesetzlichen Krankenkassen und ihrer Verbände durch die Große Koalition: Entstehung, Bestandsaufnahme und Ausblick. In: Zeitschrift für Sozialreform. 56. Jg., Heft 3/2010. 347 - 372.

Pressel, H. (2010b): Das „Sozialversicherungs-Stabilisierungsgesetz" - Entstehung und Inhalte. In: Wege zur Sozialversicherung. 64. Jg., Heft 5, Mai 2010. 143 - 145.

Pressel. H. (2010c): Gesetz zur Änderung krankenversicherungsrechtlicher und anderer Vorschriften (GKV-Änderungsgesetz) beschlossen. In: Wege zur Sozialversicherung. 64 Jg., Heft 8. 243 - 245.

Redford, E. S. (1969): Democracy in the Administrative State. New York: Oxford University Press.

Reilly, R. C. (2010): Process Tracing. In: Mills, A. J./Eurepos, G./Wiebe, E. (Eds.), Encyclopedia of Case Study Research. Thousand Oaks/London/New Dehli: Sage. 733 - 736.

Reiners, H. (1990): Bericht der Enquete-Kommission „Strukturreform der gesetzlichen Krankenversicherung" - außer Spesen nichts gewesen? Jahrbuch für Kritische Medizin 15: „Gesundheitsreform" und die Folgen. Hamburg: Argument. 16 - 30.

Reiners, H. (1993): Das Gesundheitsstrukturgesetz - „Ein Hauch von Sozialgeschichte"? Werkstattbericht einer gesundheitspolitischen Weichenstellung. In: Jahrbuch für kritische Medizin, 20 Hamburg. 21 - 53.

Reiners, H. (2006a): Der homo oeconomicus im Gesundheitswesen. In Rebscher. H. (Hrsg.), Gesundheitsökonomie und Gesundheitspolitik im Spannungsfeld zwischen Wissenschaft und Politikberatung. Festschrift für Günter Neubauer. Heidelberg: Economica. 101 - 125.
Reiners, H. (2006b): Der "Lahnstein"-Mythos: Die schwere Geburt des RSA. Göpffahrt, D., Greß, S. et al. (Hrsg.): Jahrbuch Risikostrukturausgleich 2006: Zehn Jahre Kassenwahlfreiheit. Sankt Augustin: Asgard, S. 13 - 34
Reiners, H. (2010a): Beitrag in Festschrift Rosenbrock. In: Gerlinger, T. et al. Politik für Gesundheit. Fest- und Streitschriften zum 65. Geburtstag von Rolf Rosenbrock. Bern. Haupt. 122 - 130.
Reiners, H. (2010b): Mythen der Gesundheitspolitik. Bern: Haupt.
Repetto, R. (Ed.) (2006): By Fits and Starts: Punctuated Equilibrium and the Dynamics of US Environmental Policy. New Haven: Yale University Press.
Rheinisch-Westfälisches Institut für Wirtschaftsforschung (RWI)/Universität Dortmund (2006): Finanzielle Auswirkungen der Einführung des Gesundheitsfonds auf die Bundesländer. Forschungsvorhaben für das Ministerium für Arbeit, Gesundheit und Soziales des Landes Nordrhein-Westfalen. Endbericht - Dezember 2006. Essen.
Richter, W. F. (2005): Gesundheitsprämie oder Bürgerversicherung? Ein Kompromissvorschlag. In: Wirtschaftsdienst, 85. Jg. 693 - 697.
Richter, W. F. (2006): Wirkungen von Steuern und Sozialbeiträgen. In: Mellinghoff, R. (Hrsg.), Steuern im Sozialstaat. Deutsche Steuerjuristische Gesellschaft. Band 29. Köln: Otto Schmidt: 215 - 248.
Richter, W. F. (2007): Der Gesundheitsfonds als Kernstück einer Reform. In: Göpffarth, D. et al. (Hrsg.), Jahrbuch Risikostrukturausgleich 2007. St. Augustin: Asgard. 71 - 95.
Richter, W. F. (2010): Finanzierung des Krankenversicherungsschutzes: Entgleiste Reformdebatte wieder auf Spur. In. G+G Wissenschaft, 10. Jg., 4. 7 - 16.
Ritter, G. A. (1983): Die Entstehung der Sozialversicherung besonders in Deutschland und Großbritannien. In: Köhler, P. A./Zacher, H. F. (Hrsg.), Beiträge zu Geschichte und aktueller Situation der Sozialversicherung. Schriftenreihe für Internationales und Vergleichendes Sozialrecht. Band 8. Berlin. Duncker & Humblot. 79 - 109.
Rose, R. (1982): Do Parties Make A Difference? Chatham, New Jersey: Chatman House Publishers.
Rose, R. (1993): Lesson Drawing in Public Policy. A Guide to Learning across Time and Space. Chatham, New Jersey. Chatham House Publishers.
Rosenbrock, R./Gerlinger, T. (2006): Gesundheitspolitik. Eine systematische Einführung. 2., vollständig überarbeitete Auflage. Bern: Hans Huber.
Rosewitz, B./Webber, D. (1990): Reformversuche und Reformblockaden im deutschen Gesundheitswesen. Frankfurt a. M./New York: Campus.
Rothgang, H. et al. (2006): Die Regulierung von Gesundheitssystemen in vergleichender Perspektive: Auf dem Weg zur Konvergenz?. In. Wendt, C./Wolf, C. (Hrsg.), Soziologie der Gesundheit. Wiesbaden: VS Verlag für Sozialwissenschaften. 298 - 319.
Rüb, F. W. (2006): Die Zeit der Entscheidung. Kontingenz, Ambiguität und die Politisierung der Politik. Ein Versuch. In: hrss, hamburg review of social science, 1. Jg. 1 - 34.
Rüb, F. W. (2009): Multiple-Streams-Ansatz: Grundlagen, Probleme und Kritik. In: Schubert, K./Bandelow, N. C. (Hrsg.), Lehrbuch der Politikfeldanalyse 2.0. Zweite vollständig überarbeitete und erweiterte Auflage. München: Oldenbourg. 348 - 375.
Rürup, B. (2006): Antworten auf die Fragen über die Auswirkungen der Überforderungsregel. Stellungnahme unter Mitarbeit von Dr. Martin Albrecht und Dr. Martin Gasche. Darmstadt/Berlin.
Rürup, B./Wille, E. (2007): Finanzielle Effekte des vorgesehenen Gesundheitsfonds auf die Bundesländer. Gutachten im Auftrag des Bundesministeriums für Gesundheit. Darmstadt und Mannheim.
Sabatier, P. A. (Ed.) (1999): Theories of the Policy Process. Boulder, Colorado: Westview Press.

Sachverständigenrat für die Begutachtung der gesamtwirtschaftlichen Entwicklung (Sachverständigenrat Wirtschaft) (1995): Im Standortwettbewerb. Jahresgutachten 1995/1996. Wiesbaden.

Sachverständigenrat für die Begutachtung der gesamtwirtschaftlichen Entwicklung (Sachverständigenrat Wirtschaft) (2004): Erfolge im Ausland - Herausforderungen im Inland. Jahresgutachten 2004/2005. Wiesbaden.

Sachverständigenrat zur Begutachtung der gesamtwirtschaftlichen Entwicklung (Sachverständigenrat Wirtschaft) (2005): Die Chancen nutzen - Reformen mutig voranbringen. Jahresgutachten 2005/2006. Wiesbaden.

Sachverständigenrat zur Begutachtung der gesamtwirtschaftlichen Entwicklung (Sachverständigenrat Wirtschaft) (2006): Widerstreitende Interessen - ungenutzte Chancen. Jahresgutachten 2006/2007. Wiesbaden.

Sachverständigenrat zur Begutachtung der gesamtwirtschaftlichen Entwicklung (Sachverständigenrat Wirtschaft) (2008): Die Finanzmarktkrise meistern - Wachstumskräfte stärken. Jahresgutachten 2008/2009. Wiesbaden.

Sachverständigenrat zur Begutachtung der gesamtwirtschaftlichen Entwicklung (Sachverständigenrat Wirtschaft) (2009): Die Zukunft nicht aufs Spiel setzen. Jahresgutachten 2009/2010. Wiesbaden.

Sachverständigenrat für die Konzertierte Aktion im Gesundheitswesen (2003): Finanzierung, Nutzerorientierung und Qualität. Gutachten 2003. Kurzfassung. Bonn.

Sauga, M. (2006): Gesundheitspolitik: Schmidts Mix. In: DER SPIEGEL vom 13.03.2006. 33 - 34.

Scharpf, F. W. (1992): Koordination durch Verhandlungssysteme: Analytische Konzepte und institutionelle Lösungen. In: : Benz, A./Scharpf, F. W./Zintl, R. (Hrsg.), Horizontale Politikverflechtung. Zur Theorie von Verhandlungssystemen. Frankfurt a. M./New York: Campus. 51 - 96.

Scharpf , F. W. (1997): Games Real Actors Play. Actor-Centered Institutionalism in Policy Research. Boulder, Colorado: Westview Press.

Scharpf, F. W. (2000): Interaktionsformen. Akteurzentrierter Institutionalismus in der Politikforschung. Opladen: Leske + Budrich.

Scharpf, F. W. (2002): Kontingente Generalisierung. In: Mayntz, R. (Hrsg.), Akteure - Mechanismen - Modelle. Zur Theoriefähigkeit makro-sozialer Analysen. Frankfurt a. M.: Campus. 213 - 235.

Schawo, D. (2007): Gesundheitsfonds und Einkommensausgleich zwischen den Krankenkassen. In: Göpffarth, D./Greß, S./Jacobs, K./Wasem, J. (Hrsg.), Risikostrukturausgleich 2007. Gesundheitsfonds. St. Augustin: Asgard Verlag. 97 - 114.

Schimank, U. (2007): Neoinstitutionalismus. In: Benz, A./Lütz, S./Schimank, U:/Simonis, G. (Hrsg.), Governance - Theoretische Grundlagen und empirische Anwendungsfelder. Wiesbaden. VS Verlag für Sozialwissenschaften.

Schimmelfennig, F. (2006): Prozessanalyse. In: Behnke, J. et al. (Hrsg.), Methoden der Politikwissenschaft. Neuere qualitative und quantitative Analyseverfahren. Baden-Baden: Nomos. 263 - 272.

Schmid, J.(2002): Wohlfahrtsstaaten im Vergleich. Soziale Sicherung in Europa: Organisation, Finanzierung, Leistungen und Probleme. 2. völlig überarbeitete und erweiterte Auflage. Wiesbaden: VS Verlag für Sozialwissenschaften.

Schmidt, M. G. (1982): Wohlfahrtsstaatliche Politik unter bürgerlichen und sozialdemokratischen Regierungen. Ein internationaler Vergleich. Frankfurt a. M./New York. Campus.

Schmidt, M. G. (1998): Sozialpolitik in Deutschland. Historische Entwicklung und internationaler Vergleich. 2. Vollständig überarbeitete und erweiterte Auflage. Wiesbaden: VS Verlag für Sozialwissenschaften.

Schmidt, M. G. (2000): Die sozialpolitischen Nachzüglerstaaten und die Theorien der vergleichenden Staatstätigkeitsforschung. In. Obinger, H./Wagschal, U. (Hrsg.), Der gezügelte Wohlfahrtsstaat. Sozialpolitik in reichen Industrienationen. Frankfurt a. M./New York: Campus. 23 - 36.

Schmidt, M. G. (2001): Einleitung. In: Schmidt, M. G. (Hrsg.) 2001: Wohlfahrtsstaatliche Politik. Institutionen, politischer Prozess und Leistungsprofil. Opladen: Leske + Budrich. 7 - 29.

Schmidt, M. G. (2005a): Rahmenbedingungen. In: Bundesministerium für Gesundheit und Soziale Sicherung und Bundesarchiv (Hrsg.), Geschichte der Sozialpolitik in Deutschland seit 1945. Band 7, 1982 - 1989. Bundesrepublik Deutschland - Finanzielle Konsolidierung und institutionelle Reform. Bandherausgeber: M. G. Schmidt. Baden-Baden: Nomos. 1 - 60.

Schmidt, M. G. (2005b): Sozialpolitische Denk- und Handlungsfelder. In: Bundesministerium für Gesundheit und Soziale Sicherung und Bundesarchiv (Hrsg.), Geschichte der Sozialpolitik in Deutschland seit 1945. Band 7, 1982 - 1989. Bundesrepublik Deutschland - Finanzielle Konsolidierung und institutionelle Reform. Bandherausgeber: M. G. Schmidt. Baden-Baden: Nomos. 61 - 154.

Schmidt, M. G./Ostheim, T. (2007a): Einführung. In: Schmidt, M. G./Ostheim, T./Siegel, N. A./Zohlnhöfer, R. (Hrsg.), Der Wohlfahrtsstaat. Eine Einführung in den historischen und internationalen Vergleich. Wiesbaden: VS Verlag für Sozialwissenschaften. 21 - 28.

Schmidt, M. G./Ostheim, T. (2007b): Die Lehre von der Parteiendifferenz. In. Schmidt, M. G. et al. (Hrsg.), Der Wohlfahrtsstaat. Eine Einführung in den historischen und internationalen Vergleich. Wiesbaden: VS Verlag für Sozialwissenschaften. 51-62.

Schmidt, M. G./Ostheim, T./Siegel, N. A./Zohlnhöfer, R. (Hrsg.) (2007): Der Wohlfahrtsstaat. Eine Einführung in den historischen und internationalen Vergleich. Wiesbaden: VS Verlag für Sozialwissenschaften.

Schneider, V. (2001): Die Transformation der Telekommunikation. Vom Staatsmonopol zum globalen Markt (1800 - 2000). Schriften des Max-Planck-Instituts für Gesellschaftsforschung, Köln. Frankfurt a. M.: Campus.

Schneider, V. (2003): Komplexität und Policy-Forschung: Über die Angemessenheit von Erklärungsstrategien. In: Mayntz, R./Streeck, W. (Hrsg.), Die Reformierbarkeit der Demokratie. Innovationen und Blockaden. Festschrift für Fritz W. Scharpf. Frankfurt a. M.: Campus. 291 - 317.

Schneider, V. (2008): Komplexität, politische Steuerung und evidenzbasiertes Policymaking. In: Janning, F./Toens, K. (Hrsg.), Zukunft der Policy-Forschung. Wiesbaden: VS Verlag für Sozialwissenschaften. 55 - 70.

Schneider, V. (2009): Akteurkonstellationen und Netzwerke in der Politikentwicklung. In: Schubert, K./Bandelow, N. C. (Hrsg.), Lehrbuch der Politikfeldanalyse 2.0. Zweite vollständig überarbeitete und erweiterte Auflage. München: Oldenbourg. 191 - 220.

Schneider, V./Janning, F.(2006): Politikfeldanalyse. Akteure, Diskurse und Netzwerke in der öffentlichen Politik. Wiesbaden: VS Verlag für Sozialwissenschaften.

Schneider, W. (2008): Morbi-RSA als notwendige Funktionsbedingung für sinnvollen Wettbewerb innerhalb der GKV - zukünftige Ausrichtung der AOKen? In: *Gesellschaftspolitische Kommentare Nr. 7/08, Juli 2008*. 30 - 34.

Schnell, R./Hill, P. R./Esser, E. (1999): Methoden der empirischen Sozialforschung/Wien: R. Oldenbourg. 6. Auflage.

Schoelkopf, M. (2009): Die Gesundheitsreform 2007 und die Änderungen für die private Krankenversicherung. In: Brömmelmeyer, C. et al. (Hrsg.), Allgemeines Gleichbehandlungsgesetz, Private Krankenversicherung und Gesundheitsreform, Schwachstellen der VVG-Reform. Beiträge zur 17. Jahrestagung des Bundes der Versicherten und zum 1. Workshop „Junge Versicherungswissenschaft". Versicherungswissenschaftliche Studien, Band 34. Baden-Baden: Nomos. 61 - 77.

Schroeder, W./Burau, B. E. (2008): Soziale Selbstverwaltung und Sozialwahlen. Traditionsreiche Institutionen auch von morgen? WISO direkt, Analysen und Konzepte zur Wirtschafts- und Sozialpolitik, herausgegeben von der Friedrich-Ebert-Stiftung. November 2008.

Schroeder, W. (2009): Experimentelles Regieren unter den Bedingungen der Großen Koalition. In: Schroeder, W./Paquet, R. (Hrsg.) (2009): Gesundheitsreform 2007. Nach der Reform ist vor der Reform. Wiesbaden: VS Verlag für Sozialwissenschaften. 30 - 31.
Schubert, K./Bandelow, N. C. (Hrsg.) (2003a): Lehrbuch der Politikfeldanalyse. München/Wien: Oldenbourg.
Schubert, K./Bandelow, N. C. (2003b): Politikdimensionen und Fragestellungen der Politikfeldanalyse. In: Schubert, K./Bandelow, N. C. (Hrsg.), Lehrbuch der Politikfeldanalyse. München/Wien: Oldenbourg. 1- 22.
Schubert, K./Bandelow, N. C. (Hrsg.) (2009): Lehrbuch der Politikfeldanalyse 2.0. Zweite vollständig überarbeitete und erweiterte Auflage. München/Wien: Oldenbourg.
Simon, H. (1957): Models of Men. New York: Wiley.
Simon, H. (1976): Administrative Behavior: A Study of Decision-Making Processes in Administrative Organizations. 3rd Edition. New York: Free Press.
Simon, H. (1983): Reason in Human Affairs. Stanford: Stanford University Press.
Simon, M. (2008): Das Gesundheitssystem in Deutschland. Eine Einführung in Struktur und Funktionsweise. 2., vollständig überarbeitete Auflage. Bern: Hans Huber.
Simon, M. (2010): Das Gesundheitssystem in Deutschland. Eine Einführung in Struktur und Funktionsweise. 3., überarbeitete Auflage. Bern: Hans Huber.
Steinmeyer, H.-D. (2006): Rechtsgutachterliche Stellungnahme zu Fragen der Öffentlichkeitsarbeit der Krankenkassen und ihrer Spitzenverbände im Zusammenhang mit der Gesundheitsreform 2006. Erstattet im Auftrag der Spitzenverbände der gesetzlichen Krankenkassen. Universität Münster.
Streeck, W./Thelen, K. (2005): Introduction: Institutional Change in Advanced Political Economies. In: Streeck, W./Thelen, K. (Eds.), Beyond Continuity: Institutional Change in Advanced Political Economies. Oxford: Oxford University Press. 1 - 39.
Sturm, R./Pehle, H. (2006): Die zweite Große Koalition: Regierung der „neuen Möglichkeiten"? In: Sturm, R./Pehle, H. (Hrsg.), Wege aus der Krise? Die Agenda der zweiten Großen Koalition. Opladen & Farmington Hills: Barbara Budrich. 7 - 21.
Tennstedt, F. (1976): Sozialgeschichte der Sozialversicherung. In: Blohmke, M. et al. (Hrsg.), Handbuch der Sozialmedizin, Band 3. Stuttgart: Enke. 395 - 492.
Tennstedt, F. (1977): Soziale Selbstverwaltung, Band 2: Geschichte der Selbstverwaltung in der Krankenversicherung. Bonn: Verlag der Ortskrankenkassen.
Tennstedt, F. (1981): Sozialgeschichte der Sozialpolitik in Deutschland. Vom 18. Jahrhundert bis zum Ersten Weltkrieg. Göttingen: Vandenhoeck &Rupprecht.
Thelen, K. (2002): The Explanatory Power of Historical Institutionalism. In: Mayntz, R. (Hrsg.), Akteure - Methoden - Modelle. Zur Theoriefähigkeit makro-sozialer Analysen. Frankfurt a. M./New York: Campus. 91 - 107.
Thelen, K. (2003): How Institutions Evolve. Insights from Comparative Historical Analysis. In: Mahoney, J./Rueschemeyer, D. (Eds.), Comparative Historical Analysis in the Social Science. New York: Cambridge University Press. 208 - 240.
Thelen, K. (2006): Institutionen und sozialer Wandel: Die Entwicklung der beruflichen Bildung in Deutschland. In: Beckert, J./Ebbinghaus, B/Hassel, A./Manow, P. (Hrsg.), Transformation des Kapitalismus. Festschrift für Wolfgang Streeck zum sechzigsten Geburtstag. Schriften aus dem Max-Planck-Institut für Gesellschaftsforschung, Köln. Frankfurt a. M.: Campus. 399 - 424.
Thelen, K. (2009): Institutional Change in Advanced Political Economies. In: British Journal of Industrial Relations (BJIR), September 2009. 471 - 498.
Tilly, C. (2006): Why and how history matters. In: Goodin, R. E./Tilly, C. (Eds.), The Oxford Handbook of Contextual Political Analysis. Oxford: Oxford University Press. 417 - 437.
Tilly, C./Goodin, R. E. (2006): It depends. In: Goodin, R. E./Tilly, C. (Eds.), The Oxford Handbook of Contextual Political Analysis. Oxford: Oxford University Press. 3 - 32.

Trampusch, C. (2005): Institutional Resettlement: The Case of Early Retirement in Germany. In: Streeck, W./Thelen, K. (Eds.), Beyond Continuity: Institutional Change in Advanced Political Economies. Oxford: Oxford University Press. 203 - 229.

Trampusch, C. (2008): Sequenzorientierte Policy-Analyse. Warum die Rentenreform von Walter Riester nicht an Reformblockaden scheiterte. In: Janning, F./Toens, K. (Hrsg.), Zukunft der Policy-Forschung. Wiesbaden: VS Verlag für Sozialwissenschaften. 259 - 278.

Trampusch, C. (2009): Der erschöpfte Sozialstaat. Transformation eines Politikfeldes. Schriften aus dem Max-Planck-Institut für Gesellschaftsforschung, Köln. Frankfurt a. M.: Campus.

True, J. L./Jones, B. D./Baumgartner, F. R. (2007): Punctuated Equilibrium Theory - Explaining Stability and Change in Publich Policymaking". In: Sabatier, P. A. (Ed.), Theories of the Policy Process. Second Edition. Boulder/Co.: Westview Press. 155 - 187.

Tsebelis, G. (1995). Decision Making in Political Systems. Veto Players in Presidentialism, Multicameralism, and Multipartism. In. British Journal of Political Science 25. 289 - 325.

Tsebelis, G. (2002): Veto Players. How Political Institutions Work. Princeton: Princeton University Press.

Van Kersbergen, K. (1995): Social Capitalism. A Study of Christian Democracy and the Welfare State. Cambridge. Cambridge University Press.

Vincenti, A./Behringer, A. (2006): Gesundheitswesen und Sicherung bei Krankheit und im Pflegefall. In: Bundesministerium für Arbeit und Soziales und Bundesarchiv (Hrsg.), Geschichte der Sozialpolitik in Deutschland seit 1945, Band 5, 1966 - 1974 Bundesrepublik Deutschland - Eine Zeit vielfältigen Aufbruchs. Bandherausgeber: H. G. Hockerts. Baden-Baden: Nomos: 485 - 523.

Wagner, G. G./Leinert, J./Grabka, M. M. (2004): Bürgerprämien für die Krankenversicherungen als Alternative zu den Reformvorschlägen Kopfpauschale und Bürgerversicherung. Langfassung. Studie im Auftrag der Hans Böckler-Stiftung. Berlin/Düsseldorf.

Wasem, J. (1990): Die Probleme der Versicherten- und Kassenstruktur und ihre Reform. In: Sozialer Fortschritt, 39. Jg. Heft 3/4. 53 - 59.

Wasem, J. (1991): Zum Gesundheits-Reformgesetz. Zur Entstehungsgeschichte des Gesundheits-Reformgesetzes (GRG). In: Maydell, Baron von, B. (Hrsg.), Probleme sozialpolitischer Gesetzgebung. Das Beispiel des Gesundheitsreformgesetzes. Sankt Augustin: Asgard Verlag. 65 - 76.

Wasem, J. (2009): Wissenschaftliche Politikberatung bei der Gesundheitsreform 2007. In: Schroeder, W./Paquet, R. (Hrsg.), Gesundheitsreform 2007. Nach der Reform ist vor der Reform. Wiesbaden: VS Verlag Sozialwissenschaften. 247 - 255.

Wasem, J./Buchner, F./Lux, G./Manouguian, M.-S./Schillo, S. (2007): Die Regionaldimension in der Gesetzlichen Krankenversicherung vor dem Hintergrund des GKV-WSG. Gutachten im Auftrag des Landes Baden-Württemberg. Duisburg-Essen.

Wasem, J./Buchner, F./Wille, E. (2008): Umsetzung und empirische Abschätzung der Übergangsregelungen zur Einführung des Gesundheitsfonds (§ 272 SGB V). Essen/Feldkirchen/Mannheim.

Wasem, J./Greß, S. (2005): Gesundheitswesen und Sicherung bei Krankheit. In: Bundesministerium für Arbeit und Soziales und Bundesarchiv (Hrsg.), Geschichte der Sozialpolitik in Deutschland seit 1945, Band 5, 1966 - 1974 Bundesrepublik Deutschland - Eine Zeit vielfältigen Aufbruchs. Bandherausgeber: H. G. Hockerts. Baden-Baden: Nomos: 392 - 415.

Wasem, J./Greß, S./Rothgang, H. (2005): Kopfpauschalen in der gesetzlichen Krankenversicherung - Lohnt sich ein Systemwechsel? In: Greß, S./Pfaff, A./Wagner, G. (Hrsg.), Zwischen Kopfpauschale und Bürgerprämie. Expertisen zur Finanzierungsreform der gesetzlichen Krankenversicherung. Edition der Hans-Böckler-Stiftung 134. Düsseldorf. 21 - 132.

Webber, D. (1988a): Krankheit, Geld und Politik. Zur Geschichte der Gesundheitsreformen in Deutschland - Teil 1. In: Leviathan 16, 156 - 203.

Webber, D. (1988b): Krankheit, Geld und Politik. Zur Geschichte der Gesundheitsreformen in Deutschland - Teil 2. In: Leviathan 17. 262 - 300.

Wendt, C. (2009): Krankenversicherung oder Gesundheitsversorgung? Gesundheitssysteme im Vergleich. 2. überarbeitete Auflage. Wiesbaden: VS Verlag für Sozialwissenschaften.

Werle. R. (2007): Pfadabhängigkeit. In: Benz, A./Lütz, S./Schimank, U:/Simonis, G. (Hrsg.), Governance - Theoretische Grundlagen und empirische Anwendungsfelder. Wiesbaden. VS Verlag für Sozialwissenschaften. 119 - 131.

Widmann-Mauz, A. (2007): Von der Herzog-Kommission zum Gesundheitsfonds. Die klare Handschrift der Union. In: Ulrich, V./Ried, W. (Hrsg.), Effizienz, Qualität und Nachhaltigkeit im Gesundheitswesen. Festschrift zum 65. Geburtstag von Eberhard Wille. Baden-Baden: Nomos. 996 - 1009.

Wille, E. (2000): Einnahmenbasis der Krankenkassen - Woher nehmen, wenn nicht stehlen? In: Gesundheit und Gesellschaft (G + G), 3. Jg., Heft 10. 30 - 35.

Wille, E. (2002): Reformoptionen der Beitragsgestaltung in der gesetzlichen Krankenversicherung. In: Gesundheit und Gesellschaft Wissenschaft (GGW), 2. Jg. Heft 3/200. 7 - 14.

Wissenschaftlicher Beirat beim Bundesministerium für Finanzen (2005): Zur Reform der Gesetzlichen Krankenversicherung: Ein Konsensmodell. Berlin.

Wissenschaftlicher Beirat beim Bundesministerium für Wirtschaft und Technologie (BMWT) (2010): Zur Reform der Finanzierung der GKV. Gutachten. Berlin.

Yin, R. (2003): Case Study Research: Design and Methods. Third Edition. Thousand Oaks/London/New Dehli: Sage.

Zahariadies, N. (1999): Ambiguity, Time, and Multiple Streams. In: Sabatier, P. A. (Ed.), Theories of the Policy Process. Boulder, Colorado: Westview Press. 73 - 95.

Zohlnhöfer, R. (2008): Stand und Perspektiven der vergleichenden Staatstätigkeitsforschung. In: Janning, F./Toens, K. (Hrsg.), Die Zukunft der Policy-Forschung. Wiesbaden: VS Verlag für Sozialwissenschaften. 157 - 174.

Zöllner, D. (1981): Landesbericht Deutschland. In: Köhler, P. A./Zacher, H. F. (Hrsg.), Ein Jahrhundert Sozialversicherung. Schriftenreihe für Internationales und Vergleichendes Sozialrecht. Band 6. Berlin: Duncker & Humblot. 45 - 179.

Zok, K. (2005): Das Arzt-Inanspruchnahmeverhalten nach Einführung der Praxisgebühr. Ergebnisse aus zwei Repräsentativumfragen unter 3.000 GKV-Versicherten. In: WIdO-Monitor 2005/2. 1 - 7. Bonn: Wissenschaftliches Institut der Ortskrankenkassen.

Übersicht Experteninterviews
(In alphabetischer Reihenfolge - Funktion zum Zeitpunkt des Interviews bzw. zum Zeitpunkt der Einführung des Gesundheitsfonds)

Bandelow, Prof. Dr. Nils C. (TU Braunschweig)	17.04.2009
Bauer, Bernhard (SM Baden-Württemberg, MD)	09.06.2009
Bürger, Jens (SM Baden-Württemberg, Referent)	22.04.2009
Caspers-Merk, Marion (BMG, Parl. Staatssekretärin)	27.11.2009
Conzelmann, Ulrich (SM Baden-Württemberg, Ref.leiter)	22.04.2009
Dreßler, Rudolf (Früherer SPD-Sozialexperte)	25.05.2009
Ehing, Konrad (BKK LV Baden-Württemberg, VoVo)	07.07.2009
Faust, Dr. Hans-Georg (MdB, CDU/CSU-Fraktion)	25.11.2009
Felkner, Christian (AOK Bayern, Leiter Stabstelle)	20.05.2009
Fiedler, Dr. Eckart (BARMER Ersatzkasse, VoVo)	27.02.2009
Friedrich, Peter (MdB, SPD-Fraktion)	17.04.2009
Gaß, Dr. Gerald (SM Rheinland-Pfalz, Abt.leiter)	12.05.2009
Gaßner, Dr. Maximilian (SM Bayern, Abt.leiter)	08.05.2009
Genett, Dr. Timm (PKV-Verband, Leiter Berliner Büro)	10.07.2009
Gerlinger, Prof. Dr. Thomas (Uni Frankfurt)	27.04.2009
Glaeske, Prof. Dr. Gerd (Uni Bremen)	25.05.2010
Göpffarth, Dr. Dirk (BVA, Referatsleiter)	27.02.2009
Graalmann, Jürgen (AOB-BV, Stellv. VoVo)	17.06.2009
Güner, Günter (GKV-SV, Mitglied Verwaltungsrat)	02.03.2010
Hecken, Josef (BVA, Präsident)	01.04.2009
Hermann, Dr. Christopher (AOK Ba-Wü, Stellv. VoVo)	17.04.2009
Hoberg, Dr. Rolf (AOK Baden-Württemberg, VoVo)	14.04.2009
Hurnik, Ivo (BMAS, Referent)	01.04.2009
Kirschner, Klaus (ehemaliger SPD-Sozialexperte, MdB)	11.03.2009
Knieps, Franz (BMG, Abteilungsleiter)	10.12.2008
Kniesche, Andreas (SPD-Bundestagsfraktion, Referent)	06.05.2009
Krüger, Bruno (AOK Saarland, Vorstandsvorsitzender)	25.06.2009
Lambertin, Knut (DGB-Bundesvorstand, Sekretär)	07.07.2009
Lang, Dr. Manfred (CDU/CSU-Bundestagfraktion, Ref.)	16.04.2009
Lehr, Dr. Andreas (Gesundheitspol. Fachjournalist)	01.07.2009
Luft, Christian (Bundeskanzleramt, Ref.leiter)	13.01.2009

Mattheis, Hilde (MdB, SPD-Bundestagsfraktion)	08.04.2009
Pannen, Christoph (TK, Leiter Berliner Büro)	17.06.2009
Rebscher, Prof. Dr. h. c., Herbert (DAK, VoVo)	13.07.2009
Reiners, Hartmut (SM Brandenburg, Ref.leiter)	19.03.2009
Renner, Thomas (BMG, Ref.leiter)	11.01.2012
Richter, Prof. Dr. Wolfram F. (Uni Dortmund)	15.03.2009
Schölkopf, Dr. Martin (BMG, Ref.leiter)	07.04.2009
Schroeder, Prof. Dr. Wolfgang (Uni Kassel)	16.06.2009
Tilly, Ulrich (BMG, Abt.leiter)	08.07.2009
Velter, Boris (BMG, Ref.leiter)	14.12.2008
Visarius, Dr. Jutta (Gesundheitspol. Fachjournalistin)	01.07.2009
Vogt, Andreas (TK, Leiter Landesvertretung Ba-Wü)	03.06.2009
Wasem, Prof. Dr. Jürgen (Uni Duisburg-Essen)	06.05.2009
Weller, Michael (GKV-SV, Leiter Politik)	18.03.2009
Widmann-Mauz, Annette (MdB, CDU/CSU-Fraktion)	28.04.2009
Zach, Manfred (SM Baden-Württemberg, Abt.leiter)	18.05.2009

Pressemitteilungen, Gesundheitspolitische Informationsdienste, Zeitungsartikel und sonstige Quellen

Ärzte Zeitung 2008a: Das letzte Aufbäumen gegen den Gesundheitsfonds. In: Ausgabe vom 14.10.2008.
Ärzte Zeitung 2008b: Die Diagnosen werden von den Ärzten gestellt. Interview mit dem BVA-Präsidenten Josef Hecken. In: Ausgabe vom 17.11.2008.
Ärzte Zeitung 2008c: Bundesregierung wirbt im Kino für den Gesundheitsfonds. In: Ausgabe vom 15.12.2008.
Ärzte Zeitung 2009a: Die Krankenkassen fürchten ein Milliardenloch im Gesundheitsfonds. In: Ausgabe vom 14. April 2009.
Ärzte Zeitung 2009b: Schmidt warnt Kassen vor Falschdokumentation. In: Ausgabe vom 09.01.2009.
Ärzte Zeitung 2009c: Deutsche BKK verteidigt „Rightcoding". In: Ausgabe vom 03.02.2009.
Ärzte Zeitung 2009d: Aufsichtsbehörde nimmt Kasse wegen Aufruf zum Nachcodieren an die Kandare. In: Ausgabe vom 05.03.2009.
Ärzte Zeitung 2010a: SPD bläst zur Attacke auf Röslers Gesundheitspauschale. In: Ausgabe vom 02.03.2010.
Agentur Lehr 2006a: Bericht über die Pressekonferenz von Ulla Schmidt, Elke Ferner und Wolfgang Zöller vom 09.06.2006. Berlin.
Agentur Lehr 2006b: Bericht über die Pressekonferenz von Angela Merkel, Kurt Beck und Edmund Stoiber vom 03.07.2006. Berlin.
Agentur Lehr 2006c: Report über die Presseunterrichtung des BMG vom 02.08.2006. Berlin.
Agentur Lehr 2006d: Report über die Presseunterrichtung des BMG vom 03.08.2006. Berlin.
Agentur Lehr 2006e: Report über die Presseunterrichtung des BMG vom 22.09.2006. Berlin.
AG Gesundheit der SPD-Bundestagsfraktion 2010: Rösler will die Kopfpauschale mit der Brechstange: Absurdes Modell. PM vom 02.06.2010. Berlin.
AOK Bundesverband 2004: Rürup/Wille-Gutachten zur Finanzierungsreform: Gemeinsame Stellungnahme von GB IV und WIdO vom 09.08.2004. Bonn.
AOK Bundesverband et al. 2006: Gemeinsame Stellungnahme von AOK BV, BKK BV, IKK BV, See Krankenkasse, Bundesverband der landwirtschaftli-

chen Krankenkassen, Verband der Angestellten-Krankenkassen und Arbeiter Ersatzkassen-Verband zum Entwurf eines Gesetzes zur Stärkung des Wettbewerbs in der Gesetzlichen Krankenversicherung. Bonn.
AOK Bundesverband/BKK-Bundesverband/IKK-Bundesverband/Arbeiter Ersatzkassenverband (AEV)/Verband der Ersatzkassen (VdAK) 2006: Keine Übertragung des Beitragseinzugs auf die gesetzliche Rentenversicherung - Stellungnahme zum Arbeitspapier der DRV Bund vom 5. Juli 2006. Bonn.
AOK-Bundesverband 2008a: Der AOK-Bundesverband nimmt zum Rücktritt des Wissenschaftlichen Beirats wie folgt Stellung: Pressemitteilung vom 27.03.2008. Berlin.
AOK-Bundesverband 2008b: AOK: Gesundheitsfonds kann 2009 starten. Presseinformation vom 11.04.2008. Bonn.
AOK-Bundesverband 2008c. Siemens-BKK will sich nicht dem Wettbewerb um gute Behandlung kranker Versicherter stellen. Presseinformation vom 08.08.2008. Bonn.
AOK-Bundesverband et al. 2011: Schreiben an Bundesgesundheitsminister Daniel Bahr vom 21.07.2011. Berlin.
AOL Bundesverband 2012. AOK: Reserven der gesetzlichen Krankenversicherung kein Notnagel für den Bundeshaushalt. Presseinformation vom 22.02.2012. Berlin.
Apotheken Umschau 2009: Interview mit Frau Bundeskanzlerin Angela Merkel. In: Ausgabe 01.09.2009. 8 - 11.
Arbeitsgemeinschaft (AG) der Spitzenverbände der gesetzlichen Krankenkassen 2006a: Zu den Gesundheitsfonds-Plänen: Fragwürdige Therapie mit Nebenwirkungen. Gemeinsame PM der Spitzenverbände der gesetzlichen Krankenkassen vom 12.04.2006. Bergisch Gladbach/Berlin.
AG der Spitzenverbände der gesetzlichen Krankenkassen 2006b: Spitzenverbände der gesetzlichen Krankenversicherung appellieren an Politik: Abstand vom Gesundheitsfonds nehmen. Gemeinsame PM der Spitzenverbände der gesetzlichen Krankenkassen vom 28.04.2006. Bergisch Gladbach/Berlin.
AG der Spitzenverbände der gesetzlichen Krankenkassen 2006c: Verbände der Krankenkassen zu den Eckpunkten der Gesundheitsreform: Reform geht zu Lasten der GKV-Versicherten. Mehr Staat, mehr Bürokratie und mehr Risikoselektion zwischen GKV und PKV. Gemeinsame PM der Spitzenverbände der gesetzlichen Krankenkassen vom 04.07.2006. Berlin.
AG der Spitzenverbände der gesetzlichen Krankenkassen 2006d: Spitzenverbände der gesetzlichen Krankenkassen bekräftigen ihre Kritik an der Gesundheitsreform. Gemeinsame PM vom 04.10.2006. Berlin.
AG der Spitzenverbände der gesetzlichen Krankenkassen 2006e: Gesundheitsreform: Politischer Kompromiss zu Lasten der Versicherten und Beitragszah-

ler. Gemeinsame PM der Spitzenverbände der gesetzlichen Krankenkassen vom 05.10.2006. Berlin.

AG der Spitzenverbände der gesetzlichen Krankenkassen 2006f: Krankenkassen begrüßen die Überlegungen der Bundeskanzlerin - Rücknahme der Kürzung des Bundeszuschusses würde Glaubwürdigkeit der Politik stärken. Gemeinsame PM der Spitzenverbände der gesetzlichen Krankenkassen. Berlin.

AG der Spitzenverbände der gesetzlichen Krankenkassen 2007: Spitzenverbände zur Verabschiedung der Gesundheitsreform. Gemeinsame PM der Spitzenverbände der gesetzlichen Krankenkassen vom 02.02.2007. Berlin.

BARMER 2008a: Gutachten für Risikoausgleich ist brauchbare Basis. PM vom 22.01.2008. Wuppertal.

BARMER 2008b: BARMER-Chef stützt Vorgehen des Bundesversicherungsamtes. PM vom 28.03.2008. Wuppertal.

BARMER 2010: Geschäftsbericht 2009. Barmer Ersatzkasse. Wuppertal.

BKK-Bundesverband 2008: Neuer Finanzausgleich muss einfach und effizient wirken - Fakten und Daten zum aktuellen Finanzausgleich. PM vom 31.01.2008. Essen.

BKK-Landesverband Bayern 2006: Krankenversicherungsmodell der Großen Koalition begünstigt die privaten Krankenkassen. PM vom 12.04.2006. München.

BÜNDNIS 90/Die Grünen 2006: Gesundheitsreform: Die Große Koalition tritt auf der Stelle. PM der Bundestagsfraktion BÜNDNIS 90/Die Grünen vom 09.06.2006. Berlin.

BÜNDNIS 90/Die Grünen 2008: Chaostage in der Gesundheitspolitik der großen Koalition gehen weiter. PM vom 27.03.2008.

BÜNDNIS 90/Die Grünen 2010: Gesundheitspolitischer Debattierclub trifft sich. PM vom 17.03.2010. Berlin.

Bündnis für finanzielle Stabilität im Gesundheitswesen 2008: Offener Brief an die Abgeordneten des Deutschen Bundestages vom 16.10.2008. Konsequenzen der Finanzkrise für die gesetzliche Krankenversicherung: Verzicht auf Festsetzung des einheitlichen Beitragssatzes. Berlin.

Bundesärztekammer (BÄK)/Kassenärztliche Bundesvereinigung (KBV) 2006: Ärzte warnen vor staatlicher Einheitskasse mit Zuteilungsmedizin. Gemeinsame PM vom 24.08.2006. Berlin.

Bundesministerium für Gesundheit und Soziale Sicherung (BMGS) 2003: Ulla Schmidt: Gesundheitsreform sorgt für umfassende Modernisierung. Erstes Projekt der Agenda 2010 kann in Kraft treten. PM vom 17.10.2003. Berlin.

Bundesministerium für Gesundheit (BMG) 2006a: Zu den Äußerungen des CDU/CSU-Fraktionsvorsitzenden über die Gesundheitsreform im „Stern" erklärt Bundesgesundheitsministerin Ulla Schmidt: PM vom 11.04.2006. Berlin.

Bundesministerium für Gesundheit (BMG) 2006b: 4 in 1: Die neue Gesundheitsreform beinhaltet vier große Reformen. PM vom 25.10.2006. Berlin.

Bundesministerium für Gesundheit (BMG) 2007: Ulla Schmidt: Gutachten schafft Klarheit bei finanziellen Auswirkungen des Gesundheitsfonds - Länder Befürchtungen unbegründet. PM vom 04.01.2007. Berlin.

Bundesministerium für Gesundheit (BMG) 2008a: Nächster Schritt zur Einführung des Gesundheitsfonds - Kabinett verabschiedet Entwurf des Insolvenzgesetzes. PM vom 21.Mai 2008.

Bundesministerium für Gesundheit (BMG) 2008b: Kabinett bringt Entwurf der Beitragssatz-Verordnung auf den Weg. PM vom 7. Oktober 2008. Berlin.

Bundesministerium für Gesundheit (BMG) 2008c: Kabinett beschließt Beitragssatz für die Krankenversicherung 2009. PM vom 29. Oktober 2008. Berlin.

Bundesministerium für Gesundheit (BMG) 2008d: Zur Anzeigenkampagne des Bundesgesundheitsministeriums zur gesetzlichen Krankenversicherung erklärt die Bundesministerin für Gesundheit: PM vom 19.12.2008. Berlin.

Bundesministerium für Gesundheit (BMG) 2009: Maßnahmenpaket der Regierung stabilisiert Gesundheitssektor in schwierigen Zeiten. PM vom 27.01.2009. Berlin.

Bundesministerium für Gesundheit (BMG) 2010a: Regierungskommission zur nachhaltigen und sozial ausgewogenen Finanzierung des Gesundheitswesens eingesetzt. PM vom 24.02.2010. Berlin.

Bundesministerium für Gesundheit (BMG) 2010b: Finanzentwicklung der gesetzlichen Krankenversicherung im Krisenjahr 2009 besser als erwartet. PM vom 10.03.2010. Berlin.

Bundesministerium für Gesundheit (BMG) 2010c: Regierungskommission zur nachhaltigen und sozial ausgewogenen Finanzierung des Gesundheitswesens nimmt ihre Arbeit auf. PM vom 17.03.2010. Berlin.

Bundesministerium für Gesundheit (BMG) 2010d: Modell einer Gesundheitsprämie mit sozial gestaffelten Beitragssätzen. Berlin.

Bundesministerium für Gesundheit (BMG) 2010e: Bundesgesundheitsminister Dr. Rösler: Reform sichert Finanzierung der GKV langfristig. Einstieg in wettbewerbliche Neuordnung des Gesundheitssystems geschafft - neuer Sozialausgleich schützt vor Überforderung. PM vom 06.07.2010. Berlin.

Bundesministerium für Gesundheit (BMG) 2010f: Argumentationspapier: Finanzreform für ein gerechtes, soziales, stabiles, wettbewerbliches und transparentes Gesundheitssystem. Berlin.

Bundesministerium für Gesundheit (BMG) 2012: GKV-Finanzentwicklung in 2011. PM vom 07.03.2012. Berlin.

Bundesvereinigung Deutscher Arbeitgeberverbände (BDA) 2005: Arbeitgeberpräsident Dieter Hundt zur Koalitionsvereinbarung. PM vom 12.11.2005. Berlin.
Bundesvereinigung Deutscher Arbeitgeberverbände (BDA) 2006a. Kernprobleme der GKV bleiben ungelöst - Bewertung der Eckpunkte zur Gesundheitsreform 2006. PM vom 24.07.2006. Berlin.
Bundesvereinigung Deutscher Arbeitgeberverbände (BDA) 2006b: Gesundheitsfonds löst keine Probleme. Beschluss des Präsidiums und des Vorstandes der BDA vom 19.06.2006. Berlin.
Bundesvereinigung Deutscher Arbeitgeberverbände 2010a: Arbeitgeberpräsident Dr. Dieter Hundt Entkopplung der Gesundheitskosten vom Arbeitsverhältnis ohne Alternativen. PM vom 17.03.2010. Berlin.
Bundesvereinigung Deutscher Arbeitgeberverbände 2010b: Arbeitgeberpräsident Dr. Dieter Hundt: Maßnahmenbündel zur Reform der gesetzlichen Krankenversicherung enttäuschend. PM vom 06.07.201. Berlin.
Bundesvereinigung Deutscher Arbeitgeberverbände (BDA) 2010c: Arbeitgeberpräsident Dr. Dieter Hundt: Beitragssatzanhebung ist der falsche Weg. PM vom 22.09.2010. Berlin.
Bundesvereinigung Deutscher Arbeitgeberverbände (BDA)/Deutscher Gewerkschaftsbund (DGB) 2006: BDA und DGB zur geplanten Gesundheitsreform. Gemeinsame PM vom 28.08.2006. Berlin.
Bundesvereinigung Deutscher Industrie e. V. (BDI) 2006: BDI-Präsident Thumann zur Gesundheitsreform: Der Wettbewerb darf nicht gedeckelt werden. PM 96/06 vom 02.10.2006. Berlin.
Bundesvereinigung Deutscher Apothekerverbände (ABDA) et al. 2006a: Gesundheitspolitische Resolution. Gegen Verstaatlichung und Vereinheitlichung. Gemeinsame Resolution der ABDA - Bundesvereinigung Deutscher Apothekerverbände, Bundesärztekammer, Bundeszahnärztekammer, Deutsche Krankenhausgesellschaft, Kassenärztliche Bundesvereinigung, Kassenzahnärztliche Bundesvereinigung, Spitzenverbände der Krankenkassen und Verband der privaten Krankenversicherung e. V. Oktober 2006. Berlin.
Bundesversicherungsamt (BVA) 2006: Bundesversicherungsamt legt ausführliche Stellungnahme zur IfMDA-Studie vor. PM vom 20.12.2006. Bonn.
Bundesversicherungsamt (BVA) 2007: Gesundheitsreform - Wissenschaftlicher Beirat hat Arbeit aufgenommen. PM vom 12.07.2007. Bonn.
Bundesversicherungsamt (BVA) 2008a: Gutachten zum morbiditätsorientierten Risikostrukturausgleich. PM vom 10.01.2008. Bonn.
Bundesversicherungsamt (BVA) 2008b: Morbiditätsorientierter Risikostrukturausgleich kommt zeitgerecht. PM vom 27.03.2008. Bonn.

Bundesversicherungsamt (BVA) 2008c: Ernennung des Landesministers a. D. Josef Hecken zum Präsidenten des Bundesversicherungsamtes. PM vom 05.05.2008. Bonn.
Bundesversicherungsamt (BVA) 2008d: Bundesversicherungsamt hat Krankheiten für Risikostrukturausgleich festgelegt. PM vom 13.05.2008. Bonn.
Bundesversicherungsamt (BVA) 2008e: Bundesversicherungsamt beim morbiditätsorientierten Risikostrukturausgleich weiterhin im Zeitplan. PM vom 30.05.2008. Bonn.
Bundesversicherungsamt (BVA) 2008f: Gesundheitsfonds: Bundesversicherungsamt legt Berechnungsverfahren für Risikostrukturausgleich fest. PM vom 03.07.2008. Bonn.
Bundesversicherungsamt (BVA) 2008g: Zur Prognose des Schätzerkreises für einen allgemeinen Beitragssatz erklärt der Präsident des Bundesversicherungsamtes, Josef Hecken: PM vom 02.10.2008. Bonn.
Bundesversicherungsamt (BVA) 2008h: Bundesversicherungsamt: Gesundheitsfonds garantiert stabile Einnahmen der Krankenkassen. PM vom 17.10.2008. Bonn.
Bundesversicherungsamt (BVA) 2009a: Bundesversicherungsamt zur Sitzung des Schätzerkreises am 30. April 2009. PM vom 30.04.2009. Bonn.
Bundesversicherungsamt (BVA) 2009b: Bundesversicherungsamt legt Tätigkeitsbericht vor. PM vom 04.09.2009. Bonn.
Bundesversicherungsamt (BVA) 2009c: Bundesversicherungsamt legt Tätigkeitsbericht 2008 vor. PM vom 04.09.2009. Bonn.
Bundesversicherungsamt (BVA) 2009d: Gemeinsame Erklärung des Schätzerkreises der gesetzlichen Krankenversicherung vom 6. Oktober 2009. PM von 06.10.2009. Bonn.
Bundesversicherungsamt (BVA) 2009e: Belastungen der Krankenkassen in den Ländern durch Gesundheitsfonds deutlich geringer als erwartet. PM vom 13.11.2009. Bonn.
Bundesversicherungsamt (BVA) 2009f: Papier „Zuweisungen aus dem Gesundheitsfonds gem. § 272 SGB V („Konvergenzklausel") in den Jahren 2009 und 2010: Rückgang des „Konvergenzvolumens" durch Neuberechnung der landesspezifischen Anpassungsbeträge" (Stand 17.11.2009). Bonn.
Bundesversicherungsamt (BVA) 2010: Erster Jahresausgleich im morbiditätsorientierten Risikostrukturausgleich - Jahresausgleich bewegt sich im Rahmen der Erwartungen. PM vom 16.11.2010. Bonn.
Bundesversicherungsamt (BVA) 2011a: Landessozialgericht weist Antrag der AOK Bayern gegen den Schlussausgleich 2009 des Gesundheitsfonds zurück. PM vom 04.01.2011. Bonn.

Bundesversicherungsamt (BVA): 2011b: GKV-Schätzerkreis: Zuweisungen decken auch 2012 die Ausgaben der GKV. PM vom 12.10.2011. Bonn.
Bundesversicherungsamt (BVA) 2011b: Nur geringe Umverteilungswirkungen des Gesundheitsfonds. Bayern gehört zu den Gewinnern. PM vom 22.11.2011. Bonn.
Bundesversicherungsamt (BVA) 2011c: Tätigkeitsbericht 2010. Bonn.
CDU Deutschland 2003: Deutschland fair ändern. Beschluss des 17. Parteitages der CDU Deutschland am 1./2. Dezember 2003 in Leipzig. Berlin.
CDU Deutschland 2004. Beschluss C 33 des 18. Parteitages der CDU Deutschlands. Reform der gesetzlichen Krankenversicherung - Solidarisches Gesundheitsprämienmodell. .
CDU/CSU 2005: Deutschlands Chancen nutzen. Wirtschaft. Arbeit. Sicherheit. Regierungsprogramm 2005 - 2009. Berlin.
CDU/CSU 2006: Weiterentwicklung des Risikostrukturausgleichs. Arbeitspapier. Berlin.
CDU 2009. „Arbeitsplätze sichern. In die Zukunft investieren." Erfurter Erklärung des CDU-Bundesvorstandes vom 10. Januar. Erfurt/Berlin.
CSU 2010: Kopfpauschale birgt zu hohe Belastung. PM vom 02.06.2010. München.
DAK 2010: Geschäftsbericht 2009. Hamburg.
Der Gelbe Dienst 2006a: Der Gelbe Dienst, Gesundheits- und Sozialpolitik - Nachrichten, Analysen, Hintergrund. Nr. 20/2006. 23.10.2006.
Der Gelbe Dienst 2006b: Der Gelbe Dienst, Gesundheits- und Sozialpolitik - Nachrichten, Analysen, Hintergrund.Nr.22/2006, 20.11.2006.
Der SPIEGEL 2010: Ausgabe Nr. 28 vom 12.07.2010. Hamburg.
Deutsche BKK 2011: Gutachten zum Finanzausgleich unverzüglich veröffentlichen, Änderungen in 2012 umsetzen. PM vom 16.05.2011. Wolfsburg.
Deutscher Gewerkschaftsbund (DGB) 2006a: Gesundheitsreform: Kauder-Vorschläge für DGB untragbar. PM vom 12.04.2006. Berlin.
Deutscher Gewerkschaftsbund (DGB) 2006b: Buntenbach: Gesundheitsfonds ist keine Lösung. PM vom 09.06.2006. Berlin.
Deutscher Gewerkschaftsbund (DGB) 2010a: Solidarisches Gesundheitssystem mit Zukunft. PM vom 01.02.2010. Berlin.
Deutscher Gewerkschaftsbund (DGB) 2010b: Kopfpauschale: DGB warnt vor kopfloser Politik gegen das Volk. PM vom 17.03.2010. Berlin.
Deutscher Gewerkschaftsbund (DGB) 2010c: Rösler-Modell: Vergiftetes Angebot - leere Versprechen. DGB fordert Stopp der Kopfpauschale. PM vom 02.06.2010.
Deutscher Gewerkschaftsbund (DGB) 2010d: Buntenbach: Belastungen in der GKV fair verteilen. PM vom 02.07.2010.

Deutscher Gewerkschaftsbund (DGB) 2010e: Erklärung der DGB-Kommission „Für ein solidarisches Gesundheitssystem mit Zukunft". PM vom 21.09.2010.

Deutsche Krankenhausgesellschaft (DKG) et al. 2006: Ärzte, Krankenkassen und Krankenhäuser gemeinsam gegen Zentralisierung, Vereinheitlichung und Staatsmedizin. Gemeinsame Presseerklärung der DKG, KBV und der Spitzenverbände der gesetzlichen Krankenkassen vom 06.11.2006. Berlin.

Deutsche Rentenversicherung Bund (DRV Bund) 2006: Arbeitspapier zur Übertragung des Beitragseinzugs auf die gesetzliche Rentenversicherung (Stand: 5. Juli 2006). Berlin.

DIE LINKE 2010: Gesundheitskommission ist nur Show. PM vom 24.02.2010. Berlin.

Dienst für Gesellschaftspolitik (dfg) 2006a: Nr. 29 - 06. 20. Juli 2006. Berlin.

Dienst für Gesellschaftspolitik (dfg) 2006b: Nr. 38, 21. September 2006. Berlin.

Dienst für Gesellschaftspolitik (dfg) 2006c: Nr. 39, 28. September 2006. Berlin.

Dienst für Gesellschaftspolitik (dfg) 2006d: Nr. 44, 2. November 2006. Berlin.

Dienst für Gesellschaftspolitik (dfg) 2006e: Nr. 4, 9. November 2006. Berlin.

Dienst für Gesellschaftspolitik (dfg) 2008: Nr. 32, 14. August 2008. Berlin.

Dienst für Gesellschaftspolitik (dfg) 2010: Nr. 31, 5. August 2010. Berlin.

Dienst für Gesellschaftspolitik (dfg) 2011a: Nr. 32, 11. August 2011. Berlin.

Dienst für Gesellschaftspolitk (dfg) 2011b: Nr. 33, 18 August 2011. Berlin.

Dienst für Gesellschaftspolitik (dfg) 2012: Nr. 6, 9. Februar 2012. Berlin.

Eckpunkte einer Gesundheitsreform 2006. Stand 29.06.2006. Ohne Verfasser.

Eckpunkte einer Gesundheitsreform 2006. 03/04.07.2006. Ohne Verfasser.

FDP-Bundestagsfraktion 2006a: Bahr: Schwarz-Rot macht Gesundheitspolitik über Steuererhöhung. PM vom 11.04.2006.

FDP-Bundestagsfraktion 2006b: Bahr: Schwarz-Rot kauft sich einen Gesundheits-Kompromiss mit dem Geld der Steuer- und Beitragszahler. PM vom 08.06.2006. Berlin.

FDP-Bundestagsfraktion 2006c: Bahr: Ulla Schmidt will die Krankenkassen an die kurze Leine nehmen. PM vom 19.07.2006.

FDP-Bundestagsfraktion 2006d: Bahr: Gesundheitsreformentwurf gehört in die Tonne. PM vom 29.08.2006. Berlin.

FDP-Bundestagsfraktion 2006e: Westerwelle: Gesundheitsfonds gehört nicht verschoben, sondern beerdigt. PM vom 05.10.2006. Berlin.

FDP-Bundestagsfraktion 2006f: Bahr. Gesundheitsversorgung wird für die Versicherten teurer, aber nicht besser. PM vom 05.10.2006. Berlin.

FDP-Bundestagsfraktion 2008: Bahr: Rücktritt des Beirats zeigt, dass der Gesundheitsfonds eine politisch beeinflusste Geldumverteilungsbehörde werden soll. PM vom 27.03.2008. Berlin.

Financial Times Deutschland (FTD) 2008: Kasseneinnahmen werden neu verteilt. Wissenschaftlicher Beirat will Tricksereien der Krankenkassen beim neuen Risikostrukturausgleich verhindern. In: Ausgabe vom 11.01.2008.
Financial Times Deutschland (FTD) 2009a. Seehofer rächt sich an Merkel. CSU-Chef greift mit dem Gesundheitsfonds ein Prestigeobjekt der Kanzlerin an. In: Ausgabe vom 30.03.2009.
Financial Times Deutschland (FTD) 2009b: Auf Stimmenfang bei den Ärzten. In: Ausgabe vom 31.03.2009.
Financial Times Deutschland (FTD) 2009c: Kassenchef warnt vor Korruption. In: Ausgabe vom 23.01.2009.
Financial Times Deutschland (FTD) 2009d: Schmidt will Missbrauch der Kassen verfolgen. In: Ausgabe vom 30.01.2009.
Financial Times Deutschland (FTD) 2009e: Bund legt Krankenkassen an die Leine. Gesetz soll Betrug mit Scheinkranken verhindern. In: Ausgabe vom 15.05.2009.
Financial Times Deutschland (FTD): 2010a: Rösler will Kopfpauschale niedrig dosieren. In: Ausgabe vom 16.03.2010.
Financial Times Deutschland (FTD) 2010b: Oberster Kontrolleur lässt Krankenkassen bluten. In: Ausgabe vom 29.03.2010.
Financial Times Deutschland (FTD): 2012: Krankenkassen horten Milliarden. In: Ausgabe vom 13.02.2012.
Flach, U. 2010: Gesundheitskombi ist gerecht, nachhaltig und transparent. PM vom 02.06.2010. Berlin.
Frankfurter Allgemeine Zeitung (FAZ) 2006a. Sieben Chefs suchen eine Gesundheitsreform. In: Ausgabe vom 26.03.2006.
Frankfurter Allgemeine Zeitung (FAZ) 2006b: Scharfe Wortwechsel in der Koalition über die Gesundheitsreform. In: Ausgabe vom 04.10.2006.
Frankfurter Allgemeine Zeitung (FAZ) 2008a: Kassentransfer geprüft. In: Ausgabe vom 11.01.2008.
Frankfurter Allgemeine Zeitung (FAZ) 2008b: Der Fonds kommt. In: Ausgabe vom 27.09.2008.
Frankfurter Allgemeine Zeitung (FAZ) 2008c: 15,5 Prozent. Kommentar von Andreas Mihm. In: Ausgabe vom 4. Oktober 2008.
Frankfurter Allgemeine Zeitung (FAZ) 2008d: Die Anzeige ist storniert. Ein kritischer Artikel der „Bild-Zeitung" hat Folgen. In: Ausgabe vom 19.12.2008.
Frankfurter Allgemeine Zeitung (FAZ) 2008e: Neue Debatte um Kassenbeiträge. In: Ausgabe vom 23.12.2008.
Frankfurter Allgemeine Zeitung (FAZ) 2009a: CDU und CSU streiten über die Gesundheitspolitik. In: Ausgabe vom 31.03.2009.

Frankfurter Allgemeine Zeitung (FAZ) 2009b: Seehofers Gedächtnis. In: Ausgabe vom 31.03.2009.
Frankfurter Allgemeine Zeitung (FAZ) 2009c: Schäuble stellt steuerfinanzierte Gesundheit in Frage. In: Ausgabe vom 28.12.2009.
Frankfurter Allgemeine Zeitung (FAZ): 2010a: Noch eine Gesundheitsreform, noch eine Kommission. In: Ausgabe vom 25.02.2010.
Frankfurter Allgemeine Zeitung (FAZ). 2010b: Röslers Prämienflop. In: Ausgabe vom 04.06.2010.
Frankfurter Zeitung (FAZ) 2010c: Nach dem Scheitern seines Prämienplans attackiert Minister Rösler die CSU. In. Ausgabe vom 05.06.2010.
Frankfurter Rundschau (FR) 2008a: Vom Alkoholismus bis Schlaganfall. Für 80 schwere und kostenintensive Krankheiten sollen die Kassen gezielte Ausgleichszahlungen erhalten. In: Ausgabe vom 11.01.2008.
Frankfurter Rundschau (FR) 2008b: Ulla Schmidt brüskiert Kassenchefs. In. Ausgabe vom 30.10.2008.
Frankfurter Rundschau (FR): 2008c: Das Ministerium schlägt zurück. Ulla Schmidts Gesundheitsressort droht der Bild-Zeitung mit Liebes- und Anzeigenentzug. In: Ausgabe vom 19.12.2008.
Frankfurter Rundschau (FR) 2010a: "Ich bin nicht beleidigt". Der FDP-Gesundheitsminister muss sein Konzept der Kopfpauschale zurückziehen. In: Ausgabe vom 05.06.2010.
GKV-Spitzenverband (GKV-SV) 2008a: Erklärung der Versichertenvertreter des GKV-Spitzenverbandes: Bundesregierung in der Pflicht. Einheitlicher Krankenkassen-Beitragssatz muss für gute und wirtschaftliche Versorgung der Versicherten ausreichen. PM vom 19.09.2008. Berlin.
GKV-Spitzenverband (GKV-SV) 2008b: Erklärung der Arbeitgebervertreter des GKV-Spitzenverbandes: Kein Freibrief für die Bundesregierung zu Lasten der Beitragszahler. Berlin.
GKV-Spitzenverband (GKV-SV) 2008c: So wenig wie möglich, aber so viel wie nötig! PM vom 03.10.2008. Berlin.
GKV-Spitzenverband (GKV-SV) 2009: Beitragszahler werden ab 1. Juli 2009 entlastet. PM vom 13.01.2009. Berlin.
GKV-Spitzenverband (GKV-SV) 2010a: Fakten und Zahlen: Thema Arzneimittelfestbeträge. Berlin.
GKV-Spitzenverband (GKV-SV) 2010b: Beitragserhöhungen statt umfassender Reformen. PM vom 06.07.2010. Berlin.
Göpffarth, D. 2009: Der „Morbi-RSA" und seine Auswirkungen auf die Krankenhausversorgung. Vortrag beim 18. Neubiberger Krankenhausforum. In: Tagungsband zum 18. Neubiberger Krankenhausforum „Gesundheitsfonds

und Morbi-RSA - Auswirkungen auf die Krankenhausversorgung" am 3. Juli 2009. Neubiberg.

Handelsblatt 2003a: Rürup-Kommission spielt Ball an Politik zurück. In: Ausgabe vom 10.04.2003.

Handelsblatt, 2003b: Bürgerprämie schafft sozialen Ausgleich und fördert Wettbewerb zwischen den Krankenkassen. In. Ausgabe vom 29.08.2003.

Handelsblatt 2003c: Herzog-Vorschläge heftig umstritten. Seehofer stellt sich offen gegen Merkel. In: Ausgabe vom 05.10.2003.

Handelsblatt 2004: Studie relativiert Rolle der Lohnzusatzkosten. In: Ausgabe vom 27.10.2004.

Handelsblatt 2006a: Gesundheitsreform wird zum Lackmustest. In: Ausgabe vom 10.09.2006.

Handelsblatt 2008a: Hundt warnt vor zu hohem Einheitsbeitrag. In: Ausgabe vom 30.09.2008.

Handelsblatt 2008b: Regierung will mit Steuermilliarden Krankenkassenbeiträge senken. In: Ausgabe vom 22.12.2008.

Handelsblatt 2010a: Gesundheitsreform: Koalition stoppt Röslers Kopfprämie. In: Ausgabe vom 03.06.2010.

Handelsblatt 2010b: Merkel macht Gesundheit zur Chefsache. In: Ausgabe vom 30.06.2010.

Handelsblatt 2012: Bahr provoziert Krankenkassen. In: Ausgabe vom 13.02.2012.

Hecken, J. 2009a: Sechs Monate Gesundheitsfonds und Morbi-RSA: Ängste, Prophezeiungen und Realität. Vortrag bei und Gespräch mit Gesundheitsregion Saar e. V. am 2. Juli 2009 in Saarbrücken.

Hecken, J. 2009b: Interview „Reform im Praxistest". In: Highlights: Fakten und Hintergründe - Das Onlinemagazin zur Gesundheitspolitik. Ausgabe 18/09 vom 17.08.2009. 1 - 6.

Highlights 2007a: Highlights: Fakten und Hintergründe - Das Onlinemagazin zur Gesundheitspolitik. Ausgabe 1/07 vom 15.01.2007..

Highlights 2007b: Highlights: Fakten und Hintergründe - Das Onlinemagazin zur Gesundheitspolitik. Ausgabe 3/07 vom 28.01.2007..

Highlights 2008a: Highlights: Fakten und Hintergründe - Das Onlinemagazin zur Gesundheitspolitik", Ausgabe 5/08 vom 21.02.2008.

Highlights 2008b: Highlights: Fakten und Hintergründe - Das Onlinemagazin zur Gesundheitspolitik", Ausgabe 3/08 vom 18.02.2008.

Highlights 2008c: Highlights: Fakten und Hintergründe - Das Onlinemagazin zur Gesundheitspolitik", Ausgabe 11/08 vom 15.04.2008..

Highlights 2009: Interview mit Josef Hecken, Präsident des BVA. In: Highlights: Fakten und Hintergründe - Das Onlinemagazin zur Gesundheitspolitik. Ausgabe 18/09 vom 17.08.2009. 1 - 6.
Highlights 2010a: Eckpunkte Finanzierungsreform. Ausgabe 16/10 vom 06.07.2010.
Highlights 2010b: Eckpunkte Finanzierungsreform. 2. Teil. Ausgabe 17/10 vom 07.07.2010.
Initiative Neue Soziale Marktwirtschaft/IfMDA 2006: Ökonomische Auswirkungen der Gesundheitsreform auf die Bundesländer - Studie des Instituts für Mikrodaten-Analyse: Unions-Bundesländer sind Verlierer der Gesundheitsreform. Pressemitteilung vom 14.12.2006. Berlin/Kiel.
Initiative pro PKV 2006: Gesundheitsreform: Initiative pro PKV. Die vier großen Ärzteorganisationen und sieben Berufsverbände appellieren an Bundeskanzlerin Merkel. Pressemitteilung vom 21.04.2006. Berlin.
Kassenärztliche Bundesvereinigung (KBV) 2006: Grundsätzliche Übereinstimmung mit vielen Zielen. Pressemitteilung vom 03.07.2006. Berlin.
Kassenzahnärztliche Bundesvereinigung (KZBV): Ja zur Kostenerstattung - Nein zur Verstaatlichung. Pressemitteilung vom 24.08.2006. Berlin.
Koalitionsvertrag 2005: Gemeinsam für Deutschland - mit Mut und Menschlichkeit. Koalitionsvertrag zwischen CDU, CSU und SPD. Berlin.
Koalitionsvertrag 2009: Wachstum. Beschäftigung. Zukunft. Koalitionsvertrag zwischen CDU, CSU und FDP. Berlin.
Kommission Nachhaltigkeit in der Finanzierung der Sozialen Sicherungssysteme (2003): Bericht der Kommission. Berlin.
Kommission Soziale Sicherheit (2003): Zur Zukunft der sozialen Sicherungssysteme. Bericht der Kommission "Soziale Sicherheit" des CDU Bundesvorstandes. Berlin.
Lindner, C. 2010: CSU muss Verantwortung über Regionalinteressen hinaus erkennen. Pressemitteilung vom 02.06.201. Berlin.
Masuch, P. 2012: Statement des Präsidenten des Bundessozialgerichts Peter Masuch anlässlich des Pressegesprächs am 21. Februar 2012. Kassel.
Merkel, A./Beck, K./Stoiber, E. 2006: Gemeinsames Pressestatement. 04.10.2006. Berlin.
Mihm, A. (2008): Das Experiment Gesundheitsfonds. Kommentar in der „Frankfurter Allgemeine Zeitung", Ausgabe vom 11. August 2008. Frankfurt.
Ministerium für Arbeit, Gesundheit und Soziales des Landes Nordrhein-Westfalen 2006: NRW-Gesundheitsminister Laumann: Gesundheitsreform des Bundes muss dringend überarbeitet werden. PM vom 01.12.2006. Düsseldorf.

Ministerium für Arbeit und Soziales Baden-Württemberg 2007a: Neue Zahlen belegen große Unterschiede in der Einschätzungen - Verlässliche Entscheidungsgrundlage unerlässlich. Pressemitteilung vom 04.01.2007. Stuttgart.

Ministerium für Arbeit und Soziales Baden-Württemberg 2007b: Gutachten Baden-Württembergs zur Gesundheitsreform vorgestellt: Ministerpräsident Günther H. Oettinger und Gesundheitsministerin Dr. Monika Stolz: Finanzielle Zusatzbelastung für Baden-Württemberg voraussichtlich geringer als befürchtet. Pressemitteilung vom 30.01.2007. Stuttgart.

Ministerium für Justiz, Gesundheit und Soziales des Saarlandes 2007: Gutachten der Professoren Rürup und Wille zu den finanziellen Verteilungswirkungen der geplanten Gesundheitsreform ist tragfähige Grundlage für die weitere Diskussion. Presseinformation vom 04.101.2007. Saarbrücken.

Münchner Merkur 2006: Hoffentlich CSU versichert. Ausgabe vom 28.06.2006. München.

Pfeiffer, D. 2010: Dr. Doris Pfeiffer, Vorstandsvorsitzende des GKV-Spitzenverbandes: Reformvorschlag aus dem Bundesgesundheitsministerium ist ein interessantes Modell. Statement vom 02.06.2010. Berlin.

Pofalla, R. 2006: Schreiben an die Mitglieder des Präsidiums und des Bundesvorstandes der CDU Deutschlands vom 05.10.2006. Berlin.

Presseagentur Gesundheit 2006a: Ausgabe 23/06 vom 13.09.2006. Berlin

Presseagentur Gesundheit: 2006b: Ausgabe 25/06 vom 28.09.2006. Berlin.

Presse- und Informationsamt der Bundesregierung (2003): Antworten zur Agenda 2010. Berlin.

Projektgruppe Bürgerversicherung 2004: Bericht der Projektgruppe „Bürgerversicherung beim SPD-Parteivorstand. Berlin.

Reimann, C. 2010a: Gesundheitspolitische Irrfahrt geht in die nächste Runde. PM vom 24.02.2010. Berlin.

Reimann, C. 2010b: Schlechteste Gesundheitsreform aller Zeiten. PM vom 06.07.2010. Berlin.

Schätzerkreis beim Bundesversicherungsamt (BVA) 2008: Gemeinsame Erklärung des Schätzerkreises der gesetzlichen Krankenversicherung vom 9. Dezember 2008. PM vom 10.12.2008. Bonn.

Schätzerkreis beim Bundesversicherungsamt (BVA) 2009: Gemeinsame Erklärung des Schätzerkreises der gesetzlichen Krankenversicherung vom 30. April 2009. Bonn.

Schröder, K. T. 2006: Schreiben an die Spitzenverbände der gesetzlichen Krankenkassen vom 19.07.2006. Berlin.

Seehofer, Horst (2004): Zukunftslösung oder Irrweg? Eine Analyse zur Gesundheitsprämie der CDU. Berlin.

Sozialbericht 2005, herausgegeben vom Bundesministerium für Gesundheit und Soziale Sicherung, Berlin 2006.
Sozialgesetzbuch (SGB): Diverse Jahrgänge. Essen: CW Haarfeld.
SPD 2003a: Außerordentlicher Parteitag in Berlin. 1. Juni 2003. Beschlüsse. Berlin.
SPD 2003b: Ordentlicher Parteitag in Bochum. 17. bis 19. November 2003. Beschlüsse. Berlin.
SPD 2004: Außerordentlicher Parteitag in Berlin. 21. März 2004. Beschlüsse. Berlin.
SPD 2005: „Vertrauen in Deutschland. Das Wahlmanifest der SPD". 4. Juli 2005. Berlin.
SPD 2009: „Gemeinsam Handeln - Deutschland moderner und menschlicher machen. Unser Wachstums- und Stabilitätsprogramm für Deutschland". Januar 2009. Berlin.
Statistisches Bundesamt 2009: Gesundheitsberichterstattung des Bundes. Bonn.
Süddeutsche Zeitung (SZ) 2003a: Reformvorschläge zur Sozialpolitik. CDU-Vorstand billigt Pläne der Herzog-Kommission. In: Ausgabe vom 07.10.2003.
Süddeutsche Zeitung (SZ), 2003b: Vorschläge der Herzog-Kommission abgelehnt. Stoiber geht auf Konfrontation zu Merkel. In: Ausgabe vom 09.10.2003.
Süddeutsche Zeitung (SZ) 2005: Klare Mehrheit für Bürgerversicherung. In: Ausgabe vom 04.08.2005.
Süddeutsche Zeitung (SZ) 2008a: Teure Versicherte bringen mehr. Im Gesundheitsfonds sollen kostenintensive Krankheiten stärker gewichtet werden. In: Ausgabe vom 11.01.2008.
Süddeutsche Zeitung (SZ) 2008b: Land der Kranken. Warum der Gesundheitsfonds aus gesunden Deutschen malade Deutsche macht. In: Ausgabe vom 30.09.2008.
Süddeutsche Zeitung (SZ) 2009: SPD dringt auf niedrigere Sozialbeiträge. In: Ausgabe vom 2. Januar 2009. .
Süddeutsche Zeitung (SZ) 2010a: Rösler plant kleine Pauschale. In: Ausgabe vom 13.02.2010.
Süddeutsche Zeitung (SZ) 2010b: Pauschal dagegen. Die CSU wettert gegen die Pläne von FDP-Gesundheitsminister Rösler. In: Ausgabe vom 04.06.2010.
Süddeutsche Zeitung (SZ) 2012a: Bahr fordert Kassen zur Rückzahlung auf. In: Ausgabe vom 13.02.2012.
Süddeutsche Zeitung (SZ) 2012b: Vereint gegen Schäuble. In: Ausgabe vom 15.02.2012.

Süddeutsche Zeitung (SZ) 2012c: Krankenkassen kämpfen um ihre Milliarden-Reserven. In: Ausgabe vom 06.03.2012.
Techniker Krankenkasse, 03.07.2009: Techniker Krankenkasse: 2008 mit Plus abgeschlossen. Pressemitteilung vom 03.07.2009. Hamburg.
Techniker Krankenkasse (TK) 2010: Geschäftsbericht 2009. Hamburg.
Verband der Angestellten Ersatzkassen (VdAK)/Arbeiter Ersatzkassen Verband
Verband der Angestellten Ersatzkassen (VdAK)/Arbeiter Ersatzkassen Verband (AEV) 2006a: Gesetzliche Krankenkassen warnen vor einer Neuorganisation des Beitragseinzugs: mehr Verwaltungsaufwand, mehr Bürokratie, unnötige Kosten. Pressemitteilung vom 24.07.2006. Siegburg/Berlin.
Verband der Angestellten Ersatzkassen (VdAK)/Arbeiter Ersatzkassen Verband (AEV) et al. 2006a. Krankenkassen befürworten Neuanfang für die Gesundheitsreform. Falsche Weichenstellungen vermeiden. Gemeinsame Presseerklärung der Spitzenverbände der Kassenarten vom 04.10.2006. Siegburg/Berlin.
Verband der Angestellten Ersatzkassen (VdAK)/Arbeiter Ersatzkassen Verband (AEV) et al. 2006b: Anhörung im BMG ist eine Farce - Zukunft des deutschen Gesundheitssystems endlich ernst nehmen. Gemeinsame Presseerklärung der Bundesvereinigung Deutscher Apothekerverbände, Bundesärztekammer, Bundeszahnärztekammer, Deutsche Krankenhausgesellschaft, Gemeinsamer Bundesausschuss, Hartmannbund, Kassenärztliche Bundesvereinigung, Kassenzahnärztliche Bundesvereinigung, Marburger Bund, Medizinischer Dienst der Spitzenverbände der Krankenkassen, NAV-Virchow-Bund, der Spitzenverbände der gesetzlichen Krankenkassen und dem Verband der privaten Krankenkassen e. V vom 13.10.2006. Berlin.
Verband der Angestellten Ersatzkassen (VdAK)/Arbeiterersatzkassen Verband (AEV) et al. 2006c: Hauptziele der Gesundheitsreformen werden verfehlt. Spitzenverbände legen erste politische Stellungnahme vor. Gemeinsame Pressemitteilung der Spitzenverbände vom 18.10.2006. Siegburg/Berlin.
Verband der privaten Krankenversicherung (PKV Verband) 2006a: Kauder-Vorschlag: Zentrale Problem nicht gelöst. PM vom 11.04.2006. Köln/Berlin.
Verband der privaten Krankenversicherung (PKV Verband) 2006b: Gesundheitskompromiss - wenig Licht und viel Schatten. PM vom 03.07.2006. Köln/Berlin.
Verband der privaten Krankenversicherung (PKV Verband) 2006c: PKV-Verband fordert Politik auf, sich vom Versuch des Verfassungsbruchs der Ministerialbürokratie zu distanzieren. PM vom 24.08.2006. Köln/Berlin.
Verband der privaten Krankenversicherung (PKV) 2006d: PKV: Gesundheitsministerium steuert weiter Richtung Einheitsversicherung. PM vom 29.08.2006. Köln/Berlin.

Verband der privaten Krankenversicherung (PKV) 2006e: PKV lehnt Pläne der Koalitionsexperten ab. PM vom 03.10.2006. Köln/Berlin.

Verband der privaten Krankenversicherung (PKV) 2006f: Gesundheitskompromiss weiterhin unbefriedigend und in Teilen verfassungswidrig. PM vom 05.10.2006. Köln/Berlin.

Vereinigte Dienstleistungsgewerkschaft (ver.di) 2006a: Kauder-Vorschlag: „Dritter Weg in die Sackgasse". PM vom 12.04.2006. Berlin.

Vereinigte Dienstleistungsgewerkschaft (ver.di) 2006b: Kompromiss gefährdet solidarische Gesundheitssicherung. PM vom 03.07.2006. Berlin.

Vereinigte Dienstleistungsgewerkschaft (ver.di) 2006c: Gesundheitsreform: 21.000 Menschen bei Demonstrationen. PM vom 27.07.2006. Berlin.

WIdO monitor 2011: Reaktionen auf Zusatzbeiträge. Ausgabe 1/.2011. Wissenschaftliches Institut der AOK. Berlin.

Wirtschaftswoche 2006: Lernen beim Nachbarn. Bundesgesundheitsministerin Ulla Schmidt will nach dem Vorbild der Niederlande das deutsche Gesundheitswesen reformieren. Wirtschaftswoche Nr. 4/2006. 29 - 30.

Amtliche Dokumente, Drucksachen und Protokolle

Ausschuss für Gesundheit des Deutschen Bundestages 2006. Wortprotokoll der 34. Sitzung vom 14.11.2006. Protokoll Nr. 16/34. Berlin.
Ausschuss für Gesundheit des Deutschen Bundestages 2007: Kurzprotokoll 69. Sitzung vom 12.12.2007. Berlin.
Ausschuss für Gesundheit des Deutschen Bundestages 2008a: Beschlussempfehlung und Bericht des Ausschusses für Gesundheit zu den Drucksachen 16/7737 und 16/9805. Drucksache 16/11089. 26.11.2008. Berlin.
Ausschuss für Gesundheit des Deutschen Bundestages 2008b: Beschlussempfehlung und Bericht des Ausschusses für Gesundheit zu der Drucksache 16/8882. Drucksache 16/11090. 26.11.2008. Berlin.
Ausschuss für Gesundheit des Deutschen Bundestages 2008c: Beschlussempfehlung und Bericht des Ausschusses für Gesundheit zu der Drucksache 16/10318. Drucksache 16/11091. 26.11.2008. Berlin.
Ausschuss für Gesundheit des Deutschen Bundestages 2010: Wortprotokoll der 21. Sitzung vom 25.10.2010. Protokoll Nr. 17/21. Berlin.
Bundesministerium für Gesundheit (BMG) 2006a: Entwurf eines Gesetzes zur Stärkung des Wettbewerbs in der gesetzlichen Krankenversicherung (GKV-Wettbewerbsstärkungsgesetz). 1. Arbeitsentwurf vom 17.08.2006. Berlin.
Bundesministerium für Gesundheit (BMG) 2006b: Entwurf eines Gesetzes zur Stärkung des Wettbewerbs in der gesetzlichen Krankenversicherung (GKV-Wettbewerbsstärkungsgesetz). 2. Arbeitsentwurf vom 31.08.2006. Berlin.
Bundesministerium für Gesundheit (BMG) 2006c: Entwurf eines Gesetzes zur Stärkung des Wettbewerbs in der gesetzlichen Krankenversicherung (GKV-Wettbewerbsstärkungsgesetz). 3. Arbeitsentwurf vom 25.09.2006. Berlin.
Bundesministerium für Gesundheit (BMG) 2006d: Entwurf eines Gesetzes zur Stärkung des Wettbewerbs in der gesetzlichen Krankenversicherung (GKV-Wettbewerbsstärkungsgesetz). 4. Arbeitsentwurf vom 07.10.2006. Berlin.
Bundesministerium für Gesundheit (BMG) 2006e: Referentenentwurf eines Gesetzes zur Stärkung des Wettbewerbs in der gesetzlichen Krankenversicherung (GKV-Wettbewerbsstärkungsgesetz). 11.10.2006 Berlin.
Bundesministerium für Gesundheit (BMG) 2008: Referentenentwurf eines Gesetzes zur Weiterentwicklung der Organisationsstrukturen in der gesetzlichen Krankenversicherung (GKV-OrgWG)". 24.04.2008. Berlin.

Bundesrat 2006: Stenografischer Bericht 829. Sitzung, 15. Dezember 2006. Plenarprotokoll 829. Berlin.

Bundesrat 2008: Beschluss des Bundesrates zum Gesetz zur Weiterentwicklung der Organisationsstrukturen in der gesetzlichen Krankenversicherung (GKV-OrgWG). Bundesrats-Drucksache 342/08 (Beschluss) vom 04.07.2008. Berlin.

Bundesrat 2009a: Gesetzesbeschluss des Deutschen Bundestages. Gesetz zur Sicherung von Beschäftigung und Stabilität in Deutschland. Drucksache 120/09 vom 13.02.2009. Berlin.

Bundesrat 2009b: Gesetzesbeschluss des Deutschen Bundestages. Gesetz zur Änderung arzneimittelrechtlicher und anderer Vorschriften. Drucksache 571/09. Berlin.

Bundesregierung 2008a: Entwurf eines Gesetzes zur Weiterentwicklung der Organisationsstrukturen in der gesetzlichen Krankenversicherung (GKV-OrgWG). Kabinettentwurf 21. Mai 2008. Berlin.

Bundesregierung 2008b: Gegenäußerung der Bundesregierung vom 30.07.2008 zur Stellungnahme des Bundesrates des Bundesrates vom 04.07.2008 zum Gesetz zur Weiterentwicklung der Organisationsstrukturen in der gesetzlichen Krankenversicherung (GKV-OrgWG), Bundesrats-Drucksache 342/08. Berlin.

Bundesregierung 2008c: Entwurf einer Verordnung zur Festlegung der Beitragssätze in der gesetzlichen Krankenversicherung (GKV-Beitragssatzverordnung - GKV-BSV). 07.10.2008. Berlin.

Bundesversicherungsamt (BVA) 2006a: Stellungnahme des Bundesversicherungsamtes zum Entwurf eines Gesetzes zur Stärkung des Wettbewerbs in der Gesetzlichen Krankenversicherung (GKV-Wettbewerbsstärkungsgesetz - GKV-WSG), Anhörung des Gesundheitsausschusses zu Block I - Finanzierung - am 14. November 2006. Bonn. .

Bundesversicherungsamt (BVA) 2006b: Stellungnahme zur Studie des IfMDA. Bonn.

Bundesversicherungsamt (BVA) 2008a: Festlegung der im morbiditätsorientierten Risikostrukturausgleich zu berücksichtigenden Krankheiten durch das Bundesversicherungsamt. Dokumentation des Festlegungsprozesses. Bonn.

Bundesversicherungsamt (BVA) 2008c: Informationsschreiben zum monatlichen Abschlagsverfahren nach § 39 RSAV. 03.12.2008. Bonn.

Deutscher Bundestag 1990: Strukturreform der gesetzlichen Krankenversicherung. Endbericht der Enquete-Kommission des 11. Deutschen Bundestages „Strukturreform der gesetzlichen Krankenversicherung". Bonn.

Deutscher Bundestag 1999: Plenarprotokoll 14/49. Stenografischer Bericht, 49. Sitzung am 30.06.1999. Berlin.

Deutscher Bundestag 2002: Plenarprotokoll 15/11. Stenografischer Bericht, 11. Sitzung am 15.11.2002, Berlin.

Deutscher Bundestag 2004: Bundestagsdrucksache 15/3681, Gesetz zur Anpassung der Finanzierung des Zahnersatzes, Gesetzentwurf Fraktionen SPD und Bündnis 90/Die Grünen. 04.09.2004. Berlin.

Deutscher Bundestag 2006a: Plenarprotokoll 16/46, Stenographischer Bericht über die 46. Sitzung am 6. September 2006. Berlin.

Deutscher Bundestag 2006b: Plenarprotokoll 16/47, Stenographischer Bericht über die 47. Sitzung am 7. September 2006. Berlin.

Deutscher Bundestag 2006c: Plenarprotokoll 16/53, Stenographischer Bericht über die 53. Sitzung am 27. September 2006. Berlin.

Deutscher Bundestag 2006d: Plenarprotokoll 16/56, Stenographischer Bericht über die 56. Sitzung am 18. Oktober 2006. Berlin.

Deutscher Bundestag 2006e: Plenarprotokoll 16/61, Stenographischer Bericht über die 61. Sitzung am 27. Oktober 2006. Berlin.

Deutscher Bundestag 2006f: Gesetzentwurf der Fraktionen CDU/CSU und SPD, Entwurf eines Gesetzes zur Stärkung des Wettbewerbs in der gesetzlichen Krankenversicherung (GKV-Wettbewerbsstärkungsgesetz - GKV-WSG). Drucksache 16/3100. Berlin.

Deutscher Bundestag 2007a. Drucksache 16/44020 zu Drucksache 16/3950. Gegenäußerung der Bundesregierung zu der Stellungnahme des Bundesrates zum Entwurf eines Gesetzes zur Stärkung des Wettbewerbs in der gesetzlichen Krankenversicherung (GKV-Wettbewerbsstärkungsgesetz - GKV-WSG). 11.01.2007. Berlin.

Deutscher Bundestag 2007b: Plenarprotokoll 80. Sitzung am 2. Februar 2007. Berlin.

Deutscher Bundestag 2008a: Plenarprotokoll 16/169, Stenografischer Bericht 169. Sitzung am 19.Juni 2008. Berlin.

Deutscher Bundestag 2008b: Beschlussempfehlung und Bericht des Ausschusses für Gesundheit zu dem Gesetzentwurf der Bundesregierung - Entwurf eines Gesetzes zur Weiterentwicklung der Organisationsstrukturen in der gesetzlichen Krankenversicherung (GKV-OrgWG) - vom 15.10.2008. Berlin.

Deutscher Bundestag 2008c: Unterrichtung durch die Bundesregierung über den beabsichtigten Erlass nachfolgender Verordnung gemäß § 241 Abs. 3 des Fünften Buches Sozialgesetzbuchs. Drucksache 16/10474 vom 07.20.2008. Berlin.

Deutscher Bundestag 2009a: Plenarprotokoll 16/198, Stenografischer Bericht 198. Sitzung am 14. Januar 2009. Berlin.

Deutscher Bundestag 2009b: Gesetzentwurf der Fraktionen der CDU/CSU und SPD. Entwurf eines Gesetzes zur Sicherung von Beschäftigung und Stabilität in Deutschland. Drucksache 16/11740 vom 27.01.2009. Berlin.

Deutscher Bundestag 2010a: Antrag Fraktion der SPD „Paritätische Finanzierung in der gesetzlichen Krankenversicherung wieder herstellen. Drucksache 17/879 vom 02.03.2010. Berlin.

Deutscher Bundestag 2010b: Kleine Anfrage Dr. Martina Bunge und Fraktion DIE LINKE „Reformpläne der Bundesregierung im Gesundheitswesen. Drucksache 17/2929 vom 14.09.2010. Berlin.

Deutscher Bundestag 2010c: Antwort der Bundesregierung auf die Kleine Anfrage der Abgeordneten Dr. Martina Bunge und der Fraktion DIE LINKE, Drucksache 17/2929. Drucksache 17/318 vom 01.10.2010. Berlin.

Deutscher Bundestag 2010d: Plenarprotokoll 17/22. Stenografischer Bericht 72. Sitzung. 12. November 2010. Berlin.

Deutscher Bundestag 2010d: Gesetzentwurf der Fraktionen CDU/CSU und FDP. Entwurf eines Gesetzes zur nachhaltigen und sozial ausgewogenen Finanzierung der Gesetzlichen Krankenversicherung (GKV-Finanzierungsgesetz - GKV-FinG). Drucksache 17/3040 vom 28.10.2010. Berlin.

Deutscher Bundestag 2011a: Antwort der Bundesregierung auf die Kleine Anfrage der Abgeordneten Harald Weinberg und der Fraktion DIE LINKE, Drucksache 17/4578, vom 14.02.2011. Berlin.

Deutscher Bundestag 2011b: Antrag der Abgeordneten Karl Lauterbach, Elke Ferner und der Fraktion der SPD, Folgen von Kassenschließungen - Versicherte und Beschäftigte schützen, Wettbewerb stärken, Zusatzbeiträge abschaffen. Drucksache 17/6485 vom 06.07.2011.

Deutscher Bundestag 2012. Schriftliche Fragen mit den in der Woche vom 9. bis 16. Januar eingegangen Antworten der Bundesregierung. Drucksache 17/8322. Berlin.

Gesundheitsausschuss des Bundesrates 2006. Niederschrift 511. Sitzung vom 29.11.2006. Berlin.

Gesundheitsausschuss des Bundesrates 2008: Niederschrift 530. Sitzung vom 18.06.2008. Berlin.

Landtag von Baden-Württemberg 2008: Entwicklung der gesetzlichen Krankenversicherung (GKV). Antrag der Fraktion der CDU, der SPD, der GRÜNE und der FDP/DVP. Drucksache 14/2401. 26.02.2008.

Elemente der Politik

Hrsg. von Bernhard Frevel / Klaus Schubert / Suzanne S. Schüttemeyer / Hans-Georg Ehrhart

Blum, Sonja / Schubert, Klaus
Politikfeldanalyse
2., akt. Aufl. 2011. 198 S. Br. EUR 16,95
ISBN 978-3-531-17276-7

Dehling, Jochen / Schubert, Klaus
Ökonomische Theorien der Politik
2011. 178 S. Br. EUR 16,95
ISBN 978-3-531-17113-5

Giegerich, Bastian
Die NATO
2012. 133 S. mit 1 Abb. u. 5 Tab. Br. EUR 16,95
ISBN 978-3-531-18409-8

Frantz, Christiane / Martens, Kerstin
Nichtregierungsorganisationen (NGOs)
2006. 159 S. Br. EUR 14,90
ISBN 978-3-531-15191-5

Frevel, Bernhard
Demokratie
Entwicklung – Gestaltung – Problematisierung
2., überarb. Aufl. 2009. 177 S. Br. EUR 12,90
ISBN 978-3-531-16402-1

Fuchs, Max
Kulturpolitik
2007. 133 S. Br. EUR 14,90
ISBN 978-3-531-15448-0

Jahn, Detlef
Vergleichende Politikwissenschaft
2011. 124 S. Br. EUR 12,95
ISBN 978-3-531-15209-7

Jahn, Egbert
Frieden und Konflikt
2012. 147 S. Br. EUR 14,95
ISBN 978-3-531-16490-8

Johannsen, Margret
Der Nahost-Konflikt
3., akt. Aufl. 2011. 175 S. mit 10 Abb. u. 1 Tab. Br. EUR 16,95
ISBN 978-3-531-18238-4

Kevenhörster, Paul / Boom, Dirk van den
Entwicklungspolitik
2009. 112 S. Br. EUR 12,90
ISBN 978-3-531-15239-4

Kost, Andreas
Direkte Demokratie
2008. 116 S. Br. EUR 12,90
ISBN 978-3-531-15190-8

Meyer, Thomas
Sozialismus
2008. 153 S. Br. EUR 12,90
ISBN 978-3-531-15445-9

Aden, Hartmut
Umweltpolitik
2012. 127 S. mit 9 Abb. Br. EUR 14,95
ISBN 978-3-531-14765-9

Erhältlich im Buchhandel oder beim Verlag.
Änderungen vorbehalten. Stand: Januar 2012.

Einfach bestellen:
SpringerDE-service@springer.com
tel +49 (0)6221 / 345 – 4301
springer-vs.de

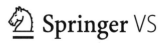

VS Forschung | VS Research
Neu im Programm Politik

Michaela Allgeier (Hrsg.)
Solidarität, Flexibilität, Selbsthilfe
Zur Modernität der Genossenschaftsidee
2011. 138 S. Br. EUR 39,95
ISBN 978-3-531-17598-0

Susanne von Hehl
Bildung, Betreuung und Erziehung als neue Aufgabe der Politik
Steuerungsaktivitäten in drei Bundesländern
2011. 406 S. (Familie und Familienwissenschaft) Br. EUR 49,95
ISBN 978-3-531-17850-9

Isabel Kneisler
Das italienische Parteiensystem im Wandel
2011. 289 S. Br. EUR 39,95
ISBN 978-3-531-17991-9

Frank Meerkamp
Die Quorenfrage im Volksgesetzgebungsverfahren
Bedeutung und Entwicklung
2011. 596 S. (Bürgergesellschaft und Demokratie Bd. 36) Br. EUR 39,95
ISBN 978-3-531-18064-9

Martin Schröder
Die Macht moralischer Argumente
Produktionsverlagerungen zwischen wirtschaftlichen Interessen und gesellschaftlicher Verantwortung
2011. 237 S. (Bürgergesellschaft und Demokratie Bd. 35) Br. EUR 39,95
ISBN 978-3-531-18058-8

Lilian Schwalb
Kreative Governance?
Public Private Partnerships in der lokalpolitischen Steuerung
2011. 301 S. (Bürgergesellschaft und Demokratie Bd. 37) Br. EUR 39,95
ISBN 978-3-531-18151-6

Kurt Beck / Jan Ziekow (Hrsg.)
Mehr Bürgerbeteiligung wagen
Wege zur Vitalisierung der Demokratie
2011. 214 S. Br. EUR 29,95
ISBN 978-3-531-17861-5

Erhältlich im Buchhandel oder beim Verlag.
Änderungen vorbehalten. Stand: Juli 2011.

Einfach bestellen:
SpringerDE-service@springer.com
tel +49(0)6221/345-4301
springer-vs.de